中国女军史

王子今 著

陕西师范大学出版总社　西安

图书代号　SK24N1498

图书在版编目（CIP）数据

中国女军史 / 王子今著 . -- 西安 : 陕西师范大学出版总社有限公司, 2024.10. -- ("乾·坤" : 性别研究文史文献集萃系列丛书 / 李小江主编). -- ISBN 978-7-5695-4554-8

Ⅰ. E292

中国国家版本馆 CIP 数据核字第 202461YJ11 号

中国女军史
ZHONGGUO NÜJUN SHI

王子今　著

出 版 人	刘东风
出版统筹	侯海英　曹联养
责任编辑	远　阳　马康伟
责任校对	张爱林
出版发行	陕西师范大学出版总社
	（西安市长安南路 199 号　邮编 710062）
网　　址	http://www.snupg.com
印　　刷	西安五星印刷有限公司
开　　本	710 mm×1000 mm　1/16
印　　张	34.5
字　　数	510 千
版　　次	2024 年 10 月第 1 版
印　　次	2024 年 10 月第 1 次印刷
书　　号	ISBN 978-7-5695-4554-8
定　　价	128.00 元

读者购书、书店添货或发现印刷装订问题，请与本社营销部联系、调换。
电话：（029）85307864　85303629　　传真：（029）85303879

总序

"乾·坤"——性别研究文史文献集萃系列丛书

乾坤，相互对应的两极构成一个概念，成为中国哲学体系中的基本范畴。乾为天，主阳；坤为地，主阴。出处与《易经》有关：以自然运行的宇宙观解释世间万物人事，将天地依存的同构范式推及人类社会，由"天/地""阴/阳"派生出"社稷""男女"——如此一来，天地与社稷呼应，阴阳与男女对接，乾坤与家国同义，成为人世间难以超越的至高境界。

在"乾·坤"名下做文史研究的念头由来已久，旨在将历史元素有效地纳入中国特色的哲学范畴，既可还原它的原初含义，也有创新的意图：朗朗晴空下，为长久隐身于私密处的"女性/性别"辟出开放的话语空间。"乾坤一元"，比肩而行；"阴阳相倚"，各为主体；"性别研究文史文献集萃"因此有三重含义：

一为饮食男女，性别是基本议题。让"天地/阴阳"走进人间生活，袅袅炊烟，衣食住行，寻常生活中窥见的也是"乾坤/社稷"。

二为文史文献，以文载史，文史同道。入丛书者，有专著，有论文集；可以是历代文学作品的史学解构，也可以对图片（如壁画、纹饰、照片、影视作品、墓志铭等）做文献辑录或文史阐释……无论形式，无不承载着历史的信息（而非白口说道），能够从不同方向展现历史遗存（而非凭空想象）。

三是集萃，会聚珠玑，萃取精华。女人作为群体，长久未载史册；女性的历史信息，碎片般地散落在"史记"的缝隙里或散失在"社稷"的偏僻角落。编撰这套丛书的一个主要目的是拾遗补阙：但凡透露出性别制度的古老讯息，或承载着女性文化遗存的历史印记，在这里都被视若珍馐，不厌其碎，汇集在"乾坤"名下，想人间男女俗事，与天地共一血脉。

这套丛书以"乾·坤"为名，图借大千宇宙磅礴气势，生成学界正道三气：开放多元，任恣肆的思路拓展包容的心胸，是谓"大气"；在亘古不变的天地呼应中讨一份冷静客观的治学态度，是谓"学术气"；让家国社稷落实到寻常人生，在绵延不绝的生民文化中找回两性平等相处的对话平台，是谓"接地气"——大气、学术气、接地气，是"乾·坤"系列丛书的起点，也是它努力的方向；它于女性的生存状态是一个提升，与性别研究的跨学科性质正相吻合。但是，在选题设置上，入选文章不避琐细，作者不问辈分，形式不拘一格，国籍无计内外，看重的是基础性文献收集、整理和分析的学术品质。因此借"序"向学界公开征稿，期待各学术领域中的领军者赐稿，也欢迎各院校同仁提供在性别研究中有建树的学位论文。有文稿者，可与丛书的编撰统筹侯海英女士直接联系（E-mail: houhaiying@snnu.edu.com）。

说来，我的编书历史自20世纪80年代中期至今，30年有余。已经出版的有文集《西方女权运动文选》（中国妇女出版社，1986）、《华夏女性之谜：中国妇女研究论集》（生活·读书·新知三联书店，1990）等，也有"妇女研究丛书"（河南人民出版社，1988—1993）、"性别与中国"辑丛（三联书店，1995—2000）、"20世纪【中国】妇女口述史丛书"（生活·读书·新知三联书店，2003）等，计数十部，绵续拓展，无不关乎女性/性别研究。21世纪以来，女性/性别研究已成显学，相关专著、译著和博士论文日渐热络，因此不断有出版商寻来洽商，希望在更新的学术环境上推出新的研究成果。多年斟酌，实地考察，最终选择陕西师范大学，是因为这里已经搭建起了"四位一体"的坚实平台：一支以教授领衔、项目引导、跨学科合作、可持续发展的教研梯队（1995年起步）；一座具有普及教育性质、学生自愿参与、自行管理的"妇女文化博物馆"（2002年建馆）；一个学术型、多元化、开放性的"女性/性别研究文献资料馆"（2018年揭牌），以及正在筹建中的地方文史与女性个体生命合二而一的档案库"女方志馆"——陕西师范大学女性研究中心集课程建设、学术研究、文化资源积蓄、志愿者活动和社会服务为一体,在中国学界和女性/性别研究领域中独树一帜,已经为女性的知识积累和精神传承建起了一个难以替代的学术基地。"乾·坤"在这里落脚,可谓水到渠成。女性研究中心与陕西师范大学出版总社互为近水楼台,正好相互扶持。希冀我们共同努力,为已成气候的女性/性别研究继续贡献绵力。

李小江
2019 年 9 月 18 日 古都西安

祀与戎：谁持彩练当空舞？

——读王子今《中国女军史》

李小江

> 赤橙黄绿青蓝紫，谁持彩练当空舞？
> 雨后复斜阳，关山阵阵苍。
> 当年鏖战急，弹洞前村壁，
> 装点此关山，今朝更好看。
>
> ——毛泽东：《菩萨蛮·大柏地》

"国之大事，在祀与戎。"（《左传·成公》）

早期中国，国家大事一为祭祀，二为战事，两者都由男性主导，与女性似乎无大干系。对此认知王子今不以为然，他用一部厚重的《中国女军史》（下称《女军史》）对两项"国之大事"做了细致的性别分析——巧了，这与我长期关注的"女人与战争"问题正相契合，不仅为我已有的认识提供了丰富的史料佐证，也为中国战争史研究开辟了一个可望拓展的新视界。

关于女人与战争的关系，我早有文章面世：《人类进步与妇女解放》（1983年）中谈到"女性的历史性失败"【恩格斯】，即早期文明社会中女性全面退归家庭生活,一个重要原因是部落战争向国家之间交战的转变。《性沟》(1988年)中讲到近代以来妇女获得解放的诱发因素,是各国妇女直接且全面参加了世界大战(如欧洲和美国)、侵略战争(如日本[①])或民族解放战争(如中国及诸多"第三世界"国家)。因此,我把战争看作是决定人类女性群体命运的一个转折性历史诱因——我是带着这种预期阅读《中国女军史》(以下简称《女军史》)的;读过,一点兴奋,一点遗憾:兴奋的是书中提供了早期中国女性参战的历史文献,与我的认知正向吻合。遗憾的是后劲不足,现代视野不够开阔,其叙事角度与我的心理期待不同方向。好在,我主持的"20世纪中国妇女口述史"(1992—2003年)中设有战争专题,抢救性地记录了1949年之前妇女参战的种种表现,以亲历者的口述为主,对《女军史》汇编的史料是接续,也是创新;从历史进程的发展脉络看,拾遗和补缺,恰好成就了一部"女军史"的完成。

"兵之所自来久矣,与始有民俱。"(《吕氏春秋·荡兵》)不论哪个民族,女性在早期部落战争中从未缺席。各国神话传说中的女性神祇,无论"玄女"(《玄女兵法》)或"女魃",还是希腊神话中的女战神雅典娜……都有其历史渊源,绝非凭空而生。《女军史》中有很多篇幅展现了上古时期女性与战争的关系,刻意呈现"与始有民"之"民"中女人是在场的。继而,领土兼并战争频仍,女性退居二线,各民族在文明初始阶段出现的史诗,从《荷马史诗》到古印度的《摩诃婆罗多》《罗摩衍那》、古巴比伦的《吉尔伽美什》、冰岛的《埃达》等等,讲述的都是战争中男性的英雄故事。欧洲乃至整个西方世界,可追寻的史书也是从记录战争开始的。有必要指出:古希

---

① 参阅胡澎:《战时体制下的日本妇女团体(1931—1945)》,吉林大学出版社2005年版。

腊神话传说及至《荷马史诗》，与中国上古时期神话集成《山海经》一样，并非一时一人所作，故事人物不忌性别，处处可见女性的身影；而《历史》【希罗多德】[1]和《史记》【司马迁】一样，均出自男性史家之手，表明彼时女性已经全面退出了"历史"舞台——由此可见，早期文明史的转捩点上，女人退出战争是一个重要的风向标：从此，征兵与女性无关，兵书和战争史书中完全不见女性的印记；直到晚近出版的《古希腊罗马军事史》，全书没有一处与女性和兵士家眷有关的字句，甚至也没有后勤服务和辎重方面的内容；相关信息只一句话：罗马兵力衰减，因为"婚姻人数减少"导致"人口下降"。[2] 这与《女军史》呈现的历史样态是相似的。父权制社会建立以来，"战争让女人走开"即成定论，女人因此"未载史册"似乎是天经地义的——于此，王子今的《女军史》不同寻常，对中国历史而言，它是补缺；对整个大历史的叙事立场而言，它是一个异类。洋洋洒洒数十万字，主题只有一个，即试图证明：从古至今，中国的战争史上女性始终是"在场"的——在这个主题下，作者的观点非常明确：从现代人的视角出发，以大量翔实的史料为依据，为"女军"在公众视野中消失及其历史性的"缺席"讨公道。

为什么以"女军"为该书定名？

显然，战争与军事不完全是一回事。战争就是打仗，打起来了，有始有终，且被命名，是可以被量化的。军事不同，泛指与打仗相关的一切人、事、物，在和平时期是一种待命状态，成为与"战争"相

---

[1] 公元前5世纪希腊历史学家希罗多德的《历史》记述了公元前6至前5世纪波斯帝国和希腊诸城邦之间的战争，在西方被认为是最早的史书。因此罗马政治活动家西塞罗称希罗多德为"历史之父"。
[2] [瑞士]莱昂哈特·布克哈特著，励浩丹译：《古希腊罗马军事史》，上海三联书店2018年版，第41页。

关的一个社会领域。长久以来，无论在战争还是在军事名下，女性都会"想当然地"被排除在外——

> 如果只取"政府征发的女兵"之定义，则历代女军人大都并不包容于此概念中，人们熟知的历代"娘子军"事迹也大多都将被否定……就现在我们熟悉的资料而言，女子戍边的情形如果确实曾经存在，大约也是未成定制的并不多见的例外。①

从1998年该书初版面世到这本增订版，作者和出版人为书名颇费心思，几番切磋后，最终在"女军"名下达成共识：所谓"女军"，不限于直接参军或参战的女子，而是从女性的角度对战争和军事活动做性别分析——《女军史》就是这样结构而成的：以有案可稽的史料（包括古典文学艺术）和文献中的相关信息为线索，围绕着中国历史上历代战争/战斗或各种类型的军事活动，但凡有关女子的信息，蛛丝马迹，均被收在此书中。

《中国女军史》主要有三个部分。第一部分勾勒**历史脉络**，从上古到近代，诸多史料碎片携带着影影绰绰的历史信息，为女性"在场"提供证据。第二部分展示的是女性与战事相关的**文化现象**。第三部分介绍**传统女军观**，非常重要，实则讲的是"中国女军"之所以然的历史背景，即意识形态的历史作用。全书看下来，其贡献主要有两点：一是史料的收集和甄别，大海捞针一般。应了"上穷碧落下黄泉，动手动脚找东西"【傅斯年】的真谛，数十年来，作者在各类文献的边角缝隙中探寻、拾遗、归类，集滴水为川流，在人类社会生活的汪洋

---

① 王子今：《中国女子从军史》，军事谊文出版社1998年版，第59页。

大海中让（中国）"女军"初见阵容。二是史料的分类和排序，依托大历史的视野和训练有素的史学涵养，纸上谈兵，让"一地鸡毛"各自归队，在不可见的"女军"名下依稀可见沿袭有序的"史"的线索。借此，它在性别研究的台基上开辟出了军事史研究中的一个全新领域，为后来者——无论其是否有阅读古文的能力和编撰古籍的学力——在该领域中有所建树铺平了道路。本书的缺憾，不在史料的真伪，主要表现在历史叙事的站位和价值观念：作者抱着"五四"以来男性知识分子同情女性的俯瞰心态，力图为女性在历史上的"贡献"伸张正义。凡例通篇，总在罗列（女性）"在场"的证据，难免会留下"为赋新词强说愁"【辛弃疾】的难堪——不怪，不苛求，因此看清了我自己该做的努力，希望我的读后感能在对应的方向上有所推进。

为了方便阅读，本文就这三部分内容导读如下。

历史脉络

上编主要呈现历史脉络，大致可见三个阶段。从世界范围看，这三个阶段并非中国特有，在人类文明的发展史上可谓"三段式"，是共相。《女军史》以中国为案例，进一步证实了这一现象。

第一阶段的历史分期大体在上古社会，就华夏族而言，涵盖了整个"早期中国"。考古发掘证明，远在新石器时期中国已是村落遍布如"满天星斗"【苏秉琦】，从禹立夏朝（万族林立）到西周后期（千七八百国）再到始皇帝一统天下，是漫长岁月里无数兼并战争的结果。世界版图上几乎所有民族的历史都是从部落、氏族和部族社会过渡而来，相对封闭的区域里至今可能还保留着古时的样态。这个时期的共同特点就是多战事，参战者不分男女，如恩格斯所言，在人类文明早期，"部落联盟"等社会组织——

能够处理在这样组织起来的社会内部一切可能发生的冲突。对外的冲突，则由战争来解决；**这种战争可能以部落的消灭而告终**……氏族制度的伟大，但同时也是它的局限，就在于**这里没有统治和奴役存在的余地**。①

　　早期战争之惨烈通常达到了惊人的程度。在"可能以部落的消灭而告终"的形势下，妇女积极参战不是制度使然而是理所当然。吕思勉曾经指出，"后世女子罕从征战，偶有其事，人遂诧为异闻；若返之于古，则初无足异也"。他引《墨子·备城门》说："盖兵亦役之一，古役固男女皆与也。"② 其实，男女共同参战"保家卫国（族）"并不是早期文明特有的现象，在整个历史长河中，但凡在"灭族""灭种""亡国"一类族群生死攸关的时刻，妇女参战势在必行。《女军史》提供了大量女子参战的实例，多出现在捍卫家园固守城池的"保卫战"中；更多更翔实的案例则频繁出现在边僻地区的少数民族中，与上古时期部族战争的境遇是相似的。国内局部战争中，女子参战甚至成为带兵的首领，多出现在起义军的队伍里，大都是弱势族群或团体为改变生存处境"抱团取暖"的造反派。整个中古时期直到太平天国以前，"女军"从未在正规军队中享有合法的一席之地——这是好事，还是坏事？是性别歧视，还是群体性的社会护佑？我看这是好事。就人类生存需求所凝成的常识而言，和平（而非战争）是人类共同祈盼的福祉。过太平日子，少与战争和战事牵连即所谓"安全需求"【马斯洛】，是世间所有生民最基本的需求之一；女子生而得之，该是得

---

① [德]恩格斯：《家庭、私有制和国家的起源》，《马克思恩格斯选集》第4卷，人民出版社2012年版，第174—175页。黑体为本文作者加。
② 吕思勉：《吕思勉读史札记》，上海古籍出版社1982年版，第303—305页。

天独厚的福音。它之所以能够实现，基于制度文明相对完善的两个社会条件：一是天下太平少有战乱，二是父权制家庭的庇护，让女性能够在衣食无虞的前提下退守家庭，少受战事的直接干扰。在中国，这个制度完善的过程与秦王朝一统天下的进程是同步的。五代十国以后，江山王土相对稳定，天下基本太平，女子无关战事的说辞与历史事实大体吻合。可以说，千年岁月里，华夏女子得以安守家院（主内）、安心生养子女（传宗接代），是以上述两个条件为基础的，缺一不可。父系家庭体制和"男外女内"的性别分工，不仅是稳定社会的基石，也是女子能够整体性地退出战争的重要前提。

曾经，研究者的注意力多半汇聚在第一阶段，看世界同相：原始社会中妇女普遍参战……至父权制社会中女性全面退出战争，从"女性是否参战"的史迹寻踪，进而探究"女性为何退出战争"的终极原因，说法不一，这些不是本文讨论的重点。本文的着眼点落实在第二阶段，跟前文[①]对早期文明底蕴的探寻是一致的，承前启后。有两个重点：一是中国女子与战争的历史关系具有哪些地域特征？二是这些特征是否与"三段式"一样具有普世性的认识价值？恰好，《女军史》提供的史料主要集中在这个长时段，它所呈现的地域特征与华夏民族特有的农耕文明息息相关，基于一个潜在却非常坚实的平台，即以（父系）宗法制家庭为基础的社会性别制度。正因为有了这个制度，（战国时期）从"兵农合一"[②]到（秦汉时期）男性通过"征兵""募兵"入伍逐步趋于职业化，女性退居家庭与社会生产活动相对隔离的性别分工模式才得以成立。关于职业兵的研究，《女军史》中没有涉及，

---

① 参阅李小江：《爬梳剔抉：在历史的缝隙中拾荒成金——品读王子今史作中"早期中国"性别秩序的文明底蕴》一文开篇。
② 蓝永蔚、黄朴民、刘庆、钟少异：《五千年的征战：中国军事史》，华东师范大学出版社2001年版，第22页，第71页。

但是很重要，可以参考美国史学家大卫·格拉夫的研究成果。比较西方世界的战争史，格拉夫析出中国历史上战事之特点，有二：一是战争发生的阶段性，主要在两头（战国和近代）；二是文官主导的政治体制致使"主和求安"成为社会民心的主导态势，打仗多半因为外敌入侵或内部动乱，迫不得已使然。他在总结中一再强调："军事决定了中国的百姓是生活在一个统一、繁荣与（相对）和平的帝国之中，还是生活在一系列混战不休、饱受劫掠的侵袭的地区性小国之中。"相比于中世纪的欧洲，那里"没有一个西欧君主""掌握一支有组织、有文化的公务员队伍，能够在全国范围内处理财政事务"。因此格拉夫选择"中古 600 年（300—900）"这个战争频发的特殊时期作为研究对象，试图从中找到中国古代社会安顿天下和处理战事的特点。在他看来，首先是意识形态的作用："承自古代的神圣王权传统具有巨大的持久影响力，儒家通过道德榜样和适当的礼制仪轨来实现治国理想……'儒家价值观'的影响远远超出了宫廷范畴"，遍及社会各个阶层特别是贵族阶层。

  一个运转有效、实行文治的国家行政体系的存在……有助于确保中古中国不会发展出真正的军事贵族……在唐朝统一的变局之下，这些混血贵族的家族子弟中很快开始出现文官和饱学之士，而不再是武士。尽管中国中古时期战乱不断，但古代的文化遗产使得战争的军事意义与拜占庭帝国或拉丁化的西欧截然不同。①

---

① ［美］大卫·格拉夫著，刘啸虎译：《中国中古时期的战争（300—900）》，重庆出版社 2023 年版，此处引文出自第 363、366、369、370 页。黑体为本文作者加。

"中古时期战争研究"中的一个长处,即对兵员之构成和兵源之由来有详细的交代:"战国晚期,男子几乎都要服兵役。"兵员的性别取向乃至定规,是在"国/家"制度的逐步完善中逐渐健全的。①"汉朝的兵役制度日渐规范",国家出面,以(家)户为单位抽"男丁"组成常设"军队"。②抽丁的方式因地因时而异,基点是一样的,即受国家律法保护的父系家庭体制和传承有序的子嗣延续:"'编户齐民'肇端于战国时期诸国授田制度的实施,到秦代则成为国家控制天下民众的最主要的制度。这种居民身份的变化深刻地影响着古代中国的历史发展。"③只要这种"家·国"关系是稳定的,职业化的男性兵员就会源源不断。士兵的家人和子嗣或军官的家业财产,因为有长年守家的女性家眷照应,心安理得,以保证在战场上赢得的荣誉和财富在国家的合法庇护中世代相传。但是,尽管有这样的保障,民心所向却是相反的。在中国(与欧洲很不同),中古时期的战乱不仅没有强化军事政权,反倒形成了民间社会普遍存在的反战情绪,为宋代推行"文人执政"打下了坚实的社会基础,且影响深远:

> 晚唐的混乱局面引发了"厌武情绪",并促成了"平民伦理"占据主导地位。这是一种对军人、军队以及所有与军事相关的事物的反感。从宋朝到 20 世纪,这一点被认为影响了中国人的态度和看法。毕竟,我们在宋朝才有了一句名

---

① "秦朝实行普遍征兵制,凡适龄男子都必须在专门的名册登记,即所谓'傅籍'。服役年龄通常在 17 到 56 岁。""秦汉时期的兵役制度经历了一个由秦代的单一征兵制,到西汉以征兵为主、募兵为辅,再到东汉盛行募兵制的演变过程。" 蓝永蔚、黄朴民、刘庆、钟少异:《五千年的征战:中国军事史》,第 71 页。
② [美] 大卫·格拉夫:《中国中古时期的战争(300—900)》,第 42 页,第 49 页。
③ 晁福林:《"氏族之人"到"编户齐民"——试论先秦时期社会成员身份的变迁》,《河北师范大学学报》(哲学社会科学版)2024 年第 1 期,第 1—7 页。

言:"好铁不打钉,好男不当兵。"①

站在这样的历史台基上,尽管王子今在各类史料中竭尽全力地收罗,《女军史》在"女军"名下的作为还是有限的。无论有多少女性参战的个案星星点点蔓延千年,都无法改变"战争让女人走开"这一制度性的历史事实。中国历史上,自文明初始到近代,职业化的军人队伍里没有女性的位置——但是,女性与战争的关系并没有因此而终止,《女军史》全书都在证明这一现象。那么,接下来的问题就是:

——不在征兵之列的妇女为何参战?

——她们以什么形式参战?

最重要的问题有关意识形态和社会舆论:

——主流社会对参战妇女是什么态度?

——这些妇女的命运究竟如何?

《女军史》试图回答这些问题,在(第十一章)"女役"名下对此有专门陈述,将女性参与战事的行为和功德列举如下(273—287):

"女役"形式之一:城守

"女役"形式之二:军事工程营筑

"女役"形式之三:军运

"女役"形式之四:军中炊事

"女役"形式之五:军用被服制作

"女役"即女性在军中服劳役,多为后勤保障,其中只有"城守"是直接参战的战争行为。书中明示:历史上"夫人城"的名号多次出

---

① [美]大卫·格拉夫:《中国中古时期的战争(300—900)》,第355页。

现，有关故事不仅在民间广泛流传，也渗透到了宽广的文化层面。寻根溯源，早期氏族部落战争中已有"城守"的痕迹，半坡遗址村落四周建造的"防卫沟"不是一个特例。① 中古时期，文人对女子守城参战多有记录，如宋代《梦林玄解》卷三《梦占·城市》："梦登夫人城，主兵戈。梦登江陵城，云长公筑，主克战功。"② 等等，不一而足。毫无疑问，城守是正规战的一部分："战争中有两类分明不同的作战状态，进攻与防御。"德国军事家克劳塞维茨甚至认为："与进攻相比，防御是一种较强的战斗形态。"③ 这一相对保守的作战形式在中国战争史上频繁出现，反映了"以防御为主"的特点。④《女军史》有大量史料举证和强调女子参与守城的史实，却无法改变一个基本事实：女子守城是特例而非常态，多为两类，一是边疆地区外族侵扰，二是少数民族地区频发的村寨保卫战。大规模的外敌入侵或内乱导致的正面战场上，妇女守城的现象并不多见。被主流社会记录并褒扬的参战女子，如"南国圣母"冼夫人代夫领军，传说中花木兰替父从军……多是女子借夫家或父亲之名为"国家"出列的偶发事例，不能看作历史上的普遍现象。两千多年漫长的历史变迁中，中国女性（无计婚姻状况和年龄大小）基本上是在相对和平、安定的环境中生存和生活的，特别是到了明清时期，连"家兵合一"的卫所也逐一被取消了，各地都不同程度地呈现出女性生计和职业的多元化趋势，女性的精神生活也更加丰富多彩，江南"女才子"群体的出现就是有说服力的一例——

---

① 蓝永蔚、黄朴民、刘庆、钟少异：《五千年的征战：中国军事史》，第6页。
② 〔宋〕邵雍纂辑，〔明〕陈士元增删，〔明〕何栋如重辑：《梦林玄解》，《续修四库全书》第1063册，上海古籍出版社2013年版，第674页。
③ 〔德〕卡尔·冯·克劳塞维茨著，时殷弘译：《战争论》，商务印书馆1982年版，第114页。
④ 参阅钟少异：《中国古代军事通识课》第一讲"中国古代军事文化的成因、精髓和局限"，中共中央党校出版社2022年版。

是好？是坏？毋庸置疑，这是大好事，是我们在重说中国历史和重塑中国妇女史的时候特别值得重笔书写的篇章。"一个真正参加过战争的人是不会夸耀战争的。"【海伦·洛根】① 但是，赞扬和褒奖勇敢参战保家卫国的女性，一直是所有民族/国家及主流社会极力推行和倡导的；在中国，正史和方志中的"列女传"因此成为她们名垂史册的专属之地。

回看《女军史》所录的这一时期史料，一个有趣的现象被王子今捕捉到了：直接参与打仗甚至做到首领的女性不乏其人，绝大多数都出现在农民起义军或"叛匪"的队列中——很显然，生计艰难或民族危难是迫使女子弃家从戎的主要原因，与"古役固男女皆与也"【吕思勉】异曲同工。《女军史》不仅汇编此类信息，对女子"在场"持续追踪；更难得的是，它辑录了那些在史册中隐匿不见的随军女子，试图解开蒙蔽在主战场背后的层层面纱，让所谓"女军"在鸡零狗碎的军务杂役中显露出些许真实的模样，如第十八章陈列（385起）：

"妇人""补兵"
罪犯"诣边戍""妻子自随"
"军妻"与"军妇"
"营妓"和"营倡"
"军伶"：军中女乐

作者将她们统统列在"特殊身份"名下，就正规部队而言，不错；但是从军事和女子的角度看，她们并非特殊，而是军中的"常在"：无论在战时还是相对安定的和平时期，随军女子始终伴随着军队而存

---

① [美]海伦·洛根著，乐山译：《美国的女兵》，人民日报出版社1987年版，第29页。

在，和军队一起移动，她们与男性兵士不同职能，却是军中和战争中不可缺少的组成部分。

> 中国古代军队的构成，有复杂的形式……军队中有与军人一同体验军事生活的身份特殊的女子……罪人妻子编入军队，曾经是长期通行的制度。这些妇女究竟"何以处之"，我们只能凭借片断的记载进行历史分析。现在看来，其作用似乎并不只是"充厮役之事"。①

依据不同类型的史料进行比对，作者认为："军队中裹挟妇女是相当普遍的情形"，如杜甫《三绝句》之三"殿前兵马虽骁雄，纵暴略与羌浑同。闻道杀人汉水上，妇女多在官军中"②就记录了这样的情形。在"军妻"与"军妇"一节中，作者强调：被迫随军的妇女需服事多种杂役，所谓"老妪力虽衰，请从吏夜归。急应河阳役，犹得备晨炊"③一类，未必都与"军妻"身份有关，但她们很可能恰恰是人数最多、最常见的随军女子。军中这些女子须臾不可或缺，却在人们的视野中长久被遮蔽，很少有人能够得知其真相。因此，我看这些女性的作用及其生存状态，在日后续写"女军史"的时候尤其值得挖掘和大书特书。

《女军史》的时间下限截止到清末。清末民初这个时段，正好是"三段式"第三阶段的开端，在女人与战争的历史关系中非常重要。它的一个主要特点，与早期文明史的特征一样：妇女广泛参战，但结果却

---

① 沈家本《历代刑法考·刑法分考八》指出："陈同。"又按："子可为兵，妻乃妇女，其补兵者不知何以处之，抑第充厮役之事欤？"转引自《中国女军史》，第385—386页。
② 〔唐〕杜甫著，〔清〕仇兆鳌注：《杜诗详注》卷一四，中华书局1979年版，第1241页。
③ 〔唐〕杜甫著，〔清〕仇兆鳌注：《杜诗详注》卷七《石壕吏》，第529页。

是相反的。早期战争导致妇女全面退出社会生活,而这一阶段的妇女参战无意间成为全球性"妇女解放"的一个转捩点。我在"20世纪中国妇女口述史"丛书中《亲历战争》一书的导言中对此有详细表述,于《女军史》是接续,也是补充:

> 比较历史上战争中的妇女,20世纪中国女人参与战争的深度和广度都堪称史无前例。战争中的女人不只是送郎当兵,不只是坐守空房;而是身先士卒,直接参战。自1910年代的辛亥革命、1920年代的北伐战争、十四年抗日战争到三年国内革命战争,女性参战人数越来越多,范围越来越广。[①]

战争,对20世纪上半叶的中国女人而言,不是一个事件一个时段,而是她们曾经的生活内容或生活环境。由逃避战乱到主动参战,由个别人的选择走向女性的群体动作……无论底层还是中上层妇女,无论文盲还是知识女性,都有可能通过参战走出家庭、走上社会、走向解放。通过亲历战争的女人的口述,我们得以深入了解妇女在战争中的作用。不可否认,她们的位置和作用很像是传统女性角色的延伸,诸如吃喝拉撒、洗衣、做饭、征粮、扩红、救死扶伤、宣传、支前、被服厂……即所谓后勤,细微,琐碎,重要,却不受重视,不被记录,不见经传。参战队伍中,越是正规的部队中越是不见女性指战员的影子,国民党军队中女性将官始终少见。早期红军中有不少女指战员,在抗战的正规队伍里就十分罕见。可见,战争体制同常态下的社会管理体制一样,越是规范的,便越是男性中心的,这也是我们日后在做战争史或军事史的时候需要格外留心的部分。

[①] 李小江主编:《让女人自己说话·亲历战争》导言,生活·读书·新知三联书店2003年版。

文化现象

第二部分（中编），作者试图跳出一般史书共有的历时性叙事走向，突破线性思维模式，在文化层面上展现女人与战争的深层关系。文化具有顽强的生命力和传播力，跨时代甚至跨越长时段，可以延伸到各不相同的社会领域。原生的文化形态具有鲜明的地域性，大小事项都能反映出"一方水土"蕴含的世故人情。作者于文化名下深入发掘，在正史之外让我们看到了更多的历史画面：

> 我们对于"女军"的讨论，许多信息来自不同文献中保留的资料。可知以往对于女子参与军事生活和战争实践的历史文化现象，保留着部分记载。有一些文化史文献的内容，体现了对"女军"比较集中的关注。（468）

作者从各类史料中提炼出了一些有代表性的现象，不厌其烦地考证其由来，挖掘其内涵，在文化层面上做出梳理，仿佛引线，方便后人寻迹追踪。

首先是**名称**。"名不正，则言不顺。"（《论语·子路》）遗憾的是，历史上对参战女子的称谓多半"不正"，如（第九章）"女寇""女匪""女贼"……统统可以囊括在"女祸"名下，这与历史上从军女子多在造反义军的队列里有关。对正面战场上出现的军中女子，正史中从不在"军事"名下专列，大都被收录在各地方志的《列女传》中，与"烈女"并称，被看作家族和地方的荣耀。

其次是**女巫现象**。中编"女军史的文化考察"就专章讨论"女巫"，在军事行为名下揭示其对战争的多重作用，如"女巫诅军""炙杀""舞刀"表演等等。这些女巫集"祀与戎"于一身,多发生在早期部族战争中,具有浓厚的迷信和宗教色彩。作者以"女魃""玄女"为例,认为"她们在黄帝军事生涯中带有神秘色彩的表演,或许可以看作早期战争中女巫的作用的一种曲折反映"。[1] 世界各国早期文明中都有女巫出现,处置方式却大相径庭。欧洲史上有猎杀女巫的残酷运动[2],在人类精神史上发挥过重要作用的"女巫"在中世纪毁于一旦。相比较而言,王子今的认识在当代中国史家中是共识,具有鲜明的中国特色:

> (早期中国)女巫在与凶灾和死丧相抗争的活动中,是寄托着取胜期望的神格与人格兼于一身的代表。她是战斗者,也是牺牲者。女巫的神力,一部分是因这种悲壮的演出而生发出来的。(300)

作者提示:"女巫的社会文化职能,在先秦文献中已多见记载。"(297)之后的正史文献和民间笔记中女巫的身影黯然退出,并不是集体"诛杀"的结果,不妨看作女性全面退出社会生活之一例,仅"在一些民族学资料中还可以看到若干遗存"(323)。

再次是"妇女好兵之风",在历史上非常普遍,"好兵""爱武"的行头和装饰乃至行为方式,在历代女子中常常成为一种时尚,一直沿袭至今。20世纪60年代毛泽东写《七绝·为女民兵题照》:"飒爽英姿五尺枪,曙光初照演兵场。中华儿女多奇志,不爱红装爱武装。"这种现象在中国古已有之,在世界范围内却不多见。各国军书中少有

---

[1] 王子今、张经:《中国妇女通史·先秦卷》,杭州出版社2020年版,第28—29页。
[2] 参阅[意]西尔维娅·费代里奇著,龚瑨译:《凯列班与女巫:妇女、身体与原始积累》,上海三联书店2023年版。

为女军人设专题的，新编《中国军事史》将妇好（商王武丁的王后）称为"没有军职的女统帅"[①]，这在世界军事史上也不多见。

> 从民俗史考察的视角，可以发现妇女好武，是曾经历史时期不同阶段的社会风习……在某些历史条件下，一些女子好兵爱武的性格倾向，对于当时时代精神的形成，确实产生了重要的影响。这种民俗史迹象，有时表现为区域个性与民族个性，但是也成为其总体文化风貌的构成内容。（351）

京剧中的刀马旦即为典型的一例。1990年4月，我受乐黛云先生邀请去北大讲学，午餐桌上她第一次提出了"刀马旦"现象，问："这可是中国历史上特有的现象？"自此，我对这个问题一直保持警觉和关注。《女军史》将此现象提升到民族文化的高度，让我们在如此这般的世故人情中看到"一方水土"特有的地缘文化品质，其与华夏民族战争史上"以防御为主"的特点不无关联。

传统女军观

本书的下编，是作者对中国社会中长期存在的"**女军观**"的归纳和总结，主要有三个内容（作者列出四个，其中"艺术"可归纳在第二个内容中），分别有不同的起因和传播空间，自古至今，影响深远。

其一，"**男女有别**"的性别观念根深蒂固，在民间意识中占主导地位。湖北云梦睡虎地秦简《日书》和甘肃天水放马滩秦简《日书》中都列有"牡月"和"牝月"以及"男日"和"女日"，与《论衡·讥

---

① 蓝永蔚、黄朴民、刘庆、钟少异：《五千年的征战：中国军事史》，第18页。

日》中所谓"刚柔相得,奇耦相应,乃为吉良",即强调男女各司其职以求"阴阳调和"的出发点是一致的。[①] 作者认为,"中国古代普遍流行的女子不利于军事的观念,正是在这样的文化基础上生成和扩衍的"。战国秦汉时期的民间礼俗中已经出现了对妇女从军持否定倾向的内容,如《商君书·垦令》中严格规定"令军市无有女子",[②] 与所谓"秦俗多忌讳之禁"[③]是一致的。这种意识基于神权,起于民间,是后世所说"军中有女气难扬"的源头。[④]（405）

其二,"双性化"的舆论空间,以文化精英为主要操刀手,通过俗文学和民间艺术的渠道广泛传播。古典文学艺术中,咏史怀古的歌咏绘画里多有表现女军的内容,诗词曲赋中也不乏涉及女子从军的作品。作者逐一分类列举,如敦煌文书中的《李陵变文》、徐渭所作《雌木兰》杂剧、《初刻拍案惊奇》中的"妖""淫"唐赛儿、《水浒传》中的女将,如"一丈青·母大虫·母夜叉"……包括《红楼梦》在内,第七十八回《老学士闲征姽婳词,痴公子杜撰芙蓉诔》中谈到女子从军,引出贾宝玉作《姽婳词》称赞林四娘守城捐躯:

…………
贼势猖獗不可敌,柳折花残实可伤。
魂依城郭家乡近,**马践胭脂骨髓香**。
星驰时报入京师,谁家儿女不伤悲!
天子惊慌恨失守,此时文武皆垂首。

---

① 刘乐贤:《睡虎地秦简日书研究》,文津出版社1994年版,第69—72页。
② 高亨注译:《商君书注译》,中华书局1974年版,第27页。
③ 贾谊:《过秦论》,《史记》卷六《秦始皇本纪》,中华书局1959年版,第278页。
④ 清代嚸西复侬氏、青村杞卢氏的《都门纪变百咏》,是记叙庚子前后义和团运动期间京津地区情景的竹枝词。其中描写"红灯照"的内容有"军中有女气难扬"句。王利器、王慎之、王子今辑:《历代竹枝词》,陕西人民出版社2003年版,第3485页。

> 何事文武立朝纲，不及闺中林四娘。
> 我为四娘长太息，歌成余意尚彷徨。（439）

　　王子今认为，《姽婳词》中关于女军作战的描写是有史实根据的，并非文人凭空虚构。贾宝玉的诗文出口即招来一片喝彩，可见上层社会对"女军"的态度，可圈可点：既有正面讲述女子从军的故事，又有"马践胭脂骨髓香"的惨烈描述；在赞扬林四娘的同时顺带嘲讽了满朝的男性文武官员，与中国古典文学中历代男性文人借弱者女声强势发言的双性化（androgyny）特质如出一辙。[①]

　　其三，"**女祸论**"在主流社会占据主导地位，对"女戎"持否定态度。作者指出，古代文献中可见的"女戎"说法多指因女子引起战乱危机等现象，未必与"女军"直接相关，间接地影射与女子有关的武装行为、军事生活和战争灾难。因此，主流社会对"女戎"始终保持警惕和批判的态度，这与整个社会以儒家思想为导向的性别观念是一脉相承的。《国语·晋语一》中史苏向大夫列举历史上的诸多教训，曰：

> 昔夏桀伐有施，有施人以妹喜女焉，妹喜有宠，于是乎与伊尹比而亡夏。殷辛伐有苏，有苏氏以妲己女焉，妲己有宠，于是乎与胶鬲比而亡殷。周幽王伐有褒，有褒人以褒姒女焉，褒姒有宠……周于是乎亡。

史苏断言："乱必自女戎，三代皆然。"韦昭注："戎，兵也。

[①] ［美］孙康宜：《独行的缪斯：自传、性别研究及其他》，广西师范大学出版社2022年版，第354—356页。

女兵,言其祸犹兵也。"① 作者进而解释:这里所说女祸导致的政治危害犹如"兵""戎"军战,可导致王朝覆亡。后人政论、史论用"女戎"之说,亦往往言及战争史上的教训。(464)这种论调和看法在中国历史上其实一直是占主导地位的。溯其说之原始文本,这里可见一斑。

史家作文,在史料铺陈之后总会说到思想观念即意识形态的作用,《女军史》也不例外。但在现实生活中,思想观念和意识形态其实不是用作垫底的,而是个人行为和社会行动的不二指南,怎么强调它的重要性都不过分。站在今天的高度宏观地审视,在世界范围内,对女子与战争的关系主要有两种看法,出发点或许都是同情女子或支持男女平等的,观点却相互对立。

一种相对传统,认定"女性是战争的受害者",战争理应让女人走开。另一种是现代的,认为女子参军打仗是"妇女权利"的重要标志,极力张扬女人在战争中的历史贡献。这两种认识其实都有一定的偏差,都是特定时期的意识形态使然:前者以"女人,你的名字是弱者"【莎士比亚】为认知基础,在男性主导的社会领域中居高临下地俯瞰所有女性。它的失误,就在它忽略了"人人平等"的现代原则在战争领域中也是有效的。父权制社会中男性即兵源,从生命的角度看,男性在战争中"受害"更为直接、深重和普遍,并且受到社会鼓励和奖励,"贪生怕死"这种正常的反应因此在道德上被赋予了负面评价。后一种认识多半出自女性主义学者,看"战争是政治的继续"【克劳塞维茨】,主张女子和男人一样上前线打仗,各兵种和各军阶中都应该有女性的位置——相比而言,我倒是认同二战中美军远东部队司令贝尔德将军的说法:"说句老实话,女兵的贡献虽然是很大的,

---

① 〔春秋〕左丘明撰,徐元诰集解,王树民、沈长云点校:《国语集解》(修订本),中华书局 2002 年版,第 250—251 页,第 256 页。黑体为本文作者加。

但是她们所遭到的困难比贡献更大……只能在万不得已的时候才可以使用女兵。"[1] 所谓"万不得已",一如早期部落战争和晚近的反法西斯战争,不仅关乎民族和国家存亡,也有关人类社会的道义责任,女性参战,义不容辞。

2024 年 1 月 18 日

大连·庄河·西山湖畔

---

[1] 引自[美]海伦·洛根著,乐山译:《美国的女兵》,第 47 页。

目　录

001　引言
007　上编　历代女子的军事生活

009
第一章
早期部族战争
中的女性

1. 新石器时代随葬武器的女性墓　010
2. 黄帝蚩尤战争中的"玄女"神话　018
3. "黄帝女魃"　026
4. "女子之国"与"轩辕""女主象"　028
5. 东巴教的"勇猛女子祭丧仪"　031
6. 武装女萨满和女萨满的武功　036
7. 民族志资料中的女性战神　039

041
第二章
殷商两周时代
女性的军事实践

1. 殷墟5号墓的主人：女统帅妇好　042
2. 晋姜出征　053
3. "男女以辨""男女以班"　054
4. 孙武教女兵　056
5. 《墨子》城守各篇所见"丁女""坚守胜围"责任　064
6. 《商君书·兵守》："壮女为一军"　067
7. 田单守即墨："妻妾编于行伍之间"　070
8. 平原君守邯郸："夫人以下编于士卒之间"　071
9. "壮男壮女各为军"与"女子从军"　074
10. "圣女"筑城传说　075

077
第三章
秦汉时期的女军

1. "女子乘亭障"　077
2. 边军"妻子自随"　080
3. 匈奴女子参战史例　084

01

4. 女子"以为士卒衣补" 085
5. "丁女转输" 089
6. 女子"被甲" 091
7. 吕母起事,"引兵入海" 093
8. 迟昭平"聚数千人在河阻中" 095
9. "交阯女子徵侧反" 096
10. 黄巾军"妇子" 099
11. "女服贼" 100
12. 汉墓出土武装女俑 103

106
第四章
魏晋南北朝
女子的军战生涯
与勇武故事

1.《晋书·列女传》勇武故事之一：
   张茂妻陆氏 107
2.《晋书·列女传》勇武故事之二：
   荀崧小女灌 108
3.《晋书·列女传》勇武故事之三：
   王凝之妻谢氏 109
4.《晋书·列女传》勇武故事之四：
   虞潭母孙氏 110
5.《晋书·列女传》勇武故事之五：
   苻登妻毛氏 110
6. 刘遐妻"骁果有父风"破敌"万众" 111
7. "女司马"孔氏 113
8. 北国女将 114
9. 襄阳夫人城 116
10.《李波小妹歌》 118
11.《木兰诗》 119
12. 岭南圣母冼夫人 126

131
第五章
隋唐"娘子军"

1. 平阳公主"娘子军" 131
2. 文佳皇帝陈硕真 135
3. "士女""妇人"参与"乡人""作乱" 138

4. 庞勋军女性"执兵"　140
5. 黄巢军中女子：
　　"金线""缝旗"，"雕鞍""走马"　140
6. 郑畋妻："自紉戎衣给战士"　141
7. "寨将妇人"虞氏　142
8. "刘将军""著有战功"　143
9. 三女"歃血""讨贼"　144
10. 城邑争夺战中的女性：
　　任氏、奚氏、高氏　145
11. 军装宫妓·军装武妓　146
12. "后土夫人"的"妇人""兵仗"　152
13. "胡人女"金氏"犷悍""善弓马"　153
14. 独孤氏"女队二千人"　154

155
第六章
宋辽金元战争中的妇女

1. "贼帅白项鸦"　155
2. 杨门女将：历史与传说　157
3. 苏东坡笔下的"侍女戎装骏马"　163
4. 赤水女武士石刻　164
5. 萧太后"亲御戎车，指麾三军"　174
6. 女真族"妇人统兵"史例：沙里质、阿鲁真、完颜仲德妻　175
7. 梁红玉"亲执桴鼓"　177
8. 杨四娘子梨花枪　179
9. 党项"女兵"　181
10. 梁氏"自主兵"　182
11. 西夏的"寨妇"　184
12. "一丈青"与"曾氏妇"　186
13. "八百媳妇"　188
14. 蛇节"健黠而能兵"　189
15. 《元氏掖庭记》"舟上""女军"　191

194
第七章
明代军中女子：
女帅·女将·女兵

1. "妖妇唐赛儿"起事　194
2. 邓茂七起义："女将军"　196
3. 刘六、刘七起义："杨寡妇军"　197
4. "连氏"军"西寇""南掠"　198
5. 明代"木兰"：韩贞女从军　199
6. 女帅秦良玉　201
7. 红娘子传奇：
　 明末农民军中的女将和女兵　208
8. 《明史·列女传》"义烈"事迹：于氏、萧氏、
　 杨氏　211
9. "夫人城"与"宁武关"刘氏故事　213
10. "两女将军"：沈云英和刘淑英　215
11. "威猛莫伦"阮姑娘　220
12. 苏氏"女子军"　221
13. 青阳楼上红旗下，娘子援桴指血流　222

227
第八章
清代
"女营""女兵"

1. 满族妇女：执鞭驰马，不异于男　227
2. 白莲教首领王聪儿　229
3. "黑丫头负殊勇"　230
4. 太平军女营与"女元帅""女兵"　231
5. "太平天国之妇女军"　233
6. 《苏三娘行》　234
7. 小刀会周秀英　236
8. "朱氏败粤寇"　238
9. "教匪七姑娘"　240
10. 红灯照　241
11. 冯婉贞　246
12. "孙夫人会同刘小姐台中彰化县大胜"　248
13. 辛亥革命女子军　249

中编　女军史的文化考察

第九章　"女寇"女匪""女贼"　251

1. "女童谣"："祸将生于女，国以兵寇亡"　253
2. 黄巾军"妇子""甚众"　255
3. "女寇""悍毒"，"勇鸷善斗"　255
4. 《清稗类钞》"征女寇"战事　259
5. 关于"女匪"　261
6. "女贼"与"女贼""夷讨"　263

第十章　"女儿国"军事　265

1. 作为政治实体与军事实体的"女儿国"　265
2. 丈夫"唯以征伐为务"而女性贵族"共知国政"　269
3. "女国"的"战争"　270
4. "女王""将军"名号　271
5. 海外"女国"："最骁勇善战"　272

第十一章　"女役"与军事史　274

1. "女役"形式之一：城守　274
2. "女役"形式之二：军事工程营筑　281
3. "女役"形式之三：军运　284
4. "女役"形式之四：军中炊事　286
5. "女役"形式之五：军用被服制作　287

第十二章　汉代的"卒妻"：军中女子身份个案研究　289

1. 边军女子身份异议　289
2. 汉史"女子出征材料"　290
3. "女兵""女军"名义　291
4. "军吏""妻子家属"与"卒妻"　291
5. 关于"刑徒兵制"　292
6. "卒妻"与质葆制度　293

297
第十三章
女巫的军事行为

1. 女巫：早期军事文化中的神秘角色　297
2. 汉匈战争的背景和胡巫的影响　302
3. 女巫诅军　310
4. "炙杀"，以"血""厌之"与"舞刀"表演　317
5. "厌胜"巫术　319
6. "女巫圣七娘"　322
7. 集体巫舞："跳七姑娘""跳七姊妹"　324

326
第十四章
女性"兵神""战神"和"护法神"

1. 黄帝玄女战法　326
2. "六丁玉女""六丁神女"　328
3. 以"佛母"为号召的武装暴动　331
4. "玄娘圣母""妖书"　334

335
第十五章
边地娘子军

1. 健妇节麾　335
2. 桃花乞　340
3. 《流寇志》："西南诸苗""女兵"　342
4. "唎厮啰"女将"乔氏""李氏"　343
5. 周遇吉"胡妇"　344
6. "女长城"　347
7. "红妆一队山阴下"　350

352
第十六章
民俗史迹象：妇女好兵之风

1. 好勇·好武·好兵　352
2. 刘备孙夫人"骄豪"　354
3. 女子爱军装　357
4. 《剑器》的文化内涵　363

373
第十七章
女子参预军谋

1. 以智决策，斡旋大事　373
2. 军旅之事，非妇人所豫也　379

    3. 韬略巾帼　380

    4. 孝庄皇太后告诫康熙　384

386
第十八章
随军女子的
特殊身份

1. "妇人""补兵"　386
2. 罪犯"诣边戍""妻子自随"　387
3. "军妻"与"军妇"　390
4. "营妓"和"营倡"　393
5. "军伶"：军中女乐　401

403　下编　传统女军观与文化人的"女军"关切

405
第十九章
妇女参与和军事
成败：中国传统
女军观之一

1. 李陵"剑斩"军中女子　406
2. 军中得力儿男事　409
3. 人类学、民族学的例证　411
4. 古久的迷信：女子对于战争的神秘作用　416
5. 二十八宿之女相　420

422
第二十章
女军的俗文学
形象：中国传统
女军观之二

1. 敦煌文书《李陵变文》　422
2. 徐渭《雌木兰》杂剧　424
3. 《初刻拍案惊奇》中的"妖""淫"唐赛儿　426
4. 《水浒传》女将：一丈青　母大虫　母夜叉　431
5. 《红楼梦》贾宝玉《姽婳词》　437
6. 多重视角的"林四娘"形象　441
7. 清代竹枝词中的女军　443

---

    1. "孝烈将军"歌咏　450

    2. 咏史怀古诗作中的"娘子军"唱诵　453

07

450 第二十一章 咏史怀古艺术表现中的女军：中国传统女军观之三

3. 描绘"女军"的历史主题画作　455
4. 明皇贵妃"风流阵"　457
5. 对于平阳公主"娘子军"的文化质疑　462

464 第二十二章 关于"女戎"：中国传统女军观之四

1. 《国语》说"男戎""女戎"　464
2. 汉晋战争史与"女戎"　465
3. 《新唐书》所谓"女戎"　467

469 第二十三章 "女军"的文化关注

1. 《列女传》的"节义"榜样　469
2. 《少室山房笔丛》"妇人掌兵"事　476
3. 《名山藏·列女记》"比木兰"事　478
4. 《女云台》《兰闺宝录》等"妇人统兵"事　480
5. 姜晓泉《儿女英雄画册》与陈文述跋　484

486 第二十四章 现代史学视野中的"女军"

1. 《吕思勉读史札记》"女子从军"条　486
2. 《顾颉刚读书笔记》论"女子服兵役"　487
3. 杨爱国、邢义田对"七女为父报仇"画像的解读　489
4. 妇女史论著的"女军"页面　491

493　**插图目录**

497　**参考资料**

499　**索引**

503　**后记**

511　**增订版后记**

引 言

在中国古代，多有女子好勇，女子习武，女子从军，或者女子以其他多种形式直接经历军事生活与战争的历史实例。

历史上有人曾经称因女性引起战事的现象为"女戎""女兵"。《国语·晋语一》记载，晋献公为征伐骊戎的军事计划问卜。"史苏占之，曰：'胜而不吉。'""公弗听，遂伐骊戎，克之，获骊姬以归。有宠，立以为夫人。"[1]然而对于战争结局，晋献公虽自以为"吉"："克国得妃，其有吉孰大焉"，但是史苏却说："有男戎必有女戎。若晋以男戎胜戎，而戎必以女戎胜晋。"认为晋国虽然在战场上以"男戎"战胜了"骊戎"，然而"骊戎"终将以"女戎"战胜晋国。他举出了夏、殷、西周末世败亡的历史教训[2]，又发布了"必败国，且深乱。乱必自女戎"的预警。这一预言果然应验于晋国史，后来"骊姬果作难，杀大子以逐二子"。

---

[1] 上海师范学院古籍整理组校点：《国语》，上海古籍出版社1978年版，第253—254页。
[2] 史苏说："昔夏桀伐有施，有施人以妹喜女焉，妹喜有宠，于是乎与伊尹比而亡夏。殷辛伐有苏，有苏氏以妲己女焉，妲己有宠，于是乎与胶鬲比而亡殷。周幽王伐有褒，有褒人以褒姒女焉，褒姒有宠，生伯服，于是乎与虢石甫比，逐太子宜臼而立伯服。太子出奔申，申人、鄫人召西戎以伐周，周于是乎亡。今晋寡德而安俘女，又增其宠，虽当三季之王，不亦可乎？"以上见《国语》，第255页。

对于史苏所谓"有男戎必有女戎",韦昭解释说:"戎,兵也。女兵,言其祸由姬也。"对于所谓"乱必自女戎"的理解,韦昭认为:"女戎,女兵也。"①史苏回顾了夏、商、西周妺喜、妲己、褒姒的故事,即传统以为"女祸"者。②这里所谓"女戎""女兵"是说因女子政治表现导致的战乱,如韦昭所谓"女兵,言其祸由姬也"。这与我们讨论的"女军"字面形式看起来接近,实质却有所不同。这是应当予以区别的。

中国悠久的历史,留下了丰富的记忆。在多种历史文化遗存中,可以频繁看到女子直接参与军事生活和战争的情形。相关史实形成表现社会历史演进的多彩画面,也为我们认识和理解我们民族文明史的全景,开启了可以透见特殊光亮的视窗。

对于不同历史时期直接从军的妇女以及她们所组成的作战部队,文体形式不一且文化立场有异的历代多种文献往往各有表述。我们在片断的历史记述中,可以获得有意义的发现。

比如,就社会称谓形式而言,我们可以看到有"娘子军""娘子兵""娘子师"等说法,用以指代"女军"组织。《旧唐书》卷五八《平阳公主传》记载:"时公主引精兵万余与太宗军会于渭北,与绍各置幕府,俱围京城,营中号曰'娘子军'。"③《新唐书》卷八三《平阳公主传》写道:

---

① 《国语》,第264页。
② "女祸"一说见于正史,较早有《新唐书》卷五《玄宗纪》:"自高祖至于中宗,数十年间,再罹女祸,唐祚既绝而复续,中宗不免其身,韦氏遂以灭族。"〔宋〕欧阳修、宋祁撰:《新唐书》,中华书局1975年版,第154页。
③ 〔后晋〕刘昫撰:《旧唐书》,中华书局1975年版,第2315页。

"（柴）绍及主对置幕府，分定京师，号'娘子军'。"①《隋唐嘉话》卷上："平阳公主闻高祖起义太原，乃于鄠司竹园招集亡命以迎军，时谓之娘子兵。"②秋瑾《题芝龛记》歌颂明末女将军秦良玉："摭撑乾坤女土司，将军才调绝尘姿。靴刀帕首桃花马，不愧名称娘子师。"③此外，还有"妇人队"④"女子军"⑤"女军"⑥等多种名号。而反政府武装力量中的女性构成，以及其中以女性为首领的武装集团，我们在正史记录与文献遗存中可以看到，权威意识形态与正统舆论形式往往以鄙夷的语调称之为"女寇"⑦"女匪"⑧"女贼"⑨。

---

① 《新唐书》，第3643页。《题唐明皇马上击球图》："直自平阳公主后，又成一班娘子军。"《庄乐间崔曼亭两同年皆工诗庄夫人董兰谷崔夫人钱浣青亦皆工诗两家又同居一宅闺阁韵事近代罕有钦羡之余奉赠八绝句》之七："如何恶少雕青外，又遇一班娘子军。"〔清〕赵翼著，李学颖、曹光甫校点：《瓯北集》卷七、卷二七，上海古籍出版社1997年版，第130页，第603页。道光《补辑石砫厅新志·艺文下》录清人史钦义诗赞美明末著名女将秦良玉，也有"细柳娘子军"句。《中国地方志集成·重庆府县志辑》编委会编：《中国地方志集成·重庆府县志辑》第21册，巴蜀书社2017年版，第91页。
② 〔唐〕刘悚撰，程毅中点校：《隋唐嘉话》，中华书局1979年版，第3页。
③ 李宗邺编：《注释中国民族诗选》第4册，中华书局1941年版，第102页。
④ 〔元〕柳贯撰：《黄宗道播州杨仪娘独骑图》，杨镰主编：《全元诗》第25册，中华书局2013年版，第203页。
⑤ 〔宋〕罗椅撰：《幼舆折齿歌》："白石国城三十六，女子军来两城覆。"〔清〕顾嗣立、〔清〕席世臣编：《元诗选癸集》癸之甲《金宋遗老》，中华书局2001年版，第18页。郭孝成：《民国各团体之组织·女子军之跃起》，中国史学会主编：《中国近代史资料丛刊·辛亥革命》（七）附录《民国各团体之组织》，上海人民出版社1957年版，第539—548页。
⑥ 《清稗类钞·战事类》"奉黑将军征多艾女寇"条："女军有新式兵器。"徐珂编撰：《清稗类钞》，中华书局1981年版，第931页。
⑦ 〔清〕汪绂撰：《戊笈谈兵》卷二上《七曜灾祥第二》"垒壁羽林"条："火行入垒，流血成濠。水月犯之，则有女寇。"《四库未收书辑刊》第拾辑第7册，北京出版社2000年版，第461页。
⑧ 〔清〕鄂辉等撰：《钦定平苗纪略》卷四四、卷四九，《四库未收书辑刊》第肆辑第14册，第684页，第748页，第750页，第751页。
⑨ 〔晋〕陈寿撰，〔宋〕裴松之注：《三国志》卷二九《魏书·方技传·周宣》，中华书局1959年版，第810页。赵尔巽等撰：《清史稿》卷四三二《唐训方传》，中华书局1977年版，第12323页。

对于各种女子从军队伍及勇武个人表现突出、留下较深刻历史记忆的"娘子军""娘子兵"等，我们或许可以统称之为"女军"。

女子从军，或者以其他武装形式投入暴力斗争，以不同方式参与战争实践以及军事生活，是值得重视的社会文化现象。这种现象形成了不同时期皆曾出现的历史存在。妇女的这种参与，有直接的表现，也有间接的情形；有积极投身者，也有被动卷入者。

与"女军"相关的诸多史事，有深刻的社会历史原因，有纷杂的社会历史表象，也有长久的社会历史影响。就此进行考察，是史学研究者的任务。相关说明，也是所有关心中国历史文化的人们应当注意的。通过对女性以激烈方式参与社会发展与社会演化进程的这种现象的分析，我们可以了解历史上妇女在社会结构中的地位，面对社会动荡的态度及其在社会文明进程中的作用。

对相关历史现象的分析，也有助于我们增进对于中国古代妇女生活史的全面认识。

对历史上"女军"的分析，还可以帮助我们在回顾中国历代军事史时，从新的角度得到新的发现。

分析这一现象在不同时期的历史存在，又可以真切地了解当时的社会礼俗，认识当时的文化风貌，体味当时的时代精神。

通过社会舆论对这一现象的评价，还可以从一个重要侧面理解中国传统文化的若干特质。探讨中国传统社会对于妇女地位与作用的文化观念的历史演变，也可以由此发现若干线索。

女子从事战争实践的历史事实，说明了在我们民族曾经走过的历史阶段中，社会意识中勇武精神曾经体现出主导作用的倾向，也说明了当时妇女曾经在社会生活中可能居于较其他时代相对重要的地位。尽管女子经历军事生活往往是一种被迫发生的社会行为,又每每被看作社会民生疾苦和社会秩序失常的表象之一,但是从社会史考察的角度看,对于妇女应有的社会作用的实现,也应当肯定其值得重视的特殊意义。

这本《中国女军史》准备以中国古代的历史记录为主,总结古来女子从军史事,论述中国妇女生活史的这一重要方面,同时从社会史、文化史、军事史的角度,分别对有关的历史现象进行必要的讨论。

拂去千百年的尘埃,也许我们会发掘出以往为人们所忽视的社会史与文化史的轨迹。

也许我们在发现许多历史真实情境的同时,还可以看到古来勇武女子所持的刀剑,其雪亮的锋刃,曾经怎样闪耀着形成我们辉煌的民族精神的英雄主义的光辉。

道光《补辑石砫厅新志·艺文下》录有清代文人冯渠《明史杂咏》诗,感叹明末著名抗清女将军秦良玉的事迹,其中写道:"肉食男儿满方镇,平台御墨赐钗裙","漫羡高梁谯国妇[①],有明又见女长城"。[②]"长城",常常被视为中华民族刚强不屈的文化精神的象征,如果我们借

[①] 指南朝末年至隋初以军事力量安定岭南,为全国统一作出贡献的越族女领袖冼夫人。冼夫人以拥护隋王朝的大一统政治之功,册为谯国夫人。据说她出生于高凉,"高凉"又写作"高梁"。后文"长城"一语,可能又与她最初击杀别有政治企图的高州刺史李迁仕,支持陈主陈霸先的军事实践有关。〔唐〕魏徵等撰:《隋书》,《隋书》卷八〇《列女传·谯国夫人》记载:"夫人击之,大捷。""夫人总兵与长城侯陈霸先会于灨石。"中华书局1973年版,第1800—1803页。〔唐〕李延寿撰:《北史》卷九一《列女传·谯国夫人冼氏》写道:"夫人击之,大捷。因总兵与长城侯陈霸先会于灨石。"中华书局1974年版,第3005页。
[②] 道光《补辑石砫厅新志·艺文下》,《中国地方志集成·重庆府县志辑》第21册,第87页。

用这一譬喻，将赞誉"女军"的"女长城"一语理解为中国妇女在历史上筑成民族文化正直高大之脊梁时的伟大作用的一种象征，可能也是适宜的。

当然，在肯定"女军"勇武精神所表现的积极文化意义的一面时，我们也应该看到女子的苦难和牺牲。

上 编

历代女子的军事生活

第一章　早期部族战争中的女性

大致在原始社会晚期，当不同的人类群体出于争夺自然资源或其他原因发生的冲突升级为暴力形式之后，出现了氏族与氏族之间、部族与部族之间、部族联盟与部族联盟之间的战争。

有一种传统说法，片面地强调战争是政治的继续，战争是阶级斗争的最高形式。似乎在阶级社会出现之前，是没有战争的。

这样的见解，其实是并不符合历史真实的。恩格斯在论述人类早期社会形态的特征时早就指出，"战争就像相邻几个公社集团的同时并存一样古老。"恩格斯说，在生产发展到一定程度时，劳动力获得了价值。"但是公社本身和公社所属的集团还不能提供多余的可供自由支配的劳动力。战争却提供了这种劳动力……""先前人们不知道怎样处理战俘，因此就简单地把他们杀掉，在更早的时候甚至把他们吃掉。但是在这时已经达到的'经济情况'的水平上，战俘获得了某种价值；因此人们就让他们活下来，并且使用他们的劳动。"于是，"奴隶制被发现了"[①]。生产的进步增加了劳动量，"吸收新的劳动力成为人们向往的事情了。战争提供了新的劳动力：

---

① [德]恩格斯：《反杜林论》，中共中央马克思恩格斯列宁斯大林著作编译局编译：《马克思恩格斯选集》第三卷，人民出版社2012年版，第560页。

俘虏变成了奴隶"①。

这就是说,早在奴隶制出现之前相当长的历史时期,战争已经存在。战争现象"是由来已久的"。

恩格斯还曾经指出,在"野蛮时代低级阶段","氏族制度"形成,"至少是在个别情况下把亲属部落联合在一起的""部落联盟"等社会组织、社会结构,"能够处理在这样组织起来的社会内部一切可能发生的冲突。对外的冲突,则由战争来解决;这种战争可能以部落的消灭而告终,但从没能以它的被奴役而告终。氏族制度的伟大,但同时也是它的局限,就在于这里没有统治和奴役存在的余地"②。

也就是说,原始时代不仅存在战争,而且以当时的社会条件看,战争破坏的惨烈和战争延续的长久,都达到了惊人的程度,以致"可能以部落的消灭而告终",而氏族成员对战争参与的广泛,可能也是今人所难以想象的。

1. 新石器时代随葬武器的女性墓

性别分工在原始时代已经形成。传说时代,据说黄帝"习用干戈,以征不享","天下有不顺者,黄帝从而征之,平者去之,披山通道,未尝宁居"。这一时代"时播百谷草木,淳化鸟兽虫蛾"的文明进步,可能应当多归功于妇女。"嫘祖为黄帝正妃。"③嫘,又写作傫、累、

---

① [德]恩格斯:《家庭、私有制和国家的起源》,《马克思恩格斯选集》第四卷,第177—178页。
② [德]恩格斯:《家庭、私有制和国家的起源》,《马克思恩格斯选集》第四卷,第174—175页。
③ 〔汉〕司马迁撰,〔宋〕裴骃集解,〔唐〕司马贞索隐,〔唐〕张守节正义:《史记》卷一《五帝本纪》,中华书局1959年版,第3页,第6页,第10页。

纍、絫、縲、纝，字皆从"糸"。《说文·糸部》："糸，细丝也。象束丝之形。凡糸之属皆从糸。"段玉裁注："丝者，蚕所吐也。细者，微也。细丝曰糸。"①"嫘祖"之"嫘"及其他异写形式，都由自"糸"的多种变化。"嫘"之字源与"丝""细丝"有密切的关系。黄帝和嫘祖的作为，说明了早期性别分工的实现。②

恩格斯写道，在通常的情况下，"分工是纯粹自然产生的；它只存在于两性之间。男子作战、打猎、捕鱼，获取食物的原料，并制作为此所必需的工具。妇女管家，制备衣食——做饭、纺织、缝纫。男女分别是自己活动领域的主人：男子是森林中的主人，妇女是家里的主人。男女分别是自己所制造的和所使用的工具的所有者：男子是武器、渔猎用具的所有者，妇女是家内用具的所有者"③。但是在早期战争"可能以部落的消灭而告终"的形势下，为避免自己"部落的消灭"，妇女积极参与战争是必然的。

在原始时代的战争中，女性曾经发挥过重要的作用。

英国著名人类学家詹·乔·弗雷泽在《金枝：巫术与宗教之研究》一书中曾经写道："据报导，安哥拉的一个常打胜仗的部落贾加人，他们毫无例外地杀掉他们所有的婴儿，为的是使妇女们在行军中不受牵挂……"④这个部落的妇女，显然有"行军"的实践，很可能也参加作战。

原始时代的妇女，其体质特征和性格特征，可能与我们今天所想

---

① 〔汉〕许慎撰，〔清〕段玉裁注：《说文解字注》，上海古籍出版社1981年影印版，第643页。
② 王子今：《汉代"嫘祖"的历史记忆与文化影响》，《石家庄学院学报》2017年第4期。
③ 〔德〕恩格斯：《家庭、私有制和国家的起源》，《马克思恩格斯选集》第四卷，第175页。
④ 〔英〕詹·乔·弗雷泽著，徐育新等译：《金枝：巫术与宗教之研究》，中国民间文艺出版社1987年版，第430页。

象的有所不同。她们生育和抚养子女所付出的精力，很可能也并不如今人所想象的那样多。当时，杀婴是相当普遍的现象。通过考古发掘资料可以看到，溺杀女婴的做法，甚至使得中国新石器时代人口性别的比例表现出不平衡。①

分析新石器时代劳动工具随葬所表现出的性别差异，对于我们讨论的问题，可能也是有意义的。因为在人类早期的活动中，工具，往往同时又兼作武器。恩格斯就曾经说过："我们所发现的最古老的工具是些什么东西呢？根据已发现的史前时期的人的遗物来判断，根据最早历史时期的人群和现在最不开化的野蛮人的生活方式来判断，最古老的工具是些什么东西呢？是打猎的工具和捕鱼的工具，而前者同时又是武器。"②

关中及汉水流域新石器时代早期的前仰韶文化的墓葬中，宝鸡北首岭7座下层墓葬中，石镞被作为男性的随葬品，石球则出自女性墓。这或许可以说明男性和女性在生产和生活中所承当的角色不同。不过，石镞和石球，都可以作为狩猎工具，当然也都如恩格斯所说，"同时又是武器"。在临潼白家墓地，石斧、石铲和骨铲出自男性墓，而尖状器则出自女性墓。这两类器物，同样可以共同用于狩猎和战争。

中原地区裴李岗文化墓葬的发掘，也有大致类同的发现。1978—1980年在长葛石固发掘的69座裴李岗文化墓葬中，有20座随葬劳动工具。

---

① 王仁湘：《原始社会人口控制之谜》，《化石》1980年第4期；陈铁梅：《中国新石器墓葬成年人骨性比异常的问题》，《考古学报》1990年第4期；王仁湘：《我国新石器时代人口性别构成再研究》，中国社会科学院考古研究所编著：《考古求知集：'96考古研究所中青年学术讨论会文集》，中国社会科学出版社1997年版，第68—82页。
② [德] 恩格斯：《自然辩证法》，《马克思恩格斯选集》第三卷，第994页。

骨镞11件，其中10件出土自男性墓，而女性墓也发现1件。11座墓中总计出土了21件石斧、石锛、石铲，8座男性墓共计随葬18件，2座女性墓随葬2件，1座墓主性别不明的墓中随葬1件。舞阳贾湖遗址1983年试掘的裴李岗文化墓葬中，石斧主要见于男性墓，但1座女性墓中也出土了1件。可见，当时男性墓葬中随葬的平时使用的工具和武器，女性同样也在使用。

仰韶文化时期的墓葬中，也可以看到类似的情形。

在姜寨一期40座随葬劳动工具的土坑墓中，石斧全部出土于男性墓，石球则大多出土于女性墓，其他劳动工具的性别差异不太明显。

华阴横阵墓地出土的2件石斧，分别发现于Ⅱ号大坑1号墓一壮年男性和一壮年女性人骨的腰部。

在南郑龙岗寺半坡类型墓葬中，石镞、骨镞出土于19座男性墓葬，2座女性墓葬。随葬石斧、石锛、石铲的墓葬多为男性墓，但是女性墓也占一定的比例。

郑州大河村1972—1975年发掘的属于仰韶文化晚期的60座大河村四期墓葬中，有5座有随葬品，其中随葬有弹丸的2座墓葬，均为成年女性墓。

淅川下王岗发掘的仰韶文化一期和二期（仰韶文化早期和中期）墓葬计574座，石斧、石锛、石铲和石凿等大型工具多出土于男性墓，但是也有一些出土于包括女性个体在内的男女合葬墓以及女性墓，如M171。这座墓中还出土了镞这种兼作武器的工具。骨镞和石镞发现于42座墓，其中多为男性墓，但是也有一些包括女性个体在内的男女合葬墓和少数女性墓。出土镞的女性墓除M171外，还有M476、M141、M302。

在淅川龙山文化墓葬中，M121墓主为一中年女性，随葬骨凿1件，

M219 墓主为一女性儿童，随葬骨镞 1 件。①

华县元君庙墓地发现蚌刀 7 件。这种器物或见于集体合葬墓中的女性身侧，或直接见于女性单人墓葬之中，显然，这是专属于妇女的随葬品。②

临潼姜寨第一期文化遗存的典型墓葬 M23，墓主为女性，50 岁左右，有骨镞随葬。其他成年女性墓中，M95 随葬石球 1 件，M158 随葬石球 3 件，M182 随葬石球 11 件。石球是投掷用猎具，当然也可以用作武器。M260 埋葬 1 名 40 岁以上女性，随葬卵石 9 件，其作用很可能与石球类似。③

新石器时代的随葬品，具有可以帮助我们认识死者生前的生产方式和生活方式的意义。

在原始时代，"被视为最有价值的物品都成为所有者的殉葬品，以供他在冥中继续使用"④。从这一认识出发，可以推想死后随葬狩猎工具兼武器的女性们当时的生活。

山东泰安、宁阳交界处的大汶口新石器时代遗址中，M10 墓主是一位成年女性，有朱绘大型葬具，多有玉石器和骨角牙器随葬，其中象牙雕筒置于头部上方，骨雕筒置于右膝旁，死者右腕佩玉质臂环，另佩有玉指环。特别值得注意的是，这座墓的随葬品中，还有 1 件精美的"玉铲"。这座墓是大汶口墓地中仅有的随葬 2 件象牙雕筒的 3 座墓之一，也是这处墓地仅有的随葬"玉铲"的 2 座墓之一。据

---

① 云翔：《新石器时代墓葬中随葬劳动工具的考察——以黄河中游地区为例》，《考古求知集：'96 考古研究所中青年学术讨论会文集》，第 83—113 页。
② 北京大学历史系考古教研室：《元君庙仰韶墓地》，文物出版社 1983 年版，第 25 页。
③ 西安半坡博物馆、陕西省考古研究所、临潼县博物馆：《姜寨——新石器时代遗址发掘报告》，文物出版社 1988 年版，第 401—409 页。
④ ［美］路易斯·亨利·摩尔根著，杨东莼等译：《古代社会》，商务印书馆 1977 年版，第 535 页。

发掘者记录，"10 号墓所出的碧玉铲，器形非常规矩，通体光洁无瑕，堪称为一件古代玉器的珍品"。这件"玉铲"长 19 厘米，墨绿色，[①] 不仅做工精细，形制特殊，其尺度也大于同一遗址出土的其他石铲和玉铲。有的学者称之为"玉钺"，是有一定道理的。应当看到，这种由兵器演变而来的"玉钺"，体现出所有者在战争和军事生活中的权力。

大汶口墓地中，发现 5 座没有入葬者骨架，然而随葬品相当丰富的墓葬，其中 4 座属于晚期。如果再加上没有人头骨的 M2，则晚期墓中共计 5 座墓属于这种异常情形，占大汶口晚期墓葬的 20%。有的学者分析，这些墓葬的死者，是"因意外死亡失去了尸体"，他们"可能就是在战争中冲锋陷阵的军事首领或战士"，他们的尸体或头颅已被作战对手"作为战利品携带而去"。"在本氏族中，其亲属为他们举行了隆重葬仪，并随葬大批器物供其死后享用，形成了富有的空墓。而肢体残缺的儿童，则可能是在敌人攻占村寨时的受害者，或被敌对部落或氏族猎头的。"据说，"肢体残缺不全的现象，在其他墓地中亦有发现。西夏侯上层 11 号墓，随葬品丰富，但墓主身首异地，即为一例"[②]。

可见，在大汶口文化的创造者生活的时代，部族战争是相当激烈的。我们如果在这一认识的基点上理解大汶口 M10"玉钺"的意义，可以发现女子在当时战争中的作用。

恩格斯在讨论原始社会的文化形态时曾经指出，在通常的情况下，"分工是纯粹自然产生的；它只存在于两性之间"。两性的劳作内容

[①] 山东省文物管理处、济南市博物馆编：《大汶口：新石器时代墓葬发掘报告》，文物出版社 1974 年版，第 123 页，第 35 页，第 138 页。
[②] 黎家芳：《从大汶口文化葬俗的演变看其社会性质》，山东大学历史系考古教研室：《大汶口文化讨论文集》，齐鲁书社 1979 年版，第 201—202 页。

不同。"男子作战、打猎、捕鱼，获取食物的原料，并制作为此所必需的工具。妇女管家，制备衣食——做饭、纺织、缝纫。男女分别是自己活动领域的主人：男子是森林中的主人，妇女是家里的主人。"工具的"制造"和"使用"因而有明显区别。"男子是武器、渔猎用具的所有者，妇女是家内用具的所有者。"①但是由于部族战争的发生，"可能以部落的消灭而告终"，在这种情势下，为自己"部落"的生存而战，妇女是必然会积极参与的。从考古资料来看，对于"男子是武器、渔猎用具的所有者，妇女是家内用具的所有者"的判断，似乎不能作简单化绝对化的理解。历史事实告诉我们，在这种分工发生的早期阶段，相反的例证并不乏见。除了我们在上文中所举出的实例以外，我们还看到男性墓中随葬"纺织、缝纫"等"家庭用具"的情形。在南郑龙岗寺仰韶文化半坡类型的墓葬中，陶错是女性墓有代表性的随葬工具，但2座男性墓（M424、M397）也曾出土。在淅川下王岗仰韶文化一期墓地中，唯一随葬骨针的墓（M423）是男性墓，这座墓还出土石环1件。同一墓地的仰韶文化二期墓葬中，有13座墓出土骨针，其中5座为男性墓，4座为男女多人合葬墓，其余4座埋葬者性别不明。在这一墓地的龙山文化墓葬中，M42为一座中年男性墓，然而出土陶纺轮2件。②

还应当指出，从其他一些迹象看，在出现前引诸例证的时代，是确实存在氏族与氏族之间、部族与部族之间、部族联盟与部族联盟之间的战争的。宝鸡北首岭77M17埋葬的是一位成年男性，"骨架仰卧伸直，脊椎及身体下半部骨骼保存完整，但无头骨，胸部之肋骨及上

---

① [德]恩格斯：《家庭、私有制和国家的起源》，《马克思恩格斯选集》第四卷，第175页。
② 参看云翔：《新石器时代墓葬中随葬劳动工具的考察——以黄河中游地区为例》，第83—113页。

肢骨亦只剩几根残骨","头部位置侧放着一个画有黑彩符号的尖底陶器，其下有皮毛样灰痕，再下又有木板灰痕，珍重之意十分明显，看来是用以代替失去之头颅的。此器东侧撒有朱红颜料"。发掘者推测，这一现象"可能与当时存在猎头风俗有关"。"77M17 墓主人也许就是在古时被猎去了头颅的不幸者。"①姜寨遗址第一期文化遗存中，"M71，死者为一个 12 至 15 岁小孩，腹部尚留有骨镞 1 枚，可能中箭而亡"②。这一现象，如果不是极偶然极意外的误伤，也应当理解为战争或类似战争的流血事件的遗存。

中国新石器时代墓葬中随葬品类别的资料，可以反映当时的妇女在战争生活中是扮演了参与者的角色的。

我们在考古资料中，还可以看到更为直接的能够说明当时女性曾经积极参与战争的若干实例。

云南元谋大墩子新石器时代遗址发掘的 19 座成人墓葬，"死者多数为青年，其中断肢、大石压身和身中石镞的占相当大的比例，看来是非正常死亡的遗骨"。据分析，"这批墓葬埋葬的可能不是本氏族的成员，而是氏族部落间械斗中被杀害的外族成员"。死者无论属于本族还是外族，都是早期战争的死难者。19 座墓葬中，7 座埋葬女性。在死者形态明显异常的 14 例中，5 例男性，4 例女性，5 例性别不明。其中女性死者的情形颇为引人注目。如：

> M4，死者为 25—30 岁女性，胸部和腿部各压有 1 块大石，胸、腹部位发现石镞 10 余枚。

---

① 中国社会科学院考古研究所：《宝鸡北首岭》，文物出版社 1983 年版，第 84—85 页，第 129 页。
② 《姜寨——新石器时代遗址发掘报告》，第 63 页。

图 1　元谋新石器时代遗址
人骨残留石镞的女性墓 M8

图 2　元谋新石器时代遗址
人骨残留石镞的女性墓 M9

M8，死者为 22—26 岁女性，左腿伸直，右腿屈于左腿之下，双手前拱，似捆绑状，胸、腹部位发现石镞 10 余枚。

M9，为母子合葬墓，死者一为 27—33 岁女性，一为 6—8 岁幼童。成人女性缺右手，右腿折断，臀部有石镞 1 枚。

M17，死者为 18—21 岁女性，双腿折断，置于胸、腹部位，脊椎骨旁有石镞 4 枚。①

从这些异常死亡的女性身中箭镞之集中、肢体伤残之严重，可以推知她们在战争搏斗中的英勇。

2. 黄帝蚩尤战争中的"玄女"神话

早期部族战争中妇女的作用，还可以通过传说时代的神话遗存得到说明。

---

① 云南省博物馆：《元谋大墩子新石器时代遗址》，《考古学报》1977 年第 1 期。

第一章　早期部族战争中的女性

黄帝时代的战争传说，是相当古老的历史信息。司马迁在《史记》卷一《五帝本纪》有所记述：

> 太史公曰：学者多称五帝，尚矣。然《尚书》独载尧以来；而百家言黄帝，其文不雅驯，荐绅先生难言之。孔子所传宰予问《五帝德》及《帝系姓》，儒者或不传。余尝西至空桐，北过涿鹿，东渐于海，南浮江淮矣，至长老皆各往往称黄帝、尧、舜之处，风教固殊焉，总之不离古文者近是。

司马迁又说，"余并论次，择其言尤雅者，故著为本纪书首"①。

"黄帝"传说流布广泛，以至于在司马迁所处的时代，"西至空桐，北过涿鹿，东渐于海，南浮江淮"，民间"长老"皆津津乐道。"百家言黄帝，其文不雅驯，荐绅先生难言之"，因为"百家之言皆非典雅之训"②，而"孔子所传宰予问《五帝德》及《帝系姓》，儒者或不传"，于是儒学经典中有关记载"缺有间矣"，难免"其轶"③。民间传说因保存了远古朴拙野俚的文化气息而为正统儒学所不取。司马迁所记述的，也只是"择其言尤雅者"。推想当时民间的有关传说，必定多有体现荒昧时代社会生活实貌而不合于儒学经义的宝贵内容。

英国人类学家爱德华·泰勒在《原始文化》一书中说，"在关于伟大人物们的传说中，事实和神话传说的混合，证明着带有怪异性虚构的传奇却能具有历史事实的基础。但是，由于这种情况，神话学者们就动用了一系列的手段来把传奇变为历史。这样一来，他们就使本来想加以解释的神话没有意味了，而把本来想加以丰富的历史歪曲

---

① 《史记》，第46页。
② 《史记》卷一《五帝本纪》张守节《正义》，第47页。
③ 《史记》卷一《五帝本纪》，第46页。

了"。① 司马迁对于古史传说，只是"择其言尤雅者"，很可能也有这样的顾虑。

从晚清时期起，进步的中国知识界对于自上古以来正统历史体系的构成，开始怀疑，进而有所批判。后来，以"古史辨"为旗帜的疑古思潮兴起，对于破除封建文化的网罗具有解放民族精神的意义，对于史学革命也表现出重要的积极作用。

"古史辨"派的创始人顾颉刚提出"层累地造成的中国古史"的观点，他认为，古史传说中的帝王都有神性，都是从神演化为人，古书中所讲的古史，是由不同时代的神话传说一层一层地积累起来的，神话传说发生时代的先后次序，也和古书所记载的古史系统排列的先后恰恰相反。"时代愈后，传说的古史期愈长。""周代人心目中最古的人是禹，到孔子时有尧舜，到战国时有黄帝神农，到秦有三皇，到汉以后有盘古等。"②

顾颉刚还特别说到《史记》中的"五帝"神话："司马迁作《史记》，曾在《伯夷列传》开头说：夫学者载籍极博，犹考信于《六艺》。《诗》《书》虽缺，然虞、夏之文可知也。这'考而后信'的态度，的确是我们研究史料学的主要任务。可是司马迁虽提出了这个口号，却没有在实际的写作中贯彻到底。我们翻开《史记》来，仍然遗留了不少的古代的神话和传说，而和历史的真实不符。在这些地方，梁玉绳的《史记志疑》已经揭发了好多。"③

唐刘知几《史通》卷六《叙事》评价《史记》时曾经写道："至于三、

---

① [英]爱德华·泰勒著，连树声译，谢继胜、尹虎彬、姜德顺校：《原始文化》，上海文艺出版社1992年版，第279页。
② 顾颉刚：《与钱玄同先生论古史书》，《古史辨》第一册，上海古籍出版社1982年版，第60页。
③ 顾颉刚：《我是怎样编写〈古史辨〉的？》，《古史辨》第一册，第8页。

五本纪、日者、太仓公、龟策传，固无所取焉。"这里所谓"三、五本纪"，当是指司马贞补《三皇本纪》及司马迁自撰《史记》卷一《五帝本纪》。① 梁玉绳《史记志疑》卷一说："唐刘知几《史通·叙事篇》，谓'《五帝本纪》无所取'，非妄诋也。"针对司马迁所谓"予观《春秋》《国语》，其发明《五帝德》《帝系姓》章矣，顾弟弗深考，其所表见皆不虚"，梁玉绳认为："《国语》多舛，未可全凭。《大戴礼》更杂，不免伪托。"又说，"《史》之首黄帝"，"误仍《大戴礼》"。不过，梁玉绳认识的基点似乎主要在于"三皇之事若存若亡，五帝之事若觉若梦"②，他大约并没有什么依据来"揭发"所谓《史记》卷一《五帝本纪》所"遗留"的"古代的神话和传说"有哪些"和历史的真实不符"的地方。

近几十年来层出不穷的考古发现，使学界认识到疑古思潮的许多观点应当有所修正。于是对于古史传说的认识又有更新。徐旭生曾经在《中国古史的传说时代》一书中指出：

> 在早期发展的各民族（用这一词的广义）中，它们最初的历史总是用"口耳相传"的方法流传下来的。

徐旭生还说，"传说时代的史料和历史时代的史料在性质上主要的不同点，为前者的可靠性比后者的可靠性差"。除了"口耳相传的史实""容易失真"而外，"并且当时的神权极盛，大家离开神话的方式就不容易思想，所以这些传说里面掺杂的神话很多，想在这些掺杂神话的传说里面找出来历史的核心也颇不容易。由于这些原因，所以任何民族

---

① 张振珮说："三、五本纪""可解为知几同时人司马贞所补之《三皇本纪》及迁所自撰《五帝本纪》"。〔唐〕刘知几著，张振珮笺注：《史通笺注》，贵州人民出版社1985年版，第215页，第216页。
② 以上均见〔清〕梁玉绳撰：《史记志疑》，中华书局1981年版，第2—4页。

历史开始的时候全是颇渺茫的,多矛盾的。这是各民族公同的和无可奈何的事情"。然而,徐旭生又指出:

> 很古时代的传说总有它历史方面的质素、核心,并不是向壁虚造的。①

这样的认识,应当是符合我们已经获得的关于史前史的知识的。

李学勤曾指出,结合考古学的新成就,我们对于炎黄二帝的传说应该有新的理解:

> 如不少学者在讨论炎黄文化时所说的,古史传说从伏羲、神农到黄帝,表现了中华文明萌芽发展和形成的过程。《史记》一书沿用《大戴礼记》所收《五帝德》的观点,以黄帝为《五帝本纪》之首,可以说是中华文明形成的一种标志。本纪所说黄帝,"迁徙往来无常处,以师兵为营卫",尚有部落时代的遗风,而设官置监,迎日推策,"顺天地之纪,幽明之占,死生之说,存亡之难,时播百谷草木,淳化鸟兽虫蛾(蚁),旁罗日月星辰水波,土石金玉,劳勤心力耳目,节用水火材物",又表现出早期文明的特点。因此,以炎黄二帝的传说作为中华文明的起源,并不是现代人的创造,乃是自古有之的说法。

李学勤还说到,"炎帝和黄帝分别居住在不同的地区":

---

① 徐旭生:《中国古史的传说时代》(增订本),文物出版社1985年版,第19—20页。

黄帝的区域比较清楚，大家知道，传说他都于新郑。黄帝亦号有熊氏，新郑号称为有熊氏之墟，也就是黄帝居处的故址。这个地点刚好在中原的中央，所以黄帝可以代表中原地区是很清楚的。本纪说他"东至于海，登丸山及岱宗；西至于空桐，登鸡头；南至于江，登熊、湘；北逐荤粥，合符釜山，而邑于涿鹿之阿"，其活动的范围即以中原为轴心。炎帝则不然，传说他虽长于姜水，但是"本起烈山"①，都于陈。陈在淮阳，这乃是豫东南的地方。《山海经》说炎帝之后有祝融，祝融之后有共工，是南方的系统。所以我们看到，黄帝、炎帝代表了两个不同的地区，一个是中原的传统，一个是南方的传统。这种地区的观念对我们研究古史传说颇有意义。

我们读《史记》卷一《五帝本纪》，可以看到，司马迁追述古史，大体是以中原文化系统为中心的。但是确实也涉及南方文化系统的历史存在。如说黄帝行迹，曾经"南至于江，登熊、湘"，其子"青阳降居江水"，"昌意降居若水"，又"昌意娶蜀山氏女"等。而帝颛顼高阳甚至曾经"南至于交阯"。②

李学勤还指出，炎黄二帝事迹以及黄帝之后的传说谱系，还向人们说明了这样的历史事实：

中华文明在相当早的时候，包括它刚在萌生的过程中，便有了颇为广泛的分布。在考古学上，不少学者都在使用"龙山文化"这个词，这意味着从北方到南方很广大的范围里，多种文化都有其共同点。这种情况，也可譬喻为形成了一个

---

① 〔晋〕皇甫谧撰，徐宗元辑：《帝王世纪辑存》，中华书局1964年版，第11页。
② 《史记》卷一《五帝本纪》，第6页，第10页，第11页。

文化的"场",其范围之大在古代世界是罕与伦比的。我觉得,这个文化的"场"正是后来夏、商、周三代时期统一国家的基础。炎黄二帝以及黄帝有25子、得12姓等传说,与这一具有共同点的文化"场"是有联系的。结合古史传说来考察龙山时代各种文化,将对中国文明的起源和形成过程有进一步的阐发。①

李学勤关于炎黄二帝的传说,特别是黄帝的传说和当时已经"形成了一个文化的'场'"这一体现中华早期文明基本面貌的历史文化现象有着密切关系的论断,可以给我们以重要的启示。

黄帝传说中的重要内容,是黄帝征服蚩尤的战争。

按照《史记》卷一《五帝本纪》中的说法,黄帝部族曾经"邑于涿鹿之阿,迁徙往来无常处",可能较晚进入中原地区。司马迁还记述说:

诸侯相侵伐,暴虐百姓,而神农氏弗能征。于是轩辕乃习用干戈,以征不享,诸侯咸来宾从。而蚩尤最为暴,莫能伐。炎帝欲侵陵诸侯,诸侯咸归轩辕。轩辕乃修德振兵,治五气,艺五种,抚万民,度四方,教熊罴貔貅䝙虎,以与炎帝战于阪泉之野。三战,然后得其志。蚩尤作乱,不用帝命。于是黄帝乃征师诸侯,与蚩尤战于涿鹿之野,遂禽杀蚩尤。而诸侯咸尊轩辕为天子,代神农氏,是为黄帝。天下有不顺者,黄帝从而征之,平者去之,披山通道,未尝宁居。②

---

① 李学勤:《古史、考古学与炎黄二帝》,王俊义、黄爱平编:《炎黄文化与民族精神》,中国人民大学出版社1993年版,第14—21页;李学勤:《走出疑古时代》,辽宁大学出版社1994年版,第38—45页。
②《史记》,第3页。

轩辕帝是通过"与炎帝战于阪泉之野"和"与蚩尤战于涿鹿之野",连续取胜之后取代神农氏的地位,从而受到天下诸侯的一致拥戴的。

张守节《正义》引《龙鱼河图》说到这一重大政治事变前后的形势:

> 黄帝摄政,有蚩尤兄弟八十一人,并兽身人语,铜头铁额,食沙石子,造立兵仗刀戟大弩,威振天下,诛杀无道,不慈仁。万民欲令黄帝行天子事,黄帝以仁义不能禁止蚩尤,乃仰天而叹。天遣玄女下授黄帝兵信神符,制伏蚩尤,帝因使之主兵,以制八方。①

《太平御览》卷七九引《龙鱼河图》内容略同。② 其他有关传说也可以参考。如《太平御览》卷一五引《黄帝玄女战法》:

> 黄帝与蚩尤九战九不胜。黄帝归于太山,三日三夜雾冥,有一妇人,人首鸟形,黄帝稽首再拜,伏不敢起。妇人曰:"吾玄女也,子欲何问?"黄帝曰:"小子欲万战万胜。"遂得战法焉。

又同卷引《志林》:

> 黄帝与蚩尤战于涿鹿之野,蚩尤作大雾,弥三日,军人皆惑。黄帝乃令风后法斗机作指南车,以别四方,遂擒蚩尤。③

---

① 《史记》,第4页。
② 〔宋〕李昉等撰:《太平御览》,中华书局1960年版,第368a页。
③ 《太平御览》,第78a页。

看来，轩辕黄帝战胜蚩尤，是通过得到外力援助而实现的。这种外力，或来自于"妇人""玄女"。

教授黄帝克敌制胜之法的"玄女"，显然是法力奇异的女性战神。玄女又号九天玄女，为道教所奉之神。玄女作为战神在后世有广泛的影响。唐人杨炯《唐右将军魏哲神道碑》："研几册府，金縢玉版之书；索隐兵钤，玄女黄公之法。"① 王勃《拜南郊颂序》："三门遁甲，黄公成不战之师；五垒神兵，玄女下先登之策。"② 都是相关的文化表现。

宋人蔡絛《铁围山丛谈》卷四写道："御府所秘古来丹青，其最高远者，以曹不兴《元女授黄帝兵符图》为第一。""（曹）不兴者，吴孙权时人。"③ 可见玄女授兵符传说流传之广。可惜我们今天已经不可能看到这幅"古来丹青"，其"高远"之处也难以领略。

明代学者杨慎《丹铅续录》卷六《杂识》有"玄女兵法"条，其中写道："玄女兵法以授黄帝云：制旌旗以象云物，铸钲铙以拟雹声，鞔鼓鼙以象雷霆。钲铙，今之铜锣也。"④ 以为应用于战争的多种声光形式，起初来自"玄女兵法"。

3. "黄帝女魃"

《山海经·大荒北经》如此记录著名的涿鹿战事：

---

① 〔唐〕杨炯著，徐明霞点校：《杨炯集》，中华书局1980年版，第124页。
② 〔唐〕王勃著，〔清〕蒋清翊注：《王子安集注》卷一二，上海古籍出版社1995年版，第328页。
③ 〔宋〕蔡絛撰，冯惠民、沈锡麟点校：《铁围山丛谈》，中华书局1983年版，第78页。
④ 〔明〕杨慎撰：《丹铅续录》，《景印文渊阁四库全书》第855册，台湾商务印书馆1986年版，第184页。

> 有人衣青衣，名曰黄帝女魃。蚩尤作兵伐黄帝，黄帝乃令应龙攻之冀州之野。应龙畜水，蚩尤请风伯、雨师纵大风雨。黄帝乃下天女曰"魃"，雨止，遂杀蚩尤。①

这里出现了另外的战争女神形象，即所谓"黄帝女魃"。于是，我们看到，黄帝部族集团与敌对势力的决战，在传说中得到了来历复杂的助力。这包括：

（1）"黄帝乃下天女曰'魃'"；

（2）"天遣玄女下授黄帝兵信神符"；

（3）"黄帝乃令风后法斗机作指南车，以别四方"。

值得注意的是，至少"天女""魃"和"天遣玄女"，都是女神。"魃"，又写作"妭"，是女性旱神。

《山海经·大荒北经》还写道，战胜蚩尤之后，"魃不得复上，所居不雨。叔均言之帝，后置之赤水之北。叔均乃为田祖。魃时亡之。所欲逐之者，令曰：神北行！先除水道，决通沟渎"②。《诗·大雅·云汉》："旱魃为虐。"毛亨传："魃，旱神也。"③《后汉书》卷五九《张衡传》："夫女魃北而应龙翔，洪鼎声而军容息。"李贤注也引录《山海经》"女魃"故事。④《山海经·大荒北经》又写道："有钟山者，有女子衣青衣，名曰赤水女子献。"郭璞注："神女也。"⑤吴承志以为"献当作魃。上文有人衣青衣者名黄帝女魃，后置之赤水之北，赤水女子魃即黄帝女魃也。此文当本上句之异文，校者两存之，遂成

---

① 〔清〕郝懿行撰，栾保群点校：《山海经笺疏》，中华书局2019年版，第371—372页。
② 《山海经笺疏》，第372页。
③ 〔清〕阮元校刻：《十三经注疏》，中华书局1980年版，第562页。
④ 〔南朝宋〕范晔撰，〔唐〕李贤等注：《后汉书》，中华书局1965年版，第1904—1905页。
⑤ 《山海经笺疏》，第373页。

歧出耳"。袁珂校注:"珂案:吴说疑是。"①关于"女魃""玄女"影响战局形势的传说,应当是与远古时代部族或部族联盟之间的战争方式相符合的。②

明崇祯刊本《新刻按鉴编纂开辟演义通俗志传》中则有"女娲兴兵征共工"图。③这样的画像遗存,以形象资料保留了传说时代的历史记忆,可以反映当时人们想象中女性参与传说时代战争的情形。

4. "女子之国"与"轩辕""女主象"

杨希枚曾经讨论《史记》卷一《五帝本纪》所称引的《国语·晋语四》所谓"黄帝之子二十五宗,其得姓者十四人",认为这一传说"应是溯论先秦时代母系家族制度的重要原始资料"。他在最后指出,"综结上文有关《晋语传说》和其他古文献有关古帝的各项传说,虽不能即据此而断言中国曾有一母系传说时代,但如认为这类传说应非尽属偶然的辏合,且在解释上多少有其可能性,则此类传说所反映的应是一些母系社会迹象的推论,显属是合理的"。④

实际上,有关轩辕神话的其他一些文化迹象,或许也可以作为杨希枚推论的助证。

比如,《山海经》中两次说到"女子之国"。一在《大荒西经》

---

① 袁珂校注:《山海经校注》,上海古籍出版社1980年版,第434页。
② 王子今、张经:《中国妇女通史·先秦卷》,杭州出版社2020年版,第28—29页。
③ 〔明〕周游集,〔明〕王黉释:《新刻按鉴编纂开辟演义通俗志传》"开辟像",明崇祯古吴麟瑞堂刊本,第6页。
④ 杨希枚:《〈国语〉黄帝二十五子得姓传说的分析》(下),收入《先秦文化史论集》,中国社会科学出版社1995年版,第241—256页。

所谓"有轩辕之台,射者不敢西向射,畏轩辕之台"①之后写道:

> 大荒之中,有龙山,日月所入。有三泽水,名曰"三淖",昆吾之所食也。
> 有人衣青,以袂蔽面,名曰女丑之尸。
> 有女子之国。

另一处见于《海外西经》:

> 女子国在巫咸北。两女子居,水周之。一曰居一门中。
> 轩辕之国在此穷山之际。其不寿者八百岁。在女子国北。②

"轩辕之台""轩辕之国"与"女子国""女子之国"紧密相邻的关系,似乎可以理解为轩辕时代距母系社会不远的暗示。《山海经》所谓"女子国""女子之国",以及《淮南子·地形训》所谓"女子民"③,在正史中也有记载。④"女国""以射猎为业",亦数与邻国"战争"。⑤相关历史迹象,可以帮助我们理解原始时代战争女神形象的文化背景。⑥

有的学者认为"女国""女子国"或者通常说的"女儿国",其

---

① 郭璞注:"敬难黄帝之神。"郝懿行也解释说:"'台'亦'丘'也。《海外西经》云:'不敢西射,畏轩辕之丘。'"
② 《山海经笺疏》,第352—353页。
③ 刘文典撰,冯逸、乔华点校:《淮南鸿烈集解》,中华书局1989年版,第147页。
④ 王子今:《"女儿国"的传说与史实》,《河北学刊》2008年第3期。
⑤ 《隋书》卷八三《西域列传·女国》,第1850页;《北史》卷九七《西域传·女国》,第3235页。
⑥ 《中国妇女通史·先秦卷》,第31—42页。

实是"延续着母系氏族特点""保留着原始母系社会的大家庭制"的社会结构。①

此外,"轩辕"之星为"女主象"的说法,也颇可发人深思。《史记》卷二七《天官书》中写道:

> 权,轩辕。轩辕,黄龙体。前大星,女主象;旁小星,御者后宫属。

裴骃《集解》:"孟康曰:'形如腾龙。'"司马贞《索隐》:

> 《援神契》曰:"轩辕十二星,后宫所居。"石氏《星赞》以轩辕龙体,主后妃也。

张守节《正义》又有更详尽的解释:

> 轩辕十七星,在七星北,黄龙之体,主雷雨之神,后宫之象也。阴阳交感,激为雷电,和为雨,怒为风,乱为雾,凝为霜,散为露,聚为云气,立为虹霓,离为背璚,分为抱珥。二十四变,皆轩辕主之。其大星,女主也;次北一星,夫人也;次北一星,妃也;其次诸星皆次妃之属。女主南一小星,女御也;左一星,少民,后宗也;右一星,大民,太后宗也。占:欲其小黄而明,吉;大明,则为后宫争竞;移徙,则国人流迸;东西角大张而振,后族败;水、火、金守轩辕,女主恶也。②

---

① 杨学政、刘婷:《女儿国的女神崇拜》,《寻根》2003年第3期。
② 《史记》卷二七《天官书》,第1299页,第1301页。

所谓"轩辕十七星",被称为"后宫之象",完全是以"女主"为中心的后宫秩序的天文象征。

以"轩辕"命名的星座"黄龙体"而为"女主象",使人联想到"轩辕"神话发生的时代,或许还明显保留有以"女主"为主要特征的母系氏族社会的文化风格。

综上,轩辕黄帝时代的战争不仅有女性的积极参与,而且作为部族联盟领袖的轩辕黄帝自身的性别,也可以使人产生或许是女性的联想。

女性战神在后世的民间信仰中仍然长期占有一定的地位。清人杨鼎昌撰《明故太子太保忠贞侯都督佥事总兵官一品夫人秦夫人忠州家祠碑记》记述明末女将军秦良玉事迹,其中有"银黄洗甲,黄姑分帝冑之光;金篋授书,元女翊轩皇之运""排空驭气,风云翻王母之旗;愯见恨闻,霜露酬圣姑之酒"等文句[1],应当就是这一现象的反映。"元女",就是"玄女"。

5. 东巴教的"勇猛女子祭丧仪"

生活于云南丽江、维西、中甸以及宁蒗的永宁区、德钦、永胜、鹤庆、剑川、兰坪,四川盐源、盐边、木里,西藏芒康等地的纳西族,均保留有若干远古文化习俗的遗存。永宁和盐源的部分纳西族中,直至20世纪50年代初期仍保存着以女性为中心的家族制度。

纳西族在中国古代史籍中被称为"摩沙""磨些""末些""么些"。

纳西族有迄今世界仅存的象形文字系统,因为被纳西族东巴教经师"东巴"频繁使用,所以被称为"东巴文"。"东巴"(意为"智

---

[1]《秦氏家乘》卷四之一,第50—53页。转引自秦良玉史研究编纂委员会编:《秦良玉史料集成》,四川大学出版社1987年版,第328页,第332页。

者")记录的 1 千余种、2 万余册的东巴经典中，有丰富的文化内涵。以东巴教为载体的纳西族古代文化，透露出了远古时代社会文化的若干重要信息。

在用于"勇猛武士祭丧仪"的东巴文手写本中，可以看到对古代部族战争中勇士的崇拜。

在为纳西族武士举行丧仪时背诵的述说古代勇猛武士事迹的手写本中，有这样的内容：

> 勇士"劳给又叭"锻造成千上万的武器；他杀了"毒"鬼的 9 个女儿，因此著名。

以杀戮女子作为"勇士"的业绩，说明"'毒'鬼的 9 个女儿"一定是战争的参与者。又如：

> 死者！你活着时身穿虎皮，金刀鞘里插着银镶的剑；你穿着"底劳"甲胄，你带着固米伯铺（竹制盾牌），你的大拇指上套着拇指套，你头上戴着术盘母刮（铁盔），你的手拿着弓、金箭和白色旗。你用长矛捣毁了仇敌的 99 座房屋，破坏了他们的 77 座岩上居所。你杀死了成千上万男女仇敌。你用手提野兔般地提着仇敌的头，你杀他们直至你的手红得如同野狗吞吃野兔时的嘴；你因此而著名。

所谓"你杀死了成千上万男女仇敌"，也反映了"男女"普遍共同积极参与早期部族战争的情形。

在这种手写本中，还有表现勇猛武士被施以药，以祈求他们把好品性留给后人的古老丧仪。例如 8102 号手写本的第 1 页写道：

(美利术主)杀了犏牛和牦牛,为"东"的9子9女洒药。①

"东"的9个女儿,无疑也是在战争中勇敢牺牲的英雄。

在纳西族的神话中,一些重要的男性祖先和女性祖先在经书里都被作为神勇的武士加以赞美。

东巴教还有一种"勇猛女子祭丧仪",称为"崩单怒""崩单",即"勇猛之女子"。这种仪式,表现出了古代纳西族女子与男子同样勇武。这种仪式也有十数种东巴经,例如:《击倒"勒臭"鬼》《分虎皮》《送武士》《武士颂》《捣毁"命生"鬼的九个坡》。② "勇猛女子祭丧仪"的东巴经中,列举了许多杀敌制胜的勇猛女性,例如杀死魔女的崇仁利恩之妻衬红褒白,只身刺死恶鬼、为兄弟复仇的俄英都奴,奋勇杀死仇敌的斯瓦玛母,用弓箭射杀有杂斑点野牦牛的阿塔罗玛等。③

在东巴教的经文中,由表现武士形象的象形文字"单",可以看到不论男女,都是手持旗矛的威武造型。

成书于清乾隆三十五年的余庆远《维西见闻纪》,记录了他实地考察了解的"么些"风习,其中写道:"(纳西族)男妇老幼,率喜佩刀为饰。"④ 所谓"善骑射,最勇厉",成为当地民风的醒目

---

① [美] 约瑟夫·洛克著,杨福泉译:《与纳西武器起源有特殊关系的"武士祭"》,原载瑞士弗里堡《人类学》1955年第50卷,郭大烈、杨世光主编:《东巴文化论》,云南人民出版社1991年版,第252—253页,第257页。
② 杨福泉:《从东巴教仪式和经书看纳西族崇尚勇武精神》,郭大烈、杨世光主编:《东巴文化论》,第317页。
③ 杨福泉:《从东巴教仪式和经书看纳西族崇尚勇武精神》,郭大烈、杨世光主编:《东巴文化论》,第317页。
④ 邓章应、白小丽编著:《〈维西见闻纪〉研究》,四川大学出版社2012年版,第59页。

特征。①民国《维西县志》卷一二《习尚》也有"男妇老幼率喜佩刀为饰"的记载。②可知远古时代的全民尚武之风,在纳西族民俗中仍然得以长期保留。

景泰《云南图经志书》卷四说:"(蒗蕖州)境内居民惟摩挲为盛,髽头披毡,男子性强悍,善战喜猎,挟短刃,饰以砗磲,少不如意,辄相攻杀,两家妇人和解乃罢。"③康熙《云南通志》卷二七也说:"(么些)勇厉善骑射,挟短刀,少不如意,鸣钲鼓相仇杀,妇女投场和解,乃罢。"④

在西方被称为"纳西学研究之父"的美国学者约瑟夫·洛克在他的著作中,也多次说到纳西族妇女"健壮而有男子气概,敢作敢为"的气质品格。历史上,纳西族妇女以勇敢、不畏死、吃苦耐劳著称。在近世地方保卫战等战争中,纳西族妇女多有从军者和上前线助战者。有的学者认为,"这些,都有可能是古代纳西族妇女崇尚勇武的遗风"。⑤据分析,纳西人的族源与河湟地区的古羌人有关。《后汉书》卷八七《西羌传》说,"(羌人)以战死为吉利,病终为不祥,堪耐寒苦","虽妇人产子,亦不避风雪,性坚刚勇猛,得西方金行之气焉"。⑥纳西族的尚武好勇之风,与古羌人的民风有一脉相承的关系。⑦

---

① 〔明〕李贤等撰,方志远等点校:《大明一统志》卷八七《云南布政司·丽江君民府》,巴蜀书社2017年版,第3882页。
② 民国《维西县志》,民国二十一年修钞本,第237页。
③ 〔明〕陈文修,李春龙、刘景毛校注:《景泰云南图经志书校注》,云南民族出版社2002年版,第249页。
④ 康熙《云南通志》,凤凰出版社编选:《中国地方志集成·省辑志·云南》第2册,凤凰出版社2009年版,第101页。
⑤ 杨福泉:《从东巴教仪式和经书看纳西族崇尚勇武精神》,郭大烈、杨世光主编:《东巴文化论》,第317—318页。
⑥ 《后汉书》,第2869页。
⑦ 杨福泉:《从东巴教仪式和经书看纳西族崇尚勇武精神》,郭大烈、杨世光主编:《东巴文化论》,第327—328页。

纳西族女子参与战事的现象，由古而今，逐渐发生着历史变化。四川木里、盐源与云南宁蒗交界地方的"摩梭"人信奉的始祖神是女神"巴丁喇木"，其化身是深藏在一处岩穴中的一尊酷肖女性的钟乳石。"巴丁喇木"是藏语、普米语和摩梭语的复合词，含义为"西蕃女神"。在民间流传的神话传说中，巴丁喇木是一位高大威武、性情顽野、游走无定的女神。①这样的传说，体现出远古时代妇女在包括战争实践在内的社会生活中的重要地位。然而，到了晚世，云南丽江塔城依陇地区的调查表明，纳西人祭祀战神即胜利神的仪式，已经不允许妇女参加了。②

其他西南少数民族的民间信仰中也保留有远古时代女子参与战争的片断信息。

例如，据说基诺族阿希部落崇拜名叫"米里几德"的女祖，传说"利用磨刀石磨山石刀，是她的创造"，"据说几德离开祖先住地杰主，与外来的侵略有关。当时因战争仓促离家忘记了带走祖先的神器——煮饭用的三脚石，事后招来了人丁衰亡，又是米里几德奋不顾身，从杰主取回了祖先使用过的三脚石，从此使人丁兴旺起来"。米里几德的女儿村寨都把她作为自己的祖先，"他们每年都要聚会一次，在米里几德安放过祖先神器——三脚石的巴朵寨举行隆重的剽牛典礼"。③

---

① 杨学政调查整理，见云南省社会科学院宗教研究所编：《宗教调查与研究》，云南省社会科学院宗教研究所1986年版，第191—192页。
② 杨福泉调查整理，调查地点：丽江县塔城乡依陇行政村巴甸村；调查时间：1989年3月。和志武主编：《中国原始宗教资料丛编·纳西族卷》，上海人民出版社1993年版，第297页。
③ 杜玉亭调查整理，调查地点：基诺山巴亚寨；调查时间：1958年11月。何耀华等编：《中国各民族原始宗教资料集成·基诺族卷》，中国社会科学出版社1996年版，第878页。黄维翰：《呼兰府志》（重印本）卷一〇《礼俗略》："男教男学，女教女学，同姓人谓之'家萨满'。"黑龙江省呼兰县志编审委员会1983年版，第323页。

传说中女祖对于"煮饭用的三脚石"的特别关注，显然是和后世女子经历的生活内容和承担的劳作形式有关的。但是所谓磨刀技术的发明以及在战争中"奋不顾身"的表现，暗示远古时代女子曾经作为战争中的主角。特别是后人以"举行隆重的剽牛典礼"来纪念这位女祖，更可以说明在后代的心目中这位女性祖先的勇猛性格。

6. 武装女萨满和女萨满的武功

许多民族的早期阶段都可以看到萨满在信仰世界中的作用。萨满，是研究原始宗教和早期信仰的文化标本。虽近世"萨满或男或女"[1]，然而，"女萨满历史悠久"[2]。《三朝北盟会编》卷三《政宣上帙》写道："珊蛮（改作萨满）者，女真语，巫妪也。"[3]《辽史拾遗》卷一一："萨满者，女真语，巫妪也。以其通变如神，尼玛哈之下，皆莫能及。"[4]《纯常子枝语》卷九："《满洲源流考》卷十八云：《北盟录》女真言语萨满者，巫妪也。按：萨满、珊蛮，皆苏幕之转音。"[5]民国《宁安县志》"萨满教"条写道："萨满教为满洲最古之宗教，且原始于满洲。《北盟录》云：金以女巫为'萨满'，或曰'珊蛮'。"[6]蒙古族"女萨满"同样保留了更古远的历史记忆。"在布里亚特古神话里，

---

[1] 安宁县地方志编纂委员会编纂：民国《瑷珲县志》卷一〇《三祭礼》，民国九年铅印本，云南人民出版社1997年版，第557页。
[2] 满都尔图主编：《中国各民族原始宗教资料集成·满族卷》，中国社会科学出版社1999年版，第501页。
[3] 〔宋〕徐梦莘撰：《三朝北盟会编》，上海古籍出版社1987年版，第21页。
[4] 〔清〕厉鹗撰：《辽史拾遗》，《景印文渊阁四库全书》第289册，台湾商务印书馆1986年版，第903页。
[5] 〔清〕文廷式撰：《纯常子枝语》，民国三十二年刻本，第140页。
[6] 民国《宁安县志》，民国十三年铅印本，第560页。

保存了许多女萨满的名字,如阿绥汗、胡绥汗等;而与之并称的男萨满则缺乏一定的名字。"研究者指出,"在较晚的时期,布里亚特的男萨满"才在数量上超过了"女萨满"。有学者做出这样的判断:"男性萨满在祭司中占优势,是从父权制社会确立之后开始的。"①

萨满的装束,往往采用异常的醒目标识,多佩有刀剑。这是驱魔祛疾正常作法程式所需要的装备,然而也暗示萨满在原始宗教盛行的文明史阶段具有影响战争进程的作用。

例如,"科尔沁女萨满的头饰"用"红缨穗"。②也有考察者介绍,科尔沁萨满戴铜盔或铁盔,披甲。③佩用法器有称作"吉达"的剑,"也称'七星宝剑'"。④鄂温克族萨满多佩带"护心镜",⑤本来也是武士装备。赫哲族"新的男萨满也有戴女盔的;新的女萨满也有戴男盔的"。⑥萨满使用的神具法器主要有"神杖、神刀"。⑦据凌纯声记述,"萨满与魔鬼斗法,即用神刀","初领神的萨满只能用木柄

---

① Ц.А.曼日格耶夫:《布里亚特萨满教和前萨满教辞典》(俄文版),第61页。佟德富、乌兰察夫、苏鲁格主编:《中国各民族原始宗教资料集成·蒙古族卷》,中国社会科学出版社1999年版,第680页。
②《科尔沁萨满考察报告》(未刊稿),考察人:乌兰察夫、苏鲁格。《中国各民族原始宗教资料集成·蒙古族卷》,第693页。
③《布里亚特萨满教和前萨满教辞典》(俄文版),第56页。《中国各民族原始宗教资料集成·蒙古族卷》,第693页。
④《中国各民族宗教与神话大词典》编审委员会编:《中国各民族宗教与神话大词典》,学苑出版社1990年版,第454页。
⑤ 奥云华尔讲述,1990年11月20日于鄂温克旗巴彦托海镇,满都尔图、孟和采录整理。《中国各民族原始宗教资料集成·蒙古族卷》,第140页。
⑥《民族问题五种丛书》黑龙江省编辑组:《赫哲族社会历史调查》,黑龙江朝鲜民族出版社1987年版,第171页。满都尔图主编:《中国各民族原始宗教资料集成·赫哲族卷》,中国社会科学出版社1999年版,第223页。
⑦《赫哲族社会历史调查》,第172页。《中国各民族原始宗教资料集成·赫哲族卷》,第231页。

神刀,进级至三杈时方能用蛇皮柄神刀"。①锡伯族萨满使用称作"激达"的"神矛"。有学者介绍其形制:"由铁制矛头和木柄构成,长约1米。矛头有的似蛇形,有的近似菱形。柄部用红漆涂抹。矛头与柄部结合处拴有几根红、白色飘带和几只小铜铃,这样,舞动起来显得更加威风。"介绍者告诉我们,"神矛系进攻性武器,是萨满跳神时同妖魔战斗用的"。"护心镜在锡伯族萨满的法器中具有特殊的作用。"调查中共发现17枚铜镜。"除护心镜(锡伯族称'托里')为套于颈部佩在胸间而外,其余都捆在一根皮带上束于腰部(佩在腰部的铜镜锡伯族称'哈准')。""佩于腰部的铜镜的用意大致与原始铠甲相类似,当是一种防御性的护身物。另外,萨满跳神同妖魔激烈搏斗时,铜镜相互撞击,发出紧促的声音,可增强跳神的效果。"②关于"铜镜"在战争中的作用,我们还联想到汉代羌族暴动时铜镜被作为兵器的情形。《后汉书》卷八七《西羌传》:"时羌归附既久,无复器甲,或持竹竿木枝以代戈矛,或负板案以为楯,或执铜镜以象兵……"③

裕固族民间故事《贡尔建和央珂萨》中可以看到萨满的特殊形象。贡尔建和央珂萨是兄妹关系,兄长遭遇不幸,妹妹贡尔建万念俱灰时遇到了一位老奶奶,并求助于她。老奶奶向她提示了解救哥哥的方法,并且给予了实际帮助。"老奶奶就叫一位仙姑娘给她教武艺,……见她心灵手巧,学得用心,很满意,决定让她下山战胜禽兽,救活哥哥。"贡尔建临行时,老奶奶送给她一颗具有神力的"避风珠"。④"避风

---

① 凌纯声:《松花江下游的赫哲族》,民族出版社2012年版,第112页。《中国各民族原始宗教资料集成·赫哲族卷》,第231页。
② 满都尔图、夏之乾:《察布查尔锡伯族的萨满教》,《世界宗教研究》1984年第2期。满都尔图主编:《中国各民族原始宗教资料集成·锡伯族卷》,中国社会科学出版社1999年版,第413页。
③ 《后汉书》,第2886页。
④ 安建军、安清萍等选编:《裕固族民间文学作品选》,民族出版社1984年版,第37页。

珠"神话与上文引录的"蚩尤请风伯、雨师纵大风雨。黄帝乃下天女曰'魃',雨止,遂杀蚩尤"故事存在内在关联,即原始巫术期望调用神秘力量战胜敌方。

裕固族"兄妹峰"传说也有类似情节。祁连山下圣洁的草原上住着一位博格达汗,他收养了三个孤儿,兄弟屈赛岗尔勒、鹏肖尔加和妹妹迪切莱。在一位老妈妈的提示下,博格达汗和三兄妹战胜了邪恶的哈达·莽古斯汗。①

有学者指出,这两个故事,"均和萨满教内容相关"。神奇的"老奶奶"和"老妈妈",就是"女萨满"的形象。② 她们在武功方面的教示,告知我们"女萨满"在萨满文化信仰体系中的神圣异能,是包括战无不胜的武力的。

7. 民族志资料中的女性战神

满族崇拜"女战神奥朵西玛玛"。"奥朵西是智慧的战神",同时也是"牧神和侍家女神",可以"庇佑宅室",受到普遍尊崇,通常"神偶供于堂屋正北方"。奥朵西原本是女天神阿布卡赫赫身边的侍女,"掌握七彩云兽,是放云马的神女,天河中的各色云兽都按奥朵西的意愿奔行,有的像虎,有的像豹,……变幻无穷"。③

在满族"萨满神话"中,有一位"他拉伊罕女神",也可以看作"战神":"宁安梅赫勒氏家祭,必先祭一位名叫他拉伊罕的女神。她原是居住在乌苏里江东部的一位联合酋长,也是一位弟子盈门的大萨满。

---

① 钟进文主编:《中国裕固族民间文学资料汇编》,民族出版社2018年版,第60页。
② 杨富学、叶凯歌:《裕固族中的"女萨满"形象初探》,《青海民族大学学报》2022年第1期。
③ 黑龙江省孙吴县关锁之之父(满族)口述,富希陆搜集于1936年。《中国各民族原始宗教资料集成·满族卷》,第484页。

她办事公道，力大过人，在她天才地（的）安抚和组织下，乌苏里江东海窝集部的四十八个部落，泯仇为友，人寿年丰。她率领部众消灭了害人的狼妖。她的九个徒弟成为四十八个部落有名的大萨满，她被族人敬奉为断事神。"①这位"力大过人"的"联合酋长"，其实是武装军事联合体的女性领袖。"率领部众消灭了害人的狼妖"，正是其成为传说的武功纪念。

土家族有女性"猎神""梅山娘娘"。传说"她酷爱打猎"，并精通射猎技能。"她一看兽的脚印，就知道是什么野兽，何时走过，数量多少，藏在什么地方。她发的箭很准，百发百中，每年都要射死几十只熊。""土家都敬供她，以保佑多获猎物和防止野兽害人。"②四川木里、盐源、宁蒗交界地方的摩梭人、普米族和藏族共同崇拜祭祀"巴丁喇木"女神。"巴丁喇木是一位身材高大，容貌美丽，威武能干的女神。"③"巴丁喇木"女神"性情顽野，游走无定，身居深山岩穴"，与土家族"猎神""梅山娘娘"的行为似乎颇为相近。而所谓"威武"，则暗示这样的女神是具有"战神"的风格与品质的。

---

① 傅英仁在黑龙江宁安县收集的满族萨满神话资料，《中国各民族原始宗教资料集成·满族卷》，第515页。
② 刘孝瑜：《土家族》，民族出版社1989年版，第54页。
③ 《宗教调查与研究》，第191—193页。《中国各民族原始宗教资料集成·纳西族卷》，第114—115页。

第二章　殷商两周时代女性的军事实践

商周时代，黄河中下游地区经济得到空前发展，当时的文明成就，以遗存至今的青铜器和玉器为突出代表，表现出领先于世界的水平。

商与西周时期，中原政权和周边部族的战争频仍不绝。东周时期，更出现了"或力政，强侵弱，兴师不请天子，然挟王室之义，以讨伐为会盟主，政由五伯，诸侯恣行，淫侈不轨，贼臣篡子滋起矣"的形势。

这是一个战争十分频繁的时期。

当时，偏在四方原本较为落后的诸国相继崛起。"齐、晋、秦、楚其在成周微甚，封或百里或五十里。晋阻三河，齐负东海，楚介江淮，秦因雍州之固，四海迭兴，更为伯主，文武所褒大封，皆威而服焉。"①

此后"陪臣""大夫""征伐会盟，威重于诸侯"，又有"六国之盛"，一时"海内争于战功"，"务在强兵并敌"，而最后秦国一一翦灭其他六国，"卒并天下"。②

这一时期，中国传统兵学得到空前的发展和充实。中国古代战争史的这一阶段，也为军事理论的宝库增益了许多经验和教训。不过，当时妇女参与战争的情形，已经与原始时代有所不同。但是，女性的军事实践，仍然表现出积极的历史意义。

---

① 《史记》卷一四《十二诸侯年表》，第509页。
② 《史记》卷一五《六国年表》，第685页。

1. 殷墟 5 号墓的主人：女统帅妇好

殷墟甲骨文资料中，可以看到关于商王武丁的一位名叫"妇好"的妻子多次率军与诸方作战的历史记录。

郭沫若曾经分析殷墟卜辞中有关"帚某"的文例，如"帚妝""帚孜""帚嫀""帚飮""帚致""帚鼠"等，指出："凡'帚'下所系之字大抵从'女'，其或不从'女'者，多是省文，如'妝'之省作'井'，'嫀'之省作'枼'是也。又与生育之事有关，则'帚某'必系'女'字矣。'女'字之上，通冠以'帚'，则'帚'乃'妇'之省文矣。'帚某'之位甚尊，生时可参预兵食行政之权，死后与妣母同列于祀典。是知必殷王之妃嫔矣。"郭沫若说："'帚妝''帚孜''帚嫀''帚飮''帚致''帚鼠'等，均为武丁之妇也。"[1]

"帚孜"，即"妇好"，是武丁的妻子，死后庙号为"辛"，即乙辛周祭卜辞中武丁的法定配偶"妣辛"。其墓未曾被盗掘，因此保存较完整，出土丰富随葬器物的安阳殷墟 5 号墓，墓主"后辛"，就是这位妇好。

武丁多妻，据统计多达 64 人。[2] 而有关这位妇好的卜辞，在殷墟出土的 10 余万片甲骨中，就有二百四五十条。有学者指出，这些甲骨文献的内容，"包括妇好生活的各个方面：征战、生育、疾病，甚至还有关于她去世后的状况，足见武丁对妇好关切之深"[3]。而"征战"，在妇好的人生经历中列在首要位置。

---

[1] 郭沫若：《殷契余论·骨白刻辞之一考察》，《郭沫若全集·考古编》第一卷，科学出版社 1982 年版，第 422—423 页。
[2] 胡厚宣：《殷代婚姻家族宗法生育制度考》，《甲骨学商史论丛初集》，河北教育出版社 2002 年版，第 93—97 页。
[3] 湖南省博物馆：《妇好：了不起的女战神》，《中国文物报》2022 年 4 月 12 日。

武丁时代，多次用兵征伐四方，"与周边的夷、羌、土等方国部落进行了一系列的战争，取得了胜利"①，进一步巩固了殷商政权，史称"高宗中兴"或"武丁中兴"。②在武丁时代的一系列军事活动中，妇好有引人注目的突出表现。

甲骨卜辞记录，妇好曾经为武丁征集兵员：

☑妇好先登人于□。（《甲骨文合集》）
丙戌卜，㱿，贞勿乎（呼）妇好先收人于□。（《甲骨文合集》）

"先"有先导之意。"登"，指供给。这两条卜辞的大意是问：是否命令妇好为王前驱，征兵于某地？

有的卜辞说明了妇好征兵的地点：

☑，争，贞乎（呼）妇好先登人于庞。（《殷虚书契前编》7.30.4）
甲申卜，㱿，贞乎（呼）妇好先登人于庞。（《殷虚书契前编》5.12.3）
乙酉卜，㱿，贞勿乎（呼）妇好先于庞登人。（《殷契粹编》1229）
乙酉卜，争，贞勿乎（呼）妇好先登人于庞。（《金璋所藏甲骨卜辞》709）
☑好先于庞登［人］。（《甲骨文合集》）

---

① 湖南省博物馆：《妇好：了不起的女战神》，《中国文物报》2022年4月12日。
② 《汉书》卷八《宣帝纪》："功光祖宗，业垂后嗣，可谓中兴……"〔汉〕班固撰，〔唐〕颜师古注：《汉书》，中华书局1962年版，第275页。

☑好先登人☑。(《战后京津新获甲骨集》1349)

"庞"是妇好征集兵员的地点,可能是与商王朝有某种隶属关系的方国部族。这些卜辞的内容是问:是否命令妇好为王的先导,从庞征集兵员?或问:不从庞征集兵员吗?

"妇好先登人于庞""妇好先于庞登人",都说到"庞"地。有学者介绍,"据陈梦家先生考证,'庞'是对商王有供奉义务的方国、部族。卜辞中记载的是妇好去'庞'这个地方为武丁征集兵员的卜问"[1]。司马迁记述战国时期秦魏的军事争夺,涉及"繁庞"这个地名。例如《史记》卷四四《魏世家》:"(魏文侯)十三年,使子击围繁、庞,出其民。"又《史记》卷一五《六国年表》:"(魏文侯十三年)公子击围繁庞,出其民。"[2]《史记》中虽两处分述,说的却是一次事件。史事与秦统一进程相关,因而值得我们注意。"繁庞",《史记》中华书局1959年版两处标点不同,卷四四《魏世家》作"繁、庞",判作两地;卷一五《六国年表》则作"繁庞",以为一地。[3]谭其骧主编《中国历史地图集》作"繁庞",空间位置标定在今陕西韩城。[4]现在看来,"繁庞"可能是正确的。史为乐主编《中国历史地名大辞典》"繁庞城"条:"繁庞城,在今陕西韩城市东南。《史记·魏世家》:文侯十三年(前433),'使子击围繁庞,出其民'。《清一统志·同州府二》引《县志》:'繁庞城在县东南。'"[5]嵇超、郑宝恒、祝

---

[1] 湖南省博物馆:《妇好:了不起的女战神》,《中国文物报》2022年4月12日。
[2]《史记》,第1838页,第707页。"出其民""出其人",是秦兼并战争前期特殊的人口政策。王子今:《秦兼并战争中的"出其人"政策——上古移民史的特例》,《文史哲》2015年第4期。
[3]《史记》,第1838页,第707页。
[4] 谭其骧主编:《中国历史地图集》第1册,中国地图出版社1982年版,第35—36页。
[5] 史为乐主编:《中国历史地名大辞典》,中国社会科学出版社2005年版,第2941页。

培坤、钱林书编《史记地名索引》也作"繁庞"。①而《史记》中华书局2013年点校本卷四四《魏世家》一仍其误,卷一五《六国年表》则将"繁庞"分开,作"繁、庞"。②清林春溥《战国纪年》卷一:"晋魏斯使其子击围繁庞。"注:"《年表》《世家》同。"③似仍以为"繁庞"为一地。《史记志疑》注意到《史记》卷一五《六国年表》"补庞戏城""补庞"的记载,④即"(厉共公)十六年,补庞戏城","(献公)十年,补庞"。⑤历史文献中"庞戏城"与"庞"的出现,也许是"繁庞"分断的因素之一。《册府元龟》卷二五二《列国君部·御备》:"秦厉公十六年堑阿旁,补庞戏城。"原注:"《纪》作'阿旁'。"⑥不过,由"庞戏城""庞城"见于史籍即以"繁庞"为两地的理解,因"繁"的地名指向不明,显然存在疑问。雍正《陕西通志》卷三《建置·周》是将"庞城"置于"繁庞"条下的:"魏文侯十二年,公子击围繁庞。秦厉公十六年,补庞城。《史记·六国表》。庞城,在韩城县东南。《韩城县旧志》。"又雍正《陕西通志》卷七六《纪事·周》:"(周威烈王)十四年,晋人围秦繁庞。""魏文侯十三年,公子击围繁庞,出其民人。《史记·年表》:按,繁庞城在韩城

---

① 嵇超等编:《史记地名索引》,中华书局1990年版,第200页。
② 《史记》,中华书局2013年版,第2210页,第851页。《史记》卷一五《六国年表》校勘记有值得重视的内容:"公子击围繁庞出其民。景佑本、绍兴本、耿本、黄本、彭本、柯本、凌本、殿本'民'下有'人'字,疑是。按:《史记》多'民人'连文之例。"第905页。
③ 〔清〕林春溥撰:《战国纪年》,贾贵荣、宋志英辑:《春秋战国史研究文献丛刊》,国家图书馆出版社2009年版,第66页。
④ 《史记志疑》卷九《六国年表第三》"定王二"条:"'秦厉共公十,庶长将兵拔魏城。'附案:魏城秦地,不可言拔,《集解》(各本讹刻'音义')'拔'一作'捕',亦误。当为'补',若后年'补庞戏城'、'补庞'矣。"〔清〕梁玉绳撰:《史记志疑》,中华书局1981年版,第391页。
⑤ 《史记》,第693页,第706页。
⑥ 〔北宋〕王钦若等编:《册府元龟》,中华书局1960年版,第3012页。

县。"① 也许《嘉庆重修一统志》卷一九〇《同州府二·古迹》的判断也有参考价值："繁庞城。在韩城县东南。《史记》：魏文侯十三年，使子击围繁庞，出其民。《县志》：繁庞城在县东南。"② 以"繁庞"为一城的认识，得到较多历史学者的赞同。史为乐主编的《中国历史地名大辞典》即有"繁庞城"条。③ 在未能提出明确无疑的"繁""庞"二地说的证据之前，战国时期"繁庞城"的理解，应当看作符合历史真实的意见。④ 然而卜辞所见"妇好先登人于庞""妇好先于庞登人"的理解，或许可以参考有关"庞城"的空间认定。郭声波《〈史记〉地名族名词典》不列"庞""庞城"。⑤ 许盘清《史记地名汇释表》于"魏文侯十三年"（前433）条既没有"庞""庞城"，也没有"繁庞"。⑥ 许盘清任总策划的《史记地图集》也不标示"庞"地。⑦ 可知这一地方并没有受到重视。我们大概可以根据谭其骧主编《中国历史地图集》所标示的"繁庞"所在，推想妇好"先登人于庞""先于庞登人"的空间方位。

我们通过卜辞遗存，还看到了在"登人"之后，妇好为王出征的实例。如"伐土方"：

> 辛巳卜，争，贞今岜王登人，乎（呼）妇好伐土方，受有又（祐）。五月。（《甲骨文合集》）

---

① 〔清〕刘于义等监修，〔清〕沈青崖等编纂：《陕西通志》，《景印文渊阁四库全书》第555册，台湾商务印书馆1986年版，第562页。
② 《嘉庆重修一统志》，中华书局1986年版，第12131页。
③ 《中国历史地名大辞典》，第2941页。
④ 王子今：《关于〈史记〉秦地名"繁庞""西雍"》，《文献》2017年第4期。
⑤ 郭声波：《〈史记〉地名族名词典》，中华书局2020年版。
⑥ 许盘清：《史记地名汇释表》，地震出版社2017年版，第157页。
⑦ 许盘清：《史记地图集》，地震出版社2020年版。

贞王勿乎（呼）妇好往伐土方。（《库方二氏藏甲骨卜辞》237）

第1例是说：今年王征集了兵员，准备命令妇好前往征伐土方，能够得到上帝的护佑吗？第2例是说：王不命令妇好去征伐土方吗？

妇好还曾经担任征伐羌人的统帅：

辛巳卜，贞登妇好三千登旅万，乎（呼）伐［羌］。（《库方二氏藏甲骨卜辞》310）

这次伐羌的战役，妇好指挥的部众有一万三千人之多。又如：

贞戉隻羌，
不其隻羌。
贞戉不其隻羌，
贞戉不其隻羌。
勿乎（呼）执，
乎（呼）执，
乎（呼）执。
贞乎（呼）妇执，
贞乎（呼）妇好执，
□妇执。（《铁云藏龟》244.1）

"戉"是人名。"隻"，有"获"的意思。武丁在与羌方交战时，关心殷商军队有否虏获。可见当时的战争，大多有虏获战俘为奴隶的目的。在这次战争中特别问卜俘获奴隶一事，可能是武丁对作战方针有所犹疑，也可能是担心妇好个人的作战风格会影响生俘敌军的计划。

从甲骨文所见资料看，妇好又曾经率部征伐东方的夷方：

> □午卜，卜穷，贞王叀妇好令正（征）夷。（《殷契佚存》527，《殷虚书契续编》4.30.1）

又如：

> 贞王令妇好从侯告伐夷。
> 贞王勿［令］妇好从侯［告伐夷］。（《殷虚文字乙编》2948＋2950）

这是在卜问：王是否应当命令妇好统率侯告征伐夷方？"从"，在这里是率领的意思。"侯告"，是武丁时代的著名将领，此次出征，亦在妇好麾下。

在征讨巴方的战争中，妇好作为统帅，也有十分活跃的表现。甲骨卜辞中有这样的内容：

> 壬申卜，争，贞令妇好从沚㦵伐巴方，受有又（祐）。（《殷契粹编》1230正）

沚㦵是武丁时代的著名将领。卜辞是问：命令妇好统率沚㦵征伐巴方，能够受到上帝护佑吗？又如：

> □□卜，□，贞［王隹妇好令从沚㦵］伐巴方，受有又（祐）。
> 贞王勿隹妇好从沚㦵伐巴方，弗其受有又（祐）。（《殷虚文字丙编》313正）

值得我们重视的是，在记载妇好率军征伐巴方战事的卜辞资料中，保存了一次重要战例的珍贵记录。我们看到：

> 辛未卜，争，贞令妇好其从沚𢦔伐巴方，王自东𠂤伐𢦏陷于妇好立。
>
> ［贞］妇好其［从］沚𢦔伐巴方，王［勿］自东𠂤伐𢦏陷于妇好立。（《殷虚文字乙编》2948＋2950）

据有的学者解释，"东𠂤与𢦏均为地名。陷，'象兽在井上正是陷字，或从坎中有水与井同意'。'从鹿属知陷所以陷鹿属者矣'[①]。立，《说文》云：'住也。'《释名》说：'如林木森然各驻其所也。''陷于妇好立'，即将敌全歼于妇好埋伏处。这条卜辞是从正反两个方面卜问：命令妇好统率沚𢦔伐巴方，武丁亲自由东𠂤去攻打𢦏地的驻军，把溃散的敌军歼灭在妇好埋伏之处与否。"[②]

卜辞的大意，是在卜问是否应当最后确定这一作战计划：王自东压迫敌军至于妇好部设伏的地点以全歼之。

这可能是中国战争史上最早的比较可靠的战例资料。

妇好率领沚𢦔等部作战的实例，还有：

> 己巳卜，㱿，贞勿［叀妇］好乎（呼）从沚𢦔，上下若，受我［又］（祐）。（《殷虚书契前编》4.38.1）

又如：

[①]（原注）罗振玉：《增订殷虚书契考释》卷中，第50页。
[②] 王宇信、张永山、杨升南：《试论殷墟五号墓的"妇好"》，《考古学报》1977年第2期。

>　叀妇好令从沚馘若。(《甲骨文合集》)①

妇好频繁出现在西方、北方、东方和西南方的战场上，多次作为承担主要作战任务部队的统帅，以上司身份和诸名将合作，率军万千，远征异族，并且能够屡屡获胜，是中国女军史上值得重视的历史事实。

"妇好一直活跃在战场上，是武丁诸妇中战功最为显著的一位。"有的学者这样总结她的军事生涯，"土方是位于殷王朝的北方或西北的强悍部族，经常入侵商朝边境地区，掠夺财物。武丁曾多次发动对土方的征讨，都未能彻底解决北方边境的困扰。后来武丁命妇好领兵出战，……妇好不辱王命，迅速击退了敌人的入侵，并乘胜追击，彻底击溃了土方。羌方在商王畿的西部，是武丁时期商王朝的劲敌之一，实力不容小觑。为了迎战羌方，商王出动了大量的兵力。"前引甲骨卜辞说妇好指挥部队计一万三千人。"这是商朝对外战争中使用兵力最多的，也是规模最大的一次。最终，妇好不负众望击败敌人并大获全胜。""巴方位于商朝的西南方，这个部族可以说是商朝的宿敌，与商朝时常发生战争。商王命妇好对巴方展开征讨，……为摧毁巴方，武丁曾亲自出兵杀敌。"由于武丁和妇好完美的战场配合，"全歼了巴方的这支军队"。②

已经确知以妇好为墓主的殷墟5号墓中，出土大批珍贵器物，其中的"司母辛"组铜器数量虽然并不多，但是非常重要，例如其中的2件大方鼎，大小仅次于"司母戊"大鼎。2件四足觥形制也极其别致罕见。此外，还出土石雕卧牛1件，上有"司辛"2字，可能是"司母辛"的省文。墓中出土青铜器60余件，质地厚重，制作精致华美，

---

① 上引甲骨卜辞均见于王宇信、张永山、杨升南：《试论殷墟五号墓的"妇好"》，《考古学报》1977年第2期。
② 湖南省博物馆：《妇好：了不起的女战神》，《中国文物报》2022年4月12日。

图 3　妇好墓出土青铜戈　　　　图 4　妇好墓出土青铜钺

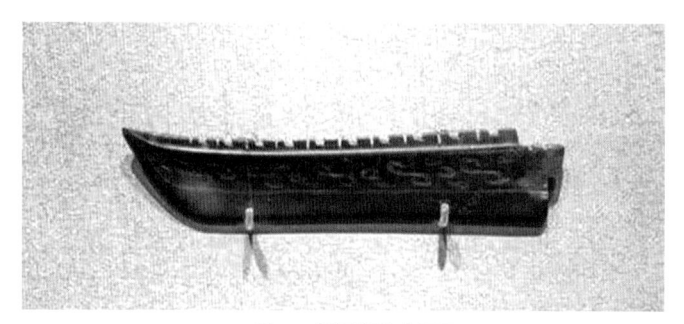

图 5　妇好墓出土玉刀

随葬大批工艺水平高超的玉器，还有精细的象牙雕刻品，足见妇好地位之高贵。

值得我们特别注意的是，墓中还出土了 130 余件青铜兵器，如钺、戈、镞以及弓形器等。特别是有"妇好"铭文的青铜钺，是她特殊军事地位的文物证明。

出土的精美玉器中，也有加工成戈、矛、戚、钺、刀和斧等形状饰品。[①] 其象征意义也应当予以重视。

兵器的集中出土，以及仿兵器玉制品的发现，都是与妇好长期的

---

① 中国社会科学院考古研究所安阳工作队：《安阳殷墟五号墓的发掘》，《考古学报》1977 年第 2 期。

军事生涯相符合的。

关于"帚某"率军征伐的事迹,郭沫若曾经举出4例,其中3例为"帚好"事迹,已见前引,此外,又有1例为"帚妝"事迹:

> 贞勿乎(呼)帚妝伐□方。(《殷虚书契续编》4.26.5)①

我们从中可以知道,妇好堪称常胜女将军,然而武丁时代率军远征的女性贵族,其实并不只有妇好一人。

有学者发现,"卜辞中'帚某'总共有80个,而这些人的私名,从女之字大约只有1/3,而不从女之字却占2/3,虽然私名不加女旁的'帚'不一定表示男巫,但私名增加女旁的'帚'却一定是为了强调巫觋的性别,表示女巫。同样,从'女'的'帚'最初应指女巫"②。按照论者的判断,妇好这样的上层妇女,在某种意义上,可能也兼有神职人员的身份。③

图6 妇好伐巴方卜辞

---

① 郭沫若:《殷契余论·骨臼刻辞之一考察》,第418—419页。郭沫若在《卜辞通纂·天象》中也曾经写道:"'帚'乃'妇'省。妇与妣同祀,盖殷王称其故妃曰'妇'也。唯言'妇'者均言姓字。(凡'帚'下一文多从'女',故知是姓字。)"《郭沫若全集·考古编》第二卷,科学出版社1983年版,第400页。陈梦家则对"唯言'妇'者均言姓字"一说持不同意见。《殷虚卜辞综述》,中华书局1988年版,第492—493页。
② 张素凤、张学鹏:《甲骨文中从"帚"之字考释》,《中原文物》2007年第6期。
③ 《中国妇女通史·先秦卷》,第63—67页。

2. 晋姜出征

晋姜鼎铸作年代为春秋早期。[①] 这件青铜器的铭文也反映了妇女参与军事的内容。晋姜可能是出征军队的统帅。铭文写道：

> 隹王九月乙亥，晋姜曰："余隹司（嗣）朕先姑君晋邦，余不叚（暇）妄宁，巠灉（雝）明德，宣邲我猷，用召匹辞（辥）辟，每（敏）扬氒光剌（烈）虔不坠。譒覃京自，辞（乂）我万民，嘉遣我，易（锡）卤责千两，勿灋文疾（侯）显令（命），卑（俾）贯涌（通）□，征繁、汤、𩁹，取氒吉金，用乍（作）宝𩰫鼎。用康柔妥（绥）褱（怀）远迩君子。"……

洪家义有如下译文："周王九月乙亥那天，晋姜说：'我继承了我的先姑掌管晋国后宫的内政，我不敢苟安懈怠，严正地维护光明的道德，发扬并完善正确的宏图，辅助我夫君，宣扬他的光辉业绩，用心虔诚，不能坠落，以期扩大繁荣晋国，平治万民。夫君嘉赏我的才能，派我出征，赐我千辆军需物资，我没有辜负文侯的伟大命令，打开了通道，征伐繁、汤、𩁹等地，取得了他们的好铜，用来制造宝贵的铜鼎，用以怀柔远近君子。'"[②] 洪家义译文除个别字句的理解尚需商榷以外，大体的意思是基本合理的。

晋姜受命出征，动用"卤责千两"，"征繁、汤、𩁹"，获取重要物资，作此宝鼎，以为纪念，以强势军力及亲和政策实现对"远迩君子"的威慑与怀柔。

[①] 郭沫若：《两周金文辞大系图录考释》，上海书店出版社1999年版，图30，录267，释229。
[②] 洪家义：《金文选注绎》，江苏教育出版社1988年版，第525—526页。

晋姜鼎铭文提供的军事史信息，或许可以看作是这一历史阶段"妇女主持军事率军出征的有力证据"。①

3. "男女以辨" "男女以班"

《春秋·哀公元年》："春，王正月，公即位。楚子、陈侯、随侯、许男围蔡。"是说楚、陈、随、许四国联军攻蔡。《左传·哀公元年》："春，楚子围蔡，报柏举也。里而栽，广丈高倍。夫屯昼夜九日，如子西之素。蔡人男女以辨。使疆于江、汝之间而还。蔡于是乎请迁于吴。"杜预注："辨，别也。男女各别，系累而出降。"②

顾颉刚注意到这条记录。《西庑读书记》"男女以辨"条写道："古代国有大事，男、女俱出，则各成列而不乱。哀元年《传》曰：'楚子围蔡，……蔡人男、女以辨。使疆于江、汝之间而还。'杜注：辨，别也。男、女各别，系累而出降。"③

《左传·襄公二十五年》可见"男女以班"的说法："晋侯济自泮，会于夷仪，伐齐，以报朝歌之役。齐人以庄公说，使隰鉏请成，庆封如师。男女以班。赂晋侯以宗器、乐器。自六正、五吏、三十帅、三军之大夫、百官之正长、师旅及处守者，皆有赂。晋侯许之。使叔向告于诸侯。公使子服惠伯对曰：'君舍有罪，以靖小国，君之惠也。寡君闻命矣！'"④有人以为"男女以班"与"男女以辨"相同。清人陈树华《春秋经传集解考正》卷一七"男女以班"条指出："《正义》曰：刘炫云：《哀

---

① 《中国妇女通史·先秦卷》，第131页。
② 《春秋左传集解》，上海人民出版社1977年版，第1705页，第1706页，第1707页。
③ 顾颉刚：《顾颉刚读书笔记》卷四，中华书局2011年版，第162页。
④ 《春秋左传集解》，第1029—1030页。

元年》'蔡人男女以辨',与此同。"①

《札朴》卷二《温经》"男女以班"条写道:"襄二十五年传:'男女以班。'刘炫云:'哀元年:"蔡人男女以辨"与此同。杜意男女分别,将以赂晋也。炫谓男女分别,示晋以恐惧服罪,非以为赂也。'馥案:郑伐陈(亦在襄二十五年),陈侯使其众男女别而累以待于朝。此言囚系男女,将为郑仆妾,并非赂郑。据此则刘之规杜是也。"②所谓"囚系男女,将为郑仆妾"的理解是准确的。桂馥所说"郑伐陈,陈侯使其众男女别而累以待于朝"事,见于《左传·襄公二十五年》:"初,陈侯会楚子伐郑,当陈隧者,井堙木刊,郑人怨之。六月,郑子展、子产帅车七百乘伐陈,宵突陈城,遂入之。""子展命师无入公宫,与子产亲御诸门。陈侯使司马桓子赂以宗器。陈侯免,拥社。使其众,男女别而累,以待于朝。"杜预注:"累,自囚系以待命。"③

这一情形告诉我们,"男女"在以为"仆妾",作为役使对象的情况下,应当是"男女各别",即所谓"男女以辨""男女以班"的。无论是工役还是军役,大致都是如此。"男、女俱出,则各成列而不乱。"也就是说,女子被使役,是有特别的组织方式的。她们可以"成列而不乱",这对于在必要时编列成军,提供了社会组织的基础。

《吕思勉读史札记》"女子从军"条中明确指出,"班即辨也","别亦即班也"。"后世女子罕从征战,偶有其事,人遂诧为异闻;若返之于古,则初无足异也。"吕思勉说:"出降必异男女,以其平时本各为军也。《周书·大武》曰:'三敛,一男女比。'盖亦谓各

---

① 〔清〕陈树华撰:《春秋经传集解考正》,《续修四库全书》第143册,上海古籍出版社2013年版,第60页。
② 〔清〕桂馥撰,赵智海点校:《札朴》,中华书局1992年版,第70页。
③ 《春秋左传集解》,第1031—1032页。

为一军矣。"① 以为"男女以辨""男女以班",说明本来"平时本各为军也""各为一军"的判断,是应当重视的。

4. 孙武教女兵

中国传至现今的古代兵书,年代最早的是《孙子兵法》。这就是《汉书》卷三〇《艺文志》所著录的:

《吴孙子兵法》八十二篇。图九卷。

其作者是春秋时期出身齐国,在吴国施展将才,使得吴军得以西破强楚、北威齐晋的著名军事家孙武。颜师古注:"孙武也,臣于阖庐。"②

在《史记》卷六五《孙子吴起列传》中,可以看到最早的关于女军训练的故事,就是以孙武为主角的。

孙武以兵法见于吴王阖庐。阖庐说,你的十三卷兵书,我已经都看过了,应用你的理论,"可以小试勒兵乎?""可试以妇人乎?"孙武答应以宫中妇人试演兵法,于是选宫中美女180人,分为2队,"以王之宠姬二人各为队长,皆令持戟"。司马迁记述道:

约束既布,乃设斧钺,即三令五申之。于是鼓之右,妇人大笑。孙子曰:"约束不明,申令不熟,将之罪也。"复三令五申而鼓之左,妇人复大笑。孙子曰:"约束不明,申令不熟,将之罪也;既已明而不如法者,吏士之罪也。"乃

---

① 吕思勉:《吕思勉读史札记》,上海古籍出版社1982年版,第304页。
② 《汉书》,第1756—1757页。

欲斩左右队长。吴王从台上观，见且斩爱姬，大骇。趣使使下令曰："寡人已知将军能用兵矣。寡人非此二姬，食不甘味，愿勿斩也。"孙子曰："臣既已受命为将，将在军，君命有所不受。"遂斩队长二人以徇。用其次为队长，于是复鼓之。妇人左右前后跪起皆中规矩绳墨，无敢出声。于是孙子使使报王曰："兵既整齐，王可试下观之，唯王所欲用之，虽赴水火犹可也。"①

孙武公布军纪，又宣告了以死刑作为违反军纪的处罚方式。三令五申之后，以鼓声指示队列向右，妇人大笑而不从命。孙武说："军纪不明确，士兵不能熟知，是将军的责任。"于是再次三令五申，又以鼓声指示向左，妇人再次大笑。孙武又说道："军纪不明确，士兵不能熟知，是将军的责任。已经申明而不能遵行，则是吏士的责任。"于是要将左右队长处斩。吴王在高台上看到孙武要处死其爱姬，大为惊骇，急忙派近臣传布命令："寡人已知将军能用兵矣。寡人没有此二姬，是连饭也吃不下的，希望你不要处斩她们。"孙武则说："臣既然已经受命为将，将在军中，君王之命有所不受。"于是立斩左右队长二人以示众。孙武任命了新的队长，再次用鼓声发布号令。妇人或左或右，或前或后，或跪或起，都一一合于规定，没有人再敢喧哗。于是孙武派人报告吴王说："兵士现在已经训练成功，君王可以发布指令，就是赴汤蹈火，也是没有问题的。"

对于这一记载，历代多有学者以为可疑。宋代学者叶适在他的读书札记《习学记言序目》卷四六中说，孙武"功名章灼"，而基本文献载录"阙略"，如"《左氏》无传焉，可乎？"以为其事迹都是

---

① 《史记》，第2161—2162页。

当时"辩士妄相标指,非事实"。他又写道:至于"其言阖闾试以妇人,尤为奇险不足信"。叶适直接质疑:"武自诡妇人可勒兵,然用百八十人为二队,是何阵法?且既教妇人而爱姬为队长,则军吏不应参用男子,队长当斩,其谁任之?仓猝展转,武将自败之不暇。"叶适于是责问道:"不知真所谓知兵者何用此。"叶适以自身所处时代的"阵法"规比古时"阵法",又没有注意到"用其次为队长"的文句,因而其"尤为奇险不足信"之说,似嫌武断。他的怀疑,又是以对孙武事迹的彻底否定为基础的。他甚至以为《孙子》一书,也是"春秋末、战国初山林处士所为"之"夸大之说"。①

其实,孙武的生平,已经逐步被判定并不是"妄相标指"。"试以妇人"的故事,也可能是符合历史真实的。在1972年山东临沂银雀山汉墓出土的竹简兵书《孙子兵法》中,也可以看到关于孙武以"妇人"试行列阵的记述。根据整理小组的意见,这篇文字题为《见吴王》:

……□于孙子之馆,曰:"不穀好……兵者与(欤)?"孙……乎?不穀之好兵□□□之□□□也,适之好之也。"孙子曰:"兵,利也,非好也。兵,□〔也〕,非戏也。君王以好与戏问之,外臣不敢对。"盖(阖)庐曰:"不穀未闻道也,不敢趣之利与……□孙子曰:"唯君王之所欲,以贵者可也,贱者可也,妇人可也。试男于右,试女于左,□□□□……曰:"不穀顜(愿)以妇人。"孙子曰:"妇人多所不忍,臣请代……畏,有何悔乎?"孙子曰:"然则请得宫□□……之国左后玺圈之中,以为二陈(阵)□□……□曰:"陈(阵)未成,不足见也。及已成……□也。

---

① 〔宋〕叶适:《习学记言序目》,中华书局1977年版,第675—676页。

君王居台上而侍（待）之，臣……□至日中请令……陈（阵）已成矣，□□听……□□不□不难。"君曰："若（诺）。"孙子以其御为……参乘为舆司空，告其御、参乘曰："□□……□妇人而告之曰："知女（汝）右手？"……之"。"知女（汝）心？"曰："知之。""知女（汝）北（背）？"曰："知之。""……左手。胃（谓）女（汝）前，从女（汝）心。胃（谓）女（汝）……人生也，若夫发令而从不听者诛□□……□不从令者也。七周而泽（释）之，鼓而前之……〔三告而〕五申之，鼓而前之，妇人乱而〔□□□〕金而坐之，有（又）三告而五申之，鼓而前之，妇人乱而笑。三告而五申者三矣，而令猷（犹）不行。孙子乃召其司马与舆空而告之曰："兵法曰：弗令弗闻，军将之罪也；已令已申，卒长之罪也。兵法曰：赏善始贱，罚……□请谢之。"孙子曰："军□……引而员（圆）之，员（圆）中规；引而方之，方中巨（矩）。……盖（阖）庐六日不自□□□□□……□□□□孙子再拜而起曰："道得矣。……□□□长远近习此教也，以为恒命。此素教也，将之道也。民……□莫贵于威。威行于众，严行于吏，三军信其将畏（威）者，乘其适（敌）。"千□十五①

按照银雀山汉墓竹简整理小组的释文，其内容与《史记》卷六五《孙子吴起列传》的记载十分接近。由于竹简出土时残断散乱，其中引语往往前后缺佚，排列顺序也可能与原文并不完全相符。但是从内容看，基本还是可以大略连贯的。

---

① 银雀山汉墓竹简整理小组编：《银雀山汉墓竹简孙子兵法》，文物出版社1976年版，第106—108页。

简文写到，孙子宣称"妇人可也"之后，王于是提出"不穀愿以妇人"，孙子在进行实际训练之前，曾以"妇人多所不忍"推辞。从所谓"妇人多所不忍"看，当时以女子编练成军，可能还是比较少见的情形。

孙武在吴宫中操练后宫妇女的故事，在历史上的影响非常久远。

《太平御览》卷二七〇引《曹公孙子兵法序》写道："孙子者，齐人也，名武。为吴王阖闾作《兵法》一十三篇，试之妇人，卒以为将。西破强楚，入郢，北灭齐、晋。"[1] 所谓"试之妇人，卒以为将"，将操练吴宫女子看作孙武军事实践的开端。

唐代诗人刘禹锡《和乐天题真娘墓》诗有"芳魂虽死人不怕，蔓草逢春花自开""吴王娇女坟相近，一片行云应往来"句[2]，其中所谓"吴王娇女坟"，即有追念为孙武处死的吴王后宫女子的含义。

唐人颜粲有《吴宫教美人战》诗[3]，也说到孙武以兵法试之妇人的故事。其中写道：

> 有客陈兵画，功成欲霸吴。
> 玉颜承将略，金钿指军符。
> 转佩风云暗，鸣鼙锦绣趋。
> 雪花频落粉，香汗尽流珠。
> 掩笑谁欺令，严刑必用诛。

---

[1] 《太平御览》，第1263b页。《曹操集》题《孙子序》。〔三国〕曹操著，中华书局编辑部编：《曹操集》，中华书局2018年版，第71页。《十一家注孙子》未收此序。〔三国〕曹操等注，郭化若译：《十一家注孙子》，中华书局1962年版。
[2] 〔唐〕刘禹锡撰，《刘禹锡集》整理组点校，卞孝萱校订：《刘禹锡集》卷三二，中华书局1990年版，第458页。
[3] 或题此诗为吴祕所作。

至今孙子术，犹可静边隅。①

又如林藻《吴宫教战》诗②：

　　强吴矜霸略，讲武在深宫。
　　尽出娇娥辈，先观上将风。
　　挥戈罗袖卷，擐甲汗装红。
　　轻笑分旗下，含羞入队中。
　　鼓停行未整，刑举令方崇。
　　自可威邻国，何劳骋战功。③

也在追怀这一历史故事。宋人鲜于侁《洋州三十景》中《菡萏亭》一首可见"夏绿分照水，秋香仍满地。吴宫谁教战，一一尽妖媚"。④

　　元代杂剧中，现在可知至少有周文质《孙武子教女兵》一种⑤，又有赵善庆《孙武子教女兵》一种⑥。明代吴於东有《兴吴记》传奇，也演出了孙武故事。

　　清人竹枝词中亦有回顾其事的诗作。咸丰年间，江苏吴县人叶承桂《太湖竹枝词》卷下有这样一首：

---

① 〔宋〕计有功撰，王仲镛校笺：《唐诗纪事校笺》卷三二，中华书局2007年版，第1115页。
② 《唐诗纪事》卷三二作叶季良诗。《唐诗纪事校笺》，第1116页。
③ 〔宋〕李昉等编：《文苑英华》卷一八九，中华书局1966年版，第926a页。
④ 〔清〕陆心源撰，徐旭、李建国点校：《宋诗纪事补遗》卷一〇，山西古籍出版社1997年版，第208页。
⑤ 《录鬼簿》著录，简名《教女兵》。《太和正音谱》略作《孙武教女兵》。末本。今佚。据庄一拂：《古典戏曲存目汇考》卷五，上海古籍出版社1982年版，第334页，第343页。
⑥ 《录鬼簿》（曹本）著录，贾本著录简名《教女兵》，注云：旦本。《太和正音谱》《元曲选目》俱略作《孙武教女兵》。今佚。据《古典戏曲存目汇考》卷五，第343页。

  手把鲛宫玉笛吹，笑看踏浪舞冯夷。
  扣盘解唱双莲曲，偏要人间习楚词。

注文写道："《树萱录》：（唐）大历初，处士李籯秋夕于震泽，舍舻野步。望中见烟火，意为渔家渐近，即朱门粉雉，嘉木修林，画舟倚白莲中。生异其境，徘徊未敢入。俄有青衣出曰：君非李处士乎？愿得少近。籯随步而入，琐窗洞户，中有女郎，狭体瑰质，衣如云霓，揖生曰：延伫嘉德，积有年矣。今夕何夕，邂逅相逢。命青衣捧方丈酌酒珊瑚钟以劝。"所歌则伤悼"吴宫二队长"：

  侍儿数辈执乐，女郎倚曲歌《玉波冷双莲》之曲，曰："此伤吴宫二队长之辞。"

女郎又说："某非人也，生于龙宫，好楚词。君能受我一篇传于世人乎？"据注引《树萱录》，"乃以水晶簪扣盘而诵《芷秀药华》之词。俄闻钟声隔水。女郎曰：此非清虚之士不得游。持素绡送生出门，闭扉悄然。生徐步清浔，朝日已上。广陵胡人识其绡曰：此龙颔小髯所缉也"。

据说"伤吴宫二队长之辞"《玉波冷双莲曲》有高启补作：

  高启曰：二曲世不传，余为补之：《玉波冷双莲曲》云："金风暮翦双头蕊，啼脸辞秋嫣血紫。宫女三千罢笑喧，锦云阵冷鸳鸯死。满江烟玉流古香，寻魂吊影愁茫茫。吴天坠露哀红湿，一夜波凉小龙泣。"①

---

① 据说高启又补作《芷秀药华词》云："春香上罗襦，暗引兰桡渡。蝶散掩红房，王孙归已暮。斜条拂绿鬓，采撷同芳杜。脉脉烟雨浓，江皋断肠路。"王利器、王慎之、王子今辑：《历代竹枝词》，陕西人民出版社2003年版，第2651—2652页。

《双莲》传说幽婉动人,高启补作苍凉凄冷,都说明了"吴宫二队长"之死的传说在民间影响广泛,且被渲染以神话色彩。

清人毛奇龄《吴宫教美人战试体旅闷效作》诗:"名将观兵略,贤王试女戎。阴符先阃内,秘计定宫中。金甲摄衣紫,琱旗卷汗红。攒眉羞画戟,错步笑弯弓。鱼贯看难列,枭刑岂待终。军前娘子队,端赖霸图雄。"①似仿效前引唐人颜粲、叶季良题《吴宫教美人战》作品,歌咏同一历史主题。

这一主题的诗作不仅仅只是怀古咏史,吴王后宫军训的古事也被用来借以批评现实军事生活中的弊端。如裘琏《将军行》讽刺"将军将军自北来,动如江海疾如雷",然而在战争形势紧张之时,竟依然"饮酒还高歌,席旗枕鼓拥娇娥",有涉及"孙武子教女兵"事迹的联想:"将军白马茜繁缨,中有骈车玎珰鸣。借问七香冉冉谁,新罗爱妾不知名。吾闻习战吴宫女,夫人锦伞风中举。未闻歌舞胜男戎,岂是妖姬惑晋主?"②"习战吴宫女"这里作为只知"歌舞"的"新罗爱妾"的比照。

王龄《溃卒》诗批评败军"披甲僵欲仆""见敌鸟兽散"的情形,以孙武训练吴宫女子之事为对比:"懦卒虽云孱,岂不如蛾眉?吴宫教战阵,再鼓笑且嬉。队长既云诛,进退随指挥。古来善阵者,岂必皆熊罴。不教而使战,何如竟弃之。"③强调了"教"与"战"的关系。"孙武子教女兵"故事,是被作为军事训练成功的正面典型的。

---

① 〔清〕毛奇龄撰:《西河集》卷一四九,《景印文渊阁四库全书》第1321册,第546—547页。
② 〔清〕裘琏撰:《横山初集》卷八《诗》,《四库未收书辑刊》第玖辑第18册,北京出版社2000年版,第55页。
③ 〔清〕潘衍桐编纂,夏勇、熊湘整理:《两浙輶轩续录》第16册补遗卷六,浙江古籍出版社2014年版,第4682页。

5.《墨子》城守各篇所见"丁女""坚守胜围"责任

《墨子》之学在先秦时代,在某种意义上可以说是和儒学等其他学派影响力相当的显学。

《墨子》书中属于宗教、哲学的内容历来受到学者重视。其实,这部先秦名著中还多有力学、光学、数学以及其他实用的内容。例如,古本《墨子》中讲抗敌方法的就有20篇,占全书的七分之二,经过千百年散佚,现在只留存11篇,而且这11篇的面目也与原来不同了。

《墨子》中讲守城方法的内容,是值得军事史学者注意的。《墨子·公输》说,公输般为楚国制作了新式攻城装备云梯,楚军因此就要出征攻打宋国。墨翟亲自往楚国会见公输般,和他当面较量攻守的战术。据记载,"公输般九设攻城之械变,子墨子九距之,公输般之攻械尽,子墨子之守圉有余,公输般诎"。[1] 楚国因此取消了进攻宋国的计划。《墨子》书中的有关内容,应当就是对当时守城策略的总结。

《墨子》中有关城守的11篇,是《备城门》《备高临》《备梯》《备水》《备突》《备穴》《备蛾传》《迎敌祠》《旗帜》《号令》《杂守》。

在《墨子·备城门》中,可以看到将女子正式编入守城部队的制度。其中这样写道:

> 守法:五十步丈夫十人、丁女二十人、老小十人,计之五十步四十人。

---

[1] 〔清〕孙诒让著,孙以楷点校:《墨子间诂》,中华书局1986年版,第447—448页。

就是说，守城之法，在 50 步的地段内，配置壮年男子 10 人，壮年女子 20 人，以及老人和少年 10 人，合计 50 步内共 40 人。实际上，守城人力中，"丁女"已经成为主力。

《墨子·备城门》又说：

> 客攻以遂，十万之众，攻无过四队者；上术广五百步，中术三百步，下术百五十步，诸不足百五十步者主人利而客病。广五百步之队，丈夫千人，丁女子二千人，老小千人，凡四千人而足以应之，此守术之数也。

这是说攻城的一方军众 10 万，也不过以 4 个梯队进攻，进攻突击面窄，实际上有利于守方。500 步间，需用 4000 人拒战，包括壮年男子千人，壮年女子二千人，老人和少年千人。

《墨子·备穴》也写道：

> 诸作穴者五十人，男、女相半。

可见，守城女子同时也成为构筑城防工事的主力。《墨子·号令》中，则又有关于守城女子配备兵器的规定，说"丁女子"即壮年女子，"人一矛"。同时又写道：

> 女子到大军，令行者男子行左，女子行右，无并行，皆就其守，不从令者斩。

这些女子是明确编列入"大军"之中的，她们的队列和男子分开，不得并行，但是同样受到"皆就其守，不从令者斩"的严厉军法的约束。

《墨子·旗帜》还写道，守城的军民男女，都有辨识衣服徽章的标识，男女都应当熟悉有关区别，以利于作战指挥和各部队之间的协作：

> 城中吏、卒、民、男女皆辨异衣章徽，令男女可知。

《墨子·号令》又说，承担守城责任的女子，也与男子一样可以受到奖励：

> 而胜围，城周里以上，封城将三十里地为关内侯，辅将如今赐上卿，丞及吏比于丞者赐爵五大夫，官吏、豪杰与计坚守者十人，及城上吏比五官者皆赐公乘，男子有守者爵，人二级，女子赐钱五千，男女、老小无分守者，人赐钱千，复之三岁，无有所与，不租税。此所以劝吏民坚守胜围也。[①]

就是说，男子承担有守备任务的，每人赐爵二级，女子每人赐钱五千，其余没有分守责任的男女、老小，也每人赐钱一千，免除租税徭役三年。推行这一措施，是为了鼓励吏民奋勇坚守，克敌制胜。男子赐爵与女子赐钱之所以不同，是因为女子不能享有爵级。尽管奖励形式有差别，仍可说明女子同样是"坚守胜围"的主力。

顾颉刚《浪口村随笔》有"女子服兵役"条，据《墨子》相关内容说："是古代女子亦服兵役，执干戈，且从事守城者倍多于丈夫也。"关于《墨子·号令》所谓"男子有守者爵，人二级，女子赐

[①] 岑仲勉：《墨子城守各篇简注》，中华书局1958年版，第24页，第69页，第100—101页，第93页，第104页。

钱五千"，顾颉刚指出："女子不可得爵，故虽有守城之功，只赐钱也。"①

《墨子》在技术追求方面对秦军事史曾经产生影响。《墨子》军事设置方面有关"女子"战斗力充分调用的做法，或许也对秦军事优势的形成发生过作用。

6.《商君书·兵守》："壮女为一军"

秦孝公时代主持变法的商鞅，也曾经以军事家的身份在历史舞台上有所表演。《商君书》保留了若干商鞅自己的文字，有些则是其弟子的论著，但是也体现了商鞅的思想。如高亨所说："这部书的内容都符合商鞅的思想实质，没有重大的自相矛盾之处；但各篇并非作于一人，也非写于一时，可以说它是商鞅遗著与其他法家遗著的合编。如果说全是商鞅所作或全非商鞅所作，都未免流于片面。"②

或许与《墨子》"城守"设计有关，《商君书·兵守》中，也明确说到在面临"围城之患"时，有专门编定女军守城的方式：

> 守城之道，盛力也。故曰：客治簿檄，三军之多，分以客之候车之数。三军：壮男为一军；壮女为一军；男女之老弱者为一军，此之谓三军也。壮男之军，使盛食、厉兵，陈而待敌。壮女之军，使盛食，负垒，陈而待令，客至而作土以为险阻及耕格阱，发梁撤屋，给从从之，不洽而燹之，使客无得以助攻备。老弱之军，使牧牛马羊彘，草木之可食者，

---

① 顾颉刚：《顾颉刚读书笔记》卷一六，第75页。
② 高亨：《商君书作者考》，高亨注译：《商君书注译》，中华书局1974年版，第15—16页。

> 收而食之，以获其壮男女之食。

又规定三军不得相互往来：

> 而慎使三军无相过。壮男过壮女之军，则男贵女，而奸民有从谋，而国亡。喜与，其恐有蚤闻，勇民不战。壮男壮女过老弱之军，则老使壮悲，弱使强怜。悲怜在心，则使勇民更虑，而怯民不战。故曰：慎使三军无相过。此盛力之道。

就是说，守城的原则，在于集聚有生力量而保持其"盛力"。如果敌军进犯，应当立即办理军籍文书，按照敌军前锋战车的数量，整编三军。所谓"三军"，是指壮男编为一军，壮女编为一军，男女中的老弱者编为一军。壮男之军，都携有充足的军粮，配备锋利的武器，排列整齐的军阵，准备迎击敌军。壮女之军，也携有充足的军粮，背负防卫的用具，整队待命。待敌军来临，立即在城外修筑工事，设置陷阱，拆除民房，如果来得及，就将材瓦搬进城去，如果来不及，就全数烧毁，不能让敌军用作攻城的工具。老弱之军负责放牧，采集可食用的草木，从而为壮男、壮女之军节省口粮。

　　严格规定三军不得相互往来。如果壮男来到壮女的军中，男子怜爱女子，奸人就有可能乘机进行蛊惑人心的煽动，致使国家走向败亡。而且男女相友爱的人相遇一处，就难免情意缠绵，唯恐战事过早开始，于是勇武的百姓也不愿意去作战。如果壮男壮女来到老弱的军中，老者会令壮者伤感，弱者会令强者怜悯。这样的情绪往往会使勇武的百姓削弱克敌的斗志，使怯懦的百姓丧失胜利的信心。所以说，一定要严格禁止三军相互往来。这就是集聚有生力量而保持其"盛力"

的原则。①

《商君书·去强》说，"强国知十三数"，就是说，强国的政府，必须要掌握13种数量统计资料，其中第一是"竟（境）内仓口之数"，其次就是"壮男壮女之数"。在专门论述兵战的《境内》篇中，一开始就说道："四境之内，丈夫女子皆有名于上，生者著，死者削。"②顾颉刚说："何以壮男之外犹登记壮女、老、弱之数与名也？""是则战斗之事，壮男主之；工作之事，壮女主之；饷糒之事，老弱主之。"男子和女子都全数录入名籍，出生即登记，死亡即注销。当时官府准确掌握"壮女"的名籍，当首先出于军事的需要。

至于《商君书·兵守》所言"慎使三军无相过""此盛力之道"，顾颉刚说，"壮男过壮女之军，则男贵女，而奸民有从谋，而国亡"，"此即《墨子》所云'女子到大军，令行者男子行左，女子行右，无并行'，隔绝男女壮弱以祛其不战之心也。《墨子》但言其事，《商君书》更陈其理，益明白矣"。③

《墨子》和《商君书》中有关女军的内容，都是当时对于从事城守，即组织防卫性战争的理论性政策性的论述。

《吕思勉读史札记》"女子从军"条综合《史记》卷八二《田单列传》"妻妾编于行伍之间"，《史记》卷七六《平原君虞卿列传》"妻妾编于士卒之间"，《战国策·中山策》"妻妾补缝于行伍之间"等情形，指出："知墨子、商君皆非冯亿之谈也。"又据《墨子》"丈夫""丁女子""老小"分列，及《商君书》"三军：壮男为一军；壮女为一军；男女之老弱者为一军"之说，明确发表了关于"三军"的意见：

---

① 高亨注译：《商君书注译》，第261—262页。
② 高亨注译：《商君书注译》，第112页，第404页。
③ 顾颉刚：《顾颉刚读书笔记》卷一六，第75—76页。

"案古之为军者，使壮男壮女各为军，而男女之老弱者各为一军，则其视丁壮老弱之差，甚于男女之异也。野蛮人之分党，固多以其年齿。然则三军之法，由来旧矣。"①

顾颉刚《浪口村随笔》"女子服兵役"条分析了《墨子》与《商君书》成书年代的疑问。"《墨子》《商君》两书，古今人已提出若干问题，谓非墨子、商君自著，甚或出于汉人之手。（见朱希祖《墨子备城门以下二十篇系汉人伪书说》等文。）然战国、秦、汉时代密迩，但能写得当时社会之真相，即为珍贵之材料，其著作者为谁固不必加以甚深之计较也。"他又指出，"以战国事证之，知《墨》《商》所言固实"。顾颉刚综合"《墨》《商》所言"予以考察，给予我们重要的提示。就这一学术主题，他又举《史记·田单列传》《平原君列传》相关记载为例予以说明。②

7. 田单守即墨："妻妾编于行伍之间"

女军实战的史例，则有《史记》卷八二《田单列传》所记载在田单领导的抗燕战争中，据守即墨时，组织女子登城防御的事迹：

> 田单知士卒之可用，乃身操版插，与士卒分功，妻妾编于行伍之间，尽散饮食飨士。令甲卒皆伏，使老弱女子乘城，遣使约降於燕，燕军皆呼万岁。田单又收民金，得千溢，令即墨富豪遗燕将，曰："即墨即降，愿无虏掠吾族家妻妾，令安堵。"燕将大喜，许之。燕军由此益懈。

---

① 吕思勉：《吕思勉读史札记》，第304页。
② 顾颉刚：《顾颉刚读书笔记》卷一六，第76页。

田单乃收城中得千余牛，为绛缯衣，画以五彩龙文，束兵刃于其角，而灌脂束苇于尾，烧其端。凿城数十穴，夜纵牛，壮士五千人随其后。牛尾热，怒而奔燕军，燕军夜大惊。牛尾炬火光明炫耀，燕军视之皆龙文，所触尽死伤。五千人因衔枚击之，而城中鼓噪从之，老弱皆击铜器为声，声动天地。燕军大骇，败走。齐人遂夷杀其将骑劫。燕军扰乱奔走，齐人追亡逐北，所过城邑皆畔燕而归田单，兵日益多，乘胜，燕日败亡，卒至河上，而齐七十余城皆复为齐。①

田单以智勇大破燕军，最终得以复国，其中"令甲卒皆伏，使老弱女子乘城"的示弱于敌的策略起到了相当重要的作用。然而，我们由此还可以看到，当时在防守能力较为充备的情况下，一般应当是"女子"和"丈夫""甲卒"即丁壮男子武装人员一同登城防守的。

即墨妇女在这次战役中发挥的作用，还包括在最后以火牛阵出击时"城中鼓噪从之，老弱皆击铜器为声，声动天地"，致使"燕军大骇，败走"。②所谓"老弱"，应当是包括"女子"的。

8. 平原君守邯郸："夫人以下编于士卒之间"

与田单所谓"妻妾编于行伍之间"相类似，《战国策·中山策》有关赵国抗击秦军，坚守邯郸时，平原君等贵族"皆令妻妾补缝于行伍之间"，赵国于是"臣人一心，上下同力"，终于坚持到秦军退兵。③《史记》卷七六《平原君虞卿列传》中也有这样的记载：

---

① 《史记》，第2455页。
② 《史记》，第2455页。
③ 〔西汉〕刘向集录：《战国策》，上海古籍出版社1985年版，第1189页。

秦急围邯郸，邯郸急，且降，平原君甚患之。邯郸传舍吏子李同说平原君曰："君不忧赵亡邪？"平原君曰："赵亡则胜为虏，何为不忧乎？"李同曰："邯郸之民，炊骨易子而食，可谓急矣，而君之后宫以百数，婢妾被绮縠，余粱肉，而民褐衣不完，糟糠不厌。民困兵尽，或剡木为矛矢。而君器物钟磬自若。使秦破赵，君安得有此？使赵得全，君何患无有？今君诚能令夫人以下编于士卒之间，分功而作，家之所有尽散以飨士，士方其危苦之时，易德耳。"于是平原君从之，得敢死之士三千人。李同遂与三千人赴秦军，秦军为之却三十里。亦会楚、魏救至，秦兵遂罢，邯郸复存。[①]

这种做法当然有军前鼓励士气的作用，但是也暗示当时城中守备部队中，已经尽数动员了"丈夫""丁女""壮男""壮女"。可以推想，在这种情况下，包括贵族夫人、守将妻妾在内的城中妇女"分功而作"所承担的军务劳作，一定是相当繁重的。

我们还应当注意到，田单"妻妾编于行伍之间"和平原君等"皆令妻妾补缝于行伍之间"，情形是有所不同的。后者可能只承担"补缝"等劳作，前者或许直接参与了更多的城防工役甚至守城战斗。

《尉缭子·守权》说到城防的基本原则，应当以逸待劳，加固工事，动员军力民力，并且借助外援：

　　攻者不下十余万之众，其有必救之军者，则有必守之城。无必救之军者，则无必守之城。若彼城坚而救诚，则愚夫蠢妇，无不蔽城尽资血（城）者。期年之城，守余于攻者，救

[①]《史记》，第 2368—2369 页。

072

余于守者。若彼城坚而救不诚，则愚夫蠢妇，无不守陴而泣下，此人之常情也。①

这就是说，进攻之军不下十余万众，防守的一方只要有可靠的外援，那么就必定能够坚守。如果没有可靠的外援，那么就不能够坚守。如果城防工事坚固而外援可靠，那么守城的男女就没有不为保卫全城安全而竭尽全力英勇献身的。城能够坚守1年而终得保全，是因为防守的力量大于进攻的力量，援军的力量大于守军的力量。如果城防虽然坚固而外援却不可靠，那么守城的男女就没有不倚于女墙而失望落泪的。这是人之常情。所谓"愚夫蠢妇，无不蔽城尽资血（城）者"，"愚夫蠢妇，无不守陴而泣下"，都说明妇女是守城的主要力量。

在战国时期的战争中，女军除了承担守城任务之外，在有些情况下，也参加攻坚战役。

《尉缭子·攻权》写道：

……故凡集兵，千里者旬日，百里者一日，必集敌境。卒聚将至，深入其地，错绝其道，栖其大城大邑，使之登城逼危。男女数重，各逼地形而攻要塞。据一城邑而数道绝，从而攻之。敌将帅不能信，吏卒不能和，刑有所不从者，则我败之矣。敌救未至，而一城已降。②

这就是说，集结军队进攻，千里路程应以10天为限，百里路程应以1天为限，必须赶到边境。集结完毕，就应迅速穿插到敌国纵深地带，

---

① 华陆综注译：《尉缭子注译》，中华书局1979年版，第25页。
② 《尉缭子注译》，第21页。

切断其交通要道，兵临城下，利用地势，全面包围，男女士众，合力强攻，致使敌军指挥人员丧失威信，部众内部发生矛盾，军法处罚也没有效力。这样就可以克敌制胜，在敌援军尚未赶到时，就迫使守军开城出降。

这里，所谓"男女数重，各逼地形而攻要塞"，反映了女子直接参与攻城野战的情形。

9. "壮男壮女各为军"与"女子从军"

吕思勉曾引《墨子·备城门》等例，指出："盖兵亦役之一，古役固男女皆与也。"吕思勉写道：

> 《周官·地官·小司徒》："上地家七人，可任也者家三人。中地家六人，可任也者二家五人。下地家五人，可任也者家二人。"注曰："可任，谓丁强任力役之事者。出老者一人，其余男女强弱相半其大数。"则女子从役，汉人犹知其义矣。《商君书·竟内》篇，皆言稽众寡以备师役之事，而曰："四竟之内，丈夫女子，皆有名于上，生者著，死者削。"亦以此也。

吕思勉又引《左传》诸例说明男女战时各编为军的事实：

> 《左氏》哀公元年：楚子围蔡，"蔡人男女以辨"。注曰："辨，别也。男女各别，系累而出降。"襄公二十五年：齐人"男女以班"，班即辨也。陈侯"使其众男女别而累，以待于朝"，别亦即班也。出降必异男女，以其平时本各为军也。

《周书·大武》曰："三敛，一男女比。"盖亦谓各为一军矣。

吕思勉还指出："案古之为军者，使壮男壮女各为军，而男女之老弱者各为一军，则其视丁壮老弱之差，甚于男女之异也。野蛮人之分党，固多以其年齿。然则三军之法，由来旧矣。"①

男女"各为军"，可能曾经确实是先秦时期的军役形式。《吕思勉读史札记》甲帙《先秦》部分有"女子从军"条，专门论述了相关历史现象。

《商君书》说到守城时编定"壮女之军"的《兵守》篇，有学者曾判断："篇中所讲多不是针对秦国的情况。"②可能当时兵战频繁，各国普遍存在军中收编有妇女的情形。或许确如徐中舒所说，"古代人口稀少，故每当大战则有时征及壮女及老弱，各司其事；后世人多，始专征壮男为兵"。③

10."圣女"筑城传说

《太平寰宇记》卷六一《河北道十·镇州·行唐县》引《水经注》，说行唐城内有"神女庙"：

> （神女庙）前有碑，其文云："王山将军，故燕蓟之神童，后为城神。圣女者，此土华族石神夫人之元女。赵武灵王初营斯邑城，弥载不立，圣女发叹，应与人俱，遂妃神童，

---

① 吕思勉：《吕思勉读史札记》，第303—304页。
② 高亨：《商君书注译》，第255页。
③ 转见缪文远：《七国考订补》下册，上海古籍出版社1987年版，第572页。

075

潜刊真石，百堵皆兴，不日而就。故此神后之灵应不泯焉。"①

"圣女"以神力成就城防的传说得以在民间流行，其实是和女子直接参与筑城工程的历史事实有关的。

清人沈垚《鹿水考》引录《太平寰宇记·镇州·行唐县》："《水经》云，行唐城内北门东侧，祠后有神女庙。庙前有碑，其文云：王山将军，故燕冀之神童，后为城神。圣女者，此土华族石神夫人之元女。赵武灵王初营斯邑城，弥载不立。圣女发叹：应与神俱。遂妃神童，潜刊真石，百堵皆兴，不日而就。故此神后之灵应不泯焉。"有注文写道："怪诞谬妄之谈，不可据信。以乐史称是郦注原文，故引之。"②

所说"赵武灵王"时代"圣女"协助筑城，"潜刊真石，百堵皆兴，不日而就"的故事，虽然被看作"怪诞谬妄之谈，不可据信"，然而却是符合当时战争频繁、筑城工程异常重要的军事史背景的。

---

① 〔宋〕乐史撰，王文楚等点校：《太平寰宇记》，中华书局2007年版，第1256页。
② 〔清〕沈垚撰：《落帆楼文集》卷三《前集三》，《清代诗文集汇编》编纂委员会编：《清代诗文集汇编》第598册，上海古籍出版社2010年版，第51页。

第三章　秦汉时期的女军

秦汉时期,是中国古代社会发生重要演进并且给予后世以深刻影响的历史阶段。

秦汉时期女子从军以及以其他方式参与战争过程的情形,在军事史上形成了引人注目的现象,通过对这一现象以及与此相关的社会意识的分析研究,可以从新的角度了解当时社会生活的风貌。

秦汉时期的女军,成为我们考察当时社会历史的视点之一。

1. "女子乘亭障"

如果说野战部队中女性的存在只是特例,守备部队中屡有女子从事军事行为,则是多见的情形。我们可以看到的汉代女军参战的实例,以女子参与城防较为普遍。

例如,《汉书》卷六四《贾捐之传》中有这样的记载:汉元帝初元年间,因南海珠厓郡(治所在今海南海口东南)连年反叛,对于是否发兵征伐,朝中发生辩论。贾捐之主张朝廷应放弃对南海边地的管理权,撤销珠厓郡。他回顾了汉武帝时代用兵四边,北却匈奴万里,西北连结西域,东北控制朝鲜,又"制南海以为八郡",然而导致了严重社会危机的历史:

> 当此之时，寇贼并起，军旅数发，父战死于前，子斗伤于后，女子乘亭鄣（障），孤儿号于道，老母寡妇饮泣巷哭，遥设虚祭，想魂乎万里之外。①

贾捐之认为，社会矛盾的激化，正是由于最高统治者好大喜功，"廓地泰大，征伐不休"的缘故。其中特别说到"女子乘亭鄣（障）"。顾颉刚《得性轩读鉴记（二）》"贾捐之陈武帝时人民痛苦状；女子乘亭鄣"条写道："此见武帝时民众的痛苦。女子乘亭鄣，知汉时女子亦有服兵役者。"②此说与他在《丙辰杂记》"汉代军中禁女子"条所说"盖战国时各国兵员缺乏，故辅之以妇女；及秦汉时，国既统一，无虑兵源，故以军中有女子为厉禁，搜得即处以死刑也"③，是相互矛盾的。

《汉书》卷九四上《匈奴传上》记载，汉贰师将军李广利率军出塞，于"夫羊句山狭"冲破匈奴卫律部的阻击，"汉军乘胜追北，至范夫人城"。所谓范夫人城，颜师古注引应劭的解释，有这样的说法：

> 本汉将筑此城。将亡，其妻率余众完保之，因以为名也。④

说本来是一位汉将筑造此城，这位汉将阵亡，他的妻子率余众固守，最终击败进犯之敌，使此城得以保全。王先谦《汉书补注》引述沈钦韩的说法，认为"范夫人城""在喀尔喀界内"。⑤而据历史地理学

---

① 《汉书》，第 2830—2833 页。
② 顾颉刚：《顾颉刚读书笔记》卷七，第 490 页。
③ 顾颉刚：《顾颉刚读书笔记》卷一四，第 360 页。
④ 《汉书》，第 3779—3780 页。
⑤ 〔汉〕班固撰，〔清〕王先谦补注，上海师范大学古籍整理研究所整理：《汉书补注》，上海古籍出版社 2008 年版，第 5655 页。

者考证，其地在今蒙古人民共和国达兰札达加德西北。

《后汉书》卷八九《南匈奴列传》中，也可以看到类似的说法。汉章帝元和二年（85）颁布诏书，也回顾了汉地与匈奴作战的艰苦：

> 昔猃狁、獯粥之敌中国，其所由来尚矣。往者虽有和亲之名，终无丝发之效。境埸之人，屡婴涂炭，父战于前，子死于后。弱女乘于亭障，孤儿号于道路。老母寡妻设虚祭，饮泣泪，想望归魂于沙漠之表，岂不哀哉！[①]

也说到与贾捐之"女子乘亭障"之说类似的"弱女乘于亭障"的情形。

《三国志》卷一《魏书·武帝纪》中，记述了汉献帝兴平二年（195）夏季曹操军与吕布军之间的战事。曹操于巨野击败吕布，"（吕）布复从东缗与陈宫将万余人来战，时太祖兵少，设伏，纵奇兵击，大破之"。裴松之注引《魏书》又说到这次战役的具体过程：

> 于是兵皆出取麦，在者不能千人，屯营不固。太祖乃令妇人守陴，悉兵拒之。屯西有大堤，其南树木幽深。（吕）布疑有伏，乃相谓曰："曹操多谲，勿入伏中。"引军屯南十余里。明日复来，太祖隐兵堤里，出半兵堤外。（吕）布益进，乃令轻兵挑战，既合，伏兵乃悉乘堤，步骑并进，大破之，获其鼓车，追至其营而还。[②]

曹操"令妇人守陴"即调用女军守城，是特殊情况下的特殊办法，即为了动员所有力量抗击来犯的敌军。

有学者指出："在这场袭取定陶的战役中，起先曹操兵少粮寡，

[①]《后汉书》，第2950—2951页。
[②]《三国志》，第12—13页。

不是吕布与陈宫的对手。但他善于调动一切力量，组织士兵就地取麦，又令随军妇女守营，终于赢得了胜利。这一做法，开了三国时期妇女从军及士家制的先河。"①

所谓"女子乘亭鄣""弱女乘于亭障""妇人守陴"等，都是以女军守卫城防工事的史例，而前 2 例说到的女子参与长城防务，又与一般组织调发当地妇女参与城防有明显的不同，很可能反映了女子远戍西北的情形。如果两汉女军参战确实曾经远至于"万里之外""沙漠之表"，那么显然会在军事史和妇女生活史等方面使人们得到新的认识。

关于汉代女子参加守城战斗的具体记载，除了"范夫人"等例外，还可以看到《三国志》卷一八《魏书·许褚传》中这样的记载：

> 汉末，聚少年及宗族数千家，共坚壁以御寇。时汝南葛陂贼万余人攻（许）褚壁，（许）褚众少不敌，力战疲极。兵矢尽，乃令壁中男女，聚治石如杅斗者置四隅。（许）褚飞石掷之，所值皆摧碎。贼不敢进。②

"壁中男女"力战坚守，终于击退势众强攻的敌军。通过这样的记载，我们可以推知女军参加守城时战斗的激烈。

2. 边军"妻子自随"

自秦始皇时代起，已经有发配罪人远征远戍的史例。后来又形成令罪人减刑戍边，而"妻子自随"的制度。

---

① 张承宗、陈群：《中国妇女通史·魏晋南北朝卷》，杭州出版社 2010 年版，第 553 页。
② 《三国志》，第 542 页。

《汉书》卷九四下《匈奴传下》写道:"匈奴南将军二千骑入西域迎良等,良等尽胁略戊己校尉吏士男女二千余人入匈奴。"①《汉书》卷九六下《西域传下》也记载,王莽时代,与匈奴关系恶化。戊己校尉刀护属下史陈良等杀刀护及其4个儿子,"独遗妇女小儿","尽胁略戊己校尉吏士男女二千余人入匈奴"。3年后,匈奴又重新与王莽政权和亲,单于尽收陈良等4人"及手杀刀护者芝音妻子以下二十七人,皆械槛车付使者"。②刀护有"妇女小儿"等家属随同在戍守地点,叛者陈良、芝音等也有"妻子"相随,可见汉时远至西域的戍边军官是可以携带女眷的。而所谓"戊己校尉吏士男女二千余人"中的女性,则似乎与一般军官家属不同,可能她们更多地参与了边地军事活动。

汉明帝永平八年(65)十月,曾经诏令募死罪系囚,减罪一等,不予笞罚,前往度辽将军营,屯卫朔方(郡治在今内蒙古乌拉特前旗南)、五原(郡治在今内蒙古包头西)之边县,妻子自随,编入边县的户籍。凡愿迁徙者,赐予弓弩衣粮,即配给武器和基本生活资料。永平九年(66)春,又诏令郡国死罪囚减罪,与妻子前往诣五原、朔方边地,编入当地户籍,如有死者,其妻子的亲属可以得到优恤。永平十六年(73)九月,又诏令郡国中都官死罪系囚减罪一等,勿笞,前往军营,屯戍朔方、敦煌(郡治在今甘肃敦煌西),妻子自随。③汉章帝建初七年(82)九月,诏令天下系囚减死一等,勿笞,诣边戍,妻子自随,编入当地户籍。有不到者,皆以"乏军兴"的罪名论处。元和元年(84)八月,再次诏令郡国中都官系囚,减死一等,勿笞,

---

① 《汉书》,第3823页。
② 《汉书》,第3926—3927页。
③ 《后汉书》卷二《明帝纪》,第111页,第112页,第121页。

诣边县，妻子自随，编入当地户籍。① 汉安帝元初二年（115），又曾重申这一制度，"诏郡国中都官系囚减死一等，勿笞，诣冯翊、扶风屯，妻子自随，占著所在"。然而屯戍地点有所变更，"诣冯翊、扶风屯"。②

这种制度的最初推行，可能早于汉明帝时代。明帝时尚称"募"，并且有所奖赐，而后则逐渐形成严格的制度，甚至有不到者，皆以"乏军兴"的罪名论处。"妻子自随"虽然名籍归列地方政府，但是她们和军队的特殊关系仍是显而易见的。所谓有不到者，皆以"乏军兴"的罪名论处，以及如有死者，其妻子的亲属可以得到优恤等政策，都有助于说明女子随军参与边防的事实。

前说所谓"弱女乘于亭障"的"弱女"，很可能首先是这些以罪人身份戍边的士卒的家属。

居延汉简中有所谓"□官女子周舒君等自言责隧"（58.15A）的内容，又可见"皆徙家属边"（E.P.T58:80）简文，此外，我们还可看到当地军事文书中有如下名类：

《卒家属在署名籍》（185.13）

《卒家属见署名籍》（194.3）

《戍卒家属居署名籍》（E.P.T65:134）

《卒家属掾署名籍》（194.3,174.13）

《卒家属名籍》（203.15）

《省卒家属名籍》（58.16；133.8）

《卒家属居署廪名籍》（E.P.T40:18）

《卒家属廪名籍》（276.4A）

《戍卒家属在署廪名籍》（191.10）

---

① 《后汉书》卷三《章帝纪》，第143页，第147页。
② 《后汉书》卷五《安帝纪》，第224页。

通过这些文书的命名，也可以了解家属随军远至边地的事实。有学者指出，"称谓录见'卒家属廪名籍''卒家属名籍''卒家属在署名籍''卒家属见署名籍''省卒家属名籍'之类"，可与《卒家属廪名籍》对应，这些文书，可以"暂统称之为'卒家属廪名籍'"，"是给戍卒家属发放粮食的名单"。① 通过这些文书的命名，可以了解边地"卒家属""戍卒家属"随军的事实。然而《卒家属在署名籍》《卒家属见署名籍》《戍卒家属居署名籍》等，从名义看，与"廪名籍"是不同的。"廪名籍"，按照森鹿三的说法，"是有关配给卒家属谷物的文书"。② 居延汉简又有：

《家属妻子居署省名籍》（E.P.T40:18）③

名籍主题强调的似乎不是"廪"，而是其他方面，很可能主要是职守责任。前引简文"女子""自言责隧"，可以给予我们某种提示。敦煌汉简又可见《教卒史妻子集名籍》（1612A），④ 其性质也值得探讨。所谓"在署""见署""居署"或许与睡虎地秦简《秦律十八种》中《仓律》所见"守署"有关，整理小组注释可以参考："署，岗位。《史记·秦始皇本纪》集解引如淳云：'律说，论决为髡钳，输边筑长城，昼日伺寇虏，夜暮筑长城'……守署即伺寇虏。"⑤

沈家本《历代刑法考》中《充军考上》写道："是发罪人以充军，秦、汉之时久有此令，特不在常刑之内耳。自魏、晋相承，死罪其重

---

① 李均明、刘军：《简牍文书学》，广西教育出版社1999年版，第341—343页。
② ［日］森鹿三著，金立新译：《论居延出土的卒家属廪名籍》，中国社会科学院历史研究所战国秦汉史研究室编：《简牍研究译丛》第1辑，中国社会科学出版社1983年版，第104页。
③ 张德芳主编，杨眉著：《居延新简集释》（二），甘肃文化出版社2016年版，第145页。
④ 甘肃省文物考古研究所编：《敦煌汉简》，中华书局1991年版，第282页。
⑤ 睡虎地秦墓竹简整理小组：《睡虎地秦墓竹简》，文物出版社1978年版，第51页。

者妻子皆以补兵。宋制,为劫者同籍周亲谪补兵。梁制,劫身皆斩,妻子补兵。此充军为常刑之始。"[1] 后来历朝以罪人妻子补兵的法律,可能确实是承袭了秦汉制度的某些内容。

《汉书》卷八《宣帝纪》可见"女徒复作"称谓,颜师古注引李奇的说法:"复作"是一种"女徒",是指较轻的罪罚,"男子守边一岁",而"女子软弱不任守",于是复令为官家劳作,同样是一岁,所以称作"复作徒"。[2] 所谓"女子软弱不任守",可能正说明了以女子戍边事实上只是兵力严重不足时的特殊情形,一般来说是女子体弱而难以胜任戍边的缘故。《汉书》卷一二《平帝纪》也记载了"天下女徒已论,归家,顾山钱月三百",即"归女徒"的政策。[3]

看来,就现在我们熟悉的资料而言,女子戍边的情形如果确实曾经存在,大约也是未成定制的并不多见的例外。

但是,即使这种现象只是偶然的特例,我们也应当将其看作社会生活风貌的一种反映而予以足够的重视。

3. 匈奴女子参战史例

在汉王朝远征军甘延寿、陈汤所部与匈奴争夺西域控制权的战争中,匈奴军队中也有女子参战。《汉书》卷七〇《甘延寿传》写道:

> 初,单于闻汉兵至,欲去,疑康居怨己,为汉内应,又闻乌孙诸国兵皆发,自以无所之。郅支已出,复还,曰:

---

[1]〔清〕沈家本撰,邓经元、骈宇骞点校:《历代刑法考》(附寄簃文存),中华书局1985年版,第1271—1272页。
[2]《汉书》,第235—236页。
[3]《汉书》,第351页,第356页。

"不如坚守。汉兵远来，不能久攻。"单于乃被甲在楼上，诸阏氏夫人数十皆以弓射外人。外人射中单于鼻，诸夫人颇死。单于下骑，传战大内。夜过半，木城穿，中人却入土城，乘城呼。时康居兵万余骑分为十余处，四面环城，亦与相应和。夜，数奔营，不利，辄却。平明，四面火起，吏士喜，大呼乘之，钲鼓声动地。康居兵引却。汉兵四面推卤楯，并入土城中。单于男女百余人走入大内。汉兵纵火，吏士争入，单于被创死。军候假丞杜勋斩单于首，得汉使节二及谷吉等所资帛书。诸卤获以畀得者。凡斩阏氏、太子、名王以下千五百一十八级，生虏百四十五人，降虏千余人，赋予城郭诸国所发十五王。[1]

所谓"单于男女百余人走入大内"，说明匈奴女性参与"坚守"。所谓"诸阏氏夫人数十皆以弓射外人"，体现出了匈奴女子的战斗力。而"诸夫人颇死"，则是女子牺牲的记录。

"汉兵"所杀获"虏"的身份，是兼有"男女"的。

4. 女子"以为士卒衣补"

秦汉史籍中还可以看到有关妇女编入军队后勤部门的记载。

前引《战国策·中山策》说，赵国抗击秦军，坚守邯郸时，平原君等贵族曾经"皆令妻妾补缝于行伍之间"。于是士气高涨，终于坚持抗战，直到秦军退兵。

据《史记》卷一一八《淮南衡山列传》记载，伍被和淮南王谋反时，

---

[1]《汉书》，第3014页。

曾经回顾秦时史事：

> （秦皇帝）又使尉佗逾五岭攻百越。尉佗知中国劳极，止王不来，使人上书，求女无夫家者三万人，以为士卒衣补。秦皇帝可其万五千人。①

秦始皇派尉佗越过五岭进攻百越。尉佗知道中原在秦王朝极权政治的统治下已经疲惫不堪，天下势必大乱，准备在当地建立独立政权，不再回归，于是派人上书，请求输送没有夫家的女子三万人，以为军中后勤服务人员。秦始皇准许输送一万五千人。

有学者认为，秦远征军与当地居民都存在的性别比例失调现象，对当时岭南地区政治文化形态都有所影响。②

对于《史记》卷一一八《淮南衡山列传》中伍被所谓尉佗"求女无夫家者三万人，以为士卒衣补"一事，有的学者以为可信，看作"妇女从军之创举"。③然而，亦有学者以为可疑。④但西汉时期策士以此作为分析政治形势的辩词，至少可以说明当时军队中确实存在妇女"为士卒衣补"的情形。

云梦睡虎地秦简《仓律》在说到以丁年男子赎隶臣妾的有关规定时，有这样的文字：

---

① 《史记》，第3086页。
② 高凯：《从性比例失调看南越国的建立和巩固》，丘权政主编：《佗城开基客安家：客家先民首批南迁与赵佗建龙川二二一二年纪念学术研讨会论文集》，中国华侨出版社1997年版，第168—179页。
③ 马非百：《秦集史》下册，中华书局1982年版，第700页。
④ 如梁玉绳《史记志疑》卷三四。又引陈氏《测议》："求女事《史》不见，伍被欲伪作请书徙豪朔方以惊汉民，岂即本此策耶？"第1428页。

隶臣欲以人丁粼者二人赎，许之。其老当免老、小高五尺以下及隶妾欲以丁粼者一人赎，许之。赎者皆以男子，以其赎为隶臣。女子操敃红及服者，不得赎。边县者，复数其县。仓。

按照睡虎地秦墓竹简整理小组的解释，大意是：要求以壮年 2 人赎 1 个隶臣，可以允许。要求以壮年 1 人赎 1 个已当免老的老年隶臣、身高在 5 尺以下的小隶臣以及隶妾，可以允许。用来赎的必须是男子，就以用来赎的人作为隶臣。从事文绣女红和制作衣服的女子，不准赎。原籍是边远的县的，被赎后应将户籍迁回原县。①

"女子操敃红及服者，不得赎"的规定，也反映了从事被服制作修补的女子，其劳务内容受到特殊的重视。

居延汉简中，也有文字说到"方秋天寒卒多毋私衣"（478.5）以及"至冬寒衣履敝毋以买"（E.P.T59:60）的情形，似乎可以说明，汉代边塞仍然存在以军事化形式组织女子"为士卒衣补"的现象。② 又有如下简例：

官使婢弃 用布三匹 系絮三斤十二两（505.33）③

似乎可以说明，汉代边塞仍然存在以军事化形式组织女子"为士卒衣补"的现象。居延汉简所见：

☒妻治裘☐☒（552.2A）

---

① 《睡虎地秦墓竹简》，第 53—54 页。
② 简牍整理小组：《居延汉简》（肆），中央研究院历史语言研究所专刊之一〇九，2017 年版，第 101 页。张德芳主编，肖从礼著：《居延新简集释》（五），甘肃文化出版社 2016 年版，第 126 页。
③ 简牍整理小组编：《居延汉简》（肆），第 151 页。

二女同居刀☐（552.2B）[1]

可以作为我们增进相关认识的参考。

我们在《尚书·费誓》中，可以看到反映正规军编制中包括"臣妾"的内容："马牛其风，臣妾逋逃，勿敢越逐。祇复之，我商赉尔。乃越逐，不复，汝则有常刑。无敢寇攘，逾垣墙，窃马牛，诱臣妾，汝则有常刑。"[2] 大意是说：马牛走逸，臣妾逃亡，不要脱离自己的部队去追逐。凡是得到逃逸的马牛和臣妾的，应恭敬地送还原属部队，这样我将给予奖励。如果离队追逐，捕获而不归还，将受到军法处置。敢于哄抢物资、盗窃马牛、诱拐臣妾的，将受到军法处置。臣，是男奴。妾，是女奴。孔颖达解释说："古人或以妇女从军，故云'臣妾逋逃'也。"[3]

云梦睡虎地秦简《仓律》中又有这样的内容：

更隶妾节（即）有急事，总冗，以律禀食；不急勿总。仓。

"更隶妾"，据睡虎地秦墓竹简整理小组的解释，"当为以部分时间为官府服役的隶妾"。而所谓"总冗""总"，是指集合。这条律文被译为："更隶妾若有紧急差役，集合起来，应按法律规定发给口粮；不急，勿须集合。"[4] 很显然，每临战争，无疑是最典型的"有急事""有紧急差役"，因而战时"总冗""隶妾"，即集合动员征发女子服事军役，可能是相当普遍的情形。

---

[1] 简牍整理小组编：《居延汉简》（肆），第218页。
[2]《十三经注疏》，第255页。
[3]《十三经注疏》，第255页。
[4]《睡虎地秦墓竹简》，第50—51页。

5. "丁女转输"

《列女传·仁智传·鲁漆室女》写道，鲁穆公时，齐国和楚国来进攻，鲁国连年战乱不止，"男子战斗，妇人转输，不得休息"。① 可知战国时期已经多有女子从事军用物资的转运。

因为妇女服事军运劳役，以致出现了不能从事正常生产活动的情形，正常的经济秩序被破坏，即所谓"妇人不暇纺绩织纴"。例如，《墨子·非攻下》说：

> 今不尝观其说好攻伐之国？若使中兴师，君子庶人也，必且数千，徒倍十万，然后足以师而动矣。久者数岁，速者数月，是上不暇听治，士不暇治其官府，农夫不暇稼穑，妇人不暇纺绩织纴。②

至于秦汉时期女子从事军事运输劳作的史实，有许多资料可以说明。例如，《淮南子·人间训》记载，秦始皇曾经发卒50万人，修筑长城，而"中国内郡挽车而饷之"，于是，"当此之时，男子不得修农亩，妇人不得剡麻考缕，羸弱服格于道"。③

司马迁《史记》中也有这样的文句：

> ……于是外攘夷狄，内兴功业，海内之士力耕不足粮饷，女子纺绩不足衣服。④

---

① 张涛：《列女传译注》，山东大学出版社1990年版，第120页。
② 《墨子间诂》，第143页。
③ 〔汉〕刘安编，何宁撰：《淮南子集释》，中华书局1998年版，第1288—1290页。
④ 《史记》卷三〇《平准书》，第1442—1443页。

百姓骚动，海内摇荡，农夫释耒，工女下机，天下之心未有所定也。①

又使天下蜚刍挽粟，起于黄、腄、琅邪负海之郡，转输北河，率三十钟而致一石。男子疾耕不足于粮饷，女子纺绩不足于帷幕。②

（秦）转负海之粟致之西河。当是之时，男子疾耕不足于糟糠，女子纺绩不足于盖形。③

《史记》："丁男被甲，丁女转输。"④《后汉书》卷四三《何敞传》："男子疲于战陈，妻女劳于转运。"⑤《三国志》卷四一《蜀书·杨洪传》："男子当战，女子当运。"⑥吕思勉指出："此虽不令女子当前敌，亦未尝不与于发兵也。"⑦就是说，调发女子作为转输人员，虽然"不令女子当前敌"，但同样也是"发兵"。

而《史记》卷一二三《大宛列传》说："出敦煌者六万人，负私从者不与。"⑧《三国志》卷四○《蜀书·魏延传》注引《魏略》也说：魏延请求率"精兵五千，负粮五千，直从褒中出"。⑨以上记载都体现出军运人员当时是列入军事编制之中、服从统一军事调度的。而魏延的计划又说明运输人员和战斗人员的比例竟然可能达到1∶1。

---

① 《史记》卷九七《郦生陆贾列传》，第2694页。
② 《史记》卷一一二《平津侯主父列传》，第2954页。
③ 《史记》卷一一八《淮南衡山列传》，第3086页。
④ 《史记》卷一一二《平津侯主父列传》，第2958页。
⑤ 《后汉书》，第1481页。
⑥ 《三国志》，第1013页。
⑦ 《吕思勉读史札记》，第305页。
⑧ 《史记》，第3176页。
⑨ 《三国志》，第1003页。

6. 女子"被甲"

上文说到战国时期女子直接加入战斗部队的史例，有《史记》卷八二《田单列传》所谓"妻妾编于行伍之间"以及《史记》卷七六《平原君虞卿列传》记载秦急攻邯郸，李同建议平原君"令夫人以下编于士卒之间，分功而作"，平原君听从了他的建议，于是"得敢死之士三千人"。① 这是在陷于敌军重围而没有外援依靠的非常情况下把妇女直接编入作战部队的情形，主持军务的田单和平原君采取以女眷"编于行伍之间""编于士卒之间"这样的做法，有激励士气的动机。而一般下层民众中妇女参加战斗的情形，可能是相当普遍的。

秦国似乎有"壮女"从军的制度，《史记》卷八三《鲁仲连邹阳列传》引鲁仲连语：秦国，是"弃礼义而上首功之国"。裴骃《集解》引录谯周的说法：秦国推行商鞅的政策，制定二十等爵，用爵位来奖励战争中获敌军首级的军人。所以"秦人每战胜，老弱妇人皆死"，计功赏至万数。天下人都称之为"上首功之国"，以此鄙弃谴责秦国。② 顾颉刚曾经分析说："此谓'老弱妇人皆死'，知每一战役，不但主战斗之壮男军易牺牲，即壮女军与老弱军亦皆因敌国之计首论功而不能免。秦人之残酷如此。"③ 秦军制中"壮女军"的存在，应当会影响到秦代军事生活。

秦汉史籍中也可以看到军队整建制主要或全部都由妇女组成的情形。

例如《史记》卷七《项羽本纪》中有刘邦与项羽在荥阳会战时，

---

① 《史记》，第 2455 页，第 2369 页。
② 《史记》，第 2461 页。
③ 顾颉刚：《女子当兵和服徭役》，《史林杂识初编》，中华书局 1963 年版，第 94 页。

出女军二千人佯动以迷惑楚军的记载：汉军将领纪信对汉王说，局势紧急，我可以假冒王以欺骗楚人，而王可乘机突围。司马迁写道：

> 于是汉王夜出女子荥阳东门被甲二千人，楚兵四面击之。

纪信则乘王车，竖王旗，宣布说："城中食尽，汉王降。"楚军都高呼万岁。汉王于是与数十骑从城西门出，逃向成皋。[①]

同样的史实，又见于《史记》卷八《高祖本纪》和《史记》卷五六《陈丞相世家》，分别写作"汉军绝食，乃夜出女子东门二千余人，被甲，楚因四面击之"[②]，以及"陈平乃夜出女子二千人荥阳城东门，楚因击之"[③]。

此3例，前2例有"被甲"字样。《汉书》卷四〇《陈平传》不记此事，《汉书》卷一下《高帝纪下》以及《汉书》卷三一《项籍传》记此事而不言"被甲"。[④] 女子如果确实"被甲"，除了装备筹集需要费时费力，大约也是要经过一定的训练。即使不"被甲"，"二千余人"要编列整齐地行动，作为一般平民也是难以想象的。

顾颉刚《浪口村随笔》"女子服兵役"条就"陈平乃夜出女子二千人荥阳城东门"事有所讨论。他写道："此即壮女之军，本不作战，特欲以绐项王，夜令被甲以出，楚师不晓，从而击之，汉王乃得与其骑脱走成皋耳。此女子凡二千人，数不为少，若非平时组织训练有素，何以能被甲作男子耶！"[⑤]

[①]《史记》，第326页。
[②]《史记》，第373页。
[③]《史记》，第2056页。
[④]《汉书》，第40页，第2043页。
[⑤] 顾颉刚：《顾颉刚读书笔记》卷一六，第76—77页。

《三国志》卷一六《魏书·郑浑传》裴松之注引张璠《汉纪》引录郑泰对董卓说的一番话，说到关西地区在长期战争中形成的勇于战伐的民间习俗：

> 关西诸郡，北接上党、太原、冯翊、扶风、安定，自顷以来，数与胡战，妇女载戟挟矛，弦弓负矢，况其悍夫。以此当山东忘战之民，譬驱群羊向虎狼，其胜可必。①

《后汉书》卷七〇《郑太传》中，同样的内容则写作：

> 关西诸郡，颇习兵事，自顷以来，数与羌战，妇女犹戴戟操矛，挟弓负矢，况其壮勇之士，以当妄战之人乎！②

这里所说的"妇女载戟挟矛，弦弓负矢"或"（妇女）戴戟操矛，挟弓负矢"的情形，都反映了女子直接参战的历史事实。

7. 吕母起事，"引兵入海"

在汉代农民起义的史料中，也可以看到妇女参加武装斗争的例证。其中以王莽专政时期的吕母起义最为著名。

《汉书》卷九九下《王莽传下》记载，王莽天凤四年（17），琅邪女子吕母散家财以筹措武装，领导当地贫穷少年起事：

---

① 《三国志》，第510页。
② 《后汉书》，第2258页。

> 临淮瓜田仪等为盗贼，依阻会稽长州。琅邪女子吕母亦起。初，吕母子为县吏，为宰所冤杀。母散家财，以酤酒买兵弩，阴厚贫穷少年，得百余人，遂攻海曲县，杀其宰以祭子墓。引兵入海，其众浸多，后皆万数。①

《后汉书》卷一一《刘盆子传》对于吕母起事，有较详尽的记载，所说年代与《汉书》卷九九下《王莽传下》有所不同：

> 天凤元年，琅邪海曲有吕母者，子为县吏，犯小罪，宰论杀之。吕母怨宰，密聚客，规以报仇。母家素丰，资产数百万，乃益酿醇酒，买刀剑衣服。少年来酤者，皆赊与之，视其乏者，辄假衣裳，不问多少。数年，财用稍尽，少年欲相与偿之。吕母垂泣曰："所以厚诸君者，非欲求利，徒以县宰不道，枉杀吾子，欲为报怨耳。诸君宁肯哀之乎！"少年壮其意，又素受恩，皆许诺。其中勇士自号猛虎，遂相聚得数十百人，因与吕母入海中，招合亡命，众至数千。吕母自称将军。引兵还攻破海曲，执县宰。诸吏叩头为宰请。母曰："吾子犯小罪，不当死，而为宰所杀。杀人当死，又何请乎？"遂斩之，以其首祭子冢，复还海中。②

所谓"引兵入海，其众浸多，后皆万数"，"入海中，招合亡命，众至数千"，"其众"规模所说有不同，但是都反映了海上反政府武装的出现。东汉这种力量被称作"海贼"。③《汉书》卷九九下《王莽传下》

---

① 《汉书》，第 4150 页。
② 《后汉书》，第 477 页。
③ 王子今、李禹阶：《汉代的"海贼"》，《中国史研究》2010 年第 1 期；王子今：《居延简文"临淮海贼"考》，《考古》2011 年第 1 期。

和《后汉书》卷一一《刘盆子传》所记述年代有所差异,似乎应当理解为吕母聚众起事在天凤元年(14),攻破海曲县城在天凤四年(17)。

吕母起事以为子复仇为标榜,其实汉代民间复仇风习浓厚[1],似无聚众数千攻破县城的必要。吕母起事的意义,应当以更广阔的社会分析的眼光来考察。有的学者指出,所谓"吏用苛暴立威","一切贪残日甚",正是王莽吏治的缩写,"吕母起义乃是反抗这种压迫的集中表现,战国以来'杀人者死'的口号重经吕母提出,便具有深刻的时代内容。吕母的行动突破了为子复仇的限制,具有反封建压迫的重大意义。吕母不愧为第一个反封建斗争的妇女首领"。[2]

后来赤眉等部起义军势众,"时吕母病死,其众分入赤眉、青犊、铜马中"。[3]《水经注》卷八《济水》记载有吕母起事遗迹。[4] 可见这位农民起义女性领袖的英名,在民间长期传颂。

8. 迟昭平"聚数千人在河阻中"

王莽地皇二年(21),平原女子迟昭平也曾经在中原地区举起反抗王莽政权的义旗。《汉书》卷九九下《王莽传下》:

> 是岁,南郡秦丰众且万人。平原女子迟昭平能说〔博经〕以八投,亦聚数千人在河阻中。[5]

---

[1] 周天游:《两汉复仇盛行的原因》,《历史研究》1991年第1期。
[2] 漆侠等:《秦汉农民战争史》,生活·读书·新知三联书店1962年版,第89页。
[3] 《后汉书》卷一一《刘盆子传》,第478页。
[4] 《水经注》卷八《济水》:"河东岸有石桥,桥本当河,河移,故厕岸也。古老言:此桥东海吕母起兵所造也。山北三里有吕母宅,宅东三里即济水。"〔北魏〕郦道元著,陈桥驿校证:《水经注校证》,中华书局2007年版,第206页。
[5] 《汉书》第4170页。

"平原女子迟昭平""聚数千人",在反对王莽的武装力量中,形成了相当大的规模。

绿林起义军在转击云杜、安陆时,曾经"多略妇女,还入绿林中,至有五万余口"①,所"略"妇女,使起义军的总人数增多,说明她们可能事实上加入了起义队伍。

9."交阯女子徵侧反"

东汉光武帝建武十六年(40)春二月,在交阯郡(郡治在今越南河内东北)发生了妇女领导的武装起义,《后汉书》卷一下《光武帝纪下》记载:

> 交阯女子徵侧反,略有城邑。

建武十八年(42),遣名将伏波将军马援率楼船将军段志等"击交阯贼徵侧等"。建武十九年(43):

> 伏波将军马援破交阯,斩徵侧等。因击破九真贼都阳等,降之。②

徵侧起义,实际上是徵侧和徵贰两姊妹一同领导的地方反抗武装。《后汉书》卷八六《南蛮西南夷列传》中有较为详细的记述:

---

① 《后汉书》卷一一《刘玄传》,第467—468页。
② 《后汉书》,第66页,第70页。

> 建武十二年，九真徼外蛮里张游，率种人慕化内属，封为归汉里君。明年，南越徼外蛮夷献白雉、白菟。
>
> 至十六年，交阯女子徵侧及其妹徵贰反，攻郡。
>
> 徵侧者，麓泠县雒将之女也。嫁为朱䳒人诗索妻，甚雄勇。交阯太守以法绳之，侧忿，故反。于是九真、日南、合浦蛮里皆应之，凡略六十五城，自立为王。交阯刺史及诸太守仅得自守。光武乃诏长沙、合浦、交阯具车船，修道桥，通障溪，储粮谷。十八年，遣伏波将军马援、楼船将军段志，发长沙、桂阳、零陵、苍梧兵万余人讨之。明年夏四月，（马）援破交阯，斩徵侧、徵贰等，余皆降散。进击九真贼都阳等，破降之。徙其渠帅三百余口于零陵。于是领表悉平。①

《后汉书》卷二二《刘隆传》又记载：

> （扶乐乡侯刘隆）以中郎将副伏波将军马援击交阯蛮夷徵侧等，（刘）隆别于禁溪口破之，获其帅徵贰②，斩首千余级，降者二万余人。还，更封大国，为长平侯。及大司马吴汉薨，（刘）隆为骠骑将军，行大司马事。③

刘隆以击破徵侧起义军，得益封，又得升迁。起义军最后失败时，仍然有部众2万余人，可以推想其势力最盛时的规模。

《后汉书》卷一下《光武帝纪下》曾经三次说到这次起义，都说首领是"交阯女子徵侧"，《后汉书》卷二二《刘隆传》也说"击交

---

① 《后汉书》，第2836—2837页。
② 李贤注："交阯郡麓泠县有金溪穴，相传音讹，谓之'禁溪'，则徵侧等所败处也。其地今岑州新昌县也。麓音麋，泠音零。"岑州新昌，在今越南富寿东南。
③ 《后汉书》，第781页。

097

阯蛮夷徵侧等",然而又说"获其帅徵贰",李贤注:"徵侧之妹。"《后汉书》卷八六《南蛮传》"斩徵侧、徵贰等",也以徵侧列于徵贰之先。徵侧首义,而徵贰为"其帅",大约徵侧、徵贰姐妹共同成为这次起义的领袖,长姐为王而小妹为帅,形成了一个以女子为中心的威震岭外、惊骇中原的军事政治实体。

《后汉书》卷二四《马援传》记述了马援所谓"出征交阯","斩灭徵侧,克平一州"[1]的过程:

> 又交阯女子徵侧及女弟徵贰反,攻没其郡,九真、日南、合浦蛮夷皆应之,寇略岭外六十余城,(徵)侧自立为王。于是玺书拜(马)援伏波将军,以扶乐侯刘隆为副,督楼船将军段志等南击交阯。军至合浦而(段)志病卒,诏(马)援并将其兵。遂缘海而进,随山刊道千余里。十八年春,军至浪泊上,与贼战,破之,斩首数千级,降者万余人。(马)援追徵侧等至禁溪,数败之,贼遂散走。明年正月,斩徵侧、徵贰,传首洛阳。封(马)援为新息侯,食邑三千户。[2]

徵侧、徵贰率领的部众面对东汉朝廷所谓"兵动有功,师进辄克"的正规部队,进行了顽强的抵抗,战役历时1年左右。

马援南征交阯、九真,在中国边疆史与南海通航史上有重要意义。[3]

---

[1]《后汉书》卷二四《马援传》载朱勃上书言马援功绩语。第847页。
[2]《后汉书》,第838页。
[3] 王子今:《马援楼船军击交阯九真与刘秀的南海经略》,《社会科学战线》2015年第5期;《伏波将军马援的南国民间形象》,中国社会科学院历史研究所文化史研究室编:《形象史学研究》(2014),人民出版社2015年版,第19—29页。

这一历史变化因两位女子徵侧、徵贰发起的暴动所激发，是应当引起关注的。

宋人黄庭坚《和谢公定征南谣》回顾"交州"战事："传闻交州初陆梁，东连五溪西氐羌。军行不断蛮摽盾，谋主皆收汉畔亡。合浦谯门腥血沸，晋兴城下白骨荒。谋臣异时坐致寇，守臣今日愧包桑。已遣戈船下滴水，更分楼船浮豫章。颇闻师出三鸦路，尽是中屯六郡良。汉南食麦如食玉，湖南驱人如驱羊。"诗句中透露出了反战情绪。黄庭坚又写道："南平旧时颇臣顺，欲献封疆请旄节。庙谟犹计病中原，岂知一朝更屠灭。天道从来不争胜，功臣好为可喜说。交州鸡肋安足贪，汉开九郡劳臣监。吕嘉不肯佩银印，徵侧持戈敌百男。君不见往年濒海未郡县，赵佗闭关罢朝献。老翁窃帝聊自娱，白头抱孙思事汉。孝文亲遣劳苦书，稽首请去黄屋车。得一忘十终不忍，太宗之仁千古无。"[1]诗中所体现的民族关系理念和边疆政策主张，我们这里不作讨论。而"徵侧持戈敌百男"的诗句表述了诗人对于战争中女子作战能力的肯定。

10. 黄巾军"妇子"

东汉末年的黄巾起义也多有妇女参加。据《后汉书》卷七一《皇甫嵩传》记载，皇甫嵩击破黄巾军张梁部，斩首三万，逼使其赴河死者多至五万余人，"潜夜勒兵，鸡鸣驰赴其陈，战至晡时，大破之，斩梁，获首三万级，赴河死者五万许人，焚烧车重三万余两，悉虏其

---

[1] 〔宋〕黄庭坚撰，〔宋〕任渊等注，刘尚荣校点：《黄庭坚诗集注》，中华书局 2003 年版，第 870—873 页。

妇子，系获甚众"。① 张梁军是黄巾起义的主力部队，从以上可见其随军"妇子""甚众"。

《三国志》卷一《魏书·武帝纪》也记载，曹操击破青州黄巾，"受降卒三十余万，男女百余万口，收其精锐者，号为青州兵"。② 所谓"受降卒三十余万，男女百余万口"，是指作战部队"三十余万"，而"男女百余万口"，可见黄巾起义普遍有女子随军行动，她们虽然不是正式的"卒"，但是在军情紧急时，参与军务应当是很自然的现象。

《后汉书》卷七〇《孔融传》记载，孔融"鸠集吏民为黄巾所误者男女四万余人"。③ 这些"男女"，大概也是参加或者追随黄巾起义军的群众。

11. "女服贼"

《后汉书》卷五六《种暠传》记载，种暠任益州刺史，"暠素慷慨，好立功立事。在职三年，宣恩远夷，开晓殊俗，岷山杂落皆怀服汉德。其白狼、槃木、唐菆、邛、僰诸国，自前刺史朱辅卒后遂绝；暠至，乃复举种向化。时永昌太守冶铸黄金为文蛇，以献梁冀，暠纠发逮捕，驰传上言，而二府畏懦，不敢案之，冀由是衔怒于暠。会巴郡人服直聚党数百人，自称'天王'，暠与太守应承讨捕，不克，吏人多被伤害。冀因此陷之，传逮暠、承。太尉李固上疏救曰：'臣伏闻讨捕所伤，本非暠、承之意，实由县吏惧法畏罪，迫逐深苦，致此不详。比盗贼群起，处处未绝。暠、承以首举大奸，而相随受罪，臣恐沮伤州县纠

---

① 《后汉书》，第 2301 页。
② 《三国志》，第 9—10 页。
③ 《后汉书》，第 2263 页。

发之意,更共饰匿,莫复尽心。'梁太后省奏,乃赦嚻、承罪,免官而已"[1]。益州刺史种嚻能够团结"远夷",改变"殊俗","岷山杂落"皆得"怀服汉德"。然而巴郡(郡治在今重庆西)人服直聚党数百人暴动,自称"天王"。种嚻与巴郡太守应承讨捕,未获成功,而吏人多被伤害。因永昌太守赂献梁冀黄金制品被种嚻"纠发",于是权臣梁冀"衔怒于嚻",就服直事"陷之",幸得太尉李固"上疏救",梁太后"省奏,乃赦嚻、承罪",仅以"免官"处理。

"巴郡人服直聚党数百人,自称'天王'",这支由服直集结起来的反政府武装,据《华阳国志》记载,其规模至"千有余人",又有"女服贼"名号。

《华阳国志》卷一《巴志》记述,汉桓帝永兴二年(154),巴郡太守但望上疏陈述当地因地理人文条件所导致的治安困难:"谨按《巴郡图经》:境界南北四千,东西五千,周万余里。属县十四。盐铁五官,各有丞史。户四十六万四千七百八十,口百八十七万五千五百三十五。远县去郡千二百至千五百里。乡亭去县,或三四百,或及千里。土界遐远,令尉不能穷诘奸凶。时有贼发,督邮追案,十日乃到。贼已远逃,踪迹绝灭。""是以贼盗公行,奸宄不绝。""往者,至有劫阆中令杨殷、终津侯姜昊,伤尉苏鸿、彭亭侯孙鲁、雍亭侯陈已、殷侯乐普。"此外,还有所谓"女服贼":

> 又有女服贼千有余人,布散千里,不即发觉,谋成乃诛。其水陆覆害,煞郡掾枳谢盛、塞咸、张御,鱼复令尹寻,主簿胡直,若此非一。给吏休谒,往还数千。闭囚须报,或有弹劾,动便历年。吏坐逾科,恐失冬节,侵疑先死。如当移传,

---

[1]《后汉书》,第1827—1828页。

不能待报，辄自刑戮。或长吏忿怒，冤枉弱民，欲赴诉郡官，每惮还往。①

这一规模"千有余人"的队伍，活动区域颇为广阔，至于"布散千里"。他们处死郡掾、县令、主簿等地方官员多人。这支对地方专制统治形成严重威胁的民间武装，之所以被称作"女服贼"，有研究者认为是因为穿着女装而得名。而首领名"服直"，其军又号"女服"，或许亦不应排除其领袖服直本人就是女性的可能。②

男子着"女服"的情形，被视为异常的社会现象。《隋书》卷六二《柳彧传》载录柳彧对于"男为女服"的批评，"近代以来，都邑百姓每至正月十五日，作角抵之戏，递相夸竞，至于糜费财力"，上奏"请禁绝之"，指责"每以正月望夜，充街塞陌，聚戏朋游。鸣鼓聒天，燎炬照地，人戴兽面，男为女服，倡优杂技，诡状异形。以秽嫚为欢娱，用鄙亵为笑乐，内外共观，曾不相避。高棚跨路，广幕陵云，袨服靓妆，车马填噎。肴醑肆陈，丝竹繁会，竭资破产，竞此一时。尽室并孥，无问贵贱，男女混杂，缁素不分"，以为与"昔者明王训民治国，率履法度，动由礼典。非法不服，非道不行，道路不同，男女有别，防其邪僻"的原则相违背，以"男女混杂，缁素不分。秽行因此而生，盗贼由斯而起"相斥责。③"男为女服，倡优杂技"，《北史》卷七《柳彧传》作"男为女服，倡优杂伎"。④

与"男为女服"相反，后代又有女子"服男子衣冠"的情形。《金

---

① 〔晋〕常璩撰，任乃强校注：《华阳国志校补图注》，上海古籍出版社1987年版，第20页。
② 《资治通鉴》卷五二，记种暠讨捕服直事于汉冲帝永嘉元年（145）。〔宋〕司马光编著，〔元〕胡三省音注，"标点资治通鉴小组"校点：《资治通鉴》，中华书局1956年版，第1704页。
③ 《隋书》，第1483—1484页。
④ 《北史》，第2624页。

史》卷六三《后妃传上·昭妃阿里虎等诸嬖》写道："凡诸妃位皆以侍女服男子衣冠，号'假厮儿'。"①妇女穿戴"男子衣冠"的特殊情形，亦见于《金史》卷一八《哀宗纪下》："（天兴二年）十二月甲戌，尽籍民丁防守，括妇人壮捷者假男子衣冠，运大石。"②《金史》卷一一九《完颜仲德传》也记载："（天兴二年）十一月辛丑，大兵以攻具傅城，有司尽籍民丁防守，不足则括妇女壮健者，假男子衣冠使运木石。"③这其实是女子从事军役，强化城防工事的记录。

12. 汉墓出土武装女俑

《论衡·薄葬》说，"作偶人以侍尸柩""以欶精魂"④，是汉代丧葬文化比较普遍的表现。

汉墓出土的这种"偶人"有佩用兵器的现象，值得我们注意。有研究者介绍，巴蜀地区东汉三国佩兵器俑，其中有"佩兵器女俑"。因大多数陶俑性别难以判定，因此这类陶俑的出现时间、数量等难以确知，但是偶可辨认。例如，"绵阳白虎嘴崖墓俑（M7:1），头梳高髻，额上系幓头，身着右衽长袍，宽袖，束腰带，胸前挟环首刀，高29厘米。此墓没有明确纪年，出土五铢钱，'五'字交股弯曲，左右对称，'铢'字、'金字'头呈三角形，具有东汉中期特征，此俑大致属东汉中期"。所谓"'铢'字、'金字'头呈三角形"，"金字"，可能是说"'铢'字"左侧的"'金字'"旁。另一件"佩兵器女俑"出土于重庆忠县："忠县涂井崖墓俑（M5:74），头梳双髻，

---

① 〔元〕脱脱等撰：《金史》，中华书局1975年版，第1509页。
②《金史》，第402页。
③《金史》，第2609—2610页。
④ 〔汉〕王充著，黄晖撰：《论衡校释》（附刘盼遂集解），中华书局1990年版，第961页。

额前系巾，眉间有凸起圆点，身着'V'型领窄袖长裙，右手前屈持矛，左手执盾，高66厘米。"

忠县崖墓出土的女俑"眉间有凸起圆点"，研究者以为即"白毫相"，可能与"巴蜀地区早期佛教的传播"有关。"其本质是升仙思想的反映"，"表明这些俑都不是现世生活中的人，而是仙境世界的侍者。白毫相佩兵器俑的功能是负责保护墓主不受鬼魅侵犯，顺利达到仙境世界"，她们又"在仙境世界中侍卫墓主"。

图7 绵阳白虎嘴M7出土
挟环首刀侍婢俑

图8 忠县涂井崖墓出土
持兵器侍婢俑

以"白毫相"这种世俗生活中并不可见的形象表现，联系"佛""仙"信仰，是有道理的。但是这种侍俑持兵器的形象，亦应当有民间熟见的生活场景为依据。论者指出，"侍婢亦有持兵器者"，以孙尚香事迹为例。《三国志》卷三七《蜀书·法正传》载诸葛亮语："主公之在公安也，北畏曹公之强，东惮孙权之逼，近则惧孙夫人生变于肘腋之下……"又写道："初，孙权以妹妻先主，妹才捷刚猛，有诸兄之风，侍婢百余人，皆亲执刀侍立，先主每入，衷心常凛凛……"① 这是明确的"侍婢""皆亲执刀侍立"的例证。所举另一例,也是我们应当重视的。《三国志》卷四《三少帝纪·高贵乡公髦》记载:

> (甘露四年)十一月癸卯,车骑将军孙壹为婢所杀。②

有论者认为,"杀孙壹的侍婢,应是受过专业训练的女婢"③。"受过专业训练"之说,固然推测成分过多。然而很可能当时权贵的"侍婢"能够接近武器,且有使用武器的技能,是比较普遍的情形。④ 而"孙壹"本人身份为"车骑将军",其侍从之"婢"有一定的军事知识和武装能力,是可能的。

---

① 《三国志》,第960页。
② 《三国志》,第143页。
③ 彭波:《巴蜀地区东汉三国佩兵器俑》,《大众考古》2021年第11期。
④ 奴婢杀主的例证,有《后汉书》卷八一《独行传·李善》:"建武中疫疾,元家相继死没,唯孤儿续始生数旬,而资财千万,诸奴婢私共计议,欲谋杀续,分其财产。"第2679页。后世亦有《旧唐书》卷四三《职官志二》所见"部曲奴婢杀主者"情形。第1838页。《宋史》卷二九〇《张耆传》:"坐与群婢贼杀其妻,弃市。"〔元〕脱脱等撰:《宋史》,中华书局1977年版,第9711页。《宋史》卷三四〇《苏颂传》:"母为婢所杀。"第10864页。《宋史》卷三五四《沈积中传》:"又命以资政殿学士同知府,未行而卒,或曰为盗所杀,或曰婢杀之,终亦不能明也。""婢杀之",是一种可能。第11164页。《元史》卷八《世祖纪五》:"其奴婢杀主者,具五刑论。"〔明〕宋濂等撰:《元史》,中华书局1976年版,第171页。《元史》卷三二《文宗纪一》与卷三七《宁宗纪》也都说到"奴婢杀主"情形。第710页,第811页。

第四章 魏晋南北朝女子的军战生涯与勇武故事

魏晋南北朝时期，是长期分裂、战乱频繁的历史阶段。在这样的文化背景下，民风发生了若干变化。当时，北方少数民族的文化影响冲击着黄河流域汉族传统文化，对中原文明固有形态的历史演进产生了重要作用。

这样的历史变化，自然也会使当时妇女生活的景况与风格都表现出值得注意的历史特征。而战火狼烟对正常社会生活的冲击尤为引人注目。回顾这一段历史，我们可以看到，北方游牧民族妇女勇健坚强的性格特点对中原妇女产生了积极的影响，当时多有慷慨壮勇的奇女子面对战乱的厄境时，参与"军旅之事"，成就了人生之"义烈"，也增进了世风之雄迈。

有妇女史研究学者指出，"魏晋南北朝时期，战乱频繁，世兵制长期存在。妇女随夫服役，成为女兵。她们或直接参战，搏击沙场；或守卫屯营，修筑城防；或宿卫后宫，担任仪仗；或参加军屯，生产军粮；或服各种杂役，修理战具。妇女在军事上的地位与作用比秦汉时期显得更为重要"。① 是否能够判定"（魏晋南北朝）妇女在军事

---

① 《中国妇女通史·魏晋南北朝卷》，第552页。

上的地位与作用比秦汉时期显得更为重要",还需要认真分析,做出合理的量的比较。但是魏晋南北朝时期"妇女在军事上的地位与作用"比较"重要",是确定的历史事实。

1.《晋书·列女传》勇武故事之一：张茂妻陆氏

西汉晚期,著名学者刘向受命领中书时,在掌握丰富古籍资料的条件下,撰写了中国最早的一部妇女专史《列女传》。

有研究者说,刘向撰《列女传》的基本动机,是针对时弊,反对女主干政,制止外戚专权。不过,这部分类记述古代妇女传记的名著,其文化意义是超越时代的,也是超越局部政治文化范畴的。

后世"凡以'列女'名书者,皆祖之刘氏"[①],肯定了刘向《列女传》开创了一种史书体裁,确定这一史书结构一直被后世所继承。

刘向《列女传》凡7卷,即《母仪传》《贤明传》《仁智传》《贞顺传》《节义传》《辩通传》《孽嬖传》,记104人事迹。其主旨是提倡妇女的道德自律,以所谓"母仪""女范"规导妇女的精神生活,虽然《贞顺传》和《节义传》中有若干勇烈故事,但是对于女子从事军事实践的社会现象,并没有详细具体的记录。

南朝宋人范晔的《后汉书》卷八四《列女传》,是在内容和笔法上继承了刘向的《列女传》,其中仍然以贞顺服从作为思想主导,所引录著名的所谓"有助内训"的班昭"《女诫》七篇",对后来的妇女生活史产生了重要的影响。被范晔作为"女德"典范的17人的传记故事中,除了犍为盛道妻"建安五年,益部乱,(盛)道聚众起兵,

---

① 〔宋〕王回：《〈古列女传〉序》,张涛：《列女传译注》"附录一",第351页。

事败，夫妻执系，当死"一事隐约有参与军事活动的影子外[①]，看不到其他明确的关于女子经历战争生活的记录。

唐人房玄龄所撰《晋书》卷九六《列女传》则有所不同。可能与民族斗争激烈，而不同民族的婚姻观念有所不同的历史背景有关，多见所谓"操节风霜"的节烈故事。这样的事迹多至15例，在总数36人的传记中，占到41.67%。其中多为与异族的婚姻要求相抗争者，也有个别其他的情形。

我们要特别注意的，当然是有关女性经历军事实践的史例。

例如"张茂妻陆氏"事迹：

> 张茂妻陆氏，吴郡人也。（张）茂为吴郡太守，被沈充所害，陆氏倾家产，率（张）茂部曲为先登以讨（沈）充。（沈）充败，陆诣阙上书，为（张）茂谢不克之责。诏曰："（张）茂夫妻忠诚，举门义烈，宜追赠（张）茂太仆。"[②]

陆氏"率（张）茂部曲为先登以讨（沈）充"，是不多见的女性直接指挥又亲身参与战斗的史例。

2.《晋书·列女传》勇武故事之二：荀崧小女灌

又如著名的"荀灌娘"冒险突围"乞师""请援"终于获胜的故事，也记录于《晋书》卷九六《列女传》中：

[①]《后汉书》，第2799页。
[②]〔唐〕房玄龄等撰：《晋书》，中华书局1974年版，第2515页。

> 荀崧小女灌,幼有奇节。(荀)崧为襄城太守,为杜曾所围,力弱食尽,欲求救于故吏平南将军石览,计无从出。(荀)灌时年十三,乃率勇士数十人,逾城突围夜出。贼追甚急,(荀)灌督厉将士,且战且前,得入鲁阳山获免。自诣(石)览乞师,又为(荀)崧书与南中郎将周访请援,仍结为兄弟,(周)访即遣子(周)抚率三千人会石览俱救(荀)崧。贼闻兵至,散走,(荀)灌之力也。①

荀灌以13岁少女之身,勇敢突围求救,"督厉将士,且战且前",终于克敌制胜。她的勇与谋,使得战争危局得以扭转。

3.《晋书·列女传》勇武故事之三:王凝之妻谢氏

房玄龄笔下的"王凝之妻谢氏"即谢道韫的故事,也给人以深刻的印象。谢道韫是安西将军谢奕之女,以"聪识有才辩"闻名,在危难之际又能够挺身而出,武装抗敌:

> 及遭孙恩之难,举厝自若,既闻夫及诸子已为贼所害,方命婢肩舆抽刃出门,乱兵稍至,手杀数人,乃被虏。②

谢道韫于"乱兵"之中不畏敌害,"抽刃"迎击,竟"手杀数人"的情形,说明其于"聪识""才辩"之外,又有超人勇力。

---

① 《晋书》,第2515页。
② 《晋书》,第2516页。

4.《晋书·列女传》勇武故事之四：虞潭母孙氏

《晋书》卷九六《列女传》又有"虞潭母孙氏"的故事，孙氏是孙权族孙女，向来"恭顺贞和，甚有妇德"，然而面临战乱，能够处变不惊，镇定地致力于战场鼓动和后勤支援：

> 永嘉末，（虞）潭为南康太守，值杜弢构逆，率众讨之。孙氏勉潭以必死之义，俱倾其资产以馈战士，潭遂克捷。及苏峻作乱，潭时守吴兴，又假节征峻。孙氏戒之曰："吾闻忠臣出孝子之门，汝当舍生取义，勿以吾老为累也。"仍尽发其家僮，令随潭助战，贸其所服环珮以为军资。于时会稽内史王舒遣子允之为督护，孙氏又谓潭曰："王府君遣儿征，汝何为独不？"潭即以子楚为督护，与允之合势。其忧国之诚如此。①

孙氏虽然可能因为年迈并没有直接出阵，但是她在战争中所发挥的作用，却丝毫不逊于在阵前冲杀者。孙氏的历史表现，体现了对其家族英雄主义传统的继承。

5.《晋书·列女传》勇武故事之五：苻登妻毛氏

《晋书》卷九六《列女传》中"苻登妻毛氏"以"壮勇善骑射"，展示了当时北国妇女的典型形象：

---

① 《晋书》，第2513—2514页。

> 符登妻毛氏，不知何许人，壮勇善骑射。（符）登为姚苌所袭，营垒既陷，毛氏犹弯弓跨马，率壮士数百人，与（姚）苌交战，杀伤甚众。众寡不敌，为（姚）苌所执。

被俘后，姚苌欲纳之，毛氏大骂："吾天子后，岂为贼羌所辱，何不速杀我！"又仰天大哭曰："姚苌无道，前害天子，今辱皇后，皇天后土，宁不鉴照！"于是，"苌怒，杀之"。①

毛氏"壮勇善骑射"，在"营垒既陷"的情况下，仍然"弯弓跨马，率壮士数百人，与（姚）苌交战，杀伤甚众"，虽然"众寡不敌"，最终被俘，其事迹却表现出了英武气质。

6. 刘遐妻"骁果有父风"破敌"万众"

有关晋代妇女的史料中，我们还能看到《晋书》卷九六《列女传》所未载的其他勇武女子的故事。

清人张宗泰《鲁岩所学集》卷七"书《宾退录》卷七后"条下列数"妇人统兵"诸例，有晋代史事，如："晋张茂为沈充所害，其妻陆氏，率茂部曲为先登以讨充。""刘遐为石季龙所围，其妻邵氏，将数骑拔遐于万众之中。"②

前例陆氏事见前引《晋书》卷九六《列女传·张茂妻陆氏》。后例邵氏事见《晋书》卷八一《刘遐传》：

---

① 《晋书》，第 2523—2524 页。
② 〔清〕张宗泰注：《鲁岩所学集》，《清代诗文集汇编》编纂委员会编：《清代诗文集汇编》第 516 册，上海古籍出版社 2010 年版，第 281 页。

> 刘遐字正长，广平易阳人也。性果毅，便弓马，开豁勇壮。值天下大乱，（刘）遐为坞主，每击贼，率壮士陷坚摧锋，冀方比之张飞、关羽。乡人冀州刺史邵续深器之，以女妻焉。……（刘）遐妻骁果有父风。（刘）遐尝为石季龙所围，妻单将数骑，拔（刘）遐出于万众之中。及田防等欲为乱，（刘）遐妻止之，不从，乃密起火烧甲杖都尽。①

刘遐妻"骁果"，刘遐被围，"妻单将数骑，拔遐出于万众之中"。当"田防等欲为乱"时，"止之，不从"，于是"密起火烧甲杖都尽"，表现出超人的意志和决断能力。

为了便于理解"遐妻骁果有父风"的说法，有必要介绍其父"冀州刺史邵续"的历史表现。《晋书》卷六三《邵续传》记载，他曾经以少胜多，迫使石勒所率"八千骑""弃攻具东走"，又"追（石）勒至安陵，不及，虏勒所署官，并驱三千余家"，并突击深入，"又遣骑入散勒北边，掠常山，亦二千家而还"。②邵续长期在抗击石勒部的前线，最终战死沙场。《晋书》卷六《元帝纪》记载："石勒将石季龙寇厌次，平北将军、冀州刺史邵续击之，续败，没于阵。"③"时帝既闻续没，下诏曰：'邵续忠烈在公，义诚慷慨，绥集荒余，忧国亡身。功勋未遂，不幸陷没，朕用悼恨于怀。所统任重，宜时有代。其部曲文武，已共推其息缉为营主。续之忠诚，著于公私，今立其子，足以安众，一以续本位即授缉，使总率所统，效节国难，雪其家仇。'"④

遐妻"骁果有父风"，可见其继承了邵续的英武精神。

---

① 《晋书》，第 2130—2131 页。
② 《晋书》，第 1703—1704 页。
③ 《晋书》，第 153 页。
④ 《晋书》卷六三《邵续传》，第 1704 页。

7. "女司马"孔氏

明人朱国祯《涌幢小品》卷二一"女将"条下,又可以看到对于晋时女将孔氏事迹的评论:

> 女人有军功者尽多,然无若顾琛之母孔氏。孔年已百余岁,晋安帝隆安初,王廞吴中作乱,以女为贞烈将军,悉以女人为官属。①

事见《宋书》卷六三《王华传》:

> 晋隆安初,王恭起兵讨王国宝,时(王)廞丁母忧在家,(王)恭檄令起兵,(王)廞即聚众应之,以女为贞烈将军,以女人为官属。②

又见《宋书》卷八一《顾琛传》:

> (顾)琛母孔氏,时年百余岁。晋安帝隆安初,琅邪王廞于吴中为乱,以女为贞烈将军,悉以女人为官属,以孔氏为司马。③

"时年百余岁"尚能受任"司马",从事军事活动。清人俞樾《茶香

---

① 朱国祯又写道:"及孙恩乱,东土饥荒,人相食,孔氏散家粮以赈邑里,活者甚众,生子皆以孔为名。"〔明〕朱国祯撰,王根林校点:《涌幢小品》,上海古籍出版社2012年版,第424页。
② 〔梁〕沈约撰:《宋书》,中华书局1974年版,第1675页。
③《宋书》,第2078页。

113

室四钞》卷五"妇人统兵"条,引述吕母和孔氏事迹后赞叹道:"女将军、女司马,伟矣,年百余岁而能服军政,振古之奇妇人也。"①

8. 北国女将

记述南北朝历史的史籍中,南朝四史均没有《列女传》,北朝五史中,《魏书》和《北史》有《列女传》。

这或许可以看作历史上妇女地位得到重视的文化信号。

北朝史的两种《列女传》中,记载了一些颇为生动具体的妇女直接参与战争的历史故事。

例如,《魏书》卷九二《列女传》记述了两位妇女主持守城的事迹:

> 任城国太妃孟氏,巨鹿人,尚书令、任城王(元)澄之母。(元)澄为扬州之日,率众出讨。于后贼帅姜庆真阴结逆党,袭陷罗城。长史韦缵仓卒失图,计无所出。孟乃勒兵登陴,先守要便。激厉文武,安慰新旧,劝以赏罚,喻之逆顺,于是咸有奋志。亲自巡守,不避矢石。贼不能克,卒以全城。(元)澄以状表闻,属世宗崩,事寝。灵太后后令曰:"鸿功盛美,实宜垂之永年。"乃敕有司树碑旌美。

孟氏作为贵族妇女,虽时已年长,但在危难时刻仍然能够镇定自若,安排周全,表现出名将之风,又"亲自巡守,不避矢石",有谋有勇,终得平安退敌,保全城池。

另一位以守城之功闻名史册的女将,是成功抗击南朝梁大军围攻

---

① 〔清〕俞樾撰,贞凡、顾馨、徐敏霞点校:《茶香室丛钞》,中华书局1995年版,第1557页。

的梓潼太守苟金龙的夫人刘氏：

> 苟金龙妻刘氏，平原人也。廷尉少卿刘叔宗之姊。世宗时，（苟）金龙为梓潼太守，郡带关城戍主。萧衍遣众攻围，值（苟）金龙疾病，不堪部分，众甚危惧。刘遂率厉城民，修理战具，一夜悉成。拒战百有余日，兵士死伤过半。戍副高景阴图叛逆，刘斩之，及其党与数十人。自余将士，分衣减食，劳逸必同，莫不畏而怀之。

由于井在外城，不久就为敌军所控制，城中绝水，渴死者多。刘氏仍然从容镇定，《魏书》卷九二《列女传》写道：

> 刘乃集诸长幼，喻以忠节，遂相率告诉于天，俱时号叫，俄而澍雨。刘命出公私布绢及至衣服，悬之城中，绞而取水，所有杂器悉储之。于是人心益固。会益州刺史傅竖眼将至，贼乃退散。

傅竖眼对刘氏成功守城的事迹深为叹异，具状奏闻，于是刘氏得到北魏宣武帝的嘉奖。北魏孝明帝正光年间，刘氏又得到封爵。[①]

任城国太妃孟氏和苟金龙妻刘氏的事迹，又见于《北史》卷九一《列女传》。[②]

《北史》卷九一《列女传》又记载有西魏孙道温妻赵氏指挥守卫岐州的战例。这次守卫岐州城的成功，明确可知有城中妇女踊跃参战：

[①]〔北齐〕魏收撰：《魏书》，中华书局1974年版，第1983—1984页。
[②]《北史》，第3000页。

> 西魏武功县孙道温妻赵氏者，安平人也。万俟丑奴之反，围岐州，久之无援。赵乃谓城中妇女曰："今州城方陷，义在同忧。"遂相率负土，昼夜培城，城竟免贼。

为了奖励赵氏守城之功，西魏文帝大统六年（540），赠予赵氏的丈夫孙道温岐州刺史头衔，封赵氏为安平县君。①

史书中似乎并没有关于赵氏直接参加守城战斗的记载。她的功绩，在于发动妇女加固城防工事，而这一努力，对于岐州城的固守，具有十分重要的意义。

9. 襄阳夫人城

魏晋南北朝时期，战争形式往往表现为城邑的攻守争夺。

关于女子参与城防战斗的情形，人们较为熟悉的史例，还有襄阳夫人城的故事。

在前秦王朝与东晋王朝的战争中，江汉平原重镇襄阳的归属，具有重要的战略意义。

《晋书》卷八一《朱序传》记载，"宁康初，（朱序）拜使持节、监沔中诸军事、南中郎将、梁州刺史，镇襄阳"。东晋孝武帝太元三年（378），前秦皇帝苻坚令征南大将军苻丕、武卫将军苟苌、尚书慕容暐率步骑军7万进军襄阳，又命荆州刺史杨安率樊、邓之众为前锋，征虏将军石越率精骑1万出鲁阳关，京兆尹慕容垂、扬武将军姚苌率5万军出南乡，领军将军苟池、右将军毛当、强弩将军王显率众4万出武当，诸军会攻襄阳。

---

① 《北史》，第 3002 页。

襄阳守将朱序起初以为前秦军没有强渡汉水的条件，没有进行紧急战备。不料石越所部前秦军五千骑突然浮渡汉水，朱序仓皇应战，退守中城。石越控制了襄阳外郭，得船百余艘以济渡前秦军主力。苻丕指挥大军开始攻打襄阳中城。

《晋书》卷八一《朱序传》记录了襄阳攻守之战中有意义的一幕：

> 是岁，苻坚遣其将苻丕等率众围（朱）序，（朱）序固守，贼粮将尽，率众苦攻之。初，苻丕之来攻也，（朱）序母韩自登城履行，谓西北角当先受弊，遂领百余婢并城中女子于其角斜筑城二十余丈。贼攻西北角，果溃，众便固新筑城。（苻）丕遂引退。襄阳人谓此城为夫人城。①

《资治通鉴》卷一〇四"晋孝武帝太元三年"中，对于襄阳"夫人城"故事是这样记述的：

> （朱）序母韩氏闻秦兵将至，自登城履行，至西北隅，以为不固，帅百余婢及城中女丁筑邪城于其内。及秦兵至，西北隅果溃，众移守新城，襄阳人谓之夫人城。②

《襄阳耆旧记》卷三写作"襄人谓为夫人城"③。不过，后来朱序又因为"累战破贼，人情劳懈，又以贼退稍远，疑未能来，守备不谨"，以致在有内奸与敌军勾结时，使襄阳失守。朱序被苻坚俘获。④

---

① 《晋书》，第2132—2133页。
② 《资治通鉴》，第3285页。
③ 〔东晋〕习凿齿撰，黄惠贤校补：《校补襄阳耆旧记》（附南雍州记），中华书局2018年版，第109页。
④ 《晋书》卷八一《朱序传》，第2133页。

10.《李波小妹歌》

北魏献文帝时代，广平（今河北曲州北）人李波以其宗族为基本力量，发动反抗北魏政权的起义，一时兵威震动中原。相州刺史薛道㭊亲自率军征讨，为李波击溃。《魏书》卷五三《李安世传》记载：

> 前刺史薛道㭊亲往讨之，（李）波率其宗族拒战，大破㭊军。遂为逋逃之薮，公私成患。①

《北史》卷三三《李安世传》记载："初，广平人李波宗族强盛，残掠不已，前刺史薛道㭊亲往讨之，大为波败，遂为逋逃之薮，公私成患。"②

李波的妹妹以"雍容"为字，弓马娴熟，轻盈矫健，一时享有盛名。民间流传着这样的歌谣：

> 李波小妹字雍容，
> 褰裙逐马如卷蓬，
> 左射右射必叠双。
> 妇女尚如此，
> 男子那可逢！③

一位刚健勇捷的女战将形象生动地呈现在人们面前。

---

① 《魏书》，第 1176 页。
② 《北史》，第 1224 页。
③ 《魏书》，第 1176—1177 页。冯惟讷《古诗纪》卷一一九题作《李波小妹歌》，末句"男子那可逢"作"男子安可逢"。《景印文渊阁四库全书》第 1380 册，台湾商务印书馆 1986 年版，第 367 页。

11.《木兰诗》

千百年来脍炙人口的《木兰诗》，可能是人们在说到中国古代女军史时首先会想到的诗作。

收入《乐府诗集》卷二五的《木兰诗》，文句是这样的：

> 唧唧复唧唧，木兰当户织。
> 不闻机杼声，唯闻女叹息。
> 问女何所思，问女何所忆。
> 女亦无所思，女亦无所忆。
> 昨夜见军帖，可汗大点兵。
> 军书十二卷，卷卷有爷名。
> 阿爷无大儿，木兰无长兄。
> 愿为市鞍马，从此替爷征。
> 东市买骏马，西市买鞍鞯。
> 南市买辔头，北市买长鞭。
> 旦辞爷娘去，暮宿黄河边。
> 不闻爷娘唤女声，但闻黄河流水鸣溅溅。
> 旦辞黄河去，暮至黑山头。
> 不闻爷娘唤女声，但闻燕山胡骑鸣啾啾。
> 万里赴戎机，关山度若飞。
> 朔气传金柝，寒光照铁衣。
> 将军百战死，壮士十年归。

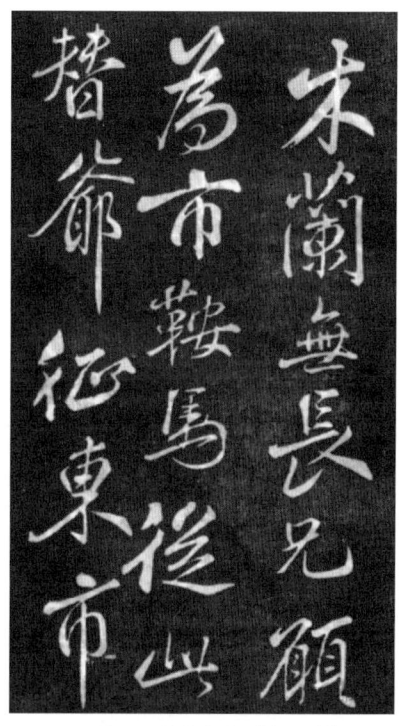

图9 传米芾书《木兰诗》

下面的诗句，则是描述木兰女扮男装，经历百战之后，终于回归故乡，恢复女儿之身时的情形：

> 归来见天子，天子坐明堂。
> 策勋十二转，赏赐百千强。
> 可汗问所欲，"木兰不用尚书郎，
> 愿驰千里足，送儿还故乡"。
> 爷娘闻女来，出郭相扶将。
> 阿姊闻妹来，当户理红妆。
> 小弟闻姊来，磨刀霍霍向猪羊。
> 开我东阁门，坐我西间床。
> 脱我战时袍，着我旧时裳。
> 当窗理云鬓，挂镜帖花黄。
> 出门见火伴，火伴皆惊惶。
> "同行十二年，不知木兰是女郎"。
> 雄兔脚扑朔，雌兔眼迷离。
> 双兔傍地走，安能辨我是雄雌。

《乐府诗集》卷二五题此作《木兰诗二首》，题下引《古今乐录》曰："木兰不知名，浙江西道观察使兼御史中丞韦元甫续附入。"

所谓韦元甫续作如下：

> 木兰抱杼嗟，借问复为谁。
> 欲闻所戚戚，感激强其颜。
> 老父隶兵籍，气力日衰耗。
> 岂足万里行，有子复尚少。
> 胡沙没马足，朔风裂人肤。

老父旧羸病，何以强自扶。
木兰代父去，秣马备戎行。
易却纨绮裳，洗却铅粉妆。
驰马赴军幕，慷慨携干将。
朝屯雪山下，暮宿青海傍。
夜袭燕支虏，更携于阗羌。
将军得胜归，士卒还故乡。
父母见木兰，喜极成悲伤。
木兰能承父母颜，却卸巾鞲理丝簧。
昔为烈士雄，今复娇子容。
亲戚持酒贺，父母始知生女与男同。
门前旧军都，十年共崎岖。
本结兄弟交，死战誓不渝。
今也见木兰，言声虽是颜貌殊。
惊愕不敢前，叹重徒嘻吁。
世有臣子心，能如木兰节。
忠孝两不渝，千古之名焉可灭！①

《木兰诗》虽然是民间文学作品，但是其内容却是和真确的历史事实相符合的。《木兰诗》完成创作和最初流传的时代，正是民风勇悍、时代精神强厉激进的历史阶段。

清人宋长白《柳亭诗话》卷一六"木兰歌"条，对这一诗作发表了赞誉之辞，也就作者的身份有所讨论。他写道："七言长篇断推《木兰歌》为第一。相其音调，非齐梁以后人能办。即鲍明远亦当俯首。或以'朔气传金柝，寒光照铁衣'数语，疑出于唐。殆未见六朝文集

---

① 〔宋〕郭茂倩编：《乐府诗集》，中华书局1979年版，第373—375页。

者也。乐天《长恨歌》，微之《连昌词》，郑嵎《津阳门诗》，铺叙非不匀称，然大段有痕迹可寻，难云天衣无缝矣。"又说："称某君曰'可汗'，志其地为'黄河'，必拓跋氏之世也。或云隋人，炀帝逼之而死，赠'孝烈将军'。此小说之最浅陋者。而来氏《汇书》犹载之，何耶？《文苑英华》谓韦元甫作，魏秦谓曹子建作，俱谬。"①

后世歌颂木兰事迹的文学作品很多，如唐代诗人杜牧曾经作《题木兰庙》诗，吟咏木兰从军事：

弯弓征战作男儿，梦里曾经与画眉。
几度思归还把酒，拂云堆上祝明妃。②

拂云堆，在今内蒙古包头西北。唐时突厥与朔方军以河为界，河北有拂云堆神祠。突厥每用兵，必先往神祠祭酹求福。杜牧将木兰事迹与明妃事迹相比较，似含深意。

"木兰"故事后来形成了长久的影响。传说流变，纷杂各异。焦竑《焦氏笔乘》卷三"我朝两木兰"条说："木兰，朱氏女子，代父从征。词中有'可汗点兵'语，非晋即隋、唐也。今黄州黄陂县北七十里，即隋木兰县，有木兰山将军冢、忠烈庙，足以补《乐府解题》之缺。"③《水经注》卷二七《沔水》："汉水又东径木兰寨南，右岸有城，名伎陵城，周回数里，左岸垒石数十行，重垒数十里，中谓是处为木兰寨云。"④或以为"木兰寨"得名或许与木兰代父从军的传说有关。俞樾《茶香室丛钞》卷四"木兰"条引录《水经注》此文，

---

① 〔清〕宋长白撰，辛味白校点：《柳亭诗话》下册，上海杂志公司1936年版，第347页。
② 《全唐诗》卷五二三，中华书局1960年版，第5987页。
③ 〔明〕焦竑撰，李剑雄点校：《焦氏笔乘》，中华书局2008年版，第112页。
④ 《水经注校证》，第650页。

图10 明万历十八年山西刊本《闺范》"木兰代戍"图

图11 明万历刊本《列女传》"木兰女"图

又写道:"按《木兰》一诗,世莫知为何许人,而此亦有'木兰'之名,更莫可考矣。"①

《嘉庆重修一统志》卷三四〇《黄州府》有"木兰故城",然而所谓"木兰山",则一见于卷三三五《武昌府》,一见于卷三三八《汉阳府》。②《汉阳府》又有"木兰庙"。③光绪《亳州志》也写道:"木兰祠在东关外,相传祠左右即木兰之家,今改建于东门口。"④

又《嘉庆重修一统志》卷一二九《颍州府·列女》可见"木兰魏氏女"的传说:"木兰魏氏女,谯郡城东魏村人。隋恭帝时,募兵戍

---

① 《茶香室丛钞》,第114页。
② 穆彰阿、潘锡恩等纂修:《嘉庆重修一统志》,中华书局1986年版,第17093页,第16770页,第16946页。
③ 《嘉庆重修一统志》卷三三八《汉阳府·祠庙》"木兰庙"条下写道:"木兰庙在黄陂县北七十里木兰山。《舆地纪胜》:'即《乐府》所载女子为男装,代父从军者也。'按木兰不知何时人,不详其居姓氏。木兰县,南齐时置。《木兰歌》有北征朔漠之事,非宋齐间人可知。歌辞类隋唐,亦非汉魏人作。前人已辨之矣。庙因木兰山附会无疑。《县志》并妄撰其姓,益属无稽。事由来已久,故存之。"第16983页。
④ 光绪《亳州志》卷二,清光绪二十年刊本,第272页。

北方。木兰以父当往而老羸，弟妹俱稚，即市鞍马，请于父代成。历十二年，人不知为女子。后凯还，天子嘉其功，除尚书不受，恳奏省亲。及还，释戎服，衣旧裳，同行者骇之。"①

又《凤阳府志》也说："隋，木兰，魏氏。亳城东魏村人。隋恭帝时，北方可汗多事，朝廷募兵，策书十二卷，且坐以名。木兰以父当往而老羸，弟妹俱稚；即市鞍马，整甲胄，请于父代成。历十二年，身接十有八阵，树殊勋，人终不知其女子。后凯还，天子嘉其功，除尚书，不受，恳奏省觐。及还，释戎服，衣旧裳，同行者骇之，遂以事闻于朝。召赴阙，纳之宫中，曰：'臣无愧君之礼。'以死拒之。帝惊悯，赠将军，谥孝烈。昔乡人岁以四月八日致祭，盖孝烈生辰云。"②这一说法所依据的，应当是明人朱国祯《涌幢小品》卷二一"女将"条下"孝烈将军"的故事：

> 孝烈将军，隋炀帝时人，姓魏氏，本处子，名木兰，亳之谯人也。时方征辽募兵，孝烈痛父耄羸，弟妹皆稚呆，慨然代行。服甲胄，鞬櫜操戈，跃马而往，历一纪。阅十有八战，人莫识之。后凯还。天子嘉其功，除尚书不受，恳奏省视。及还谯，释其戎服，衣其旧裳，同行者骇之。咸谓："自有生民以来，盖未之见也。"遂以事闻于朝，召赴阙。帝方恣酒色，奇之，欲纳诸宫中。对曰："臣无媿君之礼。"以死誓拒，迫不已，遂自尽。帝惊悯，追赠将军，谥孝烈。土人立庙，岁以四月八日致祭，盖其生辰云。③

---

① 《嘉庆重修一统志》卷一二九《颍州府·列女》，第5690页。
② 转引自古吴靓芬女史贾茗辑，廖东校点：《女聊斋志异》，齐鲁书社1985年版，第43—44页。
③ 《涌幢小品》，第425页。

图 12　民国《木兰从军》连环画

图 13　杨柳青"木兰从军"年画　　图 14　刘旦宅彩绘《木兰从军》图

其情节显然已有浪漫传奇色彩。

邹之麟《女侠传》则说:"木兰,陕人也。"[1]

总之,木兰女从军的故事,在民间流传非常广泛。但是其历史实迹,却无可究求。木兰姓氏,有"花"姓、"朱"姓、"木"姓、"魏"姓等多种说法。很有可能,木兰故事原本就只是一个神奇的传说。

---

[1] 转引自古吴靓芬女史贾著辑:《女聊斋志异》,第 43 页。

清人松琴所作《女学生入学歌》，宣扬妇女自立自强的新文化精神，其中有这样一句：

> 缇萦、木兰真可儿，班昭我所师。[1]

秋瑾也有"木兰豪侠"的诗句。[2] 可见，木兰故事即使只是民间传说，经过后世的演化，也成为我们民族精神中一种积极的文化内容，体现出女子力争承担较多社会责任的一种合理追求。

"木兰"实际上已经成为标志中国妇女自强自立精神的一种文化符号。

12. 岭南圣母冼夫人

《隋书》卷八〇《列女传》和《北史》卷九一《列女传》都记载有岭南部族女性领袖冼夫人的事迹。"冼"字，古籍中有时又写作"洗"。如《隋书》卷八〇《列女传·谯国夫人》写道：

> 谯国夫人者，高凉冼氏之女也。世为南越首领，跨据山洞，部落十余万家。夫人幼贤明，多筹略，在父母家，抚循部众，能行军用帅，压服诸越。每劝亲族为善，由是信义结于本乡。越人之俗，好相攻击，夫人兄南梁州刺史（冼）挺，恃其富强，侵掠傍郡，岭表苦之。夫人多所规谏，由是怨隙止息，海南、儋耳归附者千余洞。

---

[1] 松琴：《女学生入学歌》，《女子世界》1904年第1期。
[2] 秋瑾《偶有所感用鱼玄机步光威裒三女子韵》诗："道韫清芬怜作女，木兰豪侠未终男。"刘玉来：《秋瑾诗词注释》，宁夏人民出版社1983年版，第129页。

图 15　魏晋墓壁画女子骑射图

冼氏后来嫁高凉太守冯宝。侯景反叛时，高州刺史李迁仕据大皋口，派人召冯宝。冼夫人疑心李迁仕有心胁迫冯宝一同反叛，劝阻冯宝前往，建议："宜遣使诈之，卑辞厚礼，云身未敢出，欲遣妇往参。彼闻之喜，必无防虑。于是我将千余人，步担杂物，唱言输赕，得至栅下，贼必可图。"冯宝同意她的分析。结果确如冼夫人所料：

> （李）迁仕果大喜，觇夫人众皆担物，不设备。夫人击之，大捷。（李）迁仕遂走，保于宁都。夫人总兵与长城侯陈霸先会于灨石。

冯宝去世以后，岭表大乱，冼夫人独当一面，"怀集百越，数州晏然"。后广州刺史欧阳纥谋反，朝廷前来联络，冼夫人"发兵拒境"，率领百越酋长迎接朝廷的代表。因内外共同的压力，欧阳纥的势力迅速溃散。冼夫人因此被封为中郎将、石龙太夫人。"后遇陈国亡，岭南未有所附，数郡共奉夫人，号为圣母，保境安民"。[1]

---

[1]《隋书》，第 1800—1802 页。

自西晋末年以来，南北分裂近300年。隋王朝在当时的历史条件下，实现了新的统一。

开皇二年（582），隋军挫败了南下的突厥军。次年，突厥因内部矛盾分裂为东、西两汗国。五年（585），东突厥沙钵略可汗归附隋朝，于是北方得以安定。

开皇八年（588），隋文帝下诏伐陈，隋军兵分8路大举南进。次年，入建康（今南京），俘后主陈叔宝，长江中下游的陈军迅速崩溃，而岭南的安定是在冼夫人的协助下实现的。

《隋书》卷八〇《列女传·谯国夫人》记载：

> 高祖遣总管韦洸安抚岭外，陈将徐璒以南康拒守。（韦）洸至岭下，逡巡不敢进。初，夫人以扶南犀杖献于陈主，至此，晋王（杨）广遣陈主遗夫人书，谕以国亡，令其归化，并以犀杖及兵符为信。夫人见杖，验知陈亡，集首领数千，尽日恸哭。遣其孙（冯）魂帅众迎（韦）洸，入至广州，岭南悉定。[①]

关于这一史实，《陈书》卷一四《王勇传》写道："高梁女子〔冼〕氏举兵以应隋军，攻陷傍郡。"[②]《隋书》卷四七《韦洸传》写道："高梁女子冼氏率众迎（韦）洸，遂进图岭南。"[③]《资治通鉴》卷一七七"高祖文皇帝开皇九年"写道："岭南未有所附，数郡共奉高凉郡太夫人冼氏为主，号圣母，保境拒守。诏遣柱国韦洸等安抚岭外，陈豫章太守徐璒据南康拒之，（韦）洸等不得进。晋王（杨）广遣陈叔宝遗夫人书，谕以国亡，使之归隋。夫人集首领数千人，尽日恸哭，遣其孙

[①]《隋书》，第1802页。
[②]〔唐〕姚思廉撰：《陈书》，中华书局1972年版，第214页。
[③]《隋书》，第1268页。

冯魂帅众迎（韦）洸。（韦）洸击斩徐璒，入，至广州，说谕岭南诸州皆定。"①

然而，据《隋书》卷八〇《列女传·谯国夫人》记载，不久又有番禺（今广州）人王仲宣反叛，一时势盛，"首领皆应之，围（韦）洸于州城，进兵屯衡岭"。冼夫人派遣其孙冯暄率师救韦洸，而冯暄与叛乱集团陈佛智相友善，故迟留不进。冼夫人知道后，大怒，遣使执冯暄，系于州狱。又遣孙冯盎出讨陈佛智，战胜，斩之。进军至南海，又击败了王仲宣部。对于冼夫人再次安定岭南所起的作用，史籍有具体的记载：

> 夫人亲被甲，乘介马，张锦伞，领彀骑，卫诏使裴矩巡抚诸州，其苍梧首领陈坦、冈州冯岑翁、梁化邓马头、藤州李光略、罗州庞靖等皆来参谒。还令统其部落，岭表遂定。②

所谓"亲被甲，乘介马，张锦伞，领彀骑"，描画出了女将军雄姿英发的形象。而这时的冼夫人，已经是80岁的老人了。③

隋文帝惊异于冼夫人的勇武精神和崇高威望，册其为谯国夫人。

图16 冼夫人塑像

---

① 《资治通鉴》，第5515页。
② 《隋书》，第1802—1803页。
③ 王兴瑞：《冼夫人与冯氏家族》，中华书局1984年版，第33页。

又宣布予其开"幕府"的特殊优遇：

> 仍开谯国夫人幕府，置长史以下官属，给印章，听发部落六州兵马，若有机急，便宜行事。

这一诏令，授予冼夫人以控制岭南军事形势的重大权力，使这位女性部族领袖得到了空前的殊荣。"听发部落六州兵马，若有机急，便宜行事"，不仅是对她拥护统一的政治态度和忠于朝廷的政治立场的嘉奖，也是对她的军事指挥能力的肯定。

"时番州总管赵讷贪虐，诸俚獠多有亡叛。"冼夫人令属下长史上书，"论安抚之宜"，隋文帝赞同其建议，于是在处置赵讷之后，"降敕委夫人招慰亡叛"。冼夫人为了岭南地区的安定，又有积极的活动：

> 夫人亲载诏书，自称使者，历十余州，宣述上意，谕诸俚獠，所至皆降。
> 高祖嘉之，赐夫人临振县汤沐邑，一千五百户。[1]

能够灵活运用战争与安抚等多种策略以维护社会安定的冼夫人，对于岭南文化的历史进步来说，显然是一位值得纪念的人物。

---

[1]《隋书》卷八〇《列女传·谯国夫人》，第1803页。

第五章　隋唐"娘子军"

隋唐时代，是中国古代文明发展历史性跃进的时代。

隋唐时代的文化，呈现出一派繁荣辉煌的气象。当时的世风，也以雄健豪迈为典型特征。

隋唐时代妇女的社会地位，有独特的时代特征，[①]在中国古代妇女生活的历史长卷中，展示出了绚丽夺目的画面。回顾隋唐军事史，可以看到许多妇女参与其中的社会文化场景。

1. 平阳公主"娘子军"

隋末天下大乱，义军蜂起，见于史籍的武装反隋力量北至今山西、河北北部，南至南岭，东至海滨，西至河西走廊，大小数以百计。

隋炀帝大业十一年至十二年（615—616）前后，并州地区起义力量日益壮大，汾河两岸义旗竞举。在这样的形势下，隋王朝太原留守李渊听从次子李世民的劝说于大业十三年（617）五月起兵。七月，进军关中，十一月攻占长安。次年五月，李渊代隋称帝，国号"唐"。

---

① 隋唐时代妇女所受到的精神束缚较为松弛疏脱。有人统计，清代大型类书《古今图书集成》所列举的节妇烈女中，明代多达36000人，宋代有267人，而唐代不过51人。刘士圣：《中国古代妇女史》，青岛出版社1991年版，第200页。

在李渊父子反隋立国的武装斗争中，李渊三女儿平阳公主统领的"娘子军"曾经发挥了重要的作用。

平阳公主在李渊父子决策起兵时，让丈夫柴绍速往太原参与，自己则独力在关中组织武装策应。《旧唐书》卷五八《平阳公主传》记载：

> 义兵将起，公主与（柴）绍并在长安，遣使密召之。（柴）绍谓公主曰："尊公将扫清多难，绍欲迎接义旗，同去则不可，独行恐惧后患，为计若何？"公主曰："君宜速去。我一妇人，临时易可藏隐，当别自为计矣。"（柴）绍即间行赴太原。
>
> 公主乃归鄠县庄所，遂散家资，招引山中亡命，得数百人，起兵以应高祖。时有胡贼何潘仁聚众于司竹园，自称总管，未有所属。公主遣家僮马三宝说以利害，（何）潘仁攻鄠县，陷之。（马）三宝又说群盗李仲文、向善志、丘师利等，各率众数千人来会。时京师留守频遣军讨公主，（马）三宝、（何）潘仁屡挫其锋。
>
> 公主掠地至盩厔、武功、始平，皆下之。每申明法令，禁兵士无得侵掠，故远近奔赴者甚众，得兵七万人。

公主派遣密使东行，将军情上报李渊，李渊大悦。

> 及义军渡河，遣（柴）绍将数百骑趋华阴，傍南山以迎公主。时公主引精兵万余与太宗军会于渭北，与（柴）绍各置幕府，俱围京城，营中号曰"娘子军"。①

《新唐书》卷八三《诸帝公主传·平阳昭公主》写道："（柴）绍及

---

① 《旧唐书》，第2315页。

主对置幕府,分定京师,号'娘子军'。"①关中平定之后,封为"平阳公主",因为独有军功,每次赏赐,都与其他公主有所不同。

唐高祖武德六年(623),平阳公主薨。在举行葬礼时,唐高祖李渊打破旧制,坚持以正式的军乐军礼送葬。《旧唐书》卷五八《平阳公主传》写道:

> 及将葬,诏加前后部羽葆鼓吹、大辂、麾幢、班剑四十人、虎贲甲卒。太常奏议,以礼,妇人无鼓吹。高祖曰:"鼓吹,军乐也。往者公主于司竹举兵以应义旗,亲执金鼓,有克定之勋。周之文母,列于十乱,公主功参佐命,非常妇人之所匹也。何得无鼓吹!"遂特加之,以旌殊绩。

唐高祖还诏命按照谥法所谓"明德有功曰'昭'",谥平阳公主为"昭"。②

宋代著名学者洪迈《容斋随笔》卷一二有"妇人英烈"条,所举历代事迹十余例,又写道:

> 此十余人者,义风英气,尚凛凛有生意也。虽载于史策,聊表出之。至于唐高祖起兵太原,女平阳公主在长安,其夫柴绍曰:"尊公将以兵清京师,我欲往,恐不能偕,奈何?"主曰:"公往矣,我自为计。"即奔鄠,发家资招南山亡命,谕降群盗,申法誓众,勒兵七万,威振关中,与秦王会渭北,

---

① 《新唐书》,第3643页。
② 《旧唐书》,第2316页。《新唐书》卷八三《诸帝公主列传·平阳昭公主》:"太常议:'妇人葬,古无鼓吹。'帝不从,曰:'鼓吹,军乐也。往者主身执金鼓,参佐命,于古有邪?宜用之。'"第3643页。

分定京师。此其伟烈,又非它人比也。①

洪迈以"伟烈"二字形容平阳公主的才略和勇力,并且以为一般的英烈女子不能与之相比,这样的评价,应当说是确当的。

隋唐上层社会风气多受北方胡族浸染,鲁迅所谓"唐室大有胡气"②,李唐皇室中能够出现平阳公主这样的"伟烈"女子,当然也是隋唐王室受胡风影响,颇有尚武好勇倾向的实例。

有学者指出:"平阳公主率娘子军驻守绵山的苇泽关,此关因此而改名为'娘子关'。"③正史中"娘子关"在《清史稿》中才出现,④而宋代地理书已经载录"娘子关"名号。《元丰九域志》卷二《西路·真定府》:"建隆元年以娘子关地建承天军,隶府,后废。"《元丰九域志》卷一〇《河北路》:"承天军,建隆元年以真定府娘子关建为军,仍隶真定府。后废。"⑤《太平寰宇记》卷五〇《平定军》"四至八到":"东北至娘子关,接镇州井陉县界九十里。"⑥

显然,在宋太祖建隆元年(960)之前,已经有"娘子关"。

顾炎武《肇域志》卷二四说,"平定州"有"绵山,在州东南二十五里娘子关"。又写道:"娘子关,即古苇泽城。唐平阳公主驻

---

① 〔宋〕洪迈撰,孔凡礼点校:《容斋随笔》,中华书局2005年版,第363页。
② 鲁迅:《致曹聚仁信》(1933年6月18日夜),《鲁迅书信集》上册,人民出版社1976年版,第379页。
③ 焦杰:《中国古代妇女史》,陕西人民教育出版社2022年版,第268页。
④《清史稿》卷二五《宣统皇帝本纪》:"吴禄贞奏,遣员入敌军劝告,下令停攻击,亲赴娘子关抚慰革命军,诏嘉之。"《清史稿》,第999页;《清史稿》卷五四《地理志一·直隶》"正定府"条:"(井陉)其北:娘子关。"第1902页;《清史稿》卷六〇《地理志七·山西》"平定直隶州"条:"东北有娘子关,并接井陉界为要隘。"第2029页。
⑤ 〔宋〕王存撰,王文楚、魏嵩山点校:《元丰九域志》,中华书局1984年版,第77页,第474页。
⑥《太平寰宇记》,第1050页。

兵于此，故名。"① 清张开东《望娘子关》诗写道："苇泽东南娘子关，山如剑戟水如环。平阳公主今何在，空使英雄两鬓斑。"②

2. 文佳皇帝陈硕真

唐高宗永徽四年（653）冬十月，睦州还淳县③（今浙江淳安西北）女子陈硕真起义。

陈硕真是中国历史上第一个自称"皇帝"的女性。《旧唐书》卷四《高宗纪上》有这样的记载：

> （永徽四年冬十月）戊申，睦州女子陈硕贞举兵反，自称文佳皇帝，攻陷睦州属县。婺州刺史崔义玄、扬州都督府长史房仁裕各率众讨平之。④

根据《旧唐书》卷七七《崔义玄传》的有关记述，陈硕真起事之初，"遣其党童文宝领徒四千人掩袭婺州"，而后政府军"进兵至睦州界，归降万计"⑤，由此可知其起义的规模是相当大的。

陈硕真起义以巫术等民间礼俗迷信作为宣传鼓动方式。《新唐书》卷一〇九《崔义玄传》写道：

---

① [清] 顾炎武撰，谭其骧、王文楚、朱慧荣等点校：《肇域志》，上海古籍出版社2004年版，第923页。
② [清] 张开东撰：《白苑诗集》卷一三，《清代诗文集汇编》编纂委员会编：《清代诗文集汇编》第333册，上海古籍出版社2010年版，第542页。
③ 唐代史籍一般称"睦州女子陈硕真"，而《太平寰宇记》卷一〇四《江南西道·歙州》记载："永徽五年，睦州清溪县女子陈硕贞作乱。"宋代清溪县，唐代称还淳县。第2062页。
④ 《旧唐书》，第72页。
⑤ 《旧唐书》，第2688—2689页。

> 时睦州女子陈硕真举兵反。始,(陈)硕真自言仙去,与乡邻辞诀,或告其诈,已而捕得,诏释不问。于是姻家章叔胤妄言(陈)硕真自天还,化为男子,能役使鬼物,转相荧惑,用是能幻众。自称文佳皇帝。……其徒争言(陈)硕真有神灵,犯其兵辄灭宗,众凶惧不肯用。①

《资治通鉴》卷一九九"唐高宗永徽四年"又写道:

> 睦州女子陈硕真以妖言惑众,与妹夫章叔胤举兵反,自称文佳皇帝。……(陈)硕真撞钟焚香,引兵二千攻陷睦州及于潜,进攻歙州。……民间讹言(陈)硕真有神,犯其兵者必灭族,士众凶惧。②

类似的记载还有许多,如:

> 百姓讹言:"(陈)硕真尝升天,犯其兵马者无不灭门。"众皆凶惧。③
> 百姓讹言:"(陈)硕真有神灵,犯其兵马,无不灭门。"士卒恟惧。④
> 永徽之中,睦州妖女陈硕真邪术惑人,傍误良善。⑤

---

① 《新唐书》,第4095—4096页。
② 《资治通鉴》,第6282页。
③ 《旧唐书》卷七七《崔义玄传》,第2688页。
④ 〔宋〕王钦若等编纂,周勋初等校订:《册府元龟》(校订本),凤凰出版社2006年版,第8010页。
⑤ 〔唐〕道宣撰,郭绍林点校:《续高僧传》,中华书局2014年版,第801页。

陈硕真起义以民间神秘主义信仰为掩护，使势力得以迅速扩张，一时"沴气浮于江波，凶徒次于州境，凡在僚属，莫能拒捍"①。

在唐王朝的残酷镇压之下，陈硕真起义不久就被扑灭。《新唐书·高宗纪》说，"（永徽四年十月）戊申，睦州女子陈硕真反"，"十一月庚戌，陈硕真伏诛"。②前后不过63天。但是，一名平民女子领导的起义，在社会却引起了极大的震动。在起义被镇压之后，江南地区仍然不能恢复平静和安定，即所谓"群凶既夐，江界萧条"③。

陈硕真起义因为曾经使用较为特殊的策略，被指斥为"妖妄"④"妖诳"⑤，"以妖言惑众"，"邪术惑人"，"挟持鬼道，摇动人心"的"祅贼"⑥"妖人"⑦，而且身为女性领导者，被污蔑为"妖女"。时人有所谓"以女子持弓之术，为丈夫辍耕之事"⑧的说法，则含有浓重的性别歧视的意味。"持弓之术"一语，除了以"持弓"指武装而外，可能还借用了西汉时期女子陈持弓引起民间骚动的历史典故。

《汉书》卷一○《成帝纪》记载："（建始三年）秋，关内大水。七月，虒上小女陈持弓闻大水至，走入横城门，阑入尚方掖门，至未央宫钩盾中。吏民惊上城。九月，诏曰：'乃者郡国被水灾，流杀人民，多至千数。京师无故讹言大水至，吏民惊恐，奔走乘城。殆苛暴深刻

---

① 《崔氏（玄籍）墓志铭并序》。陕西省古籍整理办公室编，吴钢主编，王京阳本辑副主编：《全唐文补遗》第三辑，三秦出版社1996年版，第508页。
② 《新唐书》，第55页。
③ 张说：《唐故凉州长史元君石柱铭》。〔清〕董诰等编：《全唐文》卷二三二，中华书局1983年版，第2352页。
④ 《资治通鉴》卷一九九"唐高宗永徽四年"，第6283页。
⑤ 《册府元龟》卷六九四《武功》，第8010页。
⑥ 《崔氏（玄籍）墓志铭并序》，《全唐文补遗》第三辑，第508页。
⑦ 《新唐书》卷一○九《崔义玄传》，第4096页。
⑧ 《崔氏（玄籍）墓志铭并序》，《全唐文补遗》第三辑，第508页。

之吏未息，元元冤失职者众。遣谏大夫林等循行天下。'"①《汉书》卷二七下之上《五行志第七下之上》也写道："成帝建始三年十月丁未，京师相惊，言大水至。渭水虒上小女陈持弓年九岁，走入横城门，入未央宫尚方掖门，殿门门卫户者莫见，至句盾禁中而觉得。民以水相惊者，阴气盛也。小女而入宫殿中者，下人将因女宠而居有宫室之象也。名曰持弓，有似周家麋弧之祥。《易》曰：'弧矢之利，以威天下。'是时，帝母王太后弟（王）凤始为上将，秉国政，天知其后将威天下而入宫室，故象先见也。其后，王氏兄弟父子五侯秉权，至（王）莽卒篡天下，盖陈氏之后云。京房《易传》曰：'妖言动众，兹谓不信，路将亡人，司马死。'"②

"持弓"二字的象征意义，透露出正统文化对"阴气盛"即女性的社会影响高扬的恐惧。③

通过有关陈硕真事迹的记载，可以看到这样的情节，"姻家章叔胤妄言（陈）硕真自天还，化为男子，能役使鬼物，转相荧惑，用是能幻众"④。陈硕真妹夫的这种宣传，暗示在起义军内部也认为"化为男子"更能够扩大社会影响，煽动更多民众追随。当时社会男尊女卑的传统观念在民间的深刻影响，通过这一史例，可以得到体现。

3. "士女""妇人"参与"乡人""作乱"

唐代还有一些农民反抗的武装斗争曾经有妇女积极参与。例如，《朝野佥载》卷三记述了延州（州治在今陕西延安北）出身的少数民

---

① 《汉书》，第 306—307 页。
② 《汉书》，第 1474—1475 页。
③ 王子今、吕宗力：《论长安"小女陈持弓"大水讹言事件》，《史学集刊》2011 年第 4 期。
④ 《新唐书》卷一〇九《崔义玄传》，第 4095—4096 页。

族人士白铁余制造舆论、发动起义的事迹。

"白铁余者，延州稽胡也，左道惑众。先于深山中埋一金铜像于柏树之下，经数年，草生其上。给乡人曰：吾昨夜山下过，每见佛光。"又"大设斋，卜吉日以出圣佛"，"由是男女争布施者百余万"，试挖掘，果得金铜像，"乡人以为圣"。又宣言称"见圣佛者，百病即愈"，于是"左侧数百里，老小士女皆就之"，一两年后，"乡人归伏，遂作乱，自号光王，署置官职，杀长吏，数年为患"。[1] 以这种形式发动的起义，方圆"数百里老小士女""男女"狂热参与。女性也成为其"左道惑众"的响应者。

又如唐肃宗时岭南西原蛮起义，历史记载可见所谓"蚁结蜂聚，老幼奔走，耕稼失时，万井无烟，兆人失业"，又有"丁壮并执其干戈，子女尽充其仆隶"的说法[2]，也反映了妇女广泛参加起义的事实。

《太平广记》卷三九"慈心仙人"条写道，"唐广德二年，临海县贼袁晁寇永嘉，其船遇风，东漂数千里"，就泊一岛，有城壁，多宝物，遇一妇人警告说，"此是镜湖山慈心仙人修道处，汝等无故与袁晁作贼，不出十日，当有大祸，宜深慎之"。于是，"贼党因乞便风，还海岸，妇人回头处分。寻而风起，群贼拜别，因便扬帆，数日至临海，船上沙涂不得下，为官军格死，唯妇人六七人犹存。浙东押衙谢诠之配得一婢名曲叶，亲说其事"。[3]

这一传说中"唯妇人六七人犹存"，"浙东押衙谢诠之配得一婢名曲叶"等细节，反映袁晁这一以海上往来交通为形式的起义也有妇女参加。

---

[1] 〔唐〕张鷟撰，赵守俨点校：《朝野佥载》，中华书局1979年版，第73页。
[2] 杨谭：《兵部奏桂州破西原贼露布》。《全唐文》卷三七七，第3834页。
[3] 原注：出《广异记》。〔宋〕李昉等编：《太平广记》，中华书局1961年版，第249页。

4. 庞勋军女性"执兵"

唐懿宗时代的庞勋起义曾经严重冲击当时的社会秩序，造成了广泛的社会影响。

据《旧唐书》卷一九上《懿宗纪》记载："庞勋据徐州，仓库素无贮蓄，乃令群凶四出，于扬、楚、庐、寿、滁、和、兖、海、沂、密、曹、濮等州界剽牛马挽运粮糒，以夜继昼。招致亡命，有众二十万，男女十五已上，皆令执兵，其人皆舒锄钩为兵，号曰'霍锥'。"①从"男女十五已上，皆令执兵"，可知其部众中一定有女性成员。

《新唐书》卷一四八《康承训传》又说到平定庞勋起义时濠州之战的情形，起义军吴迥部曾经"驱女孺运薪塞隍，并填之，整旅而行"②，也可证实以女子充作工程兵的史例。

5. 黄巢军中女子："金线""缝旗"，"雕鞍""走马"

唐代诗人韦庄的名作《秦妇吟》，记述了黄巢率领的农民起义军占领长安时期的历史。诗中写道："三年陷贼留秦地，依稀记得秦中事。君能为妾解金鞍，妾亦与君停玉趾。"作者以一名被迫裹胁入农民军的青年女子的口吻，描述了这些妇女的生活境遇：

> 东邻有女眉新画，倾国倾城不知价；
> 长戈拥得上戎车，回首香闺泪盈把。

---

① 《旧唐书》，第670页。《新唐书》卷一四八《康承训传》："（庞）勋之始得徐州，资储荡然，乃四出剽取，男子十五以上皆执兵，舒锄钩为兵，号'霍锥'。"第4779页。只说"男子十五以上"，与前引《旧唐书》卷一九上《懿宗纪》不同。
② 《新唐书》，第4779页。

> 旋抽金线学缝旗,才上雕鞍教走马。
> 有时马上见良人,不敢回眸空泪下。

诗人又写道:

> 妾身幸得全刀锯,不敢踟蹰久回顾。
> 旋梳蝉鬓逐军行,强展蛾眉出门去。
> 旧里从兹不得归,六亲自此无寻处。
> 一从陷贼经三载,终日惊忧心胆碎。
> 夜卧千重剑戟围,朝餐一味人肝脍。
> 鸳帏纵入岂成欢?宝货虽多非所爱。
> 蓬头面垢猥眉赤,几转横波看不得。
> 衣裳颠倒言语异,面上夸功雕作字。
> ………… ①

这些细节的描写,当然都是出于士人对这些妇女情感的主观理解,自然未必能够十分真切,但是生活于军中的这些被劫掠的女性要"抽金线学缝旗",又要"上雕鞍教走马",说明其既要承担被服供应等后勤服务工作,也要参加基本军事科目训练的情形,可能是真实的。

6. 郑畋妻:"自纴戎衣给战士"

在与农民起义军进行军事对抗的官军部队中,也有妇女参与军备军战的实例。

---

① 王重民辑录:《补全唐诗》,陈尚君辑校:《全唐诗补编》外编第一编,中华书局1992年版,第36—37页。

比如郑畋任凤翔陇西节度使时，在镇压黄巢起义的战争中，他的夫人也积极参加备战的军务劳作。《新唐书》卷一八五《郑畋传》记载：

> ……会（黄）巢陷东都，（郑畋）遣兵戍京师，以家财劳行，妻自纫戎衣给战士。①

所谓"妻自纫戎衣给战士"，可能是相当普遍的情形。

7. "寨将夫人"虞氏

站在镇压农民军的立场上参与战事的妇女，有与黄巢军作战阵亡的"寨将夫人"虞氏。

清人张宗泰《鲁岩所学集》卷七"书《宾退录》卷七后"条下列举"妇人统兵"诸例，其中写道："唐天宝末，史思明叛乱，卫州侯氏，滑州唐氏，青州王氏，各率团练乡兵，赴行营讨贼。黄巢之乱，英德虞氏，躬擐甲胄，率昆弟及乡兵迎战，贼败北。"② 所谓"英德虞氏"，就是这位女子。

《舆地纪胜》卷九五《广南东路·英德府·浛光县》"古迹"条下说到纪念这位女子的"寨将夫人庙"：

> 寨将夫人庙：在府西十三里麻寨冈。夫人姓虞氏，银城乡人。故传唐末黄巢之乱，攻破西衡州，虞氏与兄弟谋捍御计，夫人躬被甲胄，率兄弟领乡兵御寇，遇贼接战，亡于阵

---

① 《新唐书》，第5403页。
② 〔清〕张宗泰注：《鲁岩所学集》，《清代诗文集汇编》第516册，第281页。

间。后乡人于麻寨冈立庙,号寨将夫人。[①]

"寨将夫人"故事发生的地点,宋时称广南东路英德府浛光县,即唐时岭南道广州浛洭县,在今广东英德西北。

8. "刘将军""著有战功"

清代学者俞樾《茶香室丛钞》卷四有"刘将军"条,其中写道:

> 唐崔致远《桂苑笔耕集·报滁州许勋》云:"得狀,知妻劉氏將從征討,願效勤勞,嘉尚之懷,諭言不及。吾嘗覽《后魏書》,見楊大眼者,武伎絕倫,戰功居最。其妻潘氏,頗善騎射,至于攻戰游獵之際,潘亦戎裝齊鑣並驅。大眼時指諸人曰:'此潘將軍也。'吾思見若人,為日已久,不期今夕得舉妙才。此亦可謂'劉將軍'矣。"按此事世所罕知,特表出之,庶刘将军之姓氏不泯也。
>
> 又有《许勋妻刘氏封彭城郡君牒》云:"滁州刺史许勋妻刘氏,英才天授,贞节日彰。一昨专命良夫讨除叛卒,遽陈丹赤,固愿同征。手驱组练之群,远攻城垒;身脆绮罗之色,久犯氛埃。四德有余,六韬可试。岂独家之肥也,实为邦之媛兮。夫既冠其银珰,妇宜荣于石窌。"云云。可见刘氏在当时,亦必著有战功矣。[②]

---

① [宋]王象之编著,赵一生点校:《舆地纪胜》,浙江古籍出版社2013年版,第2322—2323页。
②《茶香室丛钞》,第117—118页。

"刘将军"作为"著有战功"的女将，事迹却只有如此点滴遗存。想必当时女子在战争中的作用，还有许多后人已经无从探知的生动史绩。

9. 三女"歃血""讨贼"

安史之乱时，中原震动，据说曾经有妇人歃血发誓，请求赴军参与讨伐叛军。《旧唐书》卷一〇《肃宗纪》记载：

> （至德三载十月）许叔冀奏："卫州妇人侯四娘，滑州妇人唐四娘，某州妇人王二娘相与歃血，请赴行营讨贼。"皆补果毅。①

其中"某州妇人王二娘"之"某州"，《新唐书》卷二〇五《列女传·杨烈妇》中则写作"青州"，而三位女子只出现姓氏：

> ……史思明之叛，卫州女子侯、滑州女子唐、青州女子王，相与歃血赴行营讨贼，滑濮节度使许叔冀表其忠，皆补果毅。②

这种女子在战乱时代勇敢赴难、自愿与敌战斗的表现，展示了女子愿赴国难、为国分忧的忠烈情怀。不过，有关她们"讨贼"战事的具体情节，史籍并没有明确的记载。俞樾《茶香室四钞》卷五"妇人统兵"

---

① 《旧唐书》，第253页。
② 《新唐书》，第5823页。

条引"明周婴《卮林》"说此事,以为"皆补果毅,咸官妖也"。①

10. 城邑争夺战中的女性:任氏、奚氏、高氏

唐代宗大历三年(768),西川节度使崔宁自蜀入朝,川中发生了兵变,怀有二心的泸州刺史举兵袭击成都。《旧唐书》卷一一七《崔宁传》记载:

> 初,(崔)宁入朝,留弟(崔)宽守成都。泸州杨子琳乘间以精骑数千突入成都,据城守之。(崔)宽屡战力屈,(杨)子琳威声颇盛。(崔)宁妾任氏魁伟果干,乃出其家财十万募勇士,信宿间得千人,设队伍将校,手自麾兵,以逼(杨)子琳。(杨)子琳惧,城内粮尽,乃拔城自溃。(杨)子琳素有妖术,其夕致大雨,引舟至庭除,登之而遁。②

《新唐书》卷一四四《崔宁传》的记载与此略有不同:"(崔)宁入朝,留其弟(崔)宽守成都,杨子琳乘间起泸州,以精骑数千袭据其城。(崔)宽战力屈,(崔)宁妾任素骁果,即出家财十万募勇士,得千人,设部队,自将以进。(杨)子琳大惧,会粮尽,且大雨,引舟至廷,乘而去。"③与《旧唐书》记载稍有差异,"(崔)宁妾任氏魁伟果干"作"(崔)宁妾任素骁果";"手自麾兵",作"自将以进"。

---

① 《茶香室丛钞》,第1557页。
② 《旧唐书》,第3402—3403页。
③ 《新唐书》,第4707—4708页。

《旧唐书》卷一九三《列女传》还记录了两场女子指挥的城邑保卫战的胜利。这两位取得军事成功的女子，一位是奚氏，一位是高氏：

> 邹保英妻奚氏，不知何许人也。万岁通天年，契丹贼李尽忠来寇平州，（邹）保英时任刺史，领兵讨击。既而城孤援寡，势将欲陷，奚氏乃率家僮及城内女丁相助固守。贼退，所司以闻，优制封为诚节夫人。
>
> 时有古玄应妻高氏，亦能固守飞狐县城，卒免为突厥所陷。下诏曰："顷属默啜攻城，咸忧陷没，丈夫固守，犹不能坚，妇人怀忠，不惮流矢，由兹感激，危城重安。如不褒升，何以奖劝。古玄应妻可封为徇忠县君。"[1]

奚氏是抗击契丹入侵的平州保卫战的功臣。高氏则是抗击突厥入侵的飞狐保卫战的英雄。[2]

11. 军装宫妓·军装武妓

唐代诗人李贺有《河南府试十二月乐词》诗一组，其中《三月》一首，可以看到这样的诗句：

> 东方风来满眼春，花城柳暗愁杀人。
> 复宫深殿竹风起，新翠舞衿净如水。

---

[1]《旧唐书》，第 5145—5146 页。
[2]《新唐书》卷二〇五《列女传·杨烈妇》："先是万岁通天初，契丹寇平州，邹保英为刺史，城且陷，妻奚率家僮女丁乘城，不下贼，诏封诚节夫人。默啜攻飞狐，县令古玄应妻高能固守，虏引去，诏封徇忠县君。"第 5826 页。

> 光风转蕙百余里，暖雾驱云扑天地。
> 军装宫妓扫蛾浅，摇摇锦旗夹城暖。
> 曲水飘香去不归，梨花落尽成秋苑。①

这里所谓"军装宫妓扫蛾浅，摇摇锦旗夹城暖"，描写身着军装的宫女仪仗整齐，形成宫中别致的景观。

这里所说的"军装"，也有军人装饰装备的意义。例如《汉书》卷八七上《扬雄传》："八神奔而警跸兮，振殷辚而军装。"颜师古注："军装，为军戎之饰装也。"②《旧唐书》卷一○一《张廷珪传》："边朔未宁，军装日给，天下虚竭，海内劳弊。"③《新唐书》卷五二《食货二》："及给军装，计数不计价，此税少国用不充也。"④唐代诗人杜甫《扬旗》诗有"初筵阅军装，罗列照广庭"⑤句，也说到"军装"是检阅军队时所展列军容军阵的主要表现形式之一。

唐代宫廷中"军装宫妓""摇摇锦旗"的情形，体现出一种极有特色的文化追求。通过分析唐代的后宫生活，透视这种特殊的现象，可以发现当时社会风尚的倾向。

武则天大足元年（701），皇宫中曾经发生过一次武装动乱。《朝野佥载》卷三有这样的记载：

> 大足中，有祅妄人李慈德，自云能行符书厌，则天于内

---

① 〔唐〕李贺著，吴企明笺注：《李长吉歌诗编年笺注》卷一，中华书局2012年版，第23—24页。
② 《汉书》，第3523—3524页。
③ 《旧唐书》，第3151页。
④ 《新唐书》，第1355页。
⑤ 《全唐诗》卷二二○。原题注："二年夏六月，成都尹严公置酒公堂，观骑士试新旗帜。"第2329页。

147

安置。布豆成兵马，画地为江河，与给使相知削竹为枪，缠被为甲，三更于内反，宫人扰乱相杀者十二三。羽林将军杨玄基闻内里声叫，领兵斩关而入，杀慈德、阉竖数十人。

惜哉，慈德以厌为客，以厌而丧。①

李慈德行"袄妄"事而"于内反"，"布豆成兵马"，"削竹为枪，缠被为甲"，致使"宫人扰乱相杀"这一事件的发生，暗示当时后宫中的女子是有武装能力的，也是有武装条件的。

曾经留下"军装宫妓"诗句的李贺，又有描写贵族生活的《荣华乐》诗，其中又说到"军装武妓"。诗中写道：

鸢肩公子二十余，齿编贝，唇激朱。
气如虹霓，饮如建瓴，走马夜归叫严更。
径穿复道游椒房，龙袤金玦杂花光。
玉堂调笑金楼子，台下戏学邯郸倡。
口吟舌话称女郎，锦袂绣面汉帝旁。
得明珠十斛，白璧一双，新诏垂金曳紫光煌煌。
马如飞，人如水，九卿六官皆望履。
将回日月先反掌，欲作江河惟画地。
峨峨虎冠上切云，竦剑晨趋凌紫氛。
绣段千寻贻皂隶，黄金百镒赆家臣。
十二门前张大宅，晴春烟起连天碧。
金铺缀日杂红光，铜龙啮环似争力。
瑶姬凝醉卧芳席，海素笼窗空下隔。
丹穴取凤充行庖，玃玃如拳那足食。

---

① 《朝野佥载》，第66页。

> 金蟾呀呀兰烛香，军装武妓声琅珰。
> 谁知花雨夜来过，但见池台春草长。
> 嘈嘈弦吹匼天开，洪崖箫声绕天来。
> 天长一矢贯双虎，云弭绝骋聒早雷。
> 乱袖交竿管儿舞，吴音绿鸟学言语。
> 能教刻石平紫金，解送刻毛寄新兔。
> 三皇后，七贵人，五十校尉二将军。
> 当时飞去逐彩云，化作今日京华春。①

李贺的诗作词句绝妙，往往"五色眩耀，光夺眼目"②，于是有"天纵奇才，惊迈时辈"之誉③。而所谓"好以险字作势"④的风格，被看作"百灵奔赴，直欲穷人以所不能言，并欲穷人以所不能解"⑤。但是，评论家又有"当时呕出心肝"之说⑥，或说"故（李）贺之为诗，其命辞、命意、命题，皆深刺当世之弊，切中当世之隐"⑦。也就是说，李贺诗句的内涵，其实有现实的背景。

应当看到，如《荣华乐》这样的作品，就是针对当时"内臣戎帅，竞务奢豪"⑧的腐败风气而深怀激愤的"呕出心肝"之言。诗以东汉贵族梁冀豪纵狂逸的事迹为例，实际上是在讽刺、警告当世的权贵。

---

① 《李长吉歌诗编年笺注》卷三，第253—254页。
② 《对床夜语》引陆游语。〔宋〕范晞文撰，蔡渊迪点校：《对床夜语》卷二，《武林往哲遗著》第1册，浙江古籍出版社2019年版，第20页。
③ 〔明〕高棅编纂，汪宗尼校订，葛景春、胡永杰点校：《唐诗品汇》，中华书局2015年版，第928页。
④ 〔明〕方以智：《通雅》，〔明〕方以智著，黄德宽、诸伟奇主编：《方以智全书》第4册，黄山书社2019年版，第70页。
⑤ 方拱乾：《昌谷集注序》，《李长吉歌诗编年笺注》附录，第974页。
⑥ 方拱乾：《昌谷集注序》，《李长吉歌诗编年笺注》附录，第974页。
⑦ 姚文燮：《昌谷诗注自序》，《李长吉歌诗编年笺注》附录，第968页。
⑧ 《旧唐书》卷一五二《马璘传》，第4067页。

所谓"当时飞去逐彩云,化作今日京华春",点明了诗作的深意。

很显然,"金蟾呀呀兰烛香,军装武妓声琅珰",说的是唐代长安贵族豪门通宵酣嬉的情形。而"军装武妓"从侧面反映了当时上层社会的一种特殊习好。

白居易《杂兴三首(其一)》,有这样的诗句:"楚王多内宠,倾国选嫔妃。又爱从禽乐,驰骋每相随。锦鞲臂花隼,罗袂控金羁。遂习宫中女,皆如马上儿。色禽合为荒,刑政两已衰。云梦春乃猎,章华夜不归。东风二月天,春雁正离离。美人挟银镝,一发叠双飞。飞鸿惊断行,敛翅避蛾眉。君王顾之笑,弓箭生光辉。回眸语君曰:昔闻庄王时,有一愚妇人,其名曰樊姬,不有此游乐,三载断鲜肥。"①虽然是描述楚宫故事,其实也可以看作是唐代宫廷生活的写照。

唐时长安盛行打毬之戏,多有帝王迷醉于此。如《唐语林》卷七记载:"宣宗弧矢击鞠,皆尽其妙。所御马,衔勒之外,不加雕饰,而马尤矫捷;每持鞠杖,乘势奔跃,运鞠于空中,连击至数百,而马驰不止,迅若流电。二军老手,咸服其能。"②"击鞠"与"弧矢"相类,原本都是军事竞技运动。正如向达所说:"打毬原为军州之戏,是以左右神策军亦为会鞠之所;所谓两军老手,即指左右神策军而言。"③段成式《酉阳杂俎》前集卷五《诡习》写到一名军官打毬技艺之精熟:"建中初,有河北军将姓夏者,弯弓数百斤。常于毬场中,累钱十余,走马以击鞠杖击之,一击一钱飞起,高六七丈,其妙如此。"④

然而这种军中游艺项目,也在宫中女子间流行。王建《宫词》写道:

---

① 《全唐诗》卷四二四,第4658—4659页。
② 〔宋〕王谠撰,周勋初校证:《唐语林校证》,中华书局1987年版,第249页。
③ 向达:《唐代长安与西域文明》,生活·读书·新知三联书店1957年版,第84页。
④ 〔唐〕段成式撰,许逸民校笺:《酉阳杂俎校笺》,中华书局2015年版,第495页。

新调白马怕鞭声,供奉骑来绕殿行。
为报诸王侵早入,隔门催进打毬名。

对御难争第一筹,殿前不打背身毬。
内人唱好龟兹急,天子鞘回过玉楼。

殿前铺设两边楼,寒食宫人步打毬。
一半走来争跪拜,上棚先谢得头筹。①

花蕊夫人徐氏《宫词》也有说到"打毬"的:

自教宫娥学打毬,玉鞍初跨柳腰柔。
上棚知是官家认,遍遍长赢第一筹。

西毬场里打毬回,御宴先于苑内开。
宣索教坊诸伎乐,傍地催唤入船来。

朱雀门高花外开,毬场空阔净尘埃。
预排白兔兼苍狗,等候君王按鹘来。②

在这些诗作中,至少所谓"宫人步打毬"以及所谓"宫娥学打毬",直接反映了长安宫中有宫女参与"打毬"这种军事游艺活动的事实。这一情形,似乎也可以为"军装宫妓"现象提供一种佐证。

---

① 《全唐诗》卷三〇二,第3440页,第3444页。
② 《全唐诗》卷七九八,第8972页,第8975页,第8979页。

12. "后土夫人"的"妇人""兵仗"

《异闻集》卷三四有佚名《后土夫人传》,记载了这样的故事:"京兆韦安道,起居舍人真之子。举进士,久不第。唐大足年中,于洛阳早出,至慈惠里西门,晨鼓初发。见中衢有兵仗,如帝者之卫。前有甲骑数十队;次有宦者持大杖,衣画裤襦,夹道前驱,亦数十辈;又见黄屋左纛,有月旗而无日旗;又有近侍、才人、宫监之属,亦数百人;中有飞伞玲珑,伞下见衣珠翠之服,乘大马,如后、主之饰,美丽光艳,其容动人;又有后骑,皆妇人、才官,持钺,负弓矢,乘马从,亦千余人。"

由于"时天后在洛,安道初谓天后之游幸。时天尚未明,问同行者,皆云不见。又怪衢中金吾街吏,不为静路。久之渐明,见有后骑一宫监驰马而至。安道因留问之:'前所过者,非人主乎?'宫监曰:'非也。'安道请问其事,宫监但指慈惠里之西门曰:'公但自此去,由里门循墙而南,行百余步,有朱扉西向者,扣之问其由,当自知矣。'"

韦安道按照这一提示,扣其门,"久之,有朱衣宦者出应门曰:'公非韦安道乎?'曰:'然。'宦者曰:'后土夫人相候已久矣。'遂延入。见一大门如戟门者,宦者入通。顷之,又延入。有紫衣宫监,与安道叙语于庭,延一宫中,置汤沐……"故事的后续情节,说韦安道得见"后土夫人"。[①]

《太平广记》卷二九九《神九》引《异闻录》也可见这一故事。所说"兵仗",云"前有甲骑数十队","次有宦者,持大杖,……夹道前驱,亦数十辈","又有近侍才人宫监之属,亦数百人","又

[①] 〔唐〕陈翰编,李小龙校证:《异闻集校证》,中华书局2019年版,第294—300页。

有后骑,皆妇人才官,持钺,负弓矢,乘马从,亦千余人"。[1] 有学者以为"《太平广记》所引《异闻录》的文字更可取"。[2] 其实,关于出行"兵仗"形式的叙说,"《太平广记》所引《异闻录》"与"《异闻集》"提示的信息,可以说大致相同。

韦安道见出行"兵仗"即武装仪仗,"时天后在洛,安道初谓天后之游幸"。看到"妇人"队列"持钺,负弓矢,乘马从,亦千余人",以为"天后",可知武则天出行场面即大致如此。随从"妇人才官,持钺,负弓矢,乘马从",是以"女军"形式编列为出行"兵仗"。

武则天"游幸"时,通常有武装侍卫队列随从,前后拥卫。仅以"后土夫人""后骑,皆妇人才官,持钺,负弓矢,乘马从,亦千余人"的女子"兵仗"形式,可以推知当时社会颇接近最高执政集团的官员对于武则天出行场面的感觉与认知,大致就是如此。

"后土夫人""兵仗"形式,也可以帮助我们理解唐代皇家贵族女子出行的习惯。喜好以武装仪仗随从,这一队列往往"皆妇人",且"持钺,负弓矢,乘马从",体现出唐时一代风气。

13. "胡人女"金氏"犷悍""善弓马"

《太平广记》卷四四二"王含"条记载了"金氏"故事:"太原王含者,为振武军都将。其母金氏,本胡人女,善弓马,素以犷悍闻。常驰健马,臂弓腰矢,入深山,取熊鹿狐兔,杀获甚多。故北人皆惮其能而雅重之。"[3]

---

[1]《太平广记》,第2375—2379页。
[2] 李志生:《唐代妇女骑马探析(上)》,《碑林集刊》第1期,三秦出版社2021年版,第173—181页。
[3]《太平广记》,第3609页。

金氏"善弓马，素以犷悍闻"，很可能与"本胡人女"的出身有关。以弓矢"入深山，取熊鹿狐兔，杀获甚多"，能够猎杀"熊"，足见其确实勇健。其子王含"为振武军都将"，唐代振武军有两地，一在今内蒙古托克托，一在今青海湟中西。①

所谓"北人皆惮其能而雅重之"，是说母亲金氏的"犷悍"在边疆民族中产生了威望，可以为王含"为振武军都将"的军事职任提供支撑。

14. 独孤氏"女队二千人"

与王含母金氏"常驰健马，臂弓腰矢，入深山，取熊鹿狐兔，杀获甚多"的故事不同，《大唐传载》说到另一"本胡人女"的"独孤氏"率浩荡"女队"行猎的情形："李昌夔为荆南，打猎，大修，妆饰。其妻独孤氏亦出女队二千人，皆着红紫锦绣袄子及锦鞍鞯。"因奢华铺张，此郡"因而空耗"。"妆饰"，据校勘记，"明钞甲乙本、《四库》本作'富饰'"②。

李昌夔"打猎""大修""妆饰"或说"富饰"，强调其排场之富丽，以致地方府库"空耗"。所谓"其妻独孤氏亦出女队二千人，皆着红紫锦绣袄子及锦鞍鞯"，也言其奢侈。而我们更为注意的，是"出女队二千人"的情形。

行猎，往往具有准军事行为的性质，可以看作是军事操练、军事演习和军事检阅。"独孤氏""出女队二千人"，这支队伍形式上具有女军的特点，其人员规模是惊人的。

---

① 谭其骧主编：《中国历史地图集》第 5 册，第 40—41 页，第 61—62 页。
② 〔唐〕佚名撰，罗宁点校：《大唐传载》，中华书局 2019 年版，第 9 页，第 35 页。

第六章　宋辽金元战争中的妇女

宋王朝立国共计 319 年。建国时定都开封，1127 年在北方民族政权的压迫下政权南迁，建都临安（今浙江杭州）。惯例以迁都为界，称此前的宋朝为北宋，此后为南宋。

宋代是中国古代文化高度繁荣的时代，宋王朝与契丹族的辽、党项族的西夏、女真族的金、蒙古族的元等北方政权连年争战，使当时的民族关系、社会风尚和文化构成都表现出独特的风格。复杂尖锐的民族矛盾和斗争，造成了北方部分地区经济文化的严重倒退。

元帝国是在战争中依恃军事强权建立的政权。蒙古民族的文化习尚，对中原地区的社会生活产生过重要的影响。

在宋辽金元时代的战争中，妇女曾经发挥过的作用值得重视。

1. "贼帅白项鸦"

明人胡应麟《少室山房笔丛》回顾历史上的"女军"，曾经写道："妇人掌兵者，六朝冼氏、唐李氏；群盗者，东汉吕母称将军，徵侧、徵贰反交阯，宋李全妻杨妙真，五代贼帅白项鸦；伪男子有军功者，晋木兰、唐张詧妻……"① 其中"五代贼帅白项鸦"事，见于《五代史记注》卷二五注文：

> 《玉堂闲话》：契丹犯阙之初，所在群盗蜂起，戎人患之。陈州有一妇人，为贼帅，号曰"白项鸦"。年可四十许，形质粗短，发黄体黑。来诣戎王，袭男子姓名衣巾，拜跪皆为男子状。戎王召见，赐锦袍、银带、鞍马，署为怀化将军，委之招辑山东诸盗。赐与甚厚。伪燕王召问之，妇人自云能左右驰射，被双鞭，日可行二百里，盘弓击剑，皆所善也。其属数千男子，皆役服之人。问有夫否，云：前后有夫数十人，少不如意，皆手刃之矣。莫不嗟愤。旬日在都下，乘马出入。又有一男子，亦乘马从之。此人妖也。此戎乱中夏，妇人称雄，皆阴盛之应。妇人后为兖州节度使符彦卿戮之。

又引《青琐高议》："大丞相李公昉尝言：当日目外镇粗官符彦卿知汴州。有诗云：'全军十万拥雄师，正是酬恩报国时。汴水波涛喧鼓角，隋堤杨柳拂旌旗。前驱红旆关西将，环坐青蛾赵国姬。为报长安冠盖道，粗官到底是男儿。'公之诗意，盖有憾之辞尔。"②

《辽史纪事本末》卷一一一《考异》写道："陈州一妇人为贼帅，号白项鸦。见戎王，拜怀化将军，使招辑山东。前后杀夫数十人，后

---

① 〔明〕胡应麟撰：《少室山房笔丛》卷三五《己部·二酉缀遗上》，上海书店出版社2001年版，第359页。此"恶新妇"事又见〔清〕王初桐撰《奁史》卷二七《肢体门三》据《剧谈录》引，〔清〕王初桐纂述，陈晓东整理：《奁史》，文物出版社2017年版，第437—438页。又见〔清〕徐岳撰：《见闻录》卷三"妇力"条，《四库全书存目丛书》子部第250册，齐鲁书社1995年版，第461页。
② 〔宋〕欧阳修撰，〔宋〕徐无党原注，〔清〕彭元瑞注，〔清〕刘凤诰排次：《五代史记注》卷二五《唐臣传第十三》，《续修四库全书》第291册，上海古籍出版社2013年版，第41页。

为彦卿所杀。赵延寿尝问之，自言能左右射，被双鞬，日可行三百里，盘矛击剑皆所长也。"①这是一位性甚凶悍、影响力遍及"山东诸盗"的女性"贼帅"。所谓"左右驰射，被双鞬，日可行二百里，盘弓击剑，皆所善也"，或说"能左右射，被双鞬，日可行三百里，盘矛击剑皆所长也"的能力评价，记述者皆言"妇人自云""自言"，似乎并不完全认可。

"白项鸦"应即学名"白颈鸦"（Corvus pectoralis）的禽鸟，食肉，性猛，多单独行动或成 3-5 只或 10 余只的小群。除颈背和胸有一白圈外，其余体羽全黑。该女号曰"白项鸦"，或许与其"体黑"且"乘马出入"、"左右驰射"、行动疾迅有关；该女"白项"之称，或有其他缘由。

2. 杨门女将：历史与传说

《宋史》卷二七二《杨业传》记载：杨业，并州太原人，本来是后汉名将，"屡立战功，所向克捷，国人号为'无敌'"。后来归降于宋，"帝以（杨）业老于边事"，令其主持北边军务，曾经痛击南下进犯的契丹军，"自是契丹望见（杨）业旌旗，即引去"。杨业战死后，其子杨延昭亦以"智勇善战"闻名，"在边防二十余年，契丹惮之，目为杨六郎"。②

杨延昭之子杨文广也以善战常胜而著名于史。他曾经向朝廷进献抗御辽军的阵图和收复幽燕之策，然而未及得到答复就去世了。

民间广泛流传的"杨门女将"的传说，是以杨业一家忠烈勇武的

---

① 〔清〕李有棠撰，崔文印、孟默闻整理：《辽史纪事本末》，中华书局 2015 年版，第 269 页。
② 《宋史》，第 9303—9304 页，第 9308 页。

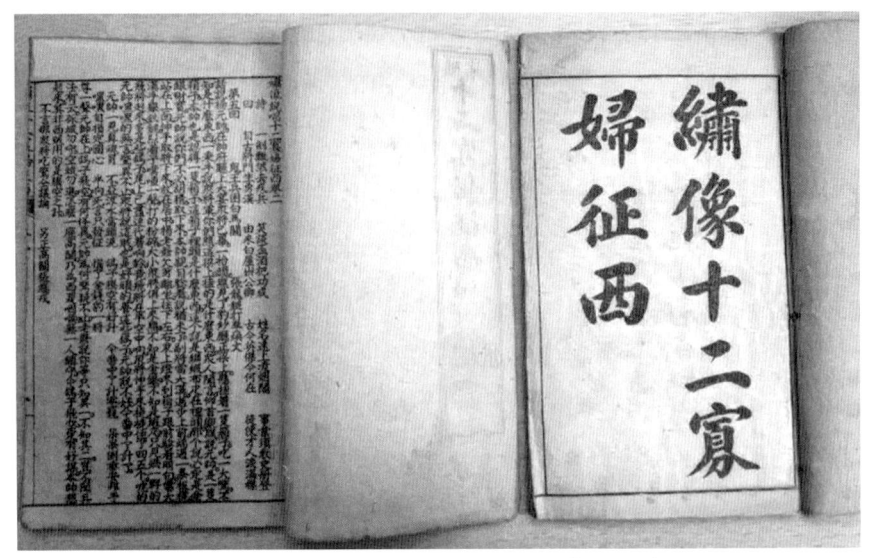

图17　民国五年《绣像十二寡妇征西》

事迹为基础，逐步扩衍而成的。

传说中"杨门女将"的中心人物佘太君，曾经百岁出征，率领杨家女子12人远征北方强敌，取得胜利。

佘太君在历史上实有其人。

清人梁绍壬《两般秋雨盦随笔》卷八"佘太君"条说："小说称杨老令婆曰'佘太君'，不知何本。按毕尚书沅《关中金石记》云：'杨业妻，乃折德扆之女，世以为折太君。'"[1]

毕沅《关中金石记》著录《折武恭公克行神道》，其跋文这样写道：

折武恭公克行神道。号年缺。毛友撰文。宇文虚中正

---

[1]〔清〕梁绍壬撰，庄葳点校：《两般秋雨盦随笔》，上海古籍出版社1982年版，第407页。

书。在府谷孤山堡南。……碑叙次克行家世官爵，大略与史并合。……世以此碑为"折太君碑"。考折太君，德扆之女，杨业之妻也。墓在保德州折窝村，非此也。①

清人康基田《晋乘蒐略》卷二〇记载：

《通志》：保德州南四十里折窝村有折太君墓，（折太君）即杨业妻、折德扆女也。②

李慈铭《荀爽斋日记》也说：

（杨）业娶府州永安军节度使折德扆女。今山西保德州折窝村有大中祥符三年折太君碑，（折太君）即（杨）业妻也。西北人读"折"音如"蛇"，故稗官家作"佘太君"，以折窝村为社家村，又附会为"蛇太君"，委蛇不死。③

对于折太君事迹，康基田《晋乘蒐略》卷二〇又有这样的内容：

乡里世传折太君善骑射，婢仆技勇过于所部，用兵克敌，如蕲王夫人之亲援桴鼓。④

---

① 〔清〕毕沅撰：《关中金石记》卷六，清乾隆经训堂刻本，《续修四库全书》第908册，第258—259页。
② 〔清〕康基田编著，郭春梅等点校：《晋乘蒐略》（叁），山西古籍出版社2006年版，第1501页。
③ 转引自余嘉锡：《杨家将故事考信录》，《余嘉锡论学杂著》，中华书局2007年版，第468页。
④ 〔清〕康基田编著，郭春梅等点校：《晋乘蒐略》（叁），第1501页。

传说中"杨门女将"的故事,与所谓"折太君善骑射",又善于"用兵克敌","婢仆技勇过于所部"的历史事实是一致的。

乾隆《太原府志》卷四五《列女二·岢岚州·宋》有这样的记载:

> 杨业妻折氏。业初事北汉,后归宋。折性敏慧,尝佐业立战功,号"杨无敌"。后业战死于陈家谷,潘美、王侁畏罪,欲掩其事,折上疏辩夫力战获死之由,遂削潘美爵,侁除名。①

光绪《岢岚州志》卷九《节妇·宋》"杨业妻折氏"条关于折太君的一段文字仍沿用乾隆《太原府志》之说:

> 杨业妻折氏。业,初名刘继业,仕北汉,任捷为节度使,娶折德扆女。后归宋,赐姓杨。折性敏慧,尝佐业立战功,号"杨无敌"。后业战死于陈家谷,潘美、王侁畏罪,欲掩其事,折上疏辩夫力战获死之由,遂削二人爵,除名为民。②

康熙《保德州志》卷八《人物·列女·宋》也写道:

> 折太君,宋永安军节度使镇府州折德扆女,代州刺史杨业妻。性警敏,尝佐业立战功。后太平兴国十年,契丹入寇,业进兵击之,转战至陈家谷口,以无援兵,力屈被擒。与其子延玉偕死焉。太君上书,陈夫战没,由王侁违制争功。上

---

① 乾隆《太原府志》,凤凰出版社编选:《中国地方志集成·山西府县志辑》第1册,凤凰出版社2005年版,第646页。
② 光绪《岢岚州志》,凤凰出版社编选:《中国地方志集成·山西府县志辑》第17册,第608页。

图 18　民国五年《绣像十二寡妇征西》插图 1

图 19　民国五年《绣像十二寡妇征西》插图 2

深痛惜，诏赠业太尉，除王侁名。①

可见，折太君是敢于和黑暗势力抗争的英雄女性。而所谓"尝佐业立战功"的说法，正证明了她的军略和勇力也有超常之处。

"尝佐业立战功"句后，乾隆《太原府志》和光绪《岢岚州志》都说"号'杨无敌'"，似易误解为"折太君""号'杨无敌'"。其实，"杨无敌"是杨业因"战功"得来的名号。《辽史》卷八三《耶律斜轸传》正是这样记述的："初，继业在宋以骁勇闻，人号杨无敌，首建梗边之策。"②

"杨门女将"中另一光彩夺目的人物形象，是杨宗保的妻子——著名女将穆桂英。穆桂英的故事在民间得到广泛流传。

穆桂英的"穆"姓，卫聚贤《杨家将及其考证》一文，以为是"慕容"一语的音转。慕容氏作为古代鲜卑贵族，久有尚武的传统。欧阳

---

① 康熙《保德州志》，民国二十一年铅印本，第 425 页。
② 〔元〕脱脱等撰：《辽史》，中华书局 1974 年版，第 1303 页。

修《杨琪墓志》写道:"杨琪初娶穆容氏,又娶李氏。"杨琪是杨文广的堂兄。翦伯赞曾经在《杨家将故事与杨业父子》中指出,杨琪既娶于穆容氏,杨文广与穆容氏联姻,自然也是可能的。

关于穆桂英的家乡,《保德州志》说是该州的"穆塔村"(当地也称为牧塔)。传说中穆桂英的家乡,还有河北易县的"穆柯寨"(又写作"木戈砦")。此外,据说北京密云和顺义也各有"穆家寨",同样传说是穆桂英的家乡。这固然反映了杨家将传

图20 《绣像杨家将全传》穆桂英画像

说在民间的广泛流行,也可能与慕容氏等少数民族在塞上的广泛分布有关。

明人宋濂在《杨氏家传》中,记录了杨家将在西南活动的情形。宋濂写道,杨延朗的孙子杨贵迁被播州(今贵州桐梓南)杨昭收为养子后,他的孙子中,有1个就叫作杨文广。杨文广曾经以播州土司的身份担任过沿边巡检使。他在播州行使行政管理权时,曾经和"穆獠"作战。"穆獠",应当是和仫佬族有种族渊源关系的古代部落或者部落联盟。

据《遵义府志》记载,"老鹰砦穆獠叛,(杨)文广命谢都统讨平之,戮穆獠,释其党七人,至是无复携贰,封疆辟而户口增矣"。所谓老鹰砦所在的穆家川,据说后来成为遵义府治所。据宋濂《杨氏家传》说,播州南平军(今四川綦江南)守将有穆永忠。《明史》卷二四七《刘綎传》又说到杨应龙起义的主要将领,"众数万连营"的穆照。穆永

忠和穆照，可能都是穆獠人。

有的学者推想，"戏曲小说演杨宗保（即杨文广）攻打穆柯砦的故事，或即是因播州的杨文广攻打穆獠的老鹰砦而形成的"[①]。

"杨家将"的传说还有扩衍更广的情形。如《楚南苗志》卷一《苗疆古迹》说有"杨氏城"："杨氏城，在靖州南，渠江滩头。相传，宋杨文广之妹宜娘子，征侬智高过此，一夜筑城。"又有"铜锣滩"："铜锣滩，在靖州城西。旧传，宋杨文广之妹讨侬智高过此，坠锣其中。"[②]

3. 苏东坡笔下的"侍女戎装骏马"

宋人重文，然而民间仍有好武风习存留。比如苏轼说"龙丘子"好武，有随行"侍女戎装骏马"的情形。

苏轼《临江仙》词小序写道："龙丘子自洛之蜀，载二侍女，戎装骏马，至溪山佳处，辄留，见者以为异人。后十年，筑室黄冈之北，号静庵居士。作此纪之。"其词曰：

细马远驮双侍女，青巾玉带红靴。溪山好处便为家。谁知巴峡路，却见洛城花。　面旋落英飞玉蕊，人间春日初斜。十年不见紫云车。龙丘新洞府，铅鼎养丹砂。[③]

"细马远驮双侍女，青巾玉带红靴"句，生动描绘了"二侍女戎装骏马"的形象。对女子戎装的喜好可反映时人对女子从军的看法。

---
① 参看常征：《杨家将史事考》，天津人民出版社1980年版，第277—279页。
② 〔清〕段汝霖著，伍新福校点：《楚南苗志》，岳麓书社2008年版，第40页。
③ 邹同庆、王宗堂：《苏轼词编年校注》，中华书局2007年版，第272页。

4. 赤水女武士石刻

贵州赤水发现的宋代女性武士形象石刻，或许可以作为当时女子尚武风习的文物证明。

石刻发现于贵州省赤水县天然气化肥厂一段堡坎上，高136.5厘米，宽49.5厘米。双面皆为浮雕武士形象。一面为男性，一面为女性。据赤水市博物馆文物专家介绍，女性武士圆脸，柳叶眉，双眼修长，表情平静，头戴牡丹花冠，外穿宽袖战袍及云形罩肩，内穿铠甲，右手持斧，双脚呈八字形站立于卷云形基座上。这一石刻遗存具有重要的历史文化价值。

陆游《老学庵笔记》卷九有这样一段文字："抚州紫府观真武殿像，设有六丁六甲神，而六丁皆为女子像。黄次山书殿榜曰：'感通之殿。'感通乃醴泉观旧名至和二年十二月赐名，而像设亦醴泉旧制也。"①陆游注意到并予以专门记述的"六丁皆为女子像"，也许并非通常情形。

《老学庵笔记》"六丁皆为女子像"之说，受到不少学者重视。清乔松年《萝摩亭札记》卷八引录此说。②《书隐丛说》卷一四"花神庙"条写道："汤若士《牡

图21　赤水女武士石刻画像

---

① 〔宋〕陆游撰，李剑雄、刘德权点校：《老学庵笔记》，中华书局1979年版，第117页。
② 〔清〕乔松年撰：《萝摩亭札记》，清同治刻本，第118页。

丹亭传奇》中有花神。雍正中李总督在浙时于西湖滨立花神庙,中为湖山土地,两庑塑十二花神,以象十二月。阳月为男,阴月为女,手执花朵,各随其月。其像坐立欹望不一,状貌如生焉。""抚州紫府观真武殿有六丁、六甲神,六丁皆为女子像。西湖之花神,其亦仿此意欤？今演《牡丹亭传奇》者,亦增十二花神焉。"①当然,"六丁六甲神"中,"六丁皆为女子像"的情形,与"十二花神"应当是不同的,"亦仿此意"的推想,恐怕难以成立。也许二者中"六"与"十二"只是数字偶合,并没有什么内在的文化关联。但是"阳""阴""男""女"对应的情形,却是相同的。

康熙《抚州府志》卷二六②、同治《临川县志》卷五四③,也都引录《老学庵笔记》"六丁皆为女子"说。方志中的这种处理方式,显示这是地方文化的特殊现象。④周亮工《因树屋书影》卷六写道:"抚州紫府观真武殿像,设有六丁、六甲神。六丁皆为女子像。见《老学庵笔记》。甲为阳木,丁为阴火。女像之义,或取诸此。"⑤

赤水发现的宋代女性武士形象石刻,是否与同样是宋代神祀遗存的"六丁为女子像"存在某种关联呢？现在似乎尚难以做出明确的判断。

汉代巫术有与"六丁"相关的内容。《后汉书》卷五〇《孝明八王传·梁节王畅》记载:"畅性聪惠,然少贵骄,颇不遵法度。归国后,数有恶梦,从官卞忌自言能使六丁,善占梦,畅数使卜筮。又畅乳母王礼等,因此自言能见鬼神事,遂共占气,祠祭求福。忌等谄媚,

---

① 〔清〕袁栋撰:《书隐丛说》,清乾隆刻本,第183页。
② 康熙《抚州府志》,清康熙四年刻本,第1721—1722页。
③ 同治《临川县志》,清同治九年刻本,第3510页。
④ 《茶香室丛钞》卷一五,第327页。
⑤ 〔清〕周亮工著,张朝富点校:《因树屋书影》,凤凰出版社2018年版,第161页。

云神言王当为天子。畅心喜，与相应答。"在早期信仰系统中，女巫的表现或与"六丁"相联系。关于"六丁"，李贤注："六丁谓六甲中丁神也。若甲子旬中，则丁卯为神，甲寅旬中，则丁巳为神之类也。役使之法，先斋戒，然后其神至，可使致远方物及知吉凶也。"① 而刘畅身边女子也参与了这样的活动，"畅乳母王礼等，因此自言能见鬼神事，遂共占气，祠祭求福"，其行为其实近似女巫。

《三国志》卷六《魏书·李傕传》裴松之注引《献帝起居注》："傕性喜鬼怪左道之术，常有道人及女巫歌讴击鼓下神，祠祭六丁，符劾厌胜之具，无所不为。"② 所谓"道人及女巫歌讴击鼓下神祭"，其技术层次的表现，包括"六丁符劾厌胜"，明确提示了"女巫"和"六丁"的关系。而其中联系到"道人"，也是引人注目的。《后汉书》卷七二《董卓传》记载："（李）傕乃自为大司马。"李贤注引《献帝起居注》："傕性喜鬼怪左道之术，常有道人及女巫歌讴击鼓下神祭，六丁符劾厌胜之具，无所不为。又于朝廷省门外为董卓作神坐，数以牛羊祠之。天子使左中郎将李国持节拜傕为大司马，在三公之右。傕自以为得鬼神之助，乃厚赐诸巫。"③ 与《三国志》裴注引《献帝起居注》相比，文字较具体，而"常有道人及女巫歌讴击鼓下神，祠祭六丁，符劾厌胜之具，无所不为"一句，作"常有道人及女巫歌讴击鼓下神祭，六丁符劾厌胜之具，无所不为"。中华书局标点本《后汉书》卷七二《董卓传》李贤注引《献帝起居注》所谓"常有道人及女巫歌讴击鼓下神祭，六丁符劾厌胜之具，无所不为"，参考《三国志》卷六《魏书·李傕传》

---

① 《后汉书》，第1676—1677页。
② 《三国志》，第184页。《太平御览》卷七三四引《献帝起居注》："李傕性喜鬼怪左道之术，常有道人、女巫系下神祭六丁，符劾厌胜之具，无不为。"第3254a页。
③ 《后汉书》，第2338页。

裴松之注引《献帝起居注》，断句似有问题。曹金华《后汉书稽疑》引《校勘记》按："沈家本谓《魏志》裴注引《献帝起居注》，'祭'上有'祠'字，此夺。"曹金华指出："余按：此说是也，然当作'祠祭六丁'句读。"①

《三国志》裴松之注及《后汉书》李贤注引《献帝起居注》均可见"道人及女巫"并说，也值得研究者注意。"道人及女巫"共同的表演，即以"歌讴击鼓"的形式"下神"，召请神祇降临。所谓"神"，应当包括"六丁"。

《抱朴子内篇》卷四《金丹》中，引述《玉柱丹法》如下内容："以华池和丹，以曾青硫黄末覆之荐之，内筒中沙中，蒸之五十日，服之百日，玉女六甲六丁神女来侍之，可役使，知天下之事也。"②《抱朴子内篇》卷一五《杂应》又引《甘始法》："召六甲六丁玉女，各有名字，因以祝水而饮之，亦可令牛马皆不饥也。"③前者说"玉女六甲六丁神女"，后者说"六甲六丁玉女"。大约早期道教文献中"六甲六丁"可能都是女性神。到南北朝时期，"六甲"与"六丁"代表"阳""阴"，分别为男、女神的观念才开始流行。

而道教其他典籍，如题三国佚名撰，实际成书年代大约为魏晋至南北朝的《上清黄庭外景经》卷上可见"六丁神女"。④又南北朝佚名《灵宝五符经》卷中《服食麋角延年多服耳目聪明黑发方》"六丁玉女"⑤，南北朝张道陵撰《金液神丹经》卷中"六丁六甲诸神仙玉

---

① 曹金华：《后汉书稽疑》，中华书局2014年版，第955页。
② 〔晋〕葛洪著，王明校释：《抱朴子内篇校释》（增订本），中华书局1985年版，第81—82页。
③《抱朴子内篇校释》（增订本），第267页。
④ 〔三国〕佚名撰：《上清黄庭外景经》，明正统《道藏》本，第1页。
⑤ 〔南北朝〕佚名撰：《灵宝五符经》，明正统《道藏》本，第21页。

女"①，南北朝周武帝敕辑《无上秘要》卷九六《洞真九赤斑符》"六丁侍卫玉女"②，宋陈田夫撰《南岳总胜集》卷中《观有碑文六》"太阴六丁通真遁灵玉女"③，《纬略》卷三《二十四图》"欲驱六丁，当得六阴玉女图"④，《芥隐笔记》"辨渴字音"条"役使六丁神女谒"⑤，《无上黄箓大斋立成仪》卷二九《妙化无边天尊》"六丁金童六丁玉女，六甲金童六甲玉女"⑥，《无上黄箓大斋立成仪》卷三八《炼度堂圣位》"六甲六丁诸大将军金童玉女"⑦，都体现了"六丁神女""六丁玉女"之说的普及。

在一般不归入道教经典，而被看作数术类文献的《赤霆经》卷中可以看到这样的内容："时加六丁，星奇窈寘，身挟玉女，凶神不刑。""六丁为星奇，乃玉女从天上六丁而与随，星奇挟玉女入太阴而藏，使凶神不见，逃减迹，葬埋等事大吉。"⑧

《上清黄庭内景经·常念章》有"神华执巾六丁谒"句。⑨唐代白履忠《黄庭内景玉经注》有这样的诠释："神华者，《玉历经》云：'太阴玄光玉女，道之母也。衣五色朱衣，在脾腑之上，黄云华盖之下。'六丁者，谓六丁阴神玉女也。"《老君六甲符图》云："'丁卯神司马卿，

---

① 〔南北朝〕张道陵撰：《金液神丹经》，明正统《道藏》本，第10页。
② 〔南北朝〕周武帝敕辑：《无上秘要》，明正统《道藏》本，第372页。
③ 〔宋〕陈田夫：《南岳总胜集》，《续修四库全书》第725册，第455页。
④ 〔宋〕高似孙著，左洪涛校注：《高似孙〈纬略〉校注》卷三，浙江大学出版社2012年版，第59页。
⑤ 〔宋〕龚颐正撰：《芥隐笔记》，《景印文渊阁四库全书》第852册，台湾商务印书馆1986年版，第489页。
⑥ 〔宋〕蒋叔舆撰：《无上黄箓大斋立成仪》，明正统《道藏》本，第240页。
⑦ 《无上黄箓大斋立成仪》，第303页。
⑧ 〔宋〕张洞玄、〔宋〕房正等撰：《玉髓真经》后卷一八，《续修四库全书》第1053册，第837页。
⑨ 〔宋〕张君房编，李永晟点校：《云笈七签》卷一一《三洞经教部经》，中华书局2003年版，第245—246页。

玉女足曰之；丁丑神赵子玉，玉女顺气；丁亥神张文通，玉女曹漂之；丁酉神臧文公，玉女得喜；丁未神石叔通，玉女寄防；丁巳神崔巨卿，玉女开心之。'言服炼飞根、存漱五牙之道成，则役使六丁之神。"① 我们看到，有关"六丁"身份及其在道家信仰体系中的地位，有相当具体详尽的解说。

前引《纬略》卷三《二十四图》"欲驱六丁，当得六阴玉女图"，《太平御览》卷六五九引《五符经》作"欲骋六丁，当得六阴玉女图"②，说到"六丁""玉女"的形象。《宣和画谱》卷六《人物二》"周昉"条言"今御府所藏七十有二"，包括"四方天王像四，降塔天王图三，托塔天王像四，星官像一，天王像二，授塔天王图一，六丁六甲神像四，九子母图三……"③ 可知与"六丁"有关的"六阴玉女图""六丁六甲神像"，都曾经是中国古代画作的主题。

嘉庆《四川通志》卷五二《舆地·古迹·马边厅》写道："雷神洞，在厅东五里，塑有六丁法像。神工鬼斧，千古不磨。"④ 则说以"六丁"为表现主题的雕塑作品。前引《赤霆经》卷中说"六丁"，由"霆"字也使人产生与"雷"的联想。《清微元降大法》卷一三"六丁驰传上将"条，"六丁"名号均用"雷"字："丁卯天雷上将孔昌阿明；丁丑龙雷上将王昭阿高；丁亥神雷上将何泓阿半；丁酉地雷上将崔茂阿申；丁未水雷上将高恒阿隆；丁巳烈雷上将徐向阿虔。"⑤

《夷坚乙志》卷六《赵七使》写叙了这样的人鬼情未了的故事：

---

① 〔唐〕白履忠撰：《黄庭内景玉经注》，《道藏》第6册，文物出版社、上海书店、天津古籍出版社1988年版，第531页。
② 《太平御览》，第2943b页。
③ 〔宋〕佚名撰：《宣和画谱》，《景印文渊阁四库全书》第813册，第101页。
④ 〔清〕常明、杨芳灿等纂修：《四川通志》第2册，巴蜀书社1984年版，第1988页。
⑤ 〔元〕佚名撰：《清微元降大法》，明正统《道藏》本，第36页。

"宗室赵子举,字升之,壮年时丧其妻,心恋恋不已,于房中饰小室,事之如生。"亡妻竟然出现,"不知死生之隔,遂与共寝,欢如平生"。"有道人乞食过门,适见之,叹曰:'君甘与鬼游,独不为性命计!吾能行天心正法,今以授君,努力为之,鬼不攻自退矣。'子举洒然悟,即再拜传受。绘六甲六丁像,斋戒奉事唯谨。"半年之后,其妻"涕泣辞诀","遂绝不至"。① 这是宋代民间意识中"绘六甲六丁像"可以产生神秘效力的证明。赤水女武士像脚下踩踏一横卧人形,似右手举起,左手下垂,可能表现的是宣传"六丁"攻鬼、退鬼、伏鬼、镇鬼能力的陪衬——"鬼"。

《太平广记》卷三《神仙三》"汉武帝"题下,说到"五帝六甲左右灵飞之符,太阴六丁通真逐灵玉女之箓",又说"五帝六甲六丁六符致灵之术","六甲左右灵飞致神之方十二事","六甲灵飞十二事",又说"及此六丁,左右招神,天光策精,可以步虚,可以隐形"。篇末署"出《汉武内传》"。② 所谓"五帝六甲左右灵飞之符,太阴六丁通真逐灵玉女之箓",明正统《道藏》本《汉武帝内传》作"五帝六甲左右灵飞之符,太阴六丁通真遁虚玉女之箓"。③《汉武内传》作为小说,反映了社会普遍的对"六甲六丁"神力的崇敬。而赤水的相关发现,是与当时社会"六甲六丁"崇拜的普及相一致的。"六丁"以武装女子的形象出现,自然也可以作为女军史考察的关注对象。

赤水发现的女武士石像是否为"六丁"形象遗存,在目前资料受到限定的情况下,未能确知是以一代六,还是其他五件已经损毁佚失。

---

① 〔宋〕洪迈撰,何卓点校:《夷坚志》,中华书局2006年版,第235—236页。
② 《太平广记》,第13—23页。
③ 〔汉〕班固撰:《汉武帝内传》,明正统《道藏》本,第6页。明王世贞《弇州山人四部续稿》卷六六《文部·纪》"金母纪"条也作"五帝六甲左右灵飞之符,太阴六丁通真遁虚玉女之箓"。《景印文渊阁四库全书》第1282册,第868页。

但是其可能与"六丁神女""六丁玉女"有关的推想,应当是有合理性的。这一推想如果成立,也可以从一个特殊社会文化层面反映中国古代妇女曾经有好勇尚武风习,并且有从军参战实践的历史真实。以道教史的通常知识为基点,一般说"六丁属阴神",而"六丁将军"(或称"六丁驰传上将",亦称"六将")均为武人装束:"六将并冲天幞头黄抹额,金甲朱衣着靴,各执雁翎刀。"①此说出自《清微元降大法》卷一三。《中国道教大辞典》"六丁六甲神"词条引录的这一说法②,所谓"金甲""着靴"等均与赤水女武士雕像一致。而使用武器谓"执雁翎刀",赤水石刻雕像则为执钺。博物馆学者介绍的所谓"头戴牡丹花冠",与"冲天幞头"其实形近。而"抹额"作为军人标志性装束,见于文物资料。③《旧唐书》卷二九《音乐志二》说到"绛抹额""红抹额"④,《旧唐书》卷一〇五《韦坚传》说到"红罗抹额"⑤,都是女子额上红妆。而《新唐书》卷一〇八《娄师德传》:"后募猛士讨吐蕃,乃自奋,戴红抹额来应诏,高宗假朝散大夫,使从军。"⑥

---

① 《清微元降大法》卷一三《九天烟都太乙五雷》,第36页。
② 胡孚琛主编:《中华道教大辞典》,中国社会科学出版社1995年版,第1457页。
③ 汉景帝阳陵从葬坑出土陶质士兵俑有额上束红色带状织物的实例。发掘者曾经解释为"陌额":"有一圈颜色鲜亮的朱红色绕过前额、两鬓和后脑勺,宽仅2厘米。在颜色上有经纬编织纹的痕迹,显然是丝织品腐朽后留下的残色所染。此物就是用作束敛头发的'陌额'。"王学理:《阳陵汉俑——陶塑美的旋律》,陕西省考古研究所汉陵考古队编:《中国汉阳陵彩俑》,陕西旅游出版社1992年版,第8页。"陌额"即"抹额"。咸阳杨家湾汉墓出土步兵俑的头饰,也有突出的红色束带状形式。陕西省咸阳市文物局编:《咸阳文物精华》,文物出版社2002年版。陕西省文管会、博物馆、咸阳市博物馆杨家湾汉墓发掘小组:《咸阳杨家湾汉墓发掘简报》,《文物》1977年第10期。徐州狮子山汉墓出土汉代兵俑头部也发现类似红色痕迹,应当也表现了同样的装饰样式。徐州汉文化风景园林管理处、徐州楚王陵汉兵马俑博物馆编:《狮子山楚王陵》(葛明宇编著),南京出版社2011年版。
④ 《旧唐书》第1069页,第1070页,第1071页。
⑤ 《旧唐书》,第3223页。《新唐书》卷五三《食货志三》作"红抹额",第1367页。
⑥ 《新唐书》,第4092页。

此"戴红抹额",则是军人装束。陈元龙《格致镜原》卷四一《武备类一》"盔附抹额"条写道:"抹额,《二仪实录》:禹娶涂山,夕,雷电中有甲卒千人,无甲者红绢抹额,云海神来朝。始皇至海上,有神朝,皆抹额、绯衫、大口裤侍卫,后为军容。"①

赤水女武士像"军容"没有看到"黄抹额"的表现,或许省略,或许与士兵俑用织物作束带不同,当时以外涂色彩显现。②年久色褪,已经丧失了可以察见的条件。《宋史》卷一二九《乐志四》写道:"引武舞人,武弁、绯绣鸾衫、抹额、红锦臂韝、白绢裤、金铜革带、乌皮履。"③又《宋史》卷一四二《乐志十七》:"二曰剑器队,衣五色绣罗襦,裹交脚幞头,红罗绣抹额,带器仗。"④所说"金铜革带、乌皮履"以及"带器仗",都是与赤水女武士像同样的武装女子。

思考赤水女武士石刻,会联系到"六甲六丁"石雕艺术作品组合的问题。按照一般逻辑推理,"一面为男性,一面为女性"的"双面""浮雕武士形象",当为"六甲六丁",应当是六件石刻形成组合。陆游说:"抚州紫府观真武殿像,设有六丁六甲神,而六丁皆为女子像。"赤水女武士像如果是"六丁"之一,则背面雕像表现"为男性"的"浮雕武士形象"应为"六甲"。如果是六件同样的石刻,其原本是以怎样的组合方式放置,我们已经难以知晓。

以往考古工作者在田野考察时,经常发现古代砖石质料的文物会被不识其文化价值的人们移用为建筑材料的情形。建构房基路基以及

---

① 〔清〕陈元龙:《格致镜原》卷四一,《景印文渊阁四库全书》第1031册,台湾商务印书馆1986年版,第625页。
② 王子今:《说甘谷汉简"著赤帻为伍长守街治滞"——以汉阳陵兵俑为对证》,《汉阳陵与汉文化研究》第2辑,三秦出版社2012年版。
③ 《宋史》,第3015—3016页。
④ 《宋史》,第3350页。

水渠、桥梁往往使用的是古代石材，这种情形古已有之。《三国志》卷二八《魏书·诸葛诞传》裴松之注引《世语》："黄初末，吴人发长沙王吴芮冢，以其砖于临湘为孙坚立庙。"①又《太平御览》卷五五八引《抱朴子》："吴景帝时，于江陵掘冢取板治城。"②墓碑用作建筑材料，也是相当普遍的情形。《宋史》卷二八四《陈尧佐传》记载："初，太后遣宦者起浮屠京兆城中，前守姜遵尽毁古碑碣充砖甓用。"③唐诗所谓"千金立碑高百尺，终作谁家柱下石"④，说的就是陵墓附属石刻被劫取作为建筑材料的情形，也可以作为参考。而所谓"谁家石碑文字灭，后人重取书年月"⑤，则是说古碑又被取作今人墓碑。

甚至墓葬有时也会借用前代墓室建材。在河南南阳的考古发掘资料中，还可以直接看到晋人发掘汉墓，并利用汉画像石作建墓材料的实例，即"后人建墓而利用前人的遗物"。⑥山东嘉祥宋山的一座古墓中，发现有汉画像石，有的已经倾倒，有的被有意倒置。从事清理

---

① 《三国志》，第771页。又《太平御览》卷五五八引《世说》："黄初末，吴人发长沙王吴芮冢，以其材于临湘为孙坚立庙。容貌如生，衣服不朽。后预发者见（吴）纲曰：'君何类长沙王（吴）芮，但微短耳。'（吴）纲瞿然曰：'是先祖也。'自（吴）芮之卒至冢发四百余年，（吴）纲，（吴）芮之十六世孙也。"《太平御览》，第2524a—b页。
② 《太平御览》，第2523b页。《太平御览》卷八〇五引《抱朴子》曰："吴时发广陵大冢，兵人共举死人以倚壁，有一玉，长一尺，形似冬瓜，从人怀中颓出，堕池。玉可以为珠，酒及地榆酒化之为水。亦可烧以为粉。服一年以上，入水不沾，入火不灼。"第3576b页。《太平御览》卷八〇六引《抱朴子》曰："景帝时戍将广陵掘冢，有人如生。棺中有云母厚support许，白璧三十枚以籍身。"第3583a页。《太平御览》卷八一〇引《抱朴子》曰："吴景帝时，戍将于广陵掘一大冢，棺中人面如生，两耳及鼻孔中皆有黄金，大如枣许。此假物不朽之效也。"第3601页。《太平御览》卷八一三引《抱朴子》曰："吴时发广陵大冢，中有铜为人数十头，皆长五尺。"第3612a页。
③ 《宋史》，第9583页。
④ 〔唐〕张籍：《北邙行》，《全唐诗》卷三八二，第4283页。
⑤ 〔唐〕王建：《北邙行》，《全唐诗》卷二九八，第3375页。
⑥ 河南省文化局文物工作队、南阳市文物管理委员会：《河南南阳东关晋墓》，《考古》1963年第1期。

工作的考古学者指出,"此古墓不是汉墓,墓内的汉画像石是后人利用来修墓的"。所发现的画像石甚至"原非出于一墓",即"来自几个不同的东汉墓"。[①] 或许赤水的文物工作者在今后的调查中有必要特别注意,"六甲六丁"其他五件遗存发现的可能性似未可排除。

5. 萧太后"亲御戎车,指麾三军"

辽朝皇室耶律氏和萧氏世为婚姻,皇后多为萧氏。

以宋辽战争为题材的戏曲小说中常见的辽国萧太后,是辽景宗耶律贤的妻子。《辽史》卷七一《后妃列传·景宗睿智皇后萧氏》记载她的事迹:

> 景宗睿智皇后萧氏,讳绰,小字燕燕,北府宰相思温女。……景宗崩,尊为皇太后,摄国政。……
> 后明达治道,闻善必从,故群臣咸竭其忠。习知军政,澶渊之役,亲御戎车,指麾三军,赏罚信明,将士用命。圣宗称辽盛主,后教训为多。[②]

萧太后的军事阅历十分丰富,《辽史》的编纂者认为"澶渊之役"是她军事生涯中最光彩的一页。所谓"习知军政",以及"亲御戎车,指麾三军,赏罚信明,将士用命"的军事史表现,说明了她在战争中的特殊作用。

宋真宗景德元年(1004),以收复瓦桥关(今河北雄县旧南关)

---

① 嘉祥县武氏祠文管所:《山东嘉祥宋山发现汉画像石》,《文物》1979年第9期。
② 《辽史》,第1201—1202页。

南十县为名，萧太后和辽圣宗发兵南下。辽军避实击虚，绕过宋军固守的城邑，长驱直进。十一月，破德清军（今河南清丰）、通利军（今河南浚县），抵达黄河之滨的重镇澶州（今河南濮阳），直接威胁宋朝的都城东京开封。一时北宋帝国朝野震动，有的大臣主张迁都昇州（今江苏南京），有的大臣主张迁都益州（今四川成都），丞相寇准则力请宋真宗亲征。在寇准一再催促下，宋真宗亲自登上澶州北城门楼，以示督战。宋军士气为之一振。于是出现两军对峙的局面。最终双方合议休战，宋辽缔结"澶洲之盟"，宋王朝每年向辽输绢20万匹、银10万两。

萧太后能够"亲御戎车，指麾三军"，率领数十万大军攻城略地，是历史上少见的女中豪杰。

6. 女真族"妇人统兵"史例：沙里质、阿鲁真、完颜仲德妻

北方民族的贵族妇女以兵战著名者，又有女真族的沙里质。如《金史》卷一三〇《列女传·阿邻妻》记载：

> 阿邻妻沙里质者，金源郡王银术可之妹。天辅六年，黄龙府叛卒攻钞旁近部族。是时，阿邻从军，沙里质纠集附近居民得男女五百人，树营栅为保守计。贼千余来攻，沙里质以毡为甲，以裳为旗，男夫授甲，妇女鼓噪，沙里质仗剑督战，凡三日贼去。皇统二年，论功封金源郡夫人。①

沙里质集结的部众有男有女，总数不过500人，而来敌众至"千余"。

---

① 《金史》卷一三〇《列女传·阿邻妻》，第2798页。

沙里质则从容镇定,坚守 3 天,迫使敌军撤退。通过沙里质率众抗敌、以少敌众的事迹,可以看到一位有勇有谋的女将军形象。全军"男夫授甲,妇女鼓噪",而沙里质本人"以毡为甲,以裳为旗",亲自"仗剑督战"。史籍提供了具体生动的描述。

《金史》卷一三〇《列女传·完颜阿鲁真》记述了另一位金"宗室"女子阿鲁真勇敢克敌的事迹:

> 阿鲁真,宗室承充之女,胡里改猛安夹谷胡山之妻。夫亡寡居,有众千余。兴定元年,承充为上京元帅,上京行省太平执承充应蒲鲜万奴。阿鲁真治废垒,修器械,积刍粮以自守。万奴遣人招之,不从,乃射承充书入城,阿鲁真得而碎之,曰:"此诈也。"万奴兵急攻之,阿鲁真衣男子服,与其子蒲带督众力战,杀数百人,生擒十余人,万奴兵乃解去。后复遣将击万奴兵,获其将一人。诏封郡公夫人。①

阿鲁真得其父劝降书竟断然斥其诈而碎之,仍"衣男子服","督众力战",终于退敌,此后又主动出击获胜,其勇健从容,世所罕见。

《金史》卷一三〇《列女传·完颜仲德妻》还记述了"完颜仲德妻"在"蔡被围,丁男皆乘城拒守"时,"率诸命妇自作一军,亲运矢石于城下,城中妇女争出继之"的故事。②

清人俞樾《茶香室四钞》卷五有"妇人统兵"条,特别引录此事,指出,妇人称将军,"此类尚有之,至统兵自成一军者,则罕见"③,肯定了"完颜仲德妻""统兵自成一军",独当一面的突出表现。

---

① 《金史》,第 2800 页。
② 《金史》,第 2805 页。
③ 《茶香室丛钞》,第 1557 页。

7. 梁红玉"亲执桴鼓"

在宋金战争中，韩世忠部是南宋官军中的一支劲旅。

建炎三年（1129），金完颜宗弼率军渡江南侵。镇守镇江的韩世忠退保长江口一带，在金兵北归时，以水军八千人控制了镇江江面，又进兵邀击，将金兵逼进黄天荡（今江苏南京东北），又尾追至建康（今南京），前后激战四十余日，给予了金军沉重的打击。

对于当时宋金两军黄天荡决战的战况，《宋史》卷三六四《韩世忠传》有这样的记载：

> 会上元节，就秀州张灯高会，忽引兵趋镇江。及金兵至，则世忠军已先屯焦山寺。金将李选降，受之。兀术遣使通问，约日大战，许之。战将十合，梁夫人亲执桴鼓，金兵终不得渡。尽归所掠假道，不听；请以名马献，又不听。挞辣在潍州，遣孛堇太一趋淮东以援兀术，世忠与二酋相持黄天荡者四十八日。太一孛堇军江北，兀术军江南，世忠以海舰进泊金山下，预以铁绠贯大钩授骁健者。明旦，敌舟噪而前，世忠分海舟为两道出其背，每缒一绠，则曳一舟沉之。兀术穷蹙，求会语，祈请甚哀。世忠曰："还我两宫，复我疆土，则可以相全。"兀术语塞。

后来，金兀术"一夕潜凿渠三十里，且用方士计，刑白马，剔妇人心，自割其额祭天"，而次日风止，宋军帆弱不能运，金人以小舟纵火，矢下如雨，最终得以"绝江遁去"。①

---

① 《宋史》，第 11361 页。

图22 中国国家博物馆藏清人绘梁红玉像 　　图23 年画《梁红玉大战金兀术》 　　图24 1992年社会福利奖券《梁红玉擂鼓抗金兵》

所谓"战将十合,梁夫人亲执枹鼓,金兵终不得渡",成为战役进行的重要场景。《宋史》没有出现"梁红玉"的姓名,只有这一条关于"梁夫人"的记载。"亲执枹鼓"四字,富有动态感和现场感,使读史者体会当时沙场上战鼓的音响效应,也真切鲜明。①

梁红玉擂鼓壮军的故事,在民间有深远的影响。

明末清初,已经有表现梁红玉事迹的戏曲演出。徐釚的《摸鱼儿·寒夜观剧,演韩蕲王夫人故事》,说到观看描写梁红玉击鼓抗金兵戏曲的感受:

舞氍毹,霜天夜冷,画帘银烛如昼。一声《何满》肠千折,只有青衫依旧。君见否,西陵畔,两家钱赵惟衰柳。《霓裳》休奏。但红粉英雄,也曾相助,擂鼓长江口。　空侘傺,验取衣冠优孟,几回灯

---

① 孙闻博:《音声与军政:论秦汉军鼓及相关问题》,杨振红、邬文玲主编:《简帛研究》2016春夏卷,广西师范大学出版社2016年版,第197—212页。

下搔首。猩绒绣袄芙蓉颊，值得当年消受。揎短袖，人未老，功名莫漫同刍狗。天移星斗。洒珠泪罗巾，悲歌慷慨，拼与销残漏。①

梁红玉的事迹，通过艺术形式的表现，使观看者神往。

8. 杨四娘子梨花枪

金朝末年，黄河流域民众多次起义，其中以杨妙真领导的"红袄军"起义规模最大。

"红袄军"领袖起初为杨安儿。杨安儿被金王朝派来的奸细谋杀后，他的妹妹杨妙真被推为首领。

杨妙真排行第四，因有"杨四娘子"之称。她在"红袄军"中有相当高的威望，人称"姑姑"。

杨妙真的"红袄军"后来和农民将领李全率领的潍县、安丘、临朐地区的反金武装会合。《宋史》卷四七六《叛臣中·李全上》记载："李全者，潍州北海农家子。""以弓马趫捷，能运铁枪，时号'李铁枪'。"又写道：

> （杨）安儿妹四娘子狡悍善骑射，刘全收溃卒奉而统之，称曰"姑姑"，众尚万余，掠食至磨旗山，（李）全以其众附，杨氏通焉，遂嫁之。②

因为战争形势的变化，杨妙真部因金军猛攻，难以支撑，于是接受了

---

① 陈乃乾辑：《清名家词》第 4 卷《菊庄词》，上海书店出版社 1982 年版，第 23 页。
② 《宋史》，第 13817—13818 页。

南宋政府的招抚，南下归宋，驻守于楚州（今江苏淮安）。

因为抗金有功，李杨夫妇取得了一定的政治地位，"（李）全进达州刺史，妻杨氏封令人"。宋宁宗时，李全又累进承宣使。李全后来降元，成为南宋之患。有人曾经斩一妇人以为杨氏，函首"驿送京师"，竟然"倾朝甚喜"，可见这位杨四娘子的影响之大。她曾经自称"二十年梨花枪，天下无敌手"①。这一说法，可能并没有夸大其实。

清人郭麐的《潍县竹枝词》卷下又说到女将杨妙真的"梨花枪"：

渔翁七十眼麻搽，镜鲅登州休更夸。
剩与雪天人半屋，梨花枪好说杨家。

作者原注解释了"镜鲅登州"的意义，又写道：

……别画湖东有地，俗传为李全妻杨妙真演梨花枪处。②

从正史中的记述看，这位女子不仅"善骑射"，而且狡悍淫荡。然而从《潍县竹枝词》所记录"渔翁七十"的传说看，似乎杨妙真的形象，在民间与在当权者眼中是有所不同的。

在《宋史》卷四七六《叛臣中·李全上》关于杨妙真、李全事迹的记述中，还有这样一则值得我们注意的史实，李全追杀金兵，战不利：

---

① 《宋史》卷四七七《叛臣下·李全下》，第 13850 页。
② 《潍县文化丛刊》第 3 辑；王利器、王慎之、王子今辑：《历代竹枝词》，陕西人民出版社 2003 年版，第 1917 页。

> 金骑兵三百奄至，（李）全欣然上马，帅帐前所有骑赴之，杀数人，夺其马，逐北抵山谷。上有龙虎上将军者，贯银甲，挥长槊，盛兵以出，旁有绣旗女将驰枪突斗。会诸将至，拔（李）全以出。乃退保长清县，精锐丧失大半，统制陈孝忠死焉。……龙虎上将军者，东平副帅斡不搭；女将者，刘节使女也。①

在伏击李全部队的金军中，竟然也可以看到"驰枪突斗"的"绣旗女将"，即所谓"刘节使女"。

所谓"旁有绣旗女将驰枪突斗"，以及"女将者，刘节使女也"，是《宋史》中仅见的"女将"语例。

9. 党项"女兵"

党项人"俗尚武力"，"有战阵则相屯聚"。②而妇女也保持勇悍风习。或说党项妇女的"禀赋"，首先是"敢战斗"。③据说党项风俗"喜报仇"，"有力小不能复仇者，集壮妇，享以牛羊酒食，趋仇家纵火，焚其庐舍。俗曰敌女兵不祥，辄避去"。④曾巩《赵保吉传》有大致类同的说法："不能复者，集邻族妇人，烹牛羊，具酒食，介而趋仇家，纵火焚之。其经女兵者家不昌，故深恶焉。"⑤一说"集壮妇"，一说"集邻族妇人"，但是都称之为"女兵"。这一现象，有学者以为与党项实行氏族外婚姻制有关。论者分析，"前来报仇的妇女，已

---

① 《宋史》，第13821页。
② 《隋书》卷八三《西域传·党项》，第1845页。
③ 朱瑞熙、张邦炜、刘复生、蔡崇榜、王曾瑜：《辽宋西夏金社会生活史》，中国社会科学出版社1998年版，第131页。
④ 《辽史》卷一一五《二国外记·西夏传》，第1524页。
⑤ 〔宋〕曾巩撰，王瑞来校证：《隆平集校证》卷二〇《夷狄》，中华书局2012年版，第604页。

婚者系本氏族以前嫁过去的女子，未婚者是本氏族即将接过来的媳妇，当然不能同她们战斗"。①有学者还强调，"与西夏妇女集体出动，威势强大密不可分"。②这一认识，应当与"集壮妇""集邻族妇人"之所谓"集"有关。

党项"妇女刚烈勇武风尚""刚健勇敢之风盛行"还有其他表现。例如《宋史》卷三一七《钱即传》说，西夏"其民皆兵"。③《西夏书事》写道："其精兵仅数万，余皆老弱妇女，举族而行。"④北宋名将韩琦也曾经指出："贼昊倾国入寇，不过四五万，老弱妇女，举族而行。"⑤又如惯行"劫掠"事，"早在唐穆宗元和十五年（820年）七月发生的'盐州送到先劫乌、白洲（当为池——作者注）盐女子拓拔三娘并婢二人'一事，就是很好的证明"。⑥

10. 梁氏"自主兵"

西夏女性领袖亦有在军事方面表现突出者。西夏惠宗秉常之母恭肃章宪皇太后梁氏"自主兵，不以属其子"。⑦西夏天祐民安三年（1092）十月，梁氏率军寇环州，纵骑兵精锐"铁鹞子"数万出击。⑧天祐民

---

① 《辽宋西夏金社会生活史》，第131页。
② 何玉红：《西夏女兵及其社会风尚》，《云南民族大学学报》（哲学社会科学版）2004年第5期。
③ 《宋史》，第10351页。
④ 〔清〕吴广成撰，龚世俊等校证：《西夏书事校证》卷一六，甘肃文化出版社1995年版，第186页。
⑤ 〔明〕陈邦瞻撰：《宋史纪事本末》卷三〇《夏元昊拒命》，中华书局2015年版，第260页。
⑥ 何玉红：《西夏女兵及其社会风尚》，《云南民族大学学报》（哲学社会科学版）2004年第5期。
⑦ 〔宋〕沈括撰，金良年点校：《梦溪笔谈》卷二五《杂志二》，中华书局2015年版，第241页。
⑧ 《西夏书事校证》卷二九，第334页。

安七年（1096），梁氏率军攻宋金明寨，"国主子母亲督桴鼓，纵骑四掠"。①永安元年（1098），秋七月，"梁氏……编拦人马，出没隆德寨、九羊谷，又于怪沟段大道掘濠作堑，纵游骑侵杀边铺戍卒"。②

《西夏书事》写道："冬十月，梁氏复自将攻平夏城，溃还。"

背景形势是宋王朝在"平夏"防务巩固之后，又继续扩展国防设置。"中国自城平夏，沿边诸路相度膏腴，相继进筑。国人愤曰：'唱歌作乐地，都被汉家占却，后何以堪？'梁氏谋举国争之，与乾顺计曰：'平夏视诸垒最大，守将郭成最知兵。兵法：攻其坚，则瑕自破。'于是亲将四十万众，自没烟峡趋平夏。"或说"所攻不止平夏也"。当时，"连营百里，建高车曰'对垒'，载数百人，填堑而进，飞石激火，昼夜不息，兵士死者数千，伤者倍之。经十三日，城中捍御有方，终不能破，粮渐乏"。

后来遭遇意外天象变化，终于溃败。"一夕，大风起西北，冲车悉震折，众大溃，梁氏惭哭剺面而遁。"③

《西夏书事》的作者对于"梁氏复自将攻平夏城"，说："书'复将'，甚词也。"又发表了这样的史论："梁氏穷兵黩武，以一女子常在行间，军中有妇人，兵气为不扬。大风震车，戎众奔溃，有自来矣。虽惭哭剺面，岂足掩其羞哉？"④

所谓"梁氏穷兵黩武"，自然是否定性的批判。而"以一女子常在行间"，则肯定了其作为女性多年亲历军事生活的特殊表现。至于"军中有妇人，兵气为不扬"，则是传统理念的表露。

---

① 《宋史》卷四八六《夏国传下》，第14017页。
② 《西夏书事校证》卷三〇，第347页。
③ 《西夏书事校证》卷三〇，第347—348页。
④ 《西夏书事校证》卷三〇，第348页。

有学者指出，"西夏宫廷上层妇女"中有部分女性"表现出她们晓兵识战，有勇有谋"，不仅"心娴韬略，运筹帷幄"，而且临战可以"指挥若定"，甚至"冲锋陷阵"，是"名副其实之巾帼女将"。梁氏的表现，即是所谓"西夏社会上层之女将"之"刚强坚韧，胆识过人，作风果敢，智勇双全"的代表，也许确实是考察"西夏女兵现象"时应当注意的"亮点"。①

11. 西夏的"寨妇"

西夏政权与宋王朝在战争状态中，双方都设置"堡寨"作为攻防工事。《宋史》卷一〇《仁宗纪二》"禁边臣增置堡寨""省陕西沿边堡寨"②等政策，都体现了"堡寨"曾经在宋边防系统中的作用。而西夏建国之初，就注重"堡寨"的营建。"始于汉界缘边山险之地三百余处，修筑堡寨，欲以收集老幼，并驱壮健，为入寇之谋。"③

这一记载很可能与边地"堡寨"重要的军事作用相关，西夏参与"堡寨"戍守的女性战斗人员时称"寨妇"。

《天盛改旧新定律令》记载："守大城者，当使军士、正军、辅主、寨妇等众人依所定聚集而住，城司自己□□当提举。有不聚集时，当催促，应依高低处罪，令其守城。假若官家及监军司等派人当提举，仍不聚集时，州主、城守、通判等一律不知，未贪赃则应在正军、辅、寨妇等总

---

① 何玉红：《西夏女兵及其社会风尚》，《云南民族大学学报》（哲学社会科学版）2004年第5期。
②《宋史》，第197页，第207页。
③〔宋〕李焘撰，上海师范大学古籍整理研究所、华东师范大学古籍整理研究所点校：《续资治通鉴长编》卷一三二"仁宗庆历元年"五月甲戌条，中华书局2004年版，第3129页。

计十分，缺一二分，不治罪。""一守营、垒、堡城者军溜等中，军士、寨妇等本人不往，向大小头监行贿，令某处住，往者、收留者罪相等，正军、辅主等一律十杖，寨妇笞二十，与行贿罪比较，按重者判断。""正军住城垒中，寨妇不来者，寨妇当依法受杖，勿及服劳役。属者男人因不送寨妇，打十杖。寨妇、男人等皆不来者，依法判断，寨妇勿及服劳役。已行贿则与行贿罪比，按重者判断。"① 有学者指出，"寨妇就是指在城中担任防守职务的女兵"。又说，律令对于这些"寨妇""诸如缺勤、渎职等违纪行为均有详细的处罚规定"。②

西夏参与城防的"寨妇"，又译作"麻魁"。西夏语"麻魁"，本意即"大妇"或"壮妇"。这一称谓强调了她们能够适应战斗的体格。据《续资治通鉴长编》记载，康定元年（1040）九月，宋军攻克西夏白豹城，"凡烧庐舍、酒务、仓草场、伪太尉衙，及破荡骨咩等四十一族，兼烧死土㟅中所藏蕃贼不知人数，及禽伪张团练并蕃官四人、麻魁七人，杀首领七人……"③ 有学者认为，所谓"麻魁七人"，就是被宋军俘获的参与防守白豹城的西夏"寨妇"。④ 然而从"蕃官四人""麻魁七人""首领七人"的语序看，似乎"麻魁"较一般"寨妇"身份等级略高一些。

《范仲淹全集》附录十一有"安置伪首领李家妹"条。其中写道："任福破白豹寨，捉虏到伪首领李家妹，在庆州官员充奴婢。公恐蕃

---

① 史金波、聂鸿音、白滨：《天盛改旧新定律令》卷四《弃守大城门》，法律出版社2000年版，第197页，第195页，第196页。
② 何玉红：《西夏女兵及其社会风尚》，《云南民族大学学报》（哲学社会科学版）2004年第5期。
③《续资治通鉴长编》卷一二八"仁宗康定元年"九月壬申条，第3044页。
④ 尤桦、杨棋麟：《军事视域下的西夏女性群体研究》，《西夏研究》2021年第3期。

界首领闻及，转生怨毒，别起奸弊，遂差指使侍禁石斌往庆州取同延州通判马端及本路都监朱青问得所说事文状一纸，及称于庆州淮安镇有投来军是亲叔。公即差石斌押送庆州，分付与亲叔岁奴收管，令嫁事人为妻。后石斌回，称到彼岁奴骨肉并来，觑当号哭。"①康定元年（1040），宋军破西夏白豹城，俘获党项"蕃官""麻魁"等，还包括一名"伪首领李家妹"。起初李家妹在庆州充任官员奴婢，特殊的性别身份，使得其处置方式的择定惊动了宋军高层领导。范仲淹担心其境遇传闻至"蕃界"，产生不利影响，"转生怨毒，别起奸弊"，于是另予安排，送至"庆州淮安镇"，由早先"投来"宋地的"亲叔岁奴收管"。所谓"令嫁事人为妻"，说明对"李家妹"后来的生活也有所考虑。②从这些情节看，"李家妹"能在"白豹寨"攻守战事中有所表现，应是西夏军武装"首领"。由后来婚嫁事分析，时应在青壮年阶段。

有研究党项妇女风习的论著写道："西夏妇女尚武好战、勇悍刚烈、任侠慷慨的风尚与气节"，和"西夏女兵""参与战斗"的历史表现有关。③这样的分析，是有道理的。

12."一丈青"与"曾氏妇"

宋高宗建炎四年（1130），据说在淮西寿春（今安徽寿春）、舒城（今安徽舒城）一带割据的张用军中有一位人称"一丈青"的女将军。

---

① 〔宋〕范仲淹著，〔清〕范能濬编集，薛正兴校点：《范仲淹全集》，凤凰出版社2004年版，第835—836页。
② 尤桦、杨棋麟：《军事视域下的西夏女性群体研究》，《西夏研究》2021年第3期。
③ 何玉红：《西夏女兵及其社会风尚》，《云南民族大学学报》（哲学社会科学版）2004年第5期。

"一丈青"原为马皋之妻,马皋死后,被一位名叫间勋的将官收为义女。当张用军游击至濠州(治所在今安徽凤阳东北)时,间勋出于劝说张用归附南宋王朝的目的,将"一丈青"许与张用为妻。然而张用并未因此被宋廷收编,反而得到了一名剽悍善战的女将作为助手。

后来成为张用军中军统领的"一丈青",据说能戴甲上马作战,号称能与千人为敌。①

《宋史》卷四六〇《列女传·曾氏妇》说到宋理宗时宁化(今福建宁化)晏氏御寇固守万安寨的事迹:

> 曾氏妇晏,汀州宁化人。夫死,守幼子不嫁。绍定间,寇破宁化县,令佐俱逃,将乐县宰黄垺令土豪王万全、王伦结约诸寨以拒贼,晏首助兵给粮,多所杀获。贼忿其败,结集愈众,诸寨不能御,晏乃依黄牛山傍,自为一寨。一日,贼遣数十人来索妇女金帛,晏召其田丁谕曰:"汝曹衣食我家,贼求妇女,意实在我。汝念主母,各当用命,不胜即杀我。"因解首饰悉与田丁,田丁感激思奋。晏自摧鼓,使诸婢鸣金,以作其勇。贼复退败。邻乡知其可依,挈家依黄牛山避难者甚众。有不能自给者,晏悉以家粮助之。于是聚众日广,复与(王)伦、(王)万全共措置,析黄牛山为五寨,选少壮为义丁,有急则互相应援以为掎角,贼屡攻弗克。所活老幼数万人。②

---

① 〔宋〕徐梦莘撰:《三朝北盟会编》卷一三八《史康民及金人战于定远县》,上海古籍出版社1987年版,第1008页。
② 《宋史》,第13486页。

地方官府遣人遗以金帛,"晏悉散给其下;又遗楮币以劳五寨之义丁,且借补其子,名其寨曰万安"。事闻朝廷,诏封晏氏为恭人,仍赐冠帔,其子特与补承信郎。

女性如"一丈青"成为军队中的战将以及在战乱中如"曾氏妇"成为固守自保的领袖,在当时是比较常见的。

13."八百媳妇"

西南地方的少数民族女性一向有勇武好胜的性格。《蛮书》卷四《名类》说,澜沧江以西地方的望蛮"其人勇捷,善于马上用枪,所乘马不用鞍,跣足衣短甲,才蔽胸腹而已,股膝皆露。兜鍪上插牦牛尾,驰突若飞",并特意指出:"其妇人亦如此。"①

元代曾经发生征伐"八百媳妇"的战争。所谓"八百媳妇",是西南边地土司名。《元史》卷一六八《陈天祥传》等又称之为"八百媳妇国"。《元史》卷一三六《哈剌哈孙传》也说:"西南夷有八百媳妇国未奉正朔,请往征之。"②《元史》又多有"八百媳妇蛮"的称谓。"八百媳妇"既是政治地理概念,也是民族地理概念。据说当地部落首领有妻八百,各领一寨,于是有"八百媳妇"之称。例如,《明史》卷三一五《云南土司传三·八百》就写道:"八百,世传部长有妻八百,各领一寨,因名八百媳妇。"③"八百媳妇"很可能是多数或全部以女子为首领的部落群。

元成宗大德四年(1300),"遣刘深、合剌带、郑祐将兵二万人

---

① 〔唐〕樊绰撰,向达校注:《蛮书校注》,中华书局2018年版,第100—101页。
② 《元史》第3948页,第3293页。
③ 〔清〕张廷玉等撰:《明史》,中华书局1974年版,第8160页。

征八百媳妇"。次年二月,"立征八百媳妇万户府二,设万户四员,发四川、云南囚徒从军"。四月,"调云南军征八百媳妇"。因"八百媳妇"的激烈反抗,元军最终失利。于是,元王朝以处置责任官员来承认远征"八百媳妇"的失败,大德六年(1302),"罢征八百媳妇右丞刘深等官,收其符印、驿券"。① 大德七年(1303)三月,"以征八百媳妇丧师,诛刘深,笞合剌带、郑祐"。②

《元史》卷二一〇《外夷传三·缅》:"蛮贼与八百媳妇国通,其势张甚。"③ 说明了"八百媳妇国"空间位置的特殊。

14. 蛇节"健黠而能兵"

元王朝武装征伐"八百媳妇"的战争,又引发了顺元(今贵州贵阳)等地区民众的武装反抗,女性部族领袖蛇节(或写作"折节")所直接领导的起义,影响尤为显著。

"征八百媳妇"的战事,惊扰了地方正常的社会生产秩序,形成社会危机。许有壬《刘平章神道碑》写道:

> 大德辛丑,……会鬼国酋折节暨獠宋隆济叛。初,右丞刘深言,西南夷有所谓"八百媳妇"者,沃壤多产,可取。朝廷信其言,命之出师湖南北,转输十不致一,民为竭产,役夫死者相枕藉。折节乃渠帅阿那妻,健黠而能兵。师过其境,不堪踩躏,遂叛。遮(刘)深兵,围贵州,朝廷患之……④

---

① 《元史》卷二〇《成宗纪三》,第 433—434,440 页。
② 《元史》卷二一《成宗纪四》,第 450 页。
③ 《元史》,第 4659 页。
④ 〔元〕许有壬撰:《至正集》卷四八,《景印文渊阁四库全书》第 1211 册,第 347 页。

189

黄溍《刘公神道碑》也记述了相关事件：

> 前荆湖占城行省左丞刘深等合五省军二万征八百媳妇，道出八番。八番，古之罗氏鬼国，人性剽悍，地多良马。蛮酋蛇节，水西土官阿那之妻也，有权略，诸蛮咸听其命。水东雍真葛蛮土官宋隆济怒征其丁夫马匹，遂纠蛇节举兵反，攻围贵州，官军为其所邀截，十丧八九，乌撒、乌蒙、东川、芒部望风皆叛，逾□年兵连不解。①

《元史》卷一六二《刘国杰传》也写道：

> 大德五年，罗鬼女子蛇节反，乌撒、乌蒙、东川、芒部诸蛮从之皆叛，陷贵州。诏国杰将诸翼兵，合四川、云南、思播兵以讨之。贼兵劲利，且多健马，官军战失利。②

所谓"贼兵劲利，且多健马"，说明"蛇节"部众有相当强的战斗力。黄溍《刘公神道碑》也有"贼兵骁锐"的说法。③

据《元史》卷一三六《启昔礼传》记载，"蛇节"面对高额度的勒索，"因民不堪"被迫起事：

> ……及次顺元，（刘）深胁蛇节求金三千两、马三千匹。蛇节因民不堪，举兵围（刘）深于穷谷，首尾不能相救。事闻，遣平章刘国杰往援，擒蛇节，斩军中，然士卒存者才

---

① 〔元〕黄溍撰：《金华黄先生文集》卷二五，《续修四库全书》第1323册，第340—341页。
② 《元史》，第3812页。
③ 《金华黄先生文集》卷二五，第341页。

十一二，转饷者亦如之，讫无成功。①

蛇节虽然牺牲，但是也给予了元帝国远征军沉重的打击，元军及其后勤运输力量的损失，竟然多至十分之八九。

与蛇节等一同起义的，还有"阿女"。如许有壬《故通奉大夫湖广等处行中书省参知政事郑公神道碑铭》写道：

大德间，顺元土官宋隆济纠折节、阿女啸诸蛮阻险弄兵。②

又如明人宋濂《杨氏家传》也写道：

缚蛇节，斩隆济、阿女而平之。③

《元史》卷一六二《刘国杰传》也记载："（元成宗大德）七年春，擒斩蛇节、宋隆济、阿女等，西南夷悉平。"④ 与"罗鬼女子蛇节"一同"啸诸蛮阻险弄兵"的所谓"阿女"，性别不能确知，似乎亦未可排除同样是当地部族女性领袖的可能。

15.《元氏掖庭记》"舟上""女军"

宫廷生活场景，有时也可反映世俗生活风格。

---

① 《元史》，第3293页。
② 《至正集》卷五二，第370页。
③ 〔明〕宋濂著，徐儒宗等点校：《宋学士文集（三）·翰苑别集》卷一《杨氏家传》，《宋濂全集》第4册，浙江古籍出版社2014年版，第1130页。
④ 《元史》，第3812页。

《说郛》卷一一〇陶宗仪《元氏掖庭记》记述的"禁苑太液池"夜游情形，帝王与后宫女子泛舟月下，"画鹢""莲舟"左右侍卫仪仗，有"凤队""鹤团"，竟然称作"女军"：

> 己酉仲秋之夜，武宗与诸嫔妃泛月于禁苑太液池中。月色射波，池光映天，绿荷含香，芳藻吐秀，游鱼浮鸟，竞戏群集。于是画鹢中流，莲舟夹持，舟上各设女军。居左者，冠赤羽冠，服斑文甲，建凤尾旗，执泥金画戟，号曰"凤队"。居右者，冠漆朱帽，衣雪氅裘，建鹤翼旗，执沥粉雕戈，号曰"鹤团"。又彩帛结成采菱采莲之舟，轻快便捷往来。①

据说"舟上各设女军"，左边"凤队""冠赤羽冠，服斑文甲，建凤尾旗，执泥金画戟"，右边"鹤团""冠漆朱帽，衣雪氅裘，建鹤翼旗，执沥粉雕戈"。前者"冠赤羽冠，服斑文甲"，后者"冠漆朱帽，衣雪氅裘"，分别模拟"凤""鹤"形象与毛羽色彩。"凤队"旗号"凤尾"，"鹤团"旗号"鹤翼"，各自象征瑞禽。又分别"执泥金画戟"，"执沥粉雕戈"，虽然均为精心装饰的仪仗，"戟""戈"却是实实在在的兵器。

《元氏掖庭记》所见"武宗与诸嫔妃泛月于禁苑太液池中"的"舟上"，"凤队""鹤团"明确被称作"女军"，或许在某种意义上显现了战争记忆，也保留了尚武精神。

蒙古军团不仅能够驰马射雕，"舟师""水军"之强大②，也是

---

① 〔明〕陶宗仪等编：《说郛三种》，上海古籍出版社1988年版，第5083页。
② 《元史》记录同时出现"舟师""水军"者，有《元史》卷一〇《世祖纪七》，《元史》卷九九《兵志二》，《元史》卷一五九《赵良弼传》，第203页，第2540页，第3749页。

其击灭南宋、实现统一的重要条件。而远征爪哇、日本的战事①，也是军事史与航海史均值得特别重视的记录。所谓"舟上""女军"，可以给予我们有关女性可能参与蒙古军团战争的启示。

---

① 《元史》卷一七《世祖纪十四》："以泉府太卿亦黑迷失、邓州旧军万户史弼、福建行省右丞高兴并为福建行中书省平章政事，将兵征爪哇，用海船大小五百艘、军士二万人。"《元史》卷二一〇《外夷传三·爪哇》："世祖抚有四夷，其出师海外诸蕃者，惟爪哇之役为大。""至元二十九年二月，诏福建行省除史弼、亦黑迷失、高兴平章政事，征爪哇。"第359页，第4664页，第4665页。《元史》卷八《世祖纪五》："敕凤州经略使忻都、高丽军民总管洪茶丘等，将屯田军及女直军，并水军，合五千人，战船大小合九百艘，征日本。"《元史》卷一一《世祖纪八》："遣使括开元等路军三千征日本。""高丽国王王賰领兵万人、水手五千人、战船九百艘、粮一十万石，出征日本。"《元史》卷一二《世祖纪九》："高丽国王请自造船一百五十艘，助征日本。""发五卫军二万人征日本。""命右丞阇里帖木儿及万户三十五人、蒙古军习舟师者二千人、探马赤万人、习水战者五百人征日本。""前后卫军自愿征日本者，命选留五卫汉军千余，其新附军令悉行。""以侍卫亲军二万人助征日本。""调黎兵同征日本。""以茶忽所管军六千人备征日本。"《元史》卷一三《世祖纪十》："遣使告高丽发兵万人、船六百五十艘，助征日本。""增阿塔海征日本战士万人、回回炮手五十人。"第154页，第226页，第228页，第244页，第250页，第252页，第253页，第257页，第259页，第281页，第281—282页。

第七章　明代军中女子：女帅·女将·女兵

明朝是元末农民起义领袖朱元璋建立的政权。

在明王朝统治的277年间，农业和手工业水平得以提高，商品货币经济有所发展，新的经济形式的萌芽开始出现。

在这一历史时期，各民族间的关系也愈益密切，民族之间的交往有亲和与战争两种形式。

明朝的对外关系也出现了新的局面，除了与亚洲各国的交通往来有新的发展而外，耶稣会士的东来，使东方古国直接接受到了比较先进的科学技术。外来军事强权势力在沿海地区的武装掠夺和中国人民的奋勇抗争，则使中国战争史展开了新的篇章。

明代的民族战争和对外战争，都有妇女参与。

明末农民战争是中国古代农民战争史中最为壮丽的一幕。急烈的暴动迅速摧毁了腐恶的旧政权，满族铁马入关，又使战争的性质发生了转变。明末战争中女子的军事实践，使历史在污黯的血色之中闪耀着烁烁光辉。

1. "妖妇唐赛儿"起事

永乐十八年（1420），山东益都（今山东益都）地区爆发了唐赛

第七章 明代军中女子：女帅·女将·女兵

儿领导的农民起义。

唐赛儿是山东蒲台（今山东滨县南）人林三之妻，略识文字。丈夫去世后，据说她在扫墓归途中偶得一石匣，内有宝剑兵书，取书究习，于是通晓诸术，自号"佛母"，秘密联络民众，聚集五百人，据益都卸石棚寨起事。《明史》卷七《成祖纪三》："二月己酉，蒲台妖妇唐赛儿作乱，安远侯柳升帅师讨之。"①

青州卫指挥使高凤领兵捕之，败绩。明王朝派人招抚，唐赛儿杀招抚者。安远侯柳升领兵进剿，唐赛儿假作乞降，自称"寨中食尽，且无水"，柳升往据东门汲道，起义军却乘夜自西面突围，又袭击官军兵营。后有"男妇百余"被捕，而"赛儿竟遁"。②起义军又转战安丘、诸城、即墨、莒州、寿光等地，部众发展至数万人。

明王朝调集重兵围攻唐赛儿部，经过激烈血战，起义军溃散。《明史》卷一四九《夏原吉传》："山东唐赛儿反，事平，俘胁从者三千余人至。"③可知其起义参与人众之多。

官军搜捕唐赛儿而不能得，疑心她隐藏在尼众或女道士中，于是"尽逮山东、北京尼及天下妇女之出家者，先后数万人"，"后果于尼中捕得之"。据说，"（唐赛儿）将伏法，怡然无惧色。裸而缚之，临刑刃不能入。不得已，复下狱。三木被体，铁钮系两足，俄皆自脱遁去。自三司以下及将校诸官皆以失寇死，而赛儿不知所之"。④《国

---

① 《明史》，第99页。《明史》卷一五四《柳升传》亦称"蒲台妖妇唐赛儿反"，第4236页。《明史》卷一五八《段民传》称"山东妖妇唐赛儿作乱"，第4314页。《明史》卷一七五《卫青传》称"蒲台妖妇林三妻唐赛儿作乱"，第4655页。《明史》卷三〇九《流贼列传》："永乐中，唐赛儿倡乱山东。"第7947页。
② 〔清〕万斯同撰：《明史》，《续修四库全书》第331册，上海古籍出版社2013年版，第425—426页。
③ 《明史》，第4152页。
④ 〔清〕毛奇龄：《后鉴录》卷一，《续修四库全书》第432册，第211页。

195

朝典汇》卷一六四《兵部》则说"尽逮天下出家妇女"事在唐赛儿被捕又"遁去"之后,"将伏法,怡然不惧,裸而缚之诣市。临刑,刃不能入。不得已复下狱,三木被体,铁钮系足,俄皆自解脱,竟遁去,不知所终。三司郡县将校等官皆以失寇诛。上以唐赛儿久不获,大索甚急,虑溷处尼中,遂命法司凡北京、山东境内尼及道姑尽逮至京讯之。既又尽逮天下出家妇女,先后几万人。山东参政段民抚定绥辑,曲为解释,人情始安"。①

明王朝镇压唐赛儿起义军的官军宣布战绩,往往称获"男妇"若干。可见唐赛儿军中的构成,包括相当数量的女子。

唐赛儿最终安然逃走,不知所终,说明这次武装斗争虽然失败,但是唐赛儿这样的起义女英雄在民众中仍然有极高的威望。当地人民为了纪念她,甚至改称她起事的地方为"唐王寨"。民国《增修博山县志》卷二《山脉》"唐王寨"条记载:"唐王寨。县东五十五里,古城西山上。传明初唐赛儿作乱据此。"②不仅保存了相关历史记忆,而且肯定了她"王"的权威。

2. 邓茂七起义:"女将军"

明代前期和中期的民众起义,多有妇女参加。

例如,正统年间的邓茂七、叶宗留起义,队伍骨干中就有所谓"女将军"。高岱《鸿猷录》卷九记述:

---

① 〔明〕徐学聚撰:《国朝典汇》,《四库全书存目丛书·史部》第266册,齐鲁书社1996年版,第422页。
② 《续修博山县志》,成文出版社1969年据民国二十六年铅印本影印版,第174页。

（正统十四年）三月，指挥王钺捕贼于高阳里，获贼妇廖氏，伪号"女将军"。廖氏，瓯宁人，被掳至邓伯孙所，妖淫善幻，最骁捷，兵败归母家，获之。

同书卷一〇还写道："贼前后听招，复业者九千余家，男妇二万余人。"① 也说到妇女是起义军队伍的基本构成。

朱国祯在《涌幢小品》卷三二中，也曾经说到起义军中的妇女：伍骖以御史之职前往福建，"时汀贼方炽，公单骑趋上杭，询贼出没。时俘贼妇女，械系苦楚，悉纵之"。②

3. 刘六、刘七起义："杨寡妇军"

著名的刘六、刘七起义军中，有一支被称作"杨寡妇军"的部队。孙继芳《矶园稗史》卷一写道："正德己巳、庚午间，霸州刘七、刘六、赵风子、齐彦名、杨寡妇盗起，势甚猖獗，北直隶、山东、河南城邑俱被攻破，杀将杀守令，不可胜计。"③万历《泽州志》卷一五："正德末，霸州贼赵镓、刘六、刘七、杨寡妇等流劫中原，分寇阳城东白巷等处。"④《西园闻见录》卷七三《兵二二》写道："正德间，流贼刘六、刘七等作乱，横行河南、山东间。""刘七、杨寡妇以千骑犯利津。"⑤《留青日札》卷三五"江彬"条："刘六、刘七、

---

① 〔明〕高岱撰，孙正容、单锦珩点校：《鸿猷录》，上海古籍出版社1992年版，第219页，第223页。
② 《涌幢小品》，第635页。
③ 〔明〕孙继芳撰：《矶园稗史》，《续修四库全书》第1170册，第555页。
④ 〔明〕傅淑训重修，〔明〕郑际明续修，马甫平点校：《泽州志》，北岳文艺出版社2009年版，第752—753页。
⑤ 〔明〕张萱撰：《西园闻见录》，《续修四库全书》第1169册，第644页。

赵风子、邢老虎、杨寡妇倡乱内地，号为流贼。官军屡败。"①高岱《鸿猷录》卷一二是这样记述的：

> 杨虎略得崔氏为妻，亦骁健，时领贼众劫掠，后（杨）虎死，有"杨寡妇军"是已。时山东郡县多为贼所破。②

在其他起义军中，也有以女子为统领，或者以女性为主的部队。

在有关明王朝镇压四川保宁蓝廷瑞、鄢本恕起义的历史记录中，多有"俘获妇女""甚众"的文字。又如高岱《鸿猷录》卷一三记载：

> （正德六年九月）二十一日，李钺督诸将校，分兵为六哨，由大垭、小垭、月垭各关并进，直冲高梁。贼不能御，六面皆令，破其中坚，斩贼首任胡子等，贼大败。追杀三十余里，斩首一千八百余级，生擒方四妻妾，俘获幼男妇女三千四百余人。

一次作战，幼男妇女被俘即多至三千四百余人，可以说明起义军中妇女数量众多。所谓"方四妻妾"可能也是战斗人员，在后来的战事中又被"贼"所营救："贼见兵少，还兵冲杀，千户田宣、冉廷质等官兵败，所擒方四妻妾并骡马复被夺去。"③

4. "连氏"军"西寇""南掠"

嘉靖年间，山东爆发以连氏为首领的起义。毛奇龄《后鉴录》卷

---

① 〔明〕田艺蘅撰，朱碧莲点校：《留青日札》，上海古籍出版社1992年版，第664页。
② 《鸿猷录》，第279页。
③ 《鸿猷录》，第289页。

四有这样的记载：

> 嘉靖二十五年，汶上田斌妻连氏，与白莲僧惠金、妖人杨惠通，煽乱焚杀曹、单、滕、濮间。凡所掠丁壮，醉以药，咒之，使列阵前，则憨战，不避死伤，以故从者日益众。东抚何鳌以状闻，即命（何）鳌讨贼，（何）鳌坐视不少动。无何，贼大炽，西寇归、开，南掠徐、凤。治河都御史詹瀚集役卒格斗，败之，卫兵继至，获（田）斌及连氏，余党释去。①

连氏起义所波及的地区相当广大，所谓"曹、单、滕、濮"，"归、开"，"徐、凤"，包括山东曹州（今山东菏泽）、单县（今山东单县）、滕县（今山东滕县）、濮州（今山东范县西南），河南归德府（治所在今河南商丘）、开封府（治所在今河南开封），南京徐州（治所在今江苏徐州）、凤阳府（治所在今安徽凤阳）等地方。黄淮平原大多地方都被"寇""掠"。说其势"大炽"，是符合暴动前期的实际发展态势的。

5. 明代"木兰"：韩贞女从军

明代出现与《木兰诗》中木兰从军相类似的故事。

明人田艺蘅《留青日札》卷二〇有"复见两木兰"条，写到两则明时女扮男装事。其中韩氏有从军远征的经历：

> 韩氏，保宁民家女也。明玉珍乱蜀，女恐为所掠，乃易男子饰，托名从军。调征云南，往返七年，人无知者，虽是

---

① 《后鉴录》，第232页。

同伍亦莫觉也。后遇其叔,一见惊异,乃明是女。携归四川,当时皆呼之曰"贞女"。①

有学者以之为"女性易装从军,供职行伍,成为职业军人"史例。②田艺蘅感叹"我朝两木兰"所说到的另一则"木兰"故事,虽言"易男子装","变服为丈夫"③,然并没有从军情节。

焦竑《焦氏笔乘》卷三有"我朝两木兰"条,也说到同样的故事。④韩氏事迹又见赵善政《宾退录》卷一。⑤《明史》卷三〇一《列女传一·贞女韩氏》也有相关记载:

贞女韩氏,保宁人。元末明玉珍据蜀,贞女虑见掠,伪为男子服,混迹民间。既而被驱入伍,转战七年,人莫知其处女也。后从(明)玉珍破云南归,遇其叔父赎归成都,始改装而行,同时从军者莫不惊异。洪武四年嫁为尹氏妇。成都人以韩贞女称。⑥

明代保宁府,治所在今四川阆中。

---

① 《留青日札》,第371页。
② 赵崔莉:《明清女性职业的多元拓展与价值提升》,《中国社会经济史研究》2014年第2期。
③ 《留青日札》,第371—372页。
④ 〔明〕焦竑撰,李剑雄点校:《焦氏笔乘》,中华书局2008年版,第112—113页。
⑤ 〔明〕赵善政撰:《宾退录》,王云五主编:《丛书集成初编》第2821册,商务印书馆1936年版,第4页。
⑥ 《明史》,第7693页。黄云眉《明史考证》:"《旧考》:'按《四川通志》,韩氏自称韩国保,后从王总兵略云南还,经成都,叔父赎归以适马氏,与此互异。又按《明玉珍传》:玉珍将万胜有智勇,玉珍爱之,使从己姓,众呼为明二。玉珍据蜀,遣万胜、邹与又李某者,分道攻云南,两路皆不至,惟胜兵深入,逾年,以孤军无继引还。不言玉珍破云南事,意当时韩氏所从,或即万胜耳。'按焦竑《焦氏笔乘》卷三有'我朝两木兰'文,无'嫁为尹氏妇'语,赵善政《宾退录》卷一有'后适尹氏'语,而不著其时。"《明史考证》第7册,中华书局1985年版,第2328页。

明代徐渭诗文书画皆得盛名，杂剧作品有著名的《四声猿》。《四声猿》为四种故事合本，其中之一即《雌木兰替父从军》。

《雌木兰替父从军》，又作《雌木兰》《木兰女》《代父从军》。有人认为徐渭此剧因田艺蘅《留青日札》韩贞女故事而作。然而，"木兰姓花名弧及嫁王郎事，皆系（徐）渭撰出"。①

6. 女帅秦良玉

明代末年，一位骁勇超人的女将军在历史上留下了赫赫声名。这就是曾经率军北御后金、内战强敌的勇武女将秦良玉。《明史》卷二二《熹宗纪》中可以看到这样的记述："石砫宣抚使女土官秦良玉起兵讨贼。"②

据《石砫厅志·土司志》记载，秦良玉忠州（今重庆忠县）人，少时通经史，工词翰，曾经与兄弟"同习骑射，究心韬略"。③《蜀龟鉴》卷七载，其父曾经感叹道："惜哉！笄而不冠，汝兄弟皆不及也。"秦良玉答道："使儿得掌兵柄，出入万军中，洗夫人何足道哉！"④

《明史》卷二七〇《秦良玉传》记载，秦良玉嫁重庆卫石砫（今重庆石柱县）宣抚司宣抚使马千乘。万历二十七年（1599），播州宣

---

① 庄一拂：《古典戏曲存目汇考》卷六，上海古籍出版社1982年版，第429页。
② 《明史》，第299页。
③ 〔清〕王槐龄纂修：《补辑石砫厅新志》，中国地方志集成编纂委员会编：《中国地方志集成·重庆府县志辑》第21册，巴蜀书社2016年版，第37页。
④ 〔清〕刘景伯撰：《蜀龟鉴》，《四库未收书辑刊》第3辑第15册，北京出版社2000年版，第99页。《中国民族女英雄传记·书明都督总兵秦良玉佚事》则写道："葵尝语诸子曰：'惜不冠耳！汝兄弟皆不及也。'玉曰：'锦伞锦车，曷尝冠哉？使儿得掌兵柄，夫人城、娘子军，不足道也。'"严济宽：《中国民族女英雄传记》，商务印书馆1943年版，第23页。

慰使杨应龙叛乱，马千乘以三千人从征播州（播州宣慰司治所在今贵州遵义），"（秦）良玉别统精卒五百裹粮自随。与副将周国柱扼贼邓坎"。次年正月二日，播州军乘官军年宴，夜袭，"（秦）良玉夫妇首击败之，追入贼境，连破金筑等七寨。已，偕酉阳诸军直取桑木关，大败贼众，为南川路战功第一"。①

马千乘去世后，秦良玉代领其职。《明史》卷二七〇《秦良玉传》说："良玉为人饶胆智，善骑射，兼通词翰，仪度娴雅。而驭下严峻，每行军发令，戎伍肃然。所部号白杆兵，为远近所惮。"②

泰昌元年（1620）秦良玉之兄秦邦屏率三千"白杆兵"赴辽东战场。天启元年（1621）三月，后金军在攻陷开原、铁岭之后，围攻沈阳。秦邦屏等前往增援，军至浑河，已闻沈阳失守。众军意气昂然，固请进战。"白杆兵"勇渡浑河，结营未就，即遭到后金军主力围攻，秦邦屏及千余石砫土兵战死。此战被称为"辽左用兵以来第一血战"。③兵部尚书张鹤鸣曾经评说此战："浑河血战，首功数千，实石砫、酉阳二土司功。"④浑河之役后，秦良玉亲率第二批"白杆兵"三千人奔赴抗清前线，"身督精兵三千抵榆关，上急公家难，下复私门仇，气甚壮"。⑤秦良玉受命镇守山海关，力踞后金西图关内必经的要道。因有雄兵镇卫，后金军一直未能破关西进。

秦良玉回川后，又有平奢崇明党反重庆之功，继而西救成都之急，"时诸土司皆贪贼赂，逗遛不进，独（秦）良玉鼓行而西，收新都，

---

① 《明史》，第6944页。
② 《明史》，第6944页。
③ 〔清〕夏燮撰，沈仲九标点：《明通鉴》卷七七"熹宗天启元年"，中华书局2009年版，第2709页。
④ 《明史》卷二七〇《秦邦屏传》，第6944—6945页。
⑤ 《明史》卷二七〇《秦邦屏传》，第6945页。

长驱抵成都,贼遂解围去"。秦良玉乃还军攻二郎关,克佛图关,收复重庆。朝廷命封夫人,赐诰命,复授都督佥事,充总兵官。"(秦)良玉益感奋,先后攻克红崖墩、观音寺、青山墩诸大巢,蜀贼底定。复以援贵州功,数赉金币。"①

崇祯三年(1630),后金军入塞,进逼北京德胜门,秦良玉又奉诏勤王,万里请缨,自蜀中入援京师。崇祯帝优诏褒美,召见平台,赐彩币羊酒,赋四诗旌其功。诗中写道:

> 学就西川八阵图②,鸳鸯袖内握兵符。
> 古来巾帼甘心受,何必将军是丈夫。
> 西蜀征袍自剪成③,桃花马上请长缨。
> 世间多少奇男子,谁肯沙场万里行?
> 露宿饥餐誓不辞④,饮将鲜血代胭脂⑤。
> 凯歌马上清吟曲⑥,不是昭君出塞时。
> 凭将箕帚扫妖奴,一派歌声动地呼。
> 试看他年麟阁上,丹青先画美人图。⑦

传说北京宣武门外的"四川营",就是秦良玉勤王驻军之处。秦良玉命令女兵纺棉织布,宣武门外位于四川营西的棉花头条至七条,据说就是秦良玉属下女兵纺织的地方。棉花胡同正是因秦良玉率领

---

① 《明史》卷二七〇《秦翼明传》,第6945页。
② "西川",一作"四川"。
③ "自剪成",一作"手制成"。
④ "露宿",一作"胡虏"。
⑤ "饮将鲜血",一作"呕将心血"。
⑥ "凯歌马上清吟曲",一作"北来高唱勤王曲"。
⑦ 〔明〕王世德撰:《崇祯遗录》,《四库禁毁书丛刊》史部第72册,北京出版社1997年版,第11—12页。

女兵战斗间隙组织纺织生产而得名。明代诗人董说《秦良玉词》写道："追奔一点绣红旗，夜响刀镮匹马驰。制得铙歌编乐府，姓名肯入玉台诗。"①

明末社会动乱中，秦良玉始终站在明王朝一边。归蜀后，张献忠等所率的农民起义军入川，秦良玉所部与农民军会战于竹菌坪，大败，部众3万人尽溃。大西政权建立之后，秦良玉仍然据境抵抗。

清兵入关，攻占北京之后，兵锋西进南下，席卷千里。各路农民军和南明政权武装坚持抵抗。清顺治三年（1646），福州的隆武帝派使节到石砫，加封秦良玉"太子太保忠贞侯"爵，赐"太子太保总镇关防"印，征调秦良玉所部兵马抗清。年过73岁的秦良玉毅然接受隆武政权的封号，举起了"复明抗清"的旗帜。即将启行时，福州失陷，隆武政权灭亡。

秦良玉病逝之后不久，永历政权的兵部尚书吕大器奉永历帝之命曾经到过石砫。也就是说，秦良玉至死也没有向清政权投降。

《明史》卷二七〇《秦良玉传》后的赞语说："夫摧锋陷敌，宿将犹难，而秦良玉一土舍妇人，提兵裹粮，崎岖转斗，其急公赴义有足多者。彼仗钺临戎，缩朒观望者，视此能无愧乎？"②

对于秦良玉这位率领军士作战的女将军，清人的竹枝词中仍有怀念之作。

王培荀《竹枝词》序文写道："邓通之铜山，富人而乞丐也。张桓侯之刁斗，武人而文雅也。秦良玉之白杆，妇人而丈夫也。亦可谓之三反。作《竹枝词》咏之。"其颂扬秦良玉"妇人而丈夫"的一首

---

① 〔清〕朱彝尊选编：《明诗综》卷八一上《董说》，中华书局2007年版，第4008页。
② 《明史》，第6950页。

写道：

>石砫蛮兵世共闻，桃花匹马破千军。
>沙场不是奇男子，巾帼如何肯赠君。①

别文槼《燕京咏古》也写道：

>石砫秦家好女郎，桃花马上笑勤王。
>请缨入觐天颜喜，蜀锦征袍惹御香。

又有注文：

>《崇祯遗录》：四川石砫女帅秦良玉帅师勤王，召见赐彩币羊酒，御制诗旌之曰："蜀锦征袍手制成，桃花马上请长缨。"②

咸丰时人杨甲秀《徙阳竹枝词》也写道：

>桃花马上请长缨，女将镇边领戍兵。
>侠气销沈遗迹在，颓垣尚说"女儿城"。

原注说：

---

① 〔清〕王培荀撰，魏尧西点校：《听雨楼随笔》卷五，巴蜀书社1987年版，第290—291页。
② 《问花水榭诗集》。王利器、王慎之、王子今辑：《历代竹枝词》，陕西人民出版社2003年版，第4106页。

（首句）用明思宗赠秦良玉句。① 城在州东十里许，相传前明女将屯兵于此。②

清人竹枝词每多追忆著名"前明女将"秦良玉的文字，是耐人寻味的。

郭沫若也有《咏秦良玉四首》诗。其一："石柱擎天一女豪，提兵绝域事征辽。同名愧杀当时左，只解屠民意气骄。"其二："兼长翰墨世俱钦，一袭征袍万里心。艳说胭脂鲜血代，谁知草檄有金音？"其三："平生报国屡争先，隆武新颁瞬二年。八月关防来蜀日，南朝天子又宾天。"其四："莋苻满目咎安归？涨地胡尘接紫微。无复当年风虎意，空余白秆映斜晖。"③

秦良玉是著名女将，然而她的"白杆兵"中大多还是男性。不过，在秦良玉的部队中，确实是有女性战斗人员的。《秦氏家乘》卷四之一《明故太子太保忠贞侯都督佥事总兵官一品夫人秦夫人忠州家祠碑记》有这样的记录：

……于焉练亲军，遴健妇，命女侍改男装。壁垒一新，旌幢万色。霜刀雪剑，天开果毅之营；锦伞绣旗，人识高凉之幕。④

---

① 崇祯赠秦良玉诗有："西蜀征袍自剪成，桃花马上请长缨。世间多少奇男子，谁肯沙场万里行？"〔明〕王世德撰《崇祯遗录》，《四库禁毁书丛刊》史部第72册，第11—12页。
② 林孔翼、沙铭璞辑：《四川竹枝词》，四川人民出版社1989年版，第218—219页。
③ 《郭沫若全集·文学编》第2卷，人民文学出版社1982年版，第207—208页。
④ 转引自秦良玉史研究编纂委员会编：《秦良玉史料集成》，四川大学出版社1987年版，第328—329页。

第七章　明代军中女子：女帅·女将·女兵

图25　中国国家博物馆藏清人叶衍兰绘秦良玉像

图26　清绵竹印本门神"秦良玉"

所谓"高凉之幕"，正对应前引秦良玉语"洗夫人何足道哉"。秦良玉亲近随从当年的住所，北京人称之为"棉花胡同"。据说就是因为秦良玉平时训练峒妇五百以为亲兵，行则男装，止则女装，平时有暇仍然督之纺绩。① 若干年后，有人参观这处"驻兵遗址"，曾经题诗"至今秋雨秋风夜，仿佛筳声杂纺声"以为纪念。② 男装兼女装，筳声杂纺声，秦良玉女军刚中有柔、刚柔相济的风格，依稀可以想见。

秦良玉事迹，妇女史研究学者或以为"勇敢的女将军"，"在行伍中担任指挥重任，巾帼不输须眉"。而其身边"女侍改男装"之"亲兵""健妇"，"也是招募来的职业女兵"。③

----

① 杨鼎昌：《书〈秦良玉传〉后》，《鸣玉溪庐全书》第7种。转引自陈世松《论秦良玉》，《四川大学学报》（哲学社会科学版）1978年第2期。
② 〔清〕李惺：《题北京四川营》。转引自秦良玉史研究编纂委员会编：《秦良玉史料集成》，第146页。
③ 赵崔莉：《明清女性职业的多元拓展及价值提升》，《中国社会经济史研究》2014年第2期。

7. 红娘子传奇：明末农民军中的女将和女兵

管葛山人《平寇志》卷六描述流寇时写道："流寇以马为家，大头领有六七十骑，或百骑。小头领亦二三十骑。所乘止骡，其马不轻骑，留为战用。转营时，惟以妻子牵之。衣服妇女器械等项，各载以驴。"① 可见，一般农民起义军中多有妇女参与各种军事活动。

明代末年，也有以女子为起义领袖的农民军。

《太和县御寇始末》卷下可见以所谓"一条蛇"为名号的起义军首领："许氏，号'一条蛇'"，"身穿红袄绿花肩"，"原夫何舟"。崇祯八年（1635）九月，"一条蛇"被地方乡勇俘获。②

最为著名的农民军女将领，是"红娘子"。

图27　清杨柳青年画"李自成"
（左起第二人为"红娘子"张兰英）

---

① 〔清〕彭孙贻撰：《平寇志》，《四库全书存目丛书·史部》第55册，第830页。
② 〔明〕吴世济等撰：《太和县御寇始末》（外一种），浙江人民出版社1983年版，第55—56页。

《小腆纪年附考》卷一记载："红娘子作乱,掳(李)信去,强委身事之。(李)信不从,逃归。有司疑其为内应,执下狱。红娘子来救,城中民应之,共出(李)信,往归(李)自成。"①

毛奇龄《后鉴录》卷五写道："河南举人李岩者,故尚书李精白子也,原名信。(李)信以父阉党,思澌其丑,尝出粟千石,活饥民,饥民德之,称'李公子'。会红娘子贼起,红娘子,踏绳妓也,重(李)信,卤(李)信去,强委身事(李)信,(李)信乘间归,囚于官。红娘子来救,破囚,饥民之德之者同时起,曰:'李公子活我,今有急,乃杀知县反。'而(李)信投自成,改名岩。"②"李岩"故事,顾诚以严肃的态度认真考订,以为不足信。③有学者赞同。④然而也有学者发表不同意见。⑤我们分析,"红娘子"传说依托的史实背景应当是存在的。所谓"红娘子贼起"者,当时或有类似的以女性为领袖的暴动发生。

妇女组成营队参与反抗明王朝的武装斗争的实例,清人彭孙贻《流寇志》卷五记载有李青山起义军的活动:

> (崇祯十四年五月)贼首李青山(东平州人)屯梁山泊,日操练士马。太安土寇十余万掠宁阳、曲阜、兖州,卤妇女,

---

① 〔清〕徐鼒撰,王崇武校点:《小腆纪年附考》,中华书局1957年版,第10页。
② 《后鉴录》,第242页。《明史》卷三〇九《流贼传·李自成》也写道:"杞县举人李信者,逆案中尚书李精白子也,尝出粟振饥民,民德之曰:'李公子活我。'会绳伎红娘子反,掳(李)信,强委身焉。(李)信逃归,官以为贼,囚狱中。红娘子来救,饥民应之,共出(李)信。"第7956页。
③ 顾诚:《李岩质疑》,《历史研究》1978年第5期;顾诚:《李岩质疑——明清易代史事探微》,光明日报出版社2012年版。
④ 王兴亚:《李岩的籍贯、家世及其在杞县举义事迹质疑》,《郑州大学学报》(哲学社会科学版)1978年第3期;秦新林:《李岩在京史实质疑》,《史学月刊》1996年第3期。
⑤ 张国光:《关于〈李岩质疑〉的质疑》,《北京师范大学学报》(社会科学版)1979年第2期;陈生玺:《再论李岩其人——顾诚〈李岩质疑〉辨误》,《文史哲》2020年第5期。

蒙以甲仗，伪为男子守营。贼四出焚掠。[1]

又同书崇祯十六年（1643）正月，张献忠"屠蕲州，犁其城，留妇女供拆毁，不力即杀"的记载[2]，也反映了妇女参加平毁军事工事的劳作。

农民军中多有妇女随行的情形，可以从《流寇志》中的有关文字得到反映。例如：

（崇祯八年十二月）庚子廿四，追至子午谷，夺回子女二千口。（卷二）

所掳子女百千，临行不能多带，尽杀之而去。（卷二）

（崇祯九年正月）闯大众为理臣所挫，分股而逃，半窜六合山谷，半辖所卤妇女归老营。（卷三）

贼辎重妇女甚多。（卷四）

（崇祯十三年十二月）闯将穷蹙，不得他逸，食且尽，自经者数，养子李双喜救之，因尽杀营中所掠妇女，以五十铁骑冲围而南。（卷四）

贼多负创不能驰，保妇女小子。（卷五）

（张）献忠步骑七十哨，分为四大营。……妇女小子数万。（卷六）

初，六安夹岭之战，老本贼被伤二百余，肩舆舁以行，皆就僇，浮骴满林壑，狐犬鸢乌噪呼相逐，臭达百里。夺其骡马数万、妇女数千。（卷六）

（崇祯十六年七月）（张献忠）复还岳州，尽杀所卤妇女，投尸于江。（卷八）

---

[1]〔清〕彭孙贻撰：《流寇志》，浙江人民出版社1983年版，第81页。
[2]《流寇志》，第105页。

（顺治二年）（李定国）趣诸军妇女倥匆速装。（卷一四）①

据清人魏源《圣武记》卷一二《武事余记·掌故考证》说："李自成兵，初称百万，及李赤心降何腾蛟，亦号称五十万。考史馆诸王、诸臣列传，则（李）自成悉众至山海关实二十万，又英亲王自陕西追贼而南，（李）自成率兵十三万及守湖广兵七万，亦共二十万而已，则五十万，殆家口妇女充数也。"②就是说，在农民军众多人数中，是包括"家口妇女"在内的。

8.《明史·列女传》"义烈"事迹：于氏、萧氏、杨氏

农民军中有"家口妇女"，政府军也同样包含女性家属，"左良玉兵号八十万，末年亦动言三十万，高杰兵动言二三十万，及降英王、豫王军前，则左兵十万，高兵十三万而已。盖平时亦家口老弱充数，及降时造册解散，则水落石出也"。③兵员原本不足，"动言"若干者，往往"亦家口老弱充数"。其数额，是包括女性家属的。

其实，借妇女"充数"以壮军威是一种可能，而当时多有妇女随军参与军事，应也是比较普遍的情形。当然在正式"造册"时，则不免"水落石出"。

从史籍的记载中可以看到，除明末农民军中多有女将女兵参与武装斗争外，也有许多站在农民军对立面的女性。

---

① 《流寇志》，第35页，第39页，第66页，第69页，第83页，第97页，第120页，第220页。
② 〔清〕魏源撰：《圣武记》（附《夷艘寇海记》），岳麓书社2011年版，第511页。
③ 《圣武记》（附《夷艘寇海记》），第511页。

例如,《明史》卷三〇三《列女传三》中,记载了这样三位女子的事迹:

> 于氏,汝州张铎妻。崇祯十四年,贼破城,氏谓两婢曰:"吾辈今日必死,曷若先出击贼,杀贼而毙,不失为义烈鬼。"于是执梃而前,贼先入者三,出不意,悉为所踣。群贼怒,攒刺之,皆死。
>
> 萧氏,万安赖南叔妻。夫早丧,无子,遗一女。寇大起,筑室与女共居。盗突至,率女持利刃遮门,詈曰:"昔宁化曾氏妇,立寨杀贼。汝谓我刃不利邪!犯我必杀汝。"贼怒,纵火焚之,二人咸烬。
>
> 又杨氏,安定举人张国絋妾。崇祯十六年,贼贺锦攻城急。(张)国絋与守者议,丁壮登陴,女子运石。杨先倡,城中女子从之,须臾四城皆遍。及城陷,杨死谯楼旁。事定,家人获其尸,两手犹抱石不脱。①

特别是第三例安定杨氏的故事,可以看作"城中女子"共同参与守城战斗的史例。而"及城陷,杨死谯楼旁"以及"事定,家人获其尸,两手犹抱石不脱"的情节,使人印象至深。

万安萧氏事迹中所说到的"昔宁化曾氏妇,立寨杀贼",未能确指。或许与《宋史》卷四一《理宗纪一》"(绍定三年)秋七月丁酉,汀州宁化县曾氏寡妇晏给军粮御漳寇有功,又全活乡民数万人,诏封恭人,赐冠帔,官其子承信郎"的记载有关。② 从萧氏的语气可以推知,在当时这可能是人所周知的女军故事。宁化,即今福建宁化。"立寨

---

① 《明史》,第7750—7751页。
② 《宋史》,第793页。

杀贼"语，可以使曾氏事迹于"给军粮御漳寇"的简略记载外，得到更具体的补充。

9. "夫人城"与"宁武关"刘氏故事

此外，《流寇志》卷一记载，崇祯四年（1631）七月，与农民军对战的沁水（今山西沁水）地方武装，曾经有"夫人城"的故事：

> 七月癸酉朔，寇入沁水，士民弃村堡，多避入山谷中。张忠烈公（铨）家县东北窦庄。初，忠烈父尚书已殁，忠烈子道濬（锦衣卫都督）、道泽（户部主事）仕京师，惟夫人霍氏守舍。众议弃堡去，夫人语少子道澄曰："避贼而出，家不保，出而复遇贼，身不免，等死耳，死于家不犹愈于野乎？坚守，贼必不得志。"部署僮仆御之。贼至，环攻堡。矢炮伤贼众，退休一舍。丙子初四昧爽，贼闻官兵且至，拔营去。其避山谷者，多被贼淫杀，张氏宗族独得全。冀北道副使王肇生表其堡曰"夫人城"。[①]

同书卷九还记载了崇祯十七年（1644）三月著名的宁武关（今山西宁武）之战：

> 贼陷宁武关，总兵周遇吉死之。（周）遇吉先守代州，十六年贼犯代州，杀贼万余，移守宁武关。妻刘氏，工骑射。……（周）遇吉出战，妻刘氏佩弓矢巡城，知（周）遇

[①]《流寇志》，第7—8页。

吉死,归自缢,举火阖门自焚。①

刘氏在丈夫出战时"佩弓矢巡城"等事迹,使宁武关也被称为"夫人城"。

霍氏"夫人城"故事亦见于《明史》卷二九一《忠义传三·张铨》:"(张)铨父五典……筑所居窦庄为堡,坚甚。崇祯四年,流贼至,五典已殁,独铨妻霍氏在,众请避之。曰:'避贼而出,家不保。出而遇贼,身更不保。等死耳,盍死于家。'乃率僮仆坚守。贼环攻四昼夜,不克而去。副使王肇生名其堡曰'夫人城'。乡人避贼者多赖以免。"②周遇吉夫人刘氏据守抗敌事,亦另有记载。周遇吉为山西兼关门、代州三关总兵。"夫人刘氏,率妇女据山头公署,登屋而射,贼不敢迫。矢尽,纵火自焚。贼自发难以来,无如此之大衄者。刻期退矣,而大同姜镶、宣府王通各镇降表相继至,遂犯阙。《启祯野乘》曰:'嗟乎!周忠武之殉难,阖门亲属,尽化烟尘。合镇兵民,悉罹锋刃。死后贼犹啮指而畏,前此未有也。尤异者,刘夫人之亲率妇女,凭城射贼,全家俱烬,壮哉!李小有有云:'以视亲执桴鼓之梁夫人,勇矣,愧无其烈;以视夫妇同死之赵昂发,烈矣,愧无其勇。'知言哉!"③

女子参加城守的事迹,又有张景星动员"妇女上城"之事可以作为例证。据《闽事纪略》记载:当时军情危急,"(张)景星厉声曰:'今晚男子困乏,须妇女上城。吾老妾、幼婢,尚堪鞍马,何论绅衿,有下城者,共砍之……'民知必死,上城飞石,石少,则妇女拾瓦砾

---

① 《流寇志》,第149—150页。
② 《明史》,第7455—7456页。
③ 〔清〕张怡撰,魏连科点校:《玉光剑气集》卷六《忠杰》,中华书局2006年版,第280—281页。

佐之"。①

10. "两女将军"：沈云英和刘淑英

清人汪有典《史外》卷三一《前明忠义别传》有《两女将军传》，记述沈云英和刘淑英事迹：

> 沈云英，浙江萧山人。居长巷里中。父至绪，崇祯辛未武进士，为道州守备。云英性聪慧，工书，旁涉经史。癸未，张献忠破武昌，入湖南，陷岳州，过洞庭，风作，覆其百艘。大怒，还岳州，纵火延烧，遂骑而破长沙、宝庆、衡州，湖南郡县皆靡，唯道州以至绪力战得全。

之后不久，沈至绪"既而再与贼战，马惊仆，陨于阵"。沈云英闻讯挺身而出，夺回父尸，又成功保守道州：

> 云英闻父变，奋呼持矛趋贼垒，夺父尸还。贼环搦之，云英左右支格，贼莫能伤。完守入保，而道州终不可破。

"湖抚王聚奎疏闻，烈帝诏赠至绪昭武将军，赐祠麻滩邑，而授云英游击将军，仍代父为守备，领兵守道州。""于今萧山人称长巷沈氏有女将军。"②

沈云英率骑陷阵破敌，因功授游击将军的故事，又见于清乾隆年

---

① 〔清〕华廷献撰：《闽事纪略》，台湾大通书局2000年版，第25页。
② 〔清〕汪有典撰：《史外》，《四库禁毁书丛刊》史部第20册，北京出版社1997年版，第653页。

间鲁忠的《鉴湖竹枝词》：

> 胭脂泪洒石榴裙，秣輅霜戈扫贼氛。
> 夺得沙场新战骨，果然巾帼胜将军。

作者自注说明了故事的背景和经过：

> 明道州守备沈至绪剿流寇战没，其女云英率骑入贼阵杀贼，夺父骸归，贼骇避去。事闻，授云英游击将军，命领军守道州。①

沈云英作为在镇压农民军战事中立功的女将军，名声响亮。人们常以"秦良玉、沈云英"并称。②清人毛奇龄为她撰写的墓志铭称颂其"大复仇以报录，肆弹乱以卫国"。毛奇龄还写道：

> 将军于父为孝，于国为忠，于夫为节，于身为贞。此为女德，又擅妇训。文能传经，武足勘乱。而犹不得援故典，托微文，导淑施于既往，扬清芬于后来，匪帷旧史之缺遗，抑亦学人之寡陋也。③

---

① 丘良任等编：《中华竹枝词全编》（四），北京出版社2007年版，第843页。
② 如〔清〕皮锡瑞：《鉴古斋日记评》卷四，吴仰湘编：《皮锡瑞全集》第8册，中华书局2015年版，第578页；〔清〕陈文述撰：《颐道堂诗外集》卷九，《续修四库全书》第1505册，第517页；〔清〕陶樑撰：《国朝畿辅诗传》卷三三"董榕"条，《续修四库全书》第1681册，第426页；〔清〕夏之蓉撰：《半舫斋古文》卷二，《四库未收书辑刊》第玖辑第26册，第21页；徐世昌编，闻石点校：《晚晴簃诗汇》卷六八"董榕"条，中华书局1990年版，第2828页。
③〔清〕毛奇龄撰：《西河全集》卷九七《故明特授游击将军道州守备列女沈氏云英墓志铭》，台湾商务印书馆1986年版，《景印文渊阁四库全书》第1321册，第100—101页。

第七章　明代军中女子：女帅·女将·女兵

《书毛西河撰明沈云英墓志后》序文对沈云英事迹有更具体的追述："流贼攻武昌，至绪战死，云英率十余骑入贼栅夺父尸归。亲获贼，手戮仇人以祭。湖北巡抚上其事，诏以父官官之，代领其众。"所谓"率十余骑入贼栅夺父尸归"，以及"亲获贼，手戮仇人以祭"的情节，未见于《两女将军传》。其诗曰："皂纱尺五蛾眉丽，甲光如雪寒珠翠。士女争谭忠孝名，江山尚郁风云气。少小随耶事战争，英雄儿女说云英。弓腰惯试桃花马，眉黛遥分细柳营。老将军威当一面，荆襄岁岁闻传箭。乐府缠绵唱《木兰》，围城慷慨思荀灌。岂料黄巾遍武昌，朝冲夏口暮营阳。元戎马革归无日，燐火沙场碧血凉。将军一恸横刀起，缟素登坛誓同死。东下长江万马奔，此心湛湛如江水。健鹘苍头起一军，黄沙莽莽阵云昏。已归父骨心犹痛，未摅仇胸气不伸。夺骸归来还搏战，三重栅拔长虹断。蚁贼闻声早避锋，军中娘子今重见。幕府论功替请缨，诏书十道付专城。绣旗代领银刀队，不数秦家白杆兵……"①明确说沈云英"夺骸归来还搏战"。

李懿曾又有《女将军沈云英歌》："铁骑江城城欲圮，腥风乱卷黄尘里。红粉将军天上来，十八孩儿惊欲死。将军怒马夺尸还，开营示贼贼不前。咄哉女儿腰一束，乃有姜维之胆雄且坚……"②其中"十八孩儿"句，可以对照前引毛奇龄所谓"云英率十余骑入贼栅夺父尸归"之"十余骑"予以理解。

沈云英在后世颇有影响。清末女革命家秋瑾在诗作中对她的事迹多次表达赞美之意。如《题芝龛记》："今古争传女状头，红颜谁说不封侯？马家妇共沈家女，曾有威名振九州。"题记："《芝龛记传奇》，

---

① 〔清〕陈文述撰：《颐道堂诗选》卷一，《续修四库全书》第1504册，第520页。
② 〔清〕阮亨纂：《淮海英灵续集·庚集》卷三，〔清〕阮元、〔清〕阮亨纂，万仕国、卢娴点校：《淮海英灵集》（附《淮海英灵续集》），广陵书社2021年版，第1195页。

清代董榕所著,纪女将军秦良玉、沈云英故事,有一百余出,杰作也。"①

汪有典《史外》卷三一《前明忠义别传》中《两女将军传》表扬的另一位"女将军"为刘淑英:

> 刘淑英,江西庐陵人。故忠烈刘公铎女也。忠烈死珰祸,淑英时年七岁,母萧恭人陈忠烈遗书教之,旁及禅学、剑术、孙吴兵法,莫不精晓。归同邑王蔼,十八而寡。李自成陷京师,帝后殉社稷。淑英闻变,痛哭曰:先忠烈与王氏皆世禄,吾恨非男子,然独不能歼此渠凶以报国仇。即散家财,募士卒得千人,并其童仆,悉以《司马法》部署指挥,成一旅。然孤军寡援,自念当寇徒死无益。顺治三年丙戌,楚将张先璧驻永新,闻淑英名,请谒淑英,欲资为助。则大喜,开壁门见之,流涕为言,指陈大义。诸军闻之,无不变色却立者。旦日,过先璧营报礼,周视营垒,阅步伐,出千金犒之,佐以牛酒,一军尽欢。

似乎联军形势已经形成,"然先璧心持两端,卒不敢赴敌,且欲纳淑英为配"。刘淑英怒,反应激切:

> 淑英大怒,即筵间拔剑将斩先璧,先璧环柱走。一军皆惊,尽甲。淑英叱曰:若曹何怯吾一女子耳?安事甲?口占诗曰:销磨铁胆甘吞剑,抉却双瞳欲挂门。大书于壁,从容北向拜曰:妾将从先国母周皇后在天左右。先璧悔且惧,率麾下叩头请死。淑英曰:妇言不出于阃。吾为国难,以至于此,事之不

---

① 李宗邺编:《注释中国民族诗选》第4册,中华书局1941年版,第101页。

第七章 明代军中女子：女帅·女将·女兵

济，天也！将军好为之。跨马去。尽散其所募士，使归田里。辟一小庵，曰"莲舫"。迎其母归养，诵佛以终身焉。

汪有典感叹道："呜呼！自光岳气分士无全节，而妇人女子颇往往以忠孝贞烈著称，其亦足悲矣。求尸杀寇，不用城颓，哭父捐躯，如浮江出。盖云英之诰词云尔，云英固可以无愧。淑英痛父被逮，欲先死阙下。母病割股以愈。庶几孝与云英类然。两女子愤然敌忾，卒完节以归为尤难。嗟乎，是固两女子也哉。"①《两女将军传》又载《明忠义别传》卷三一，字句略同。文末"汪有典曰"作"外史氏曰"。②

论者强调"两女将军"的"孝"，与"愤然敌忾"没有直接关系。而刘淑英只是"散家财，募士卒得千人，并其童仆，悉以《司马法》部署指挥，成一旅"，最终并没有实战经历，与沈云英不同。

据方濬师《蕉轩随录》卷一二"明末佚事诗"条："江宁夏子俊先生书《明末佚事诗》。其一云：秦夫人，堂堂白杆兵。刘夫人，弯弓射贼宁武城。游击将军沈云英，锦袍金甲道州营。宫中夜半刀光横，刺虎谁假徽妤名。呜呼，妇人乃若此，视贼区区不如蚁。一声杀贼双蛾喜，宝剑轻提莹秋水。桃花万片飞纤指，不闻声嘶股慄危城里，不闻楚囚相对泣弗止。骂贼死，鸩贼死，何况琼枝曼仙两妓耳。呜呼彼丈夫，请看诸女子。"③李慈铭《越缦堂文集》卷一二称其为"烈妇游击将军沈云英"，以为"千古卓绝"，"尤彤史之奇行"。④用"游击将军"称谓，因为这是朝廷正式所"授"。又有称其为"道州女帅

---

① 〔清〕汪有典撰：《史外》，《四库禁毁书丛刊》史部第 20 册，第 653—654 页。
② 〔清〕汪有典撰：《前明忠义别传》，《四库未收书辑刊》第壹辑第 19 册，第 315 页。
③ 〔清〕方濬师撰：《蕉轩随录》，《续修四库全书》第 1141 册，第 546 页。
④ 〔清〕李慈铭撰：《越缦堂文集》，《续修四库全书》第 1559 册，第 241 页。

沈云英"者。①

《霞外攟屑》卷九《小栖霞说稗》"芝龛记"条说:"汪顶顽《奇女传》,一为沈云英,一为刘云英。"②此"刘云英",不知是否为"刘淑英"之误写。

沈曾植为钱谦益《投笔集》所撰跋文中写道:"明季固多奇女子。沈云英、毕著,武烈久著闻于世。黔有丁国祥,皖有黄夫人,浙海有阮姑娘。其事其人,皆卓荦可传。而黄、阮皆与柳如是通声气。蒙叟通海,盖若柳主之者。异哉!"③"沈云英"名列"明季"诸多"奇女子"之首。

11. "威猛莫伦"阮姑娘

钱谦益《投笔集》卷上有《后秋兴之三》组诗,其三说到"娘子绣旗营垒"和"将军铁矟鼓音":

北斗垣墙暗赤晖,谁占朱鸟一星微?
破除服珥装罗汉,破损齑盐饷伏飞。
娘子绣旗营垒倒,将军铁矟鼓音违。
须眉男子皆臣子,秦越何人视瘠肥。

---

① [清]张九钺《金缕曲》序:"滋兰堂中观演《芝龛记》院本,是前明石柱女帅秦良玉、道州女帅沈云英事。"其辞曰:"黔蜀沧桑话。是前朝,秦家土妇,冼夫人亚。蛮锦珠袍裙六幅,飞上桃花战马。提贼首,淋漓血洒。还请长缨雪国耻,弯弓梢,欲向中原打。应愧死,庙堂者。 道州女帅荆州寡。夺父尸,单刀砍阵,黄巾仆野。挂印亲扶夫榇去,贞媛听潮坐化。剩祠宇,麻滩之下。今日霓裳重演出,问满堂,桦烛谁惊炧,骑赤骊,共来也。"[清]张九钺撰:《紫岘山人全集·诗余》卷上,《续修四库全书》第1444册,第274页。
② [清]平步青撰:《霞外攟屑》,《续修四库全书》第1163册,第656页。
③ [清]沈曾植:《投笔集跋》,[清]钱谦益著,[清]钱曾笺注,钱仲联标校:《牧斋杂著》附录,上海古籍出版社2007年版,第955页。

"破除服珥装罗汉"句下自注:"姚神武有先装五百罗汉之议,内子尽橐以资之,始成一军。""娘子绣旗营垒倒"句下自注:"张定西谓阮姑娘:吾当派汝捉刀侍柳夫人。阮喜而受命。舟山之役,中流矢而殒,惜哉。"钱曾注:"娘子。《长安志》:唐高祖第三女平阳公主举兵于司竹,圜号'娘子军'。"①

钱谦益说"阮姑娘""舟山之役,中流矢而殒"。《罪惟录·列传》卷一二下《张名振》则写道:"甲午正月,复入京口,战不利,失参将阮姑娘。"②民国《黄岩县志》卷三八《杂志·变异》"耿寇始末"题下引《旧志》说"阮姑娘"事迹:"阮姑娘,闽人。系嫠妇。亦率水师,威猛莫伦。举步如飞,遇夜恐人行刺,独宿桅斗之上。部下之寇皆熬煎桐油磨炼两足,有赤脚者,有穿所谓铁草鞋者。怒辄杀人。水战时,本妇辄为先锋。"③民国《台州府志》卷一三五引《功绩录》说:"又有阮姑娘,亦闽人,猛甚,举步如飞。夜恐人行刺,独宿桅斗上。其部下皆熬桐油以炼足。怒即杀人,时率水师寇营。"④

12. 苏氏"女子军"

何乔远在《名山藏》卷八九《列女记一》中记述了多则女子事迹。其中有"苏氏"条,记述"女子军"的故事:"指挥林兴妻苏氏,香山人。正统己巳,寇黄萧养骤攻广城。兴治兵外御之。"城守空虚,一时"雉堞虚无人"。苏氏挺身而出,承担了城守重任。"苏率军人妇,授兵登陴。"全副武装,"皆盔若甲,如男子"。终得取胜。"贼

---

① 《牧斋杂著》,第11—12页。
② 〔清〕查继佐:《罪惟录》第3册,浙江古籍出版社1986年版,第1962页。
③ 光绪《黄岩县志》,清光绪三年刊本,第2952页。
④ 喻长霖等编纂:《台州府志》(点校本)第10册,上海古籍出版社2015年版,第5682页。

退，城完。粤人谓之'女子军'。"①张怡《玉光剑气集》卷二七《列女》也记述：

> 香山指挥林兴，妻苏氏。正统间粤寇黄萧养骤攻广城。兴治兵出，雉堞虚无人。苏率军士妻，援兵登陴，贯甲若男子。贼退城完，粤人谓之"女子军"。②

"女子军"的队伍构成，何乔远说"军人妇"，张怡说"军士妻"，即"香山指挥林兴"属下军人的家属。

这是又一例女子担当城防重任的故事，而以"女子军"称谓为重要标识的故事，是可以看作重要的女军史料的。"苏氏"身为"指挥林兴妻"，在林兴"治兵"外御来寇而城守危机的情况下，"率军人妇，授兵登陴"，或说"率军士妻，援兵登陴"，成功御敌。"指挥""妻"与"军人妇""军士妻"临时集结成军的情形，应当并非战争史中的孤例。

13. 青阳楼上红旗下，娘子援桴指血流

值得我们注意的是，清人竹枝词中，竟然还有女子参与抗清武装斗争的记述。例如郭麐的《潍县竹枝词》中，写到周亮工坚守潍城抵抗清兵的斗争中一位英雄女性的事迹：

> 《通悰》《全城》立壮猷，难忘不独一周侯。
> 青阳楼上红旗下，娘子援桴指血流。

---

① 〔明〕何乔远撰：《名山藏》，《续修四库全书》第427册，第446页。
② 《玉光剑气集》，第942页。

作者有长篇自注，叙说颇为细致生动，关于所谓"青阳楼上红旗下，娘子援桴指血流"，又提供了其他相关背景材料：

> 周亮工，字元亮，别号栎园，南京人。原江西金溪籍，又河南祥符籍。年二十九，登崇祯十三年进士。十四年知潍县，剔奸除弊。十五年十二月初九日，大清兵由烽台口入，潍城被围。公协同士民，誓死坚守。至十六年冬终保全城。其大略见公自作塘报及潍人袁知祉、于门俊《全城纪略》。公即于是年冬行取御史。潍人欲留不可，遂为建生祠祀之。公在潍，尝于县署构陶庵与无事堂。其自作诗有《全城》、《通恺》二集。他人赠答之作有《白浪河上集》。

曾有一位"宛邱王氏""时年十九"而"尝誓死登陴"的事迹，见于郭麐《潍县竹枝词》自注：

> 又潍上两值戒严，公之侧室有宛邱王氏，自号"金粟如来弟子"，尝誓死登陴，时年十九。后五年死广陵，葬白门。见公《赖古堂集》《海上昼梦亡姬诗八章》之第五章曰："危楼城上字青阳，一饭军中尽激昂。旗影全开惭弱女，鼓声欲死累红妆。玉台咏杂空王巷，锦伞尘迷坏色裳。仙佛英雄成底事，劳劳亭畔柳千章。"即咏氏在潍事也。又公在潍所作《城上》诗，谓氏皆有和而戒不外传，惟于《因树屋书影》录其数联，有《围城》云："已分残躯同鼠雀，敢言大树撼蚍蜉。"即氏在潍之作。[①]

[①]《潍县文化丛刊》第3辑，王利器、王慎之、王子今辑：《历代竹枝词》，陕西人民出版社2003年版，第1905—1906页。

《海上昼梦亡姬诗八章》应为《海上昼梦亡姬成诗八章》，收入《赖古堂集》卷七。序文读来依然凄楚动人："姬与予共甘苦者七载余。性悲壮。青阳城上矢死登陴绝命时言：'予为情累，誓不愿再生此世界，幸祝发以比丘尼葬。予生宛丘，死维扬，咸不寂寞。然予魂梦终在白门柳色中，不在箫声明月下也。郎君《城上》诗，犹能默识。幸书一通，并予所和诗置诸左。茗碗、古墨及予素所佩刀置诸右。覆以大士像。左持念珠，右握郎君名字章，仗佛力解脱，非愿再世作臂上环也。'语凄切，人不忍闻。"[1]

其中尤其"予素所佩刀置诸右"的遗嘱，透露出其"性悲壮"的个性风格。周亮工诗于是有"香粉奁中葬佩刀，月明起舞鬼能豪"句。

周亮工后来被迫降清，他的著作原本被收入《四库全书》，但是因为他的《读画录》中有"人皆汉魏上，花亦义熙余"的诗句，乾隆五十三年（1788）复查《四库全书》时被认定"语涉违碍"，予以查毁，他的其他著作连同《因树屋书影》，也一同被禁毁。[2]《书影》一书，受到文学史学工作者的重视，鲁迅《小说旧闻钞》中就有所摘引。《书影》卷一说到"宛丘王氏"能诗事，所引除《围城》一联外，还有《闻警》："薄命怜虫臂，全家在虎牙"，[3]很可能也与守潍抗清战事有关。

清人竹枝词多真切描绘绚丽多彩的社会生活画面，其中有关于女子以不同形式经历军事生活的内容。这些作品有助于增进我们对于中国古代妇女生活史和中国古代军事史的认识。郭麐的《潍县竹枝词》对于探讨中国古代社会妇女地位与作用的文化观念的历史演变具有一

---

[1]〔清〕周亮工撰：《赖古堂集》卷七，《续修四库全书》第1400册，第385页。
[2] 中国第一历史档案馆编：《纂修四库全书档案》下册，上海古籍出版社1997年版，第2145页。
[3]〔清〕周亮工著，张朝富点校：《因树屋书影》，凤凰出版社2018年版，第37—38页。

定的文化史料与社会史料的价值。①

南明桂王朱由榔政权也有女总兵丁国祥以善战闻名。前引沈曾植为钱谦益《投笔集》作跋称"明季固多奇女子","黔有丁国祥,皖有黄夫人"。"丁国祥""黄夫人"事迹见于清人刘献廷《广阳杂记》卷一:

> 永历时有女总兵丁国祥,骁勇善战,能于马上打弩。其夫姓杨,亦总兵。秦王出降后,丁亦投诚。住贵州,常男妆与士夫交接。

同卷还写道:

> 霍山黄鼎,字玉耳,霍山诸生也。鼎革时起义,后降洪经略。授以总兵,使居江南。其妻独不降。拥众数万,盘踞山中,与官兵抗,屡为其败。

总督马国柱意以黄鼎劝降其妻:

> 总督马国柱谓鼎:"独不能招汝妻使降乎?"鼎曰:"不能也。然其子在此,使往,或有济乎?"国柱遂使其子招之。

黄鼎妻则提出了"降"的条件:

> 鼎妻曰:"大厦将倾,非一木所能支。然志士不屈其志,吾必得总督来庐一面,约吾解众,喻令剃发,然吾仍居山中,

---

① 王慎之、王子今:《清人竹枝词所见女军史料研究》,《中华女子学院学报》1997年第4期,1998年第1期。

以遂吾志,不能若吾夫调居他处也。"其子覆命,国柱自来庐州,鼎妻率众出见,贯甲铁兜鍪,凛凛如伟丈夫。如总戎见制台礼。遂降,终不出山。

黄鼎妻坚持"吾仍居山中,以遂吾志"。虽然"剃发"归降,然而"终不出山",拒绝"调居他处"。据刘献廷《广阳杂记》,"黄鼎居江南久,后屡与郑氏通,郎总督时,事败,服毒死"。①

女总兵丁国祥和黄鼎妻,都曾经是抗清女将,虽然终于降清,其"骁勇善战""与官兵抗"的实践,仍然值得敬重。黄鼎降清后,仍与郑成功势力相联络,后事败"服毒"而死。黄鼎妻即被沈曾植视为"奇女子"的"黄夫人",则下落未明。

沈曾植《投笔集跋》写道:"黄夫人见《广阳杂记》,余别有考。"②可见对于这位女将的事迹,有学者表现出认真探究的学术兴趣。

近年亦有学者研究明清妇女"职业的多元拓展及价值提升",分析其"性别角色的多元化",据丁国祥、黄鼎妻故事,并结合秦良玉事迹,以为"这种职业女将军和女士兵的情况还为数不少"。③

---

① 〔清〕刘献廷撰,汪北平、夏志和点校:《广阳杂记》,中华书局1957年版,第36—37页。
② 〔清〕沈曾植:《投笔集跋》,《牧斋杂著》附录,第955页。
③ 赵崔莉:《明清女性职业的多元拓展及价值提升》,《中国社会经济史研究》2014年第2期。

第八章 清代"女营""女兵"

清王朝是满族统治者建立的政权,东北女真部族骠悍勇武的传统,对中原文化产生过一定的影响。

清军入关后,经过长期战争才确立了对全国的统治。清代版图的空前辽阔,也是以武功的煊赫为基础的。

清朝同时是中国历史上最后一个专制主义王朝,在其统治的276年间,曾经历了外强崛起并争相侵略掠夺的历史阶段。

战争在清代历史中表现出了复杂的内涵。清代妇女的军事生活,也呈现出多彩的画面。

1. 满族妇女:执鞭驰马,不异于男

正如有的学者所指出的,"满族妇女在传统的狩猎采集生产中原占有一定地位,故娴于骑射,武力、胆魄不让须眉"[1]。

《建州闻见录》记载,满族妇女"执鞭驰马,不异于男",若有闲暇,则随丈夫外出畋猎,"盖其习俗然也"。[2]

《满文老档》卷六五记录了努尔哈赤时代,天命十年(1625)六

---

[1] 刘小萌:《满族的部落与国家》,吉林文史出版社1995年版,第269页。
[2] 徐恒晋校释:《栅中日录校释 建州闻见录校释》,《清初史料丛刊》第八、九种,辽宁大学历史系1978年版,第44页。

月的一件史事：

> 二十七日，毛文龙之三百兵于夜间前来，至耀州之南顺兑牛录住所之土墙下，欲越墙而过，时被村中三妇人所见，将车辕靠于墙上，由青佳努之妻执其夫之刀先行登上。另二妇亦相继登上，一同砍杀驱赶，迫使三百兵自墙上跳下，皆逃之。汗召见该三妇人，嘉奖之。赏青佳努之妻一等备御之职，赏其次登上墙之妇人为二等备御，赏第三登墙之妇人为千总。按等次赏给三妇人缎匹、财货、银、马、牛、奴隶等甚多。并于国中宣扬其名。于青佳努命村人挂弓佩撒袋之际，其妻即执刀驱敌，岂不有胜于披甲之懦夫乎？系裙之妇能驱敌，乃天佑英明汗，假妇人之力而败敌耳。[1]

青佳努之妻以少敌众、"砍杀驱赶"来犯之敌的英勇事迹，可以作为典型，说明满族"系裙之妇能驱敌"的民俗传统。

《清稗类钞·婚姻类》"满蒙汉八旗婚嫁"条写道："新妇舆至门，新郎抽矢三射，云以去煞神。""满洲婚嫁"条也说到这种风习："新妇既至，新婿以弓矢对舆射之。"[2] 矢射新妇之舆，有特殊的文化象征意义。[3] 新妇与"煞神"的联系，推想或许与女子刚强勇悍的民族

---

[1] 中国第一历史档案馆、中国社会科学院历史研究所译注：《满文老档》，中华书局1990年版，第634页。

[2] 徐珂编撰：《清稗类钞》，中华书局2010年版，第1990页，第1991页。

[3] 《酉阳杂俎》前集卷一《礼异》说唐时婚礼，有"箭三只置户上"的礼俗。这一记述受到诸多风俗史研究者重视。张亮采《中国风俗史》、尚秉和《历代社会风俗事物考》等都予以引录，后者还特别说道："其礼今无一存。"唐代婚俗"户上""置""箭三只"，应当体现北来胡风的影响，与清时"新妇舆至门，新郎抽矢三射"可能有相近的象征意义。《酉阳杂俎校笺》，第75页。张亮采：《中国风俗史》，上海三联书店1988年版，第135页。尚秉和：《历代社会风俗事物考》，上海书店1991年版，第240页。

文化传统有某种关系。

2. 白莲教首领王聪儿

清嘉庆初年，川楚陕边境地区发生以白莲教教徒为主体的反抗清王朝统治的起义，后来波及川、楚、陕、豫、甘诸省，历时9年，是清代前期规模最大的一次农民战争。

乾隆六十年（1795），湖北各地的白莲教首领秘密商定在"辰年辰月辰日"（嘉庆元年三月初十）共同起义。嘉庆元年正月初七，湖北宜都、枝江一带白莲教教徒因官府查拿紧急，提前起事。长阳、来凤、当阳、竹山等地民众相继响应。三月初十，襄阳地区的教徒在王聪儿、姚之富等领导下，按原定日期起义。各路起义军互不相属，各自为战，往往被清军各个击破。只有襄阳起义军采取流动作战的策略，力量逐渐壮大，成为各地起义军中的主力。

王聪儿即"教首齐林之妻王氏"，清王朝官方文书称之为"齐王氏"。清嘉庆帝在诏书中说："姚之富、齐王氏二贼尤贼中首逆。"据说，"贼之入陕、楚也，每路皆称齐王氏、姚之富以煽众"，[①] 可见王聪儿等人在民众中有极大的影响。

当时镇压起义的清王朝官员们大都承认，"以贼情则齐王氏首逆"。[②] 就是说，王聪儿所率领的起义部队，其军事和政治影响，均为其他起义部队所不及。

嘉庆二年（1797），王聪儿率领的农民军英勇转战于湖北、河南、陕西各地，又进入四川，官军只能尾随其后，匆忙追逐，疲于奔命。

---

① 《圣武记》（附《夷艘寇海记》）卷九《教匪·嘉庆川湖陕靖寇记二》，第382页。
② 《圣武记》（附《夷艘寇海记》）卷九《教匪·嘉庆川湖陕靖寇记二》，第383页。

嘉庆三年（1798）三月，起义军主力在湖北郧西被清军主力包围，王聪儿、姚之富跳崖牺牲。

3. "黑丫头负殊勇"

《清稗类钞·武略类》有"黑丫头负殊勇"条，说到王聪儿部下有一以勇武著称的被称为"黑丫头"的女先锋，牺牲于官兵手下的情形：

> 齐王氏有先锋曰黑丫头，负殊勇，每战必先。某监司之从仆皖人裴某，能手举五百斤，常以自豪。一日，川督勒保议出队，裴出，跪帐前，愿杀贼自效。勒壮其胆，令带百人往，及获胜而归，则赏六品顶带。越月，方出队，遥见一女子单骑持枪至，裴以其女子也，漫视之，策马直前，举矛刺之。女略一举手，裴以堕沟，见女下骑搜觅，亟跃起，以矛刺其喉，女乃仆地死，旋斩其首以归。同列见之，惊曰："此即一日手斩两总兵之黑丫头也！乃为若所斩！"献首于勒，勒大喜，超擢参将。[①]

女将"黑丫头"曾经"一日手斩两总兵"，确实是勇武超人。

白莲教女将形象在文学作品中亦有所体现，蒲松龄《聊斋志异》卷六《白莲教》中有这样一段文字：

> 白莲盗首徐鸿儒，得左道之书，能役鬼神。小试之，观

[①]《清稗类钞》，第973页。

者尽骇，走门下者如鹜。于是阴怀不轨……。徐乃建旗秉钺，罔不欢跃相从，冀符所照。不数月，聚党以万计，滕、峄一带，望风而靡。后大兵进剿，有彭都司者，长山人，艺勇绝伦，寇出二垂髫女与战。女俱双刃，利如霜；骑大马，喷嘶甚怒。飘忽盘旋，自晨达暮，彼不能伤彭，彭亦不能捷也。如此三日，彭觉筋力俱竭，哮喘卒。迨（徐）鸿儒既诛，捉贼党械问之，始知刃乃木刀，骑乃木凳也。假兵马死真将军，亦奇矣！①

故事虽然以"鬼神""左道"之术为基点，却反映了白莲教起义军中女将的军事活动。而且，所谓"捉贼党械问之"的口供与彭都司的亲身经历，究竟何者为"真"，何者为"假"，似乎也还有疑问。

4. 太平军女营与"女元帅""女兵"

太平天国，是19世纪中期中国爆发的反抗清王朝专制主义统治，且抵御外国资本主义侵略的农民武装运动所建立的政权。

自咸丰元年（1851）在广西桂平金田村起义，至同治三年（1864）首都天京（今江苏南京）为清军攻破，太平天国坚持斗争凡14年。太平天国起义对陈旧腐朽势力的冲击，不仅限于军事、政治和经济领域，也包括文化领域以及社会生活。

太平天国宗教有"天下一家"的信条，认为所有人都是上帝的子女，相互间都是兄弟姐妹。②《天朝田亩制度》提出"凡天下田，天下人

---

① 〔清〕蒲松龄：《聊斋志异》，岳麓书社2019年版，第257—258页。
② 洪秀全《原道醒世训》写道："天下多男人，尽是兄弟之辈；天下多女子，尽是姊妹之群。"中国史学会编：《太平天国》（一），上海人民出版社、上海书店出版社2000年版，第92页。

同耕",规定妇女与男子同样分田,在经济上有同等的地位,并且规定妇女和男子同样受教育,宣布"天下婚姻不论财"。①太平军建都天京后,又禁止妇女缠足,以解除传统礼俗对妇女身心的残害。

太平天国的政治制度中,有女官设置,比照男官,也有朝内、军中和恩赏、职同之分。女性"军中"之官的设置,尤其引人注目。

当时已有外国人士注意到,在太平天国的武装斗争中,始终有妇女的积极参与:

> 许多妇女陪同丈夫随军出征,以热烈的激情分担战场上的危险困苦。她们在战场上大多骑着中国的小马、驴子或骡。革命初期,她们曾经勇敢参战,有的并担任了军官的职务,军队中男女分营,只在举行宗教仪式时才不分男女。②

这种"军队中男女分营"的形式,显示太平军具有特殊的组织格局。

太平天国的女军,在永安突围时据说有三千余人。③在进军武昌时,则已经达到万余人。

太平军中著名的女将,有传说为洪秀全妹妹、萧朝贵妻子的洪宣娇等。有学者曾经指出,"以可征信的历史资料论,并无存在'洪宣娇'其人的确切证据"。④而萧朝贵妻为"杨宣娇"或"杨云娇",应当

---

① 《太平天国》(一),第321页,第322页。
② [英]呤唎(Lin Le)著,王维周译:《太平天国革命亲历记》,中华书局1961年版,第233页。
③ 《金陵癸甲纪事略》说,永安突围时,"男贼仅存三千余人,女贼衣男衣得脱者不满三千人。""女贼衣男衣"者,可能就是太平军女军。中国史学会编:《太平天国》(四),第666页。
④ 王庆成:《〈天父圣旨〉、〈天兄圣旨〉和太平天国历史》,《天父天兄圣旨》,辽宁人民出版社1986年版,第173页。

也是太平军中女将。《清稗类钞·武略类》又有"萧三娘能马上指挥射"条，写道：

  粤寇军中有萧三娘，号女元帅，或云即朝贵妹也。年二十余，长身猿臂，能于马上指挥其众，且能左右射。咸丰癸丑三月，陷镇江时，尝率女兵数百登城，勇悍过男军，当者无不披靡。洪秀全妹宣娇，亦尝骑马临阵，与三娘同，惟从壁上指挥，不能交锋。[①]

"咸丰癸丑"年，即1853年。所谓"尝率女兵数百登城，勇悍过男军，当者无不披靡"，是关于太平军中女将和女兵参战立功事迹的生动记述。

洪秀全诏书可见所谓"男将女将尽持刀"，"各做忠臣劳马汗"，[②]也说明"女将"在太平天国军事活动中的作用。

5. "太平天国之妇女军"

顾颉刚《愚修录》（四）"太平天国之妇女军"条写道："曾国藩《文集》三《讨粤匪檄》有云：'逆贼……所过之境，……男子日给米一合，驱之临阵向前，驱之筑城、浚濠；妇女日给米一合，驱之登陴守夜，驱之运米、挑煤。妇女而不肯解脚者，则立斩其足以示众妇。'此可见太平军重视妇女劳动力，故其军中编有女营，从事守城及运输，此盖缘其基本部队为粤人，而两粤妇女之劳动固不弱于男子，

---

① 《清稗类钞》，第974页。
② 《太平天国》（一），第68页。

且乡间妇女本不裹足也。及其克两湖,至三江,复以此制施之,则勒令放足者多矣。"他认为这是一种对历史传统的继承。"予前作《女子服兵役》,曾述战国、秦、汉征妇女入军之制。太平军之所为,实有符于古人也。"①

"太平军之所为",与古史所见"女军"及相关制度相符合。

6.《苏三娘行》

因为聚集数百丁壮替夫报仇而遭到官府通缉的民家妇女苏三娘,曾经活动于广西桂林地区,因锄强扶弱、劫富济贫而声威远震。太平天国起义爆发之后不久,苏三娘就率领二千多士兵投奔了太平军。对于苏三娘的事迹,龙启瑞《苏三娘行》诗有所记述:

> 城头鼓角声琅琅,牙卒林立旌旗张。
> 东家西家走且僵,路人争看苏三娘。
> 灵山女儿好身手,十载贼中称健妇。
> 猩红当众受官绯,缟素为夫断仇首。
> 两臂曾经百战余,一枪不落千人后。
> 名闻官府尽招邀,驰马呼曹意气豪。
> 五百健儿听驱遣,万千狐鼠纷藏逃。

健妇驰马,驱遣精壮,万千狐鼠,争相藏逃。太平军女将的勇锐气势得到鲜明生动的体现。《苏三娘行》还写道:"归来洗刀忽漫骂,愧彼尸位高官高。君不见,荀崧之女刘遐妻,救父援夫名与齐。又不见,

---

① 顾颉刚:《顾颉刚读书笔记》卷一二,中华书局2011年版,第175页。

谯国夫人平阳主，阃外军中开幕府。汝今身世胡纷纷，尽日乃与豺狼群。不然倘作秦州吹篪婢，尚有哀怨留羌人。徵侧徵贰交阯之女子，送与瞿铄成奇勋。汝今落拓乃如此，肝胆依人竟谁是。草间捕捉何时休，功狗功人无一似。记曾牙蘗起边营，专阃声名让老兵。书生颜面已巾帼，况令此辈夸峥嵘。汝今何怪笑折齿，甍事向少男儿撑。道旁回车远相避，吾倘见汝颜应赧。"①

梁仲《感事》组诗其一写道："频年烽火接关河，召募纷纷尽荷戈。挽粟只闻供旅食，沈舟曾未压惊波。遥知将略攻心少，堪笑军容养度多。挟策书生空有愿，福星何日照牂牁。"其二："村舍萧条旅肆空，鼕鼕叠鼓夜回风。铁枪早报梨花劲，犀甲难招马革雄。②千载关门留险要，十分人事欠磨礲。负山蚊子成何用，只为奸除计未工。"其三："小丑纵横报惨凄，大官遭戮命如鸡。③经天白气今都验④，满地黄巾事不齐。瞥眼沙虫飞岭峤，数军猿鹤化蛮溪。光阴旅舍逢寒食，客子沈吟苦欲归。"其四："全师终未下昆仑，穴虎偷安秋复春。⑤鞭势何难摧黑子，风声曾不扫红尘。⑥巢鸟有梦穿林戏⑦，敝笱无功巨鳖奔。千古英雄多妙策，七擒七纵是谁人。"其二"铁枪早报梨花劲"句下，"原注：贼有苏三娘、七姐名目。"⑧可知太平天国队伍中有女性将领"苏三娘""七姐"。

---

① 〔清〕龙启瑞撰：《浣月山房诗集》卷三《内集》，《清代诗文集汇编》编纂委员会编：《清代诗文集汇编》第 655 册，上海古籍出版社 2010 年版，第 400—401 页。
② 原注：官兵多畏敌。
③ 原注：肇协十一人死事。
④ 原注：庚戌有白气冲西南方。
⑤ 原注：贼据永安半载。
⑥ 原注：兵围数月。
⑦ 原注：贼出永安二日官兵始知。
⑧ 〔清〕杨文骏修，〔清〕朱一新纂：《德庆州志》卷一三《艺文志》，成文出版社 1974 年版，第 1072—1073 页。

民国《邱北县志》卷四载录《游匪入城始末》说到"苏三娘"事迹："游匪之先啸聚集于广西之边境，相传为越南退伍之旧部苏三娘之遗党，不受招抚，以故酿成巨患。始而劫抢于滇桂交越等界，并田篷、白色、剥隘等处，渐至蔓延于开广附近，遂有窜入邱北之祸。当游匪未入之前数日，曾劫抢石马，遭通海烟帮商人寄信回报，然不料明目张胆，敢于拥众陷城也。盖邱北自回乱削平，而后间间相安无事。战具置之不修，墙垣任之倒塌。故游匪之来，战守均无长策，此地方政治失败之情形也。"① 从这段文字对邱北战事的回顾看，"苏三娘"是太平天国运动早期的重要人物之一。

7. 小刀会周秀英

主动将年号更改为"太平天国"，表示遵从太平天国领导的上海小刀会起义军，也有积极参与斗争的女子。青浦起义领袖周立春的女儿周秀英，就曾经勇敢参战。当地民间长期流传着赞扬周秀英的民歌，如：

女中英雄周秀英，大红裤子小紧身。
手拿大刀百廿斤，塘湾桥上开四门。②

"开四门"，是一种刀法的名称。③

秦荣光作于光绪二十九年（1903）秋冬间的《上海县竹枝词》，其中《兵防二十八》一诗有关于上海小刀会起义的内容，所记述起义

---

① 徐旭平等点注：《民国〈邱北县志〉点注》，天津古籍出版社2015年版，第272—273页。
② 上海文艺出版社编：《民间文学集刊》第8本，上海文艺出版社1959年版，第4页。
③ 罗尔纲：《太平天国史》第4册，中华书局1991年版，第2244页。

图28　年画《小刀会》《红灯照》

首领周立春之女的事迹颇为引人注目，然而"周秀英"写作"周秀成"：

> 青浦乱民周立春，秀成敢战女儿身。
> 嘉青两处城攻陷，父女英雄匪党亲。

原注即同治《上海县志》引文，写道：

> 周立春先据青浦，继攻嘉定，势张甚。秀成其女也，以敢战闻。

又有一首记述起义被残酷镇压时的情景：

> 入城不即约多兵，烧尽东南屋半城。

237

> 贼目纵多搜获出，大伤元气困遗氓。

作者又引同治《上海县志》解释：

> 元旦夜，各兵入城即纵火。东南半城延烧殆尽。搜获贼目李仙云等及周立春女秀成。①

以"敢战"著称的女英雄周秀成在起义失败的最后一刻被捕，当是参与了这次武装斗争的全过程。

有一种说法，认为上海小刀会起义领袖刘丽川在斗争失败后，得到一位尼姑的救助，化装脱险。②如果这一传说属实，也能够较典型地反映起义在妇女中的影响，可以视作妇女对起义支持的史例。

8. "朱氏败粤寇"

在太平天国敌对一方的军事力量中，也有女性的身影。《清稗类钞·战事类》有关于南汇"朱氏"的故事：

> 南汇朱祥保精技击，鬻拳为生。女能传其学，能舞双刀，开六石弓。及长，而侍固始刘松平中丞为篷室。刘性任侠，亦善拳棒。初，以进士令上海，同治壬戌冬，粤寇扰沪，女

---

① 《历代竹枝词》，第 3338—3339 页。
② [英] 约翰·斯嘉兹（John Scarth）：《在华十二年》，爱丁堡康斯塔布尔公司（Thomas Constable & Co.）1860 年版，转见上海社会科学院历史研究所编：《上海小刀会起义史料汇编》，上海人民出版社 1958 年版，第 570 页。有的学者认为："这种说法或有可能，但较小"。郭豫明：《上海小刀会起义史》，中国大百科全书出版社上海分社 1993 年版，第 341 页。

第八章 清代"女营""女兵"

图29 上海年画《南京得胜》

骑而出，率亲兵，与战于龙华镇，杀数十人，寇因之稍挫。乘骑忽蹶，女遂阵亡。[1]

这位没有留下名字的朱家女子，在太平天国进攻上海时，参与了保卫上海的战斗。据说"杀数十人"，致敌"稍挫"。然而因为战马"忽蹶"，以致"阵亡"。

这位"能舞双刀，开六石弓"的好武女子站在与太平军敌对的立场上，可能是其丈夫刘松平"以进士令上海"的缘故。

上海年画《南京得胜》描绘清军攻破太平天国天京的场面，清军队伍中有穿着红衫的女子形象，与周围士卒明显不同。女子挥刀进击，身后一男子持盾，装束也与清军有异。女子身下有题榜文字"梭罗兵"，

---

[1]《清稗类钞》，第877页。

可能属于征调的少数民族军力。

9. "教匪七姑娘"

民国《大名县志》卷一八《乡型·清·大名西区》记载："郭云庆，字华天，文殊寺张庄人。有气节。年十七入泮。咸丰间捻匪刘占考、王来凤等自广邑来文殊寺，左右十七村公举云庆为团长，率队御于葫芦营，大败贼兵。魏地以安。十年七月七日，教匪七姑娘窜入魏境。云庆整队追至漳河北岸，贼被杀落水者约以千计。生擒贼首，槛送府城。道宪王嘉其忠勇，赏给六品衔……"同治元年（1862）腊月二十二日，"贼首陈六头率大兵至"，郭云庆"誓师与战"，"身被数创而卒"。[1]

这位乡间武装领袖郭云庆，镇压过"捻匪刘占考、王来凤等""教匪七姑娘"以及"贼首陈六头"。咸丰十年（1860）与"教匪七姑娘"的作战，县志记述最为详尽。郭云庆也是因为此次军功，即"整队追至漳河北岸，贼被杀落水者约以千计。生擒贼首，槛送府城"，得到嘉奖，获得了"六品衔"。

从"云庆整队追至漳河北岸，贼被杀落水者约以千计"的战绩记录看，"教匪七姑娘"的部队应当有相当大的规模。

"教匪七姑娘"可能是一位女将的名号，但是也不能排除是七位女将组合的可能。其中详情，我们目前尚不知晓。其"教匪"指义，也并不明朗，不似"捻匪刘占考、王来凤"指捻军部众。这一时期华北地区民间宗教活动的情形比较复杂。据刘悦斌教授告知，《清实录·咸丰朝》卷三四三记载："咸丰十一年二月：据获匪供称：两股头目，

---

[1] 上海书店出版社编：《中国地方志集成·河北府县志辑》第59册，上海书店出版社2006年版，第292页。

一系直隶清河县杨家庄张姓,一系馆陶县桃园朱姓,其余直隶曲周、东省冠县、莘县,不知名姓,俱系白莲教匪,现已分赴各处调人接应等语。邱县等处教匪勾结直隶清河等处匪徒,党与众多,现值皖捻窜扰东境,势甚鸱张。"①稍远地方则有《清实录·咸丰朝》卷八八的记载,"咸丰三年三月:有人奏直隶各属多有教匪等语。据称安肃县境内有万余天竺教匪,景州西南有秘密还乡教匪,沧州小梁山南北赵伙地方有回匪。"②

尽管"教匪"之具体名义尚未知,但"教匪七姑娘"表明女性武装领袖的存在是明确的。

10. 红灯照

清代末年,曾经发生历史上称作"义和团运动"的群众性反帝爱国运动。义和团运动以武装斗争的形式打击了外国侵略者,其斗争的始终,都有妇女群众参加。义和团运动中的妇女组织,据说有"红灯照""黑灯照""蓝灯照""青灯照"等多种,其中以"红灯照"最为著名。廖一中、李德征、张旋如《义和团运动史》写道:"义和团还有一些妇女组织,女青少年团叫红灯照,老妇团叫黑灯照,成年妇女叫蓝灯照,孀妇团叫青灯照。红灯照人数较多,声名较大,其他人数很少,只有少数地区有这种组织。"③

义和团时代流传于民间的歌谣,多有说到"红灯照"的。例如:"这苦不算苦,二四加一五。天下红灯照,那时才算苦。""先有朱

---
① 《清实录》第 44 册《文宗实录》(五),中华书局 1987 年版,第 1089—1090 页。
② 《清实录》第 41 册《文宗实录》(二),第 173 页。
③ 廖一中、李德征、张旋如等编:《义和团运动史》,人民出版社 1981 年版,第 46 页。

红灯,后有红灯照。烧了西洋楼,盖上吴云庙。先杀洋鬼子,后打天主教。大清国,真热闹。""先有神和拳,后有红灯照。拉它的线杆,掀它的铁道。把洋鬼子赶到关外去,保护大清朝。""红灯照,穿得俏,红裤子红鞋大红袄。杀了洋毛子,灭了天主教,拆了洋楼扒铁道,电线杆子全烧掉。""练了红灯照,鬼子见了吓一跳。练了义和团,见了鬼子不耐烦。"①仲芳氏《庚子记事》:"(义和拳团民)又由坛中扶乩神语,刊印黄单,到处粘贴传送。其略云:'庚子义神拳,戊寅红灯照,丙午迷风起,甲子必来到。壬申不算苦,二四加一五。遍地红灯照,壬申到庚午。己酉是双月,庚子才算苦。等到乾字号,神追鬼又叫。家家户户每晚向东南方焚香叩头,可保平安。'云云。内中尚有多句,大抵重复闪铄,不能详解,是以未记。"②郭则沄《庚子诗鉴》:"唱彻街头二四歌,从来闰八动兵戈。果然看到红灯照,一点秋星现女娥。"自注:"民间相传闰八月动刀兵,故林清之变,亦因是年闰八而起。拳匪乱前京师里巷童谣云。……又有衍其语为传单者,谓某处掘出石碑文云:'暂时不算苦,二四加一五,天下红灯照,那时真是苦。'……""天下红灯照",又作"满街红灯照"。③

天津南郊曾经发现一件托言刘伯温预言号召人们参加义和团斗争的《西洋气数碑》。正面碑文为:

  天地怒,神仙惨,雷电收,霖雨敛。红灯照,义和拳,力无穷,法无边。

---

① 钱仲联:《清诗纪事·民歌谣谚卷》,江苏古籍出版社1989年版,第16402—16403页。
② 中国社会科学院近代史研究所《近代史资料》编译室主编:《庚子记事》,知识产权出版社2013年版,第4页。
③ 《中国野史集成》编委会、四川大学图书馆编:《中国野史集成》第47册,巴蜀书社1993年版,第677页。

烧铁路，拔线杆，枪无药，炮无弹。洋人灭，尸相连，人神喜，鸡犬安。歌大有，庆丰〔年〕。

背面碑文为：

男学义和女红灯，刹（杀）尽洋人海宇澂（澄）。
待到枪〔刀〕无用日，试看霞蔚并无（云）蒸。①

所谓"男学义和女红灯"，说明"红灯照"是集合女性信众的宏大组织。

署名暧西复侬氏、青村杞卢氏的《都门纪变百咏》，是记叙庚子前后京津地区社会历史情景的竹枝词，对于义和团运动有所记叙，其中也有描写"红灯照"的内容：

军中有女气难扬，天使神兵便不妨。
寡妇娇娃齐奋勇，红灯挂后黑灯张。

注文写道：

团中有所谓"红灯照"者，均十四五岁闺女充之，衣履皆红色，相传能避火炮。"黑灯照"，则皆青年孀妇也。②

"军中有女气难扬"句，说的是阴气败军的传统迷信观念。其较早的史例，有汉代李陵故事。

---

① 中国社会科学院近代史研究所《近代史资料》编译室主编：《义和团史料》（上），知识产权出版社 2013 年版，第 12 页。
② 《历代竹枝词》，第 3485 页。

李陵率军和匈奴苦战于浚稽山,连战失利,士卒为敌箭所伤者,受伤三处的载卧在车中,受伤两处的负责赶车,受伤一处的依然手持兵器在前沿作战。李陵说:我军士气逐渐低落,以致连战鼓也不能使之激奋,这是为什么呢?难道军中有女子吗?于是在军营中搜查,发现有"关东群盗妻子徙边者随军为卒妻妇",多藏匿在辎重车中,李陵用剑斩杀。第二天作战,就获得了"斩首三千余级"的战绩。[①]

所谓"天使神兵便不妨",是说义和团有"天使神兵"的自尊与自信,传统的女子不利于军的迷信观念已经在另一种迷信的基点上被破除。

"红灯照"有自己独立的坛口,往往独立行动,但是也常常依附某一总坛或接受某一总坛的领导。天津著名的"黄莲圣母"林黑儿领导的"红灯照"和张德成领导的义和团"坎"字团之间,就是这种关系。"红灯照"的首领叫"大师姐""二师姐"……一般以师姐、师妹彼此相称。在义和团进行大规模行动时,"红灯照"主要承担部分医疗救护、后勤补给和宣传鼓动等工作,有的时候也直接参与阵前交锋。

"红灯照",又写作"红灯罩"。义和团歌谣有"先有义和团,后有红灯罩"。有的

图30 红灯照领袖"黄莲圣母"林黑儿

[①]《汉书》卷五四《李陵传》:"连战,士卒中矢伤,三创者载辇,两创者将车,一创者持兵战。陵曰:'吾士气少衰而鼓不起者,何也?军中岂有女子乎?'始军出时,关东群盗妻子徙边者随军为卒妻妇,大匿车中。陵搜得,皆剑斩之。明日复战,斩首三千余级。"第2453页。

学者说:"在当时的拳术中有一种叫'红灯罩'的套路,练习这种套路的群众组织也称'红灯罩'。在以后义和拳和秘密团体结合的过程中,曾经和这种红灯罩彼此渗透。到了义和团运动期间,红灯照('照'可能是由'罩'变来)即成了义和拳的妇女组织。其间发展变化过程,缺乏资料,难以说明。"① 其形式和历史上其他个别妇女从军的史例不同,这是一种参与极广泛的群众性女子武装抗敌运动,在中国女子从军史上值得重视。

义和团"红灯照"反帝英雄中,有曾经和八国联军作战的女子翠云娘。

据说,"翠云娘,山左产,年十七八,貌殊可人。双趺纤小,而腾跃上下可丈许。幼业卖解,随父流转江湖,行踪遍南北。意气骄甚,谓所见男子无当意者,自矢终身不字人。曾至上海奏技,其父为人诬陷,被拘入租界捕房。女随往,有所剖白,而捕房例,严禁华人有所陈,遂被囚,不胜其苦。罚锾,乃得释。女愤然曰:'吾国官吏往往不免冤诬人,吾每谓之暴,然尚容人辨诉也。不意西人乃如此!'自此,遂有仇外意"②。

翠云娘参与义和团"红灯照"反帝武装斗争的情形,见于《清稗类钞·战事类》"翠云娘与八国联军战"条:

> 光绪庚子,义和团起。女喜,请于父,往投之,盖即团中所谓红灯照者。女得隶某大师兄麾下,甚见信任,锡以翠云娘名号,书之旗帜而赐之。所至,恒揭以行。自是妆束顿易,周身绫绵,衣履一碧,而貌益艳丽。女日见团中无纪律,行

---

① 《义和团运动史》,第46页。
② 《清稗类钞》,第928—929页。

事类盗贼,颇忧之,然独力亦莫能挽。寻八国联军长驱入京师,团众逃无踪,女愤甚,激励其部下,人咸愿效死,遂与联军巷战竟日,洋兵死伤者多,女部兵亦伤亡略尽,乃耸身登屋逸去。其后团中领佐大半为洋人向导,或为仆役,且借洋兵之势,劫夺抢杀,无恶不为。女慨然曰:"吾误与若辈共事,事胡能成?然此耻不可不一湔也!"乃约会饮于某处,众素倾慕女,是日到者众。女宣言曰:"吾向谓若辈人也,不意乃狗彘之不若!"割然出长剑,骈戮之,遂去,不知所终。①

翠云娘性格有侠女之风,其事迹或许是经文人渲染而成。

11. 冯婉贞

"冯婉贞"的故事被收入教科书,流传颇为广泛。《清稗类钞·战事类》有"冯婉贞胜英人于谢庄",记载了1860年英法联军入侵期间,普通民女武装反抗外敌的情形:"咸丰庚申,英、法联军自海入侵,京洛骚然。距圆明园十里,有村曰谢庄,环村居者皆猎户。中有鲁人冯三保者,精技击。女婉贞,年十九,姿容妙曼,自幼好武术,习无不精。是年,谢庄办团,以三保勇而多艺,推为长。筑石寨土堡于要隘,树帜曰谢庄团练冯。一日晌午,谍报敌骑至,旋见一白酋督印度卒约百人,英将也,驰而前。三保戒团众装药实弹,毋妄发,曰:'此劲敌也,度不中而轻发,徒縻弹药,无益吾事。慎之!'时敌军已近寨,枪声隆然,寨中人蹲伏不少动。既而敌行益迩,三保见敌势可乘,急挥帜,曰:'开伙!'开伙者,军中发枪之号也。于是众枪齐发,

---

① 《清稗类钞》,第929页。

敌人纷堕如落叶。""开伙"应即通常所谓的"开火"。

随后,"及敌枪再击,寨中人又弢伏矣,盖借寨墙为蔽也。攻一时,敌退,三保亦自喜。婉贞独戚然曰:'小敌去,大敌来矣!设以炮至,吾村不齑粉乎?'三保瞿然曰:'何以为计?'婉贞曰:'西人长火器而短技击,火器利袭远,技击利巷战。吾村十里皆平原,而与之竞火器,其何能胜?莫如以吾所长,攻敌所短。操刀挟盾,猱进鸷击,徼天之幸,或能免乎。'三保曰:'悉吾村之众,精技击者不过百人。以区区百人,投身大敌,与之扑斗,何异以孤羊投群狼?小女子毋多谈!'婉贞微叹曰:'吾村亡无日矣!吾必尽吾力以拯吾村!拯吾村,即以卫吾父。'于是集谢庄少年之精技击者而诏之曰:'与其坐而待亡,孰若起而拯之?诸君无意则已,诸君而有意,瞻予马首可也。'众皆感奋。婉贞于是率诸少年结束而出,皆玄衣白刃,剽疾如猿猴。去村四里有森林,阴翳蔽日,伏焉。未几,敌兵果舁炮至,盖五六百人也。挟刃奋起,率众袭之。敌出不意,大惊扰,以枪上刺刀相搏击,而便捷猛鸷终弗逮。婉贞挥刀奋斫,所当无不披靡,敌乃纷退"。

冯婉贞有避敌"火器"的识见。"婉贞大呼曰:'诸君,敌人远吾,欲以火器困吾也!急逐弗失。'于是众人竭力挠之,彼此错杂,纷纭挐斗,敌枪终不能发。日暮,所击杀者无虑百十人,敌弃炮仓皇遁,谢庄遂安。"[1]

对于这一故事具体情节的真实性,有人提出质疑,其说有一定合理性。然而即使作为一般民间传说看待,也应当承认其始末大要基本符合当时历史文化背景,有一定的合理性。这样说来,"冯婉贞"事迹对于认识妇女在当时战争中的作用,也具有一定的参考意义。

---

[1]《清稗类钞》,第869—871页。

12. "孙夫人会同刘小姐台中彰化县大胜"

上海年画有"孙夫人会同刘小姐台中彰化县大胜"图。

画题"孙夫人会同刘小姐台中彰化县大胜"。画面左侧城墙标写有"台中彰化城"。右上方高处可见两人远望，题"刘帅观阵"，其中应有黑旗军统帅刘永福形象。右侧进击者皆为女兵。旗号有"忠""孝""节""义"以及"孙""刘"字样。一面"孙"字方幡还有"替夫报仇"四字。左侧为日军，士卒已败退，有仆死者。一领先军士挥舞双刀。稍居后为一长髯军官，旁题"田山氏"。一青年军官落马，兵器已失，仰望一名一手挥刀、一手持枪之女将，应即"孙夫人"。旁侧有题字"孙夫人枪挑倭帅小松氏"。画面文字还写道："孙夫人闻夫阵亡，召集部下，常怀报夫之仇，会同刘大小姐驻扎中路，将彰化克复。倭兵死伤数千云。"

该年画描绘中日甲午战争之后，台湾被割让，台湾军民奋起抗日的情景。女军成为抗敌主力，在彰化取得胜绩，产生了鼓舞人心的舆论影响。

图 31　上海年画《孙夫人会同刘小姐台中彰化县大胜》

13. 辛亥革命女子军

在20世纪初反抗与推翻清王朝腐败统治的武装斗争中,妇女曾经发挥了重要的作用。

在1910年2月12日的广州新军起义和1911年4月27日著名的黄花岗起义中,女同盟会员、后来成为黄兴妻子的徐宗汉曾经从香港为起义者分批运送300支手枪和大量弹药。她还负责在秘密的环境中为起义同志制造弹药,并分发军械。

1911年10月10日,武昌起义爆发。革命浪潮波及湖南、陕西、江西、山西、上海、浙江、广东等地。武昌革命军募集新兵,很短的时间内就达到了4个旅团。汉阳女子吴淑卿向民军总司令黎元洪提出组织女子军的请求。黎元洪以将女子编入军队存在困难委婉地拒绝了这一请求。吴淑卿又上书,以革命不应有男女之别为理由,表达愿随军北伐、杀尽满虏的决心。据说黎元洪终于接受了上书,建立了一支女军。在光复南京的战斗中,这支女军用计谋占领了狮子山炮台,为革命军扩大战果创造了条件。

在反清武装斗争中,在上海出现了女子军事团、女子北伐队、上海女子国民军、女子经武练习队等,在广东出现了女子北伐队等。一时,以妇女组成的军事组织纷纷诞生。

上海女子北伐队也称作北伐敢死队,由70多名女子组成,平均年龄20岁左右,队长是沈警音。她们中有许多是天津北洋第一女子师范学校的学生,都是被秋瑾的事迹所激励决意投身武装革命的。有的成员还曾经在陈其美的支持下,参加过"尚侠女校"等妇女组织的创建工作。

海军陆战队教练官出身的杜伟参与帮助女子军的训练,每天用半天时间作初步军事知识、作战技术以及实弹射击的指导。在接受了这种初步的军事训练之后，女子北伐队赶赴南京，要求参加北伐战斗。但是不久因南北达成妥协，女子北伐队被解散，一部分成员被编入女子学校。①

广州女子中，有邹醒民等5人参加了北伐的军事行动。其余的女子北伐队员有三分之一来自同盟会活动的重要据点——香港实践女子学校。她们接受了骑术、射击等专门军事训练。《辛亥革命闻见记》的作者法鲁吉勒奴当时正在广东访问，他在著作中记述说，女子北伐队队员们身着男装，誓死为新社会而战，在练兵场上接受严格的军事训练。

中国同盟会曾经在日本横滨设立制造炸弹的机关。秋瑾、方君瑛、陈撷芬、唐群英、蔡蕙、吴木兰等女性都曾经在此参与工作。

秋瑾的学生尹锐志和尹维俊都曾经从事制造炸弹等以武装形式反抗清王朝的工作。她们经营的以两姐妹的名字命名的"锐俊学社"，"上海光复之际，光复军司令部也设在锐俊学社"。

当时上海的妓女们也成立了中华女子侦探团养成所，作为培养军事间谍的机构。她们的宣言中有这样的文句："远以梁红玉之援桴为师表，近以费宫人之刺虎为楷模。"② 历史上的女子从军事迹，成为她们投身反清武装斗争的榜样。

---

① 杜伟:《上海女子北伐敢死队》，中国人民政治协商会议全国委员会文史资料研究委员会编:《辛亥革命回忆录》第4集，文史资料出版社1963年版，第59—62页。
② 高大伦、范勇编译:《中国女性史（1851—1958）》，四川大学出版社1987年版，第77—83页。

中 编

女军史的文化考察

第九章 "女寇""女匪""女贼"

历代反政府武装中的女性，往往会动摇正统政治格局，冲击原有社会秩序。保守史家的记述或舆论反响称之为"女寇""女贼"。

"女寇""女贼"的姓名和事迹著留于史册，是因为她们的表现对当时社会形成了深刻的影响。

1. "女童谣"："祸将生于女，国以兵寇亡"

《汉书》卷二七下之上《五行志第七下之上》说到"童谣"的政治预言意义，特别提示了"女童谣"的特殊性质：

女童谣者，祸将生于女，国以兵寇亡也。

颜师古注："因妇人以致兵寇也。"[1] 这可能应该归之于"女祸"之说，似乎与所谓"女寇"没有直接关系。

明确的"女祸"一语，见于《新唐书》卷五《睿宗纪》："自高祖至于中宗，数十年间，再罹女祸，唐祚既绝而复续，中宗不免其身，

---

[1]《汉书》，第1465—1466页。

图 32 《新刊八仙出处东游记》"桂英射死何庆"图

韦氏遂以灭族。"① 对所谓"女祸"教训的总结和评议，史家颇为热心。如《宋史》卷二九五《孙甫传》载孙甫言："所谓前世女祸者，载在书史，陛下可自知也。"② 从古来"女祸"得到警示，即所谓"鉴前代女祸"，是开明君主的表现。③

"女祸"的严重危害，《新五代史》卷一三《梁家人传》说："自古女祸，大者亡天下，其次亡家，其次亡身，身苟免矣，犹及其子孙，虽迟速不同，未有无祸者也。"④ 又《新五代史》卷三八《宦者传·张居翰》："自古宦者乱人之国，其源深于女祸。"⑤

其实，"女祸"并非必然导致"兵祸"。颜师古"因妇人以致兵寇也"的解说，其实是一种历史经验的概括性总结。所谓"祸将生于女，国以兵寇亡也"，和我们所讨论的"女寇"只存在间接的关系。

---

① 《新唐书》，第 154 页。
② 《宋史》，第 9839—9840 页。
③ 《明史》卷一一三《后妃传》："明太祖鉴前代女祸，立纲陈纪，首严内教。"第 3503 页。
④ 〔宋〕欧阳修撰：《新五代史》，中华书局 1974 年版，第 127 页。
⑤ 《新五代史》，第 406 页。

2. 黄巾军"妇子""甚众"

《汉书》卷九九下《王莽传下》记载的琅邪女子吕母起义和平原女子迟昭平起义,① 都是女子作为武装集团首领的实证。而东汉末年的农民暴动中,反政府部众中多有女子。

据《后汉书》卷七一《皇甫嵩传》记载,张梁军是黄巾起义的主力部队,仍然有随军"妇子""甚众"。②《三国志》卷一《魏书·武帝纪》也说,曹操击破青州黄巾,"受降卒三十余万,男女百余万口"。③ 可见黄巾起义普遍有女子随军行动,她们虽然不是正式的"卒",但是在军情紧急时,参与军务当是很自然的。

《后汉书》卷七〇《孔融传》记载,孔融"鸠集吏民为黄巾所误者男女四万余人"④,这些"男女"中的妇女,自然也有曾经参加或者追随黄巾起义军的经历。

3. "女寇""悍毒","勇鸷善斗"

"女寇"名号,似乎出现较晚。清石香村居士编《戡靖教匪述编》卷一一《褫述》"齐王氏"条列举了多位"女寇"。"齐王氏",就是上文说到的白莲教"教首齐林之妻王氏",即王聪儿。关于"齐王氏",《戡靖教匪述编》写道:

> 齐王氏,襄阳总役齐林妻。即所称"齐二寡妇"也。林

---

① 《汉书》,第 4150 页,第 4170 页。
② 《后汉书》,第 2301—2302 页。
③ 《三国志》,第 9 页。
④ 《后汉书》,第 2263 页。

伏法后，王氏归母家。林弟子姚之富及王氏兄子王廷诏、齐林兄齐悃谟等造逆，迎王氏为总教首。最悍毒。

"齐王氏"除本人"悍毒"，又有贴身助手称"黑女子"者，也"勇鸷善斗"，形成威名：

有婢名黑女子，亦勇鸷善斗，为群贼所服。

此所谓"黑女子"，就是前说"黑丫头"。《勘靖教匪述编》在论述中，又列说历代著名"女寇"首领。她们"皆以女寇称兵，震动一时"：

然古有徵侧、徵贰、迟昭平及唐之陈硕真、霍总管，宋之陈吊眼妻许夫人、固石岗酋廖小姑，金杨安儿妹四娘子杨妙真，元成宗时水西之蛇节，明山东汶上县田斌妻连氏、唐赛儿，皆以女寇称兵，震动一时。

历代站在正统王朝立场的女子武装首领，也多有名望甚高者。论者进行了正面的赞扬：

而即有冯嫽、兰珠、吴孙翊妻徐、晋李毅女秀、苟崧小女灌、襄阳刺史朱序母韩、北魏任城王母孟、梓橦太守苟金龙妻刘氏、梁高梁守谯国夫人、唐柴绍、段纶妻及卫州女子侯、滑州女子唐、青州女子王、代宗时四川节度使崔宁妻任氏，明洪武时贵州宣尉使霭翠妻奢香①，崇祯时沈至绪女云英。

---

① 今按："宣尉使"，应为"宣慰使"。

第九章　"女寇""女匪""女贼"

诸奇女皆以巾帼而效忠义，讨除寇患，标炳青史，洵嘉话也。

这些所谓"诸奇女皆以巾帼而效忠义，讨除寇患，标炳青史"，成为维护正统的史家"嘉话"，是因为其与"寇患"敌对的立场与"效忠义"的表现。论者又发表了这样的史论：

惜贼有都麓冷测之妖①，我无木兰、瑯琊海曲吕母及潘将军、秦良玉等智勇特出之阃帅，徒令泼悍横行，而贞良粉鏖，可胜悼哉！

论者以"悍毒""泼悍横行"形容这些反政府武装的女性首领，立场是鲜明的。而说其"勇鸷善斗"，应当是对于其斗争性及性格能力的客观评价。

我们应该看到，"瑯琊海曲吕母"称"智勇特出之阃帅"，是没有问题的，但绝不是完全与"寇患"对立的朝廷认可的民众领袖。

对于"齐王氏"即"齐二寡妇"这位"女寇"代表人物的评说，《戡靖教匪述编》还写道：

（齐二）寡妇姿颇艳冶，双翘纤细，偕群狼豕野逐山眠，名冠诸贼之首，真人妖哉！②

"艳冶"应是"艳冶"。这里以"姿颇艳冶，双翘纤细"诸语，显现了俗常性别观察的眼光。而所谓"野逐山眠"，说明了其武装抗争的

---

① 今按："都麓冷测"，应为"都麓冷侧"。
② 〔清〕石香村居士编：《戡靖教匪述编》，《四库未收书辑刊》第叁辑第15册，北京出版社2000年版，第197—198页。

艰苦。"名冠诸贼之首"语及"真人妖哉"的感叹，从对立视角的评判透露出"齐王氏"即"齐二寡妇"这位著名"女寇"的基本资质、民众感召力和社会影响力。

"女寇""齐王氏"事迹，《清史稿》凡31见。可能确实"最悍毒"，"以女寇称兵，震动一时"。《清史稿》卷四八九《忠义传三·萧水清》："嘉庆元年二月，白莲教谋反，姚之富、齐王氏起襄阳，曹海扬、祁中耀起房竹，王兰、曾世兴起保康，众各数万。"《清史稿》卷二一五《傅喇塔传》："嘉庆初，讨教匪姚之富、齐王氏等，师久无功，夺官，戍乌鲁木齐。"《清史稿》卷三三〇《明亮传》："襄阳贼渠姚之富、齐王氏等窜四川，与三槐及达州贼渠徐添德合，势复张。"《清史稿》卷三四五《永保传》："永保疏言：'襄阳贼数万，最猖獗，贼首姚之富、齐王氏、刘之协皆在其中，为四方诸贼领袖，破之则流贼自瓦解。宜俟诸军大集，合力分攻。'"《清史稿》卷三四七《罗思举传》："时川贼与襄阳贼齐王氏等合，云阳教党亦起应。"[1]"齐王氏"称"贼渠""贼首""贼领袖"[2]，而所谓"名冠诸贼之首"语则明确肯定了其首领地位。

"女寇""齐王氏"武装反抗的终结，《清史稿》卷一六《仁宗本纪》有记载："三月丁丑，德楞泰奏，追剿贼首齐王氏、姚之富，投崖死。"《清史稿》卷三三〇《明亮传》写道："督兵逐之富、齐王氏自山阳至郧西，急击之，之富、齐王氏皆投崖死，赐副都统衔、花翎。"又《清史稿》卷三四四《额勒登保传》："姚之富、齐王氏失援，遂为明亮、

---

[1] 以上参见《清史稿》，第13505—13506页，第8959页，第10931页，第11164页，第11202页。
[2] 以"渠"言首领的称谓形式使用较早。王子今、吕宗力：《说居延汉简购赏文书所见"渠率"身份》，《出土文献研究》第10辑，中华书局2011年版，第207—220页。

德楞泰所歼。"《德楞泰传》:"齐王氏、姚之富投崖死,传首三省。"①

4.《清稗类钞》"征女寇"战事

《清稗类钞》的《战事类》有两条说到"征女寇"。其一即"奉黑将军征多艾女寇",其二为"桂抚征女寇"。一北一南,都提到清王朝官军镇压"女寇"的情形。

"奉黑将军征多艾女寇"条写道:"齐齐哈尔之南有一部落曰多艾者,道与吉林通。当光绪甲辰日、俄战争时,此部落之附近有女寇三:一花胡蝶,年二十八;一花春莺,年二十一;一一丈青,年十九。皆艳丽无匹。凤隶于高天高海天河马贼之部下,率二千余人出没于满、蒙间,所向皆锐不可当。屡渡嫩河以袭击齐齐哈尔,黑龙江将军闻而怒,命统领纪某星夜驰讨,接战数次而败。"

其战斗力强锐,据说因拥有"新式兵器"而据优势地位。"女军有新式兵器,盖日、俄战时,曾以轻骑袭俄营而掠夺之,俄兵不能抗也。"这里出现"女军"的称呼,值得我们注意。

于是,"黑龙江将军乃乞救于奉天,奉天将军命驻八面城之统领瑞某任征讨,率马队三营,兵六百骑,过山炮一尊,经北郑家屯洮南府向齐齐哈尔出发,数年始绝其迹"。

"奉黑将军征多艾女寇"条对于"一丈青"起事原因有所说明:"或言一丈青者,因其夫万永胜素通马贼,被官处死刑,急于复仇,遂愤然执戟而起也。"②

见于《清稗类钞·战事类》的另一则"征女寇"故事,即"桂抚

---

① 《清史稿》,第572页,第10932页,第11147页,第11156页。
② 《清稗类钞》,第930—931页。

征女寇"。所说"女寇"的首领，是"王九姑"：

> 广西女寇王九姑，某乡总董妻也。光绪朝，有游匪大股入乡，董自揣力不敌，则馈以银米，使安然自返。其后有人诬指董通匪，某令率兵赴乡，捕董及其子。禁押久，严讯无实据，欲释之，勒令捐银三千两取保回乡。九姑闻之，告其姑曰："良民无辜幽囚，王法何在？"即日负姑赴省上控，半途，乃闻其夫及子均已枉杀，则又负姑归里，变产集资，招亡命，至上海购毛瑟枪三百枝，纠众倡乱，所向无敌。

王九姑聚众形成了地方反政府武装。其行为有自己的原则，只对"官兵"进行武装抗击，并不侵害平民，与一般"游匪"不同：

> 平日不戮一人，亦不掳掠百姓财物。凡遇官兵，奋勇直前，率众冲陷，势不可遏。女党魏五嫂、曹三娘，其部将也。五嫂、三娘皆悍猛无比，每战必胜。提督患之，使人劝之投诚，九姑对使曰："无所谓投诚，但使我夫及子生，即顺从矣。"大吏屡招降，每对皆如是。时右江道王某屡与王九姑战，皆北。一日，王督兵列阵，九姑鼓噪其党，围王于垓心，凡一昼夜。①

此条题"桂抚征女寇"，然而并没有"桂抚"主持用兵镇压的情节，也没有交代"王九姑"武装后来的命运。

"王九姑"为丈夫、儿子复仇而起兵，斗争意志坚定，其表现与汉代"吕母"起义有近似之处。

---

① 《清稗类钞》，第931页。

5. 关于"女匪"

"造反",是中国传统社会非常重要的动荡形式之一。《现代汉语词典》是这样解释"造反"的:"发动叛乱;采取反抗行动。"[①]《汉语大词典》"造反"词条写道:"发动叛乱,采取反抗行动。《前汉书平话》卷上:'陈豨造反,多因为寡人与陈豨军屯衣甲器物,是他韩信执用的物件,以此上仇寡人之冤。'明沈德符《野获编·叛贼·妖人赵古元》:'古元造反,窥伺神器。乃改其名曰赵赶朱,意且将图革命。'鲁迅《呐喊·阿Q正传》:'不准我造反,只准你造反?妈妈的假洋鬼子,——好,你造反!'"[②]书证均嫌年代过晚。

"造反"这一语汇,大致在汉代已经使用。《汉书》卷五九《张汤传》记载了司法名臣张汤处理淮南王、衡山王以及江都王反叛之案时的情形:"及治淮南、衡山、江都反狱,皆穷根本。严助、伍被,上欲释之,汤争曰:'伍被本造反谋,而助亲幸出入禁闼腹心之臣,乃交私诸侯,如此弗诛,后不可治。'上可论之。"[③]与所谓"本造反谋"类似的说法,又见于《三国志》卷四《魏书·三少帝纪·陈留王奂》:"(咸熙元年八月)癸巳,诏曰:'前逆臣钟会构造反乱,聚集征行将士,劫以兵威,始吐奸谋,发言桀逆,逼胁众人,皆使下议,仓卒之际,莫不惊愕。'"[④]也许有人会提出,所谓"本造反谋""构造反乱",未必与我们今天讨论的"造反"一语有关,那么,同样见于《三国志》

[①] 中国社会科学院语言研究所词典编辑室编:《现代汉语词典》(第6版),商务印书馆2014年修订版,第1625页。
[②] 汉语大词典编辑委员会、汉语大词典编纂处编纂:《汉语大词典》第10卷,汉语大词典出版社1992年版,第900页。
[③]《汉书》,第2640页。
[④]《三国志》,第150—151页。

的有关张既事迹的记录,则明确说到"造反"。《三国志》卷一五《魏书·张既传》记载,汉末建安年间张既言:"酒泉苏衡反,与羌豪邻戴及丁令胡万余骑攻边县。既与夏侯儒击破之,衡及邻戴等皆降。遂上疏请与儒治左城,筑鄣塞,置烽候、邸阁以备胡。西羌恐,率众二万余落降。其后西平麹光等杀其郡守,诸将欲击之,既曰:'唯光等造反,郡人未必悉同。若便以军临之,吏民羌胡必谓国家不别是非,更使皆相持著,此为虎傅翼也。光等欲以羌胡为援,今先使羌胡钞击,重其赏募,所虏获者皆以畀之。外沮其势,内离其交,必不战而定。'乃檄告谕诸羌,为光等所诖误者原之;能斩贼帅送首者当加封赏。于是光部党斩送光首,其余咸安堵如故。"① 这也许是我们今天可以看到的"造反"一语出现的最早的历史记录。②

将"反"者称为"匪"的语言习惯,则形成较晚。如《清史稿》卷四八六《文苑传三·陆耀遹》:"教匪反滑县……"《清史稿》卷四九三《忠义传七·马钊》:"粤匪刘丽川反嘉定,土匪周立春继之,连陷青浦等六县。"《忠义传七·伯锡尔》:"回匪黑老哇、缠匪苏布格等反……"③ 或许可以看作文例。

"造反"武装力量的女性首领在传统意识形态表现中除有"女寇""女贼"称谓之外,又称"女匪"。

前说白莲教女性领袖"齐王氏",在朝廷舆论形式中即称"匪"。如《清史稿》卷三六〇《吴璥传》记载:"嘉庆二年,楚匪齐王氏犯河南,击走之。"④ 前引《清史稿》卷二一五《傅喇塔传》言"教匪姚之富、

---

① 《三国志》,第476—477页。
② 王子今:《"造反"的词汇史》,《历史学家茶座》2008年第4辑,山东人民出版社2008年版,第99—104页。
③ 以上见《清史稿》,第13411页,第13637页,第13664页。
④ 《清史稿》,第11371页。

齐王氏等",也用"匪"字。

《清史稿》卷三〇九《雅尔图传》说到另一位被称为"女教匪首"的"造反"领袖:

> 五年,奏报捕得女教匪首一枝花,命议叙。①

这位名号"一枝花"的女子,就是白莲教起义的一位女性领袖。官方称之为"女教匪首"。

清骆秉章《奏为广西贼匪窜陷永明县城郴桂逸匪窜扰宁远一带见筹剿办情形恭折奏祈》(咸丰五年十一月二十九日)说到"另股女匪李氏",②这应当是指太平军女性首领。

鄂辉《平苗纪略》卷四四写道:"烧毙伤杀贼数甚多,内有伪称仙姑女匪一口。"卷四九又说到"女匪八大仙姑""女匪大头目王阿朝""女匪王阿朝"。③对于这种在镇压战事中死难的苗族女性,"女匪"显然是污蔑性称谓。

6. "女贼"与"女贼""夷讨"

"女贼"称谓,见于正史记录。《三国志》卷二九《魏书·方技传·周宣》记载了这样的神异故事。周宣善于占梦,曾经解说与"蛇"有关的"梦":

---

① 《清史稿》,第 10601 页。
② 〔清〕骆秉章撰:《骆文忠公奏稿》卷三,《左宗棠全集》第 18 册,上海书店 1986 年影印版,第 15835 页。
③ 〔清〕鄂辉等撰:《钦定平苗纪略》,《四库未收书辑刊》第肆辑第 14 册,第 684 页,第 748 页,第 750 页,第 751 页。

>   周宣字孔和，乐安人也。为郡吏。太守杨沛梦人曰："八月一日曹公当至，必与君杖，饮以药酒。"使宣占之。是时黄巾贼起，宣对曰："夫杖起弱者，药治人病，八月一日，贼必除灭。"至期，贼果破。
>   后东平刘桢梦蛇生四足，穴居门中，使宣占之，宣曰："此为国梦，非君家之事也。当杀女子而作贼者。"顷之，女贼郑、姜遂俱夷讨，以蛇女子之祥，足非蛇之所宜故也。①

我们读这段历史记录，领会到有"女贼"的存在。"女贼"应是打击执政集团，影响社会治安的武装集团。如《三国志》所说，"女贼"就是"女子而作贼者"。

《清史稿》卷四三二《唐训方传》记载："进克樊城，追至吕堰驿，斩女贼宋氏。"② 也是明确的镇压"女贼"的史录。

"斩女贼""夷讨""女贼""杀女子而作贼者"，是传统王朝政治宣传以为正当合理的行为。如果进行古代社会的阶级分析，自然会有另外的理解。

---

① 《三国志》，第810页。
② 《清史稿》，第12323页。

第十章 "女儿国"军事

史籍可见"女国""女儿国"的相关记载。有学者认为其在历史上确实存在,"延续着母系氏族特点","保留着原始母系社会的大家庭制"的社会结构。① 然而相关史迹年代延续颇久,其空间位置,也在偏远地方。有关"女国""女儿国"军事生活的记载,是考察女军史应当注意的。

1. 作为政治实体与军事实体的"女儿国"

《三国志》卷三〇《魏书·东夷传·东沃沮》中可以看到这样的记录:"王颀别遣追讨宫,尽其东界。问其耆老'海东复有人不'?耆老言国人尝乘船捕鱼,遭风见吹数十日,东得一岛,上有人,言语不相晓,其俗常以七月取童女沈海。又言有一国亦在海中,纯女无男。"② 《后汉书》卷八五《东夷列传·东沃沮》写道:"又说海中有女国,无男人。或传其国有神井,窥之辄生子云。"③ "海东"的"女国",使人联想到《三国志》卷三〇《魏书·东夷传》关于"倭国"的记述

---

① 杨学政、刘婷:《女儿国的女神崇拜》,《寻根》2003 年第 3 期。
② 《三国志》,第 847 页。
③ 《后汉书》,第 2817 页。

中说到的"女王"和"女王国"。①《梁书》卷五四《诸夷传·东夷》可见有关"扶桑国"民情的记载:"慧深又云:'扶桑东千余里有女国,容貌端正,色甚洁白,身体有毛,发长委地。至二、三月,竞入水则任娠,六七月产子。女人胸前无乳,项后生毛,根白,毛中有汁,以乳子,一百日能行,三四年则成人矣。见人惊避,偏畏丈夫。食咸草如禽兽。咸草叶似邪蒿,而气香味咸。"②《北史》卷一一《隋本纪上·高祖文帝杨坚》记载开皇四年(584)事,"是岁靺鞨及女国并遣使朝贡"。③此"女国""遣使朝贡"事与"靺鞨"并记,似乎应当是"海东""女国",也有可能是另一处于东方的"女国"。《元史》卷一四《世祖本纪十一》记至元二十四年(1287)事,有"女人国贡海人"的情节,④说的应当也是"海东""女国"。

《宋书》卷九六《吐谷浑传》和《魏书》卷一〇一《吐谷浑传》有"献乌丸帽、女国金酒器、胡王金钏等物"的内容。⑤《魏书·西域传》关于"于阗国"的记录中,有"于阗国,在且末西北,……南去女国二千里"的文句。⑥这里所见"女国",或许与《山海经·海外西经》和《大荒西经》中所见作为"西方之国"的"女子国"有关。⑦所谓"女国金酒器",体现出这一国度有较高的冶金及手工业制作技术水准。《说

---

① 《三国志》卷三〇《魏书·东夷传·倭》:"自郡至女王国万二千余里。"第855页。交通里程是相对明确的。
② 〔唐〕姚思廉撰:《梁书》,第809页。又见《南史》卷七九《东夷列传下·东夷》"扶桑国"。〔唐〕李延寿撰:《南史》,第1976—1977页。
③ 《北史》,第411页。
④ 《元史》,第300页。
⑤ 《宋书》,第2372—2373页;《魏书》,第2237页。又见《北史》卷九六《吐谷浑传》,第3183页。
⑥ 据中华书局标点本《魏书》"校勘记":"'南去女国二千里',《北史》卷九七、《隋书》卷八三、《通志》卷一九六《于阗传》、《册府》卷九五七(一一二六三页)'二'都作'三',这里'二'字当是'三'之讹。"《魏书》,第2262页,第2282页。
⑦ 袁珂校注:《山海经校注》,上海古籍出版社1980年版,第220页,第400页。

郭》卷九七下洪遵《泉志》说到的"女国钱",[1]也可以体现"女国"货币经济的发达程度。

《魏书》卷一〇一《女王国传》:"北又有女王国。以女为主。"[2]《北史》卷九六《吐谷浑传》:"白兰西南二千五百里,隔大岭,又度四十里海,有女王国。""以女为王,故因号焉。"[3]"以女为主""以女为王"的"女王国",也应与"女国"有密切关系。

《北史》卷九六《附国传》:"附国南有薄缘夷,风俗亦同。西有女国。"[4]也都是关于"女国"的历史记忆。《北史》卷九七《西域列传·女国》说,"隋开皇六年,遣使朝贡,后遂绝"[5]。《北史》卷三八《裴矩传》有裴矩《西域图记序》,说:"发自燉煌,至于西海,凡为三道,各有襟带。""其三道诸国,亦各自有路,南北交通。其东女国、南婆罗门国等,并随其所往,诸处得达。"[6]《新唐书》卷二二一上《西域列传上·朱俱波》:"南三千里女国也。"[7]可知在古地学专家心目中,西方"女国"的方位是相对明确的。

《旧唐书》卷三《太宗纪下》记载贞观八年(634)的外交事件:"是岁,龟兹、吐蕃、高昌、女国、石国遣使朝贡。"[8]这是西域诸国使团的联合外交活动,女国也是西域诸国中的一员。在谭其骧主编《中国历史地图集》"隋时期全图"中,"女国"的位置,标示在班

---

[1]《说郛三种》,第4488页。
[2]《魏书》,第2241页。
[3]《北史》,第3189—3190页。
[4]《北史》,第3194页。又见《隋书》卷八三《西域列传·附国》,第1859页。《新唐书》卷二二二《南蛮传下·南平獠》有"附国"条:"成都西北二千余里有附国,盖汉西南夷也。""附国南有薄缘夷,西接女国。"第6328页。
[5]《北史》,第3236页。
[6]《北史》,第1389页。又见《隋书》卷六七《裴矩传》,第1579—1580页。
[7]《新唐书》,第6234页。
[8]《旧唐书》,第44页。

公错以南、喜马拉雅山以北之处。①

除了"海东""女国"和"西方""女国"之外，我们在史籍中又可以看到关于其他地方"女国"的记录。

据《旧唐书》卷九《玄宗纪下》，开元二十九年（741），又有"女国"使团来到长安："女国王赵曳夫及佛逝国王、日南国王遣其子来朝献。"②据《旧唐书》卷一三《德宗纪下》载，贞元九年（793），"剑南西山羌女国王汤立志""自来朝贡"。贞元十二年（796），"回纥、南诏、剑南西山国女国王并来朝贺"。③所谓"剑南西山羌女国王"和"剑南西山国女国王"可能是一样的，只是一作"西山羌"，一作"西山国"，文字表述略有不同。《旧唐书》卷一九八《西戎列传·大食国》写道："又有女国，在其西北，相去三月行。"④则显然是与"在葱岭南"之"女国"有别的另一处"女国"。

《隋书》及两《唐书》"女国"地望，并不十分明确。按照《清史稿》卷五二五《藩部列传八·西藏》的说法，"魏、隋为附国、女国"者，在西藏地方。⑤也有学者取同样的认识，以为"历史上的女儿国产生在青藏高原上"。"葱岭之南"的"女国"，地理位置在"青藏高原西北部地区"。⑥这一见解，与谭其骧主编《中国历史地图集》"隋时期全图"中"女国"位置的标示是一致的。

《吕思勉读史札记》列有"女国"条，对"女国"方位予以讨论。吕思勉写道："唐时女国，人皆知其有二，而不知其实有三焉。盖今

---

① 《中国历史地图集》第5册，第3—4页。
② 《旧唐书》，第214页。
③ 《旧唐书》，第377页，第385页。
④ 《旧唐书》，第5315页。
⑤ 《清史稿》，第14529页。
⑥ 赵宝红：《浅谈中国历史上的女儿国》，《丹东师专学报》2001年第4期。

后藏地方有一女国,四川西境,又有一女王。新旧《唐书》之《东女传》,皆误合为一也。"一为"葱岭南之女国",一为"西山女国"。所以混同,产生误会的原因,"盖昔人于域外地理,多不详知","不能无此失也"。①谭其骧主编《中国历史地图集》"唐时期·南诏"图中,在今泰国清迈地方标示"女王国"。②其位置在"剑南",则又是一种历史地理认识。

2. 丈夫"唯以征伐为务"而女性贵族"共知国政"

关于"女国"的政治格局和管理方式,《北史》卷九七《西域列传·女国》有这样的记述:

> 女国,在葱岭南。其国世以女为王,姓苏毗,字末羯,在位二十年。女王夫号曰金聚,不知政事。国内丈夫,唯以征伐为务。山上为城,方五六里,人有万家。王居九层之楼,侍女数百人,五日一听朝,复有小女王共知国政。其俗妇人轻丈夫,而性不妒忌。……其女王死,国中厚敛金钱,求死者族中之贤女二人,一为女王,次为小王。③

这段记载明确指出了"其国世以女为王"的情形,其权力集中体现的母系氏族社会的特征是明显的继承形式,也是值得注意的。继位者的条件,是"死者族中之贤女二人"。

---

① 《吕思勉读史札记》,第 1079—1084 页。
② 《中国历史地图集》第 5 册,第 80—81 页。
③ 《北史》,第 3235 页。又见《隋书》卷八三《西域列传·女国》,第 1850—1851 页。

也就是说，军队构成为男性，"国内丈夫，唯以征伐为务"。而"女王夫""不知政事"，国家行政由女性贵族主管，"女王"与"小女王""共知国政"。那么，"征伐"之事的决策权，应当也把握在"女王"与"小女王"手中。

3. "女国"的"战争"

关于"女国"的礼俗制度，隋唐史籍有所记录。《隋书》卷八三《西域列传·女国》写道："其俗贵妇人，轻丈夫，而性不妒忌。男女皆以彩色涂面，一日之中，或数度变改之。人皆被发，以皮为鞋，课税无常。气候多寒，以射猎为业。出鍮石、朱砂、麝香、牦牛、骏马、蜀马。尤多盐，恒将盐向天竺兴贩，其利数倍。亦数与天竺及党项战争。其女王死，国中则厚敛金钱，求死者族中之贤女二人，一为女王，次为小王。贵人死，剥取皮，以金屑和骨肉置于瓶内而埋之。经一年，又以其皮内于铁器埋之。俗事阿修罗神，又有树神，岁初以人祭，或用猕猴。祭毕，入山祝之，有一鸟如雌雉，来集掌上，破其腹而视之，有粟则年丰，沙石则有灾，谓之鸟卜。"开皇六年（586），"女国"曾经"遣使朝贡"，后来与隋王朝的外交联系断绝。[①]

所谓"数与天竺及党项战争"，说明了"女国"的军事生活。在"其俗贵妇人，轻丈夫"的社会文化基点上，也许"妇人"承担着"战争"中的主要责任。

"女国"的"战争"能力的养成，应当与"以射猎为业"有一定关系。其制度重女权，"其女王死，国中则厚敛金钱，求死者族中之贤女二人，

---

① 《隋书》，第 1850—1851 页。

一为女王,次为小王"。而信仰世界与卜筮行为的原始性,或许可以为我们认识远古社会女性地位与女子在军事生活中的作用提供参考。

4."女王""将军"名号

关于"东女国"与中原正统王朝的关系,据《旧唐书》卷一九七《南蛮西南蛮列传·东女国》记述:"隋大业中,蜀王秀遣使招之,拒而不受。武德中,女王汤滂氏始遣使贡方物,高祖厚资而遣之。还至陇右,会突厥入寇,被掠于虏庭。及颉利平,其使复来入朝。太宗送令反国,并降玺书慰抚之。垂拱二年,其王敛臂遣大臣汤剑左来朝,仍请官号。则天册拜敛臂为左玉钤卫员外将军,仍以瑞锦制蕃服以赐之。天授三年,其王俄琰儿来朝。万岁通天元年,遣使来朝。开元二十九年十二月,其王赵曳夫遣子献方物。天宝元年,命有司宴于曲江,令宰臣已下同宴。又封曳夫为归昌王,授左金吾卫大将军,赐其子帛八十匹,放还。后复以男子为王。"[①] 有关"开元二十九年十二月,其王赵曳夫遣子献方物"的记录,正与《旧唐书》卷九《玄宗纪下》开元二十九年(741)"女国王赵曳夫及佛逝国王、日南国王遣其子来朝献"[②] 相对应。

看来,唐王朝对"东女国"采取的是和平交往政策。"垂拱二年,其王敛臂遣大臣汤剑左来朝,仍请官号。则天册拜敛臂为左玉钤卫员外将军。"天宝元年(742),女王赵曳夫又被"授左金吾卫大将军"。[③] 均用"将军"名号,这当然可以理解为对其武功的肯定,也是对于其

---

① 《旧唐书》,第5278页。
② 《旧唐书》,第214页。
③ 《旧唐书》卷一九七《南蛮西南蛮列传·东女国》,第5278页。

军事指挥权的承认。

5. 海外"女国"："最骁勇善战"

关于海外"女国"，《大唐西域记》卷一一说到"西大女国"。[①]《诸蕃志》卷上"海上杂国"条写道："西海亦有女国，其地五男三女，以女为国王，妇人为吏职，男子为军士。女子贵则多有侍男，男子不得有侍女。生子从母姓。"[②]宋人周去非《岭外代答》卷二"海外诸蕃国"："三佛齐之南，南大洋海也。海中有屿万余，人莫居之，愈南不可通矣。阇婆之东，东大洋海也，水势渐低，女人国在焉。"又如卷三"东南海上诸杂国"："又东南有女人国，水常东流，数年水一泛涨。或流出莲肉长尺余，桃核长二尺。人得之则以献于女王。"[③]明人姚虞《岭海舆图》写道："爪哇国，古本阇婆国，东抵古女人国，西抵三佛齐国，南抵古大食国，北界占城国。宋淳化、大观中尝遣使朝贡。国朝洪武三年，其王昔里八达剌遣其臣八的占必等来朝贡。"[④]这里说的，则是位于南洋的"女人国"。

明代来华西洋人艾儒略撰《职方外纪》卷一写道："迤西旧有女国，曰亚玛作搦，最骁勇善战。尝破一名都曰厄弗俗。即其地建一神庙，宏丽奇巧，殆非思议所及。西国称天下有七奇，此居其一。国俗惟春

[①]〔唐〕玄奘、〔唐〕辩机原著，季羡林等校注：《大唐西域记校注》，中华书局2000年版，第872页。
[②] 冯承钧撰：《诸蕃志校注》，中华书局1956年版，第74页。
[③]〔宋〕周去非著，杨武泉校注：《岭外代答校注》，中华书局1999年版，第74—75页，第111页。
[④]〔明〕姚虞撰：《岭海舆图》，王云五主编：《丛书集成初编》第3124册，商务印书馆1937年版，第64页。

月容男子一至其地，生子，男辄杀之。今亦为他国所并，存其名耳。"①这应当是中国文献中保存的地理距离更遥远的一处"女国"的文化信息。方以智《物理小识》卷三用这一记录澄清"女国照井而孕，亦气交之理乎"的疑惑："《外纪》：'鞑而靼西有女国曰亚玛作搦。俗惟春月容男子一至其地，生男辄杀之。'"②所谓"惟春月容男子一至其地"，是为了取得人口繁育的基本条件。其实宋代论著《岭外代答》卷二"海外诸蕃国"条及《诸蕃志》卷上"海上杂国"条已经说到类似的情形："又东南有女人国"，"昔常有舶舟飘落其国，群女携以归，数日无不死。有一智者夜盗船亡命得去，遂传其事"。③

有关这些海外"女国"的历史记忆，并不能直接充实我们有关中国女军史的知识，但是可以作为相关历史理解的参考。④比如，"女国""亚玛作搦，最骁勇善战"的情形就非常引人注目，而这一国度是"生子，男辄杀之"的。按照方以智《物理小识》的表述，是"生男辄杀之"。那么，其国"最骁勇善战"风格的表现者，只能是女性。

---

① [意大利]艾儒略撰：《职方外纪》，王云五主编：《丛书集成初编》第3265册，商务印书馆1936年版，第13—14页。
② 〔明〕方以智：《物理小识》，黄德宽、诸伟奇主编：《方以智全书》第7册，黄山书社2019年版，第224页。
③《诸蕃志校注》，第73页。
④ 王子今：《"女儿国"的传说与史实》，《河北学刊》2008年第3期。

第十一章 "女役"与军事史

吕思勉在《吕思勉读史札记》甲帙"先秦""女子从军"条中写道:"后世女子罕从征战,偶有其事,人遂诧为异闻;若返之于古,则初无足异也。"他分析《商君书·兵守》"壮男为一军,壮女为一军,男女之老弱者为一军"之"三军"说,及《墨子·备城门》"丈夫""丁女""老小"编列为军,分别承担军务责任的内容,指出:"盖兵亦役之一,古役固男女皆兴也。"又引录《三国志》卷一《魏书·武帝纪》裴松之注引《魏书》曹操"令妇人守陴"[1],及《三国志》卷四一《蜀志·杨洪传》杨洪所谓"方今之事,男子当战,女子当运"[2],指出:"此虽不令女子当前敌,亦未尝不与于发兵也。"[3]所谓"盖兵亦役之一,古役固男女皆兴也",正是"女子""未尝不与于发兵也"的因由。

1. "女役"形式之一:城守

历史上"夫人城"的名号多次出现。

就正史记录而言,《汉书》卷九四上《匈奴传上》写道:"汉军

---

[1]《三国志》,第12页。
[2]《三国志》,第1013页。
[3]《吕思勉读史札记》,第303—305页。

乘胜追北，至范夫人城……"①《晋书》卷八一《朱序传》说朱序母韩氏主持强化城防，"襄阳人谓此城为夫人城"。②稍晚有《明史》卷二九一《忠义列传三·张铨》记述张铨一家武装抗敌的事迹："铨父五典，历官南京大理卿，时侍养家居。诏以铨所赠官加之，及卒，赠太子太保。初，五典度海内将乱，筑所居窦庄为堡，坚甚。崇祯四年，流贼至，五典已殁，独铨妻霍氏在，众请避之。曰：'避贼而出，家不保。出而遇贼，身更不保。等死耳，盍死于家。'乃率僮仆坚守。贼环攻四昼夜，不克而去。副使王肇生名其堡曰'夫人城'。"③其城堡"（张）铨父五典"所"筑"，"铨妻霍氏""率僮仆坚守"。

《水经注》卷三七《油水》注《水经》"油水出武陵孱陵县西界，东过其县北，又东北入于江"："县治故城，王莽更名孱陵也。刘备孙夫人，权妹也，又更修之。其城背油向泽。"④清人沈炳巽《水经注集释订讹》卷三七写道："在今公安县，一名孙夫人城。"⑤

史称"夫人城"者，文献可见多例。如《太平寰宇记》即可见：

> 葛孽故城。《隋图经》云："葛孽城，俗呼葛鹅城，即赵武灵王夫人所筑，一云夫人城。"⑥
>
> 王山祠。《水经注》云："行唐城内北门东侧，祠后有神女庙，前有碑，其文云：'王山将军，故燕蓟之神童，后为城神。圣女者，此土华族石神夫人之元女。赵武灵王初营

---

① 《汉书》，第 3779 页。
② 《晋书》，第 2133 页。
③ 《明史》，第 7455—7456 页。
④ 《水经注校证》，第 866 页。
⑤ 〔清〕沈炳巽撰：《水经注集释订讹》，《景印文渊阁四库全书》第 574 册，台湾商务印书馆 1986 年版，第 645 页。
⑥ 《太平寰宇记》卷五八《河北道七·洺州》"肥乡县"，第 1196 页。

斯邑城，弥载不立。圣女发叹，应与人俱，遂妃神童，潜刊真石，百堵皆兴，不日而就。故此神后之灵应不泯焉。'"

夫人城，《晋太康记》曰："行唐县北二十里有夫人城，即王神女所筑。"①

夫人城，即晋朱序为刺史，母韩夫人深识兵势，知城西北角必偏受敌，率女婢斜筑二十许丈以捍贼。后苻丕果以兵攻此处，不克而退。因号"夫人城"。②

（匈奴）复入五原、酒泉，杀两部都尉。于是遣贰师将军七万人出五原，贰师遣属国胡骑二千与战，虏兵坏散，汉军乘胜追北，至范夫人城。③

范夫人城，城本汉将所筑，将亡，其妻率余众完保之，因以为名焉。④

自"北狄"之地到江汉平原，都存留有关"夫人城"的记忆。"夫人城"成为战争史记录中涉及女性特殊作为的一个文化符号。

庾信《明君辞》："敛眉光禄塞，遥望夫人城。片片红颜落，双双泪眼生。冰河牵马渡，雪路把鞍行。胡风入骨冷，汉月照心明。"吴兆宜注："《匈奴传》：至范夫人城。"⑤ 又庾信《奉报赵王出师在道赐诗》："军中女子气，塞外夫人城。"⑥《艺文类聚》卷四二引梁简文帝《渡关山行》诗："褰旗远不息，驱虏何穷极。狼居一封

---

① 《太平寰宇记》卷六一《河北道十·镇州》"行唐县"，第1256页。
② 《太平寰宇记》卷一四五《山南东道四·襄州》"邓城县"，第2817页。
③ 《太平寰宇记》卷一九〇《四夷十九·北狄二·匈奴中》，第3643页。
④ 《太平寰宇记》卷一九一《四夷二十·北狄三·匈奴下》，第3666页。
⑤ 〔南朝陈〕徐陵编，〔清〕吴兆宜注，程琰删补，穆克宏点校：《玉台新咏笺注》，中华书局1985年版，第382—383页。
⑥ 〔北周〕庾信撰，〔清〕倪璠注，许逸民点校：《庾子山集注》，中华书局1980年版，第205页。

第十一章 "女役"与军事史

难再睹,阏氏永去无容色。锐气且横行,朱旗乱日精。先屠光禄塞,却破夫人城。"①也用"范夫人城"典。

唐岑参《饯王崟判官赴襄阳道》诗:"津头习氏宅,江上夫人城。"注家一般将此"夫人城"与朱序母故事相联系。②宋人宋庠为之著《夫人城赋》,写道:"昔晋将朱序守襄阳,为苻丕所围。序母韩氏自登城按履,谓西北角当先受弊。遂领百婢及城外中女丁于其角斜筑二十余丈。贼攻西北,果溃。众固新城,丕遂引退。谓此为'夫人城',至今丛祠,遗基岿然尚在,荆楚岁时乡人祀焉。仰其高风,慨然为赋。其词曰:循汉皋而西望兮,何层城之孤峙。披南烈之遗堞兮,号夫人之故垒。谯门堙而中塞兮,灌木森其相倚。势郁律以上出兮,下坡陁而榛圯。渺遗烈而未泯,眷高芬而可纪。昔典午之鼠首,属苻丕之虎视。区区保乎江汉,岘一障乎北鄙。寇方甚于饿喙,地几同于黑子。惟韩媪之慈训,励朱公之朴忠。仗天节以扦敌,据江域而临戎。"对于攻守情势,作者有比较具体的描写:"于时大羽若日,高旌如虹。桀黠同侮,跳梁四攻。防地中之瓮缶,舞楼上之梯冲。""瓮缶"的作用,是监听敌方是否通过地穴来攻城。"梯冲"则通常是用云梯登城的形式。韩氏发现城防弱点,予以加强措施:"伊君母之慷慨兮,誓丧元而靡悔。临大难而克壮兮,惧危闉之先溃。率民妇而操筑,培战陴而相对。备之于条侯之西北兮,岂神机之我昧。果前蹈于厥角,率图全于覆簣。"对"女子""巾帼"之外的功业,得到高度赞赏:"嗟女子之绵薄兮,盖中壸而是修。奉苹蘩之常祀,承巾帼之余休。矧仗节而死难,非君子而可求。

---

① 〔唐〕欧阳询撰,汪绍楹校:《艺文类聚》,上海古籍出版社1965年版,第756页。
② 〔唐〕岑参著,陈铁民、侯忠义校注:《岑参集校注》,上海古籍出版社1981年版,第139—141页。

伟此母之挺操,亘终古而弗媲。赵指括以全宗,王勉陵而事刘。孟三徙以渐训,介俱隐以无尤。虽先建于高躅兮,我无忝于前猷。若乃宝墉百寻,犀兵万旅,推毂受命,建牙作辅,气可盖世,威能拉虎。或喑利而忘义,或饱飞而背主。输天险于敌国,屈王国于亡虏。悲丈夫之窃号,曾纬耄而无取。傥死者之可作兮,非夫人而谁与。咏明德而不已,聊盘桓以延伫。"①

其中说到"前猷"四例,后两例"孟三徙以渐训,介俱隐以无尤"与军事史没有直接关系,前两例有必要简要说明一下。所谓"赵指括以全宗",回顾了赵括母亲的明智。《史记》卷八一《廉颇蔺相如列传》:"赵括自少时学兵法,言兵事,以天下莫能当。尝与其父奢言兵事,奢不能难,然不谓善。括母问奢其故,奢曰:'兵,死地也,而括易言之。使赵不将括即已,若必将之,破赵军者必括也。'及括将行,其母上书言于王曰:'括不可使将。'王曰:'何以?'对曰:'始妾事其父,时为将,身所奉饭饮而进食者以十数,所友者以百数,大王及宗室所赏赐者尽以予军吏士大夫,受命之日,不问家事。今括一旦为将,东向而朝,军吏无敢仰视之者,王所赐金帛,归藏于家,而日视便利田宅可买者买之。王以为何如其父?父子异心,愿王勿遣。'王曰:'母置之,吾已决矣。'括母因曰:'王终遣之,即有如不称,妾得无随坐乎?'王许诺。"②所谓"王勉陵而事刘",赞美王陵母亲的勇毅。《史记》卷五六《陈丞相世家》:"王陵者,故沛人,始为县豪,高祖微时,兄事陵。陵少文,任气,好直言。及高祖起沛,入至咸阳,陵亦自聚党数千人,居南阳,不肯从沛公。

---

① [宋]宋庠撰:《元宪集》卷一,王云五主编:《丛书集成初编》第1868册,商务印书馆1935年版,第4页。
② 《史记》,第2447页。

及汉王之还攻项籍,陵乃以兵属汉。项羽取陵母置军中,陵使至,则东乡坐陵母,欲以招陵。陵母既私送使者,泣曰:'为老妾语陵,谨事汉王。汉王,长者也,无以老妾故,持二心。妾以死送使者。'遂伏剑而死。项王怒,烹陵母。"[1]赵括的母亲和王陵的母亲都在战争史中有特殊的表现。一则以智而明的判定,一则以义而勇的牺牲,都达到了极高的境界。而《夫人城赋》的作者宋庠以为,朱序母韩氏的表现,二者兼而有之。

宋李廌《夫人城》诗也就这一女子城守故事颂扬她抗敌的"智勇":"庸将昧奇正,乘鄣罕书勋。我登夫人城,想见畚锸勤。攻瑕既遇坚,坐制乌合群。异时古烈妇,鲜以智勇闻。褒称励愚懦,敢讽贤令君。作传续烈女,远绍子政文。壁间画葆羽,俾如娘子军。"[2]其中"畚锸"句,说的是筑城劳役。所谓"异时古烈妇,鲜以智勇闻",确是事实。而"褒称励愚懦,敢讽贤令君",强调了"夫人城"故事的精神激励作用。"作传续烈女,远绍子政文",说与"夫人城"相关的故事超越了刘向《列女传》的文化境界。"壁间画葆羽,俾如娘子军",借图画功臣传统,以为"夫人城"筑造者的英雄主义业绩应当表彰。而"娘子军"一语的使用,肯定了她们的"畚锸"之功,其实是与阵前拼搏冲杀相当的。金人李俊民也有《夫人城》诗:"见说韩门素识兵,故知西北势先倾。未应有子如豚犬,何在夫人自筑城?"[3]"豚犬"句,典出《三国志》卷四七《吴书·吴主传》裴松之注引《吴历》:"公见舟船器仗军伍

---

[1]《史记》,第2059—2060页。
[2]〔宋〕李廌:《济南集》卷一,《景印文渊阁四库全书》第1115册,第713页。
[3] 李俊民《夫人城》诗有序:"在今襄阳西北一里。符丕之攻朱序也,朱母韩深识兵势,自登城履行,谓'西北角当先受弊'。遂领百余婢并城中女丁,于其角斜筑城二十余丈。寇力攻西北角,果挫衄而退。襄阳号曰'夫人城'。"诗末自注:"张参议:'五申下令吴姬肃,三遂无哗鲁筑城。'"〔金〕李俊民著,吴广隆编审,马甫平点校:《庄靖集》卷六,山西古籍出版社2006年版,第325—326页。

图33　倪田《四红图》　　　　图34　梁红玉像（清光绪二十二年《历代画像传》）

整肃，喟然叹曰：'生子当如孙仲谋，刘景升儿子若豚犬耳！'"①

"夫人城"故事的社会影响之普及，已经渗透到较为宽广的文化层面。宋代梦书《梦林玄解》卷三《梦占·城市》有"登城大吉"条，写道："占曰：城者，坚厚峻固之地，居官吏，护兆民，积械利，拒兵火。人梦登之，上见下，内知外，主御众有权乘时得势之兆。"又列有几例："梦登不夜城，在东莱，主辛勤。梦登夫人城，主兵戈。梦登江陵城，云长公筑，主克战功。"②"登城"梦占特别言及"梦登夫人城"，

---

① 《三国志》，第1119页。
② 〔宋〕邵雍纂辑，〔明〕陈士元增删，〔明〕何栋如重辑：《梦林玄解》，《续修四库全书》第1063册，上海古籍出版社2013年版，第674页。

是耐人寻味的。

2. "女役"形式之二：军事工程营筑

"夫人城"故事言及女子对城防的参与，包括规划施工以及"坚守"，而更多的是"畚锸""操筑"。

顾颉刚《浪口村随笔》"女子服兵役"条对《墨子·备城门》有关"丁女""丁女子"参与城防的内容有所考论，指出："古代女子亦服兵役，执干戈，且从事守城者倍多于丈夫也。"对于所谓"诸作穴者五十人，男女相半"，顾认为："是军中工事，女子与男子同等操作也。"[①]

汉长安城的修筑，也有女子参与。《汉书》卷二《惠帝纪》记载："三年春，发长安六百里内男女十四万六千人城长安，三十日罢。""（五年）春正月，复发长安六百里内男女十四万五千人城长安，三十日罢。"[②]调发"男女""城长安"，空间范围有限，人数有限，工期有限，只在春季农闲时且"三十日罢"，有意不干扰农桑生产秩序，相较秦代劳役征发已经体现出了重要的历史性进步。可见妇女参加筑"城"的工程，有明确的历史事实。

《晋书》卷一〇七《石季龙载记下》记述："……季龙于是使尚书张群发近郡男女十六万，车十万乘，运土筑华林苑及长墙于邺北，广长数十里。"[③]女子参加的劳作，是包括防御工事的营筑的。《新唐书》卷一四八《康承训传》说："吴迥守濠州，粮尽食人，驱女孺运薪塞隍，并填之，整旅而行，马士举斩以献。"[④]这也是妇女被迫

[①] 顾颉刚：《顾颉刚读书笔记》卷一六，中华书局2011年版，第75页。
[②]《汉书》，第89页，第90页。
[③]《晋书》，第2782页。
[④]《新唐书》，第4779页。

承担城防劳作的史例。

《商君书·兵守》写道:"壮女之军,使盛食、负垒,陈而待令,客至而作土以为险阻及耕格阱,发梁撤屋,给从从之,不洽而煤之,使客无得以助攻备。"①顾颉刚指出:"是则战斗之事,壮男主之;工作之事,壮女主之……壮女之工作,有筑土、撤屋、纵火等等,凡不直接参加战斗而可用种种方法以妨碍敌人之进展者,皆壮女一军之所有事也。"②

妇女参与城防工程史事,《金史》卷一八《哀宗纪下》有明确的记录:"(天兴二年)十二月甲戌,尽籍民丁防守,括妇人壮捷者假男子衣冠,运大石。"③《金史》卷一一九《完颜仲德传》也写道:"(天兴二年)十一月辛丑,大兵以攻具傅城,有司尽籍民丁防守,不足则括妇女壮健者,假男子衣冠使运木石。"④至于为什么女役以劳作方式参与"防守"者要"假男子衣冠",可能是不愿意在敌军面前暴露"民丁"调发枯竭的事实,当然也有可能是因为原始巫术理念认为女子从事军事活动将有不利。

《明史》卷二九四《忠义列传六·王家录》记述了一则妇人以特殊方式加固城防的事迹:"家录,黄冈人,举于乡。时已擢关南兵备佥事,未行,与任协守。围急,男子皆乘城,家录令妇人运水灌城,冰厚数寸,贼不能攻。"⑤妇人以水"灌城",致城上结冰,增加了敌军登城攻击的难度。这种方式已见诸前代军事史记录。《三国志》卷一《魏书·武帝纪》裴松之注引《曹瞒传》记载:"时公军每渡渭,

---

① 《商君书注译》,第261—262页。
② 《顾颉刚读书笔记》卷一六,第75—76页。
③ 《金史》,第402页。
④ 《金史》,第2609—2610页。
⑤ 《明史》,第7548页。

辄为超骑所冲突，营不得立，地又多沙，不可筑垒。娄子伯说公曰：'今天寒，可起沙为城，以水灌之，可一夜而成。'公从之，乃多作缣囊以运水，夜渡兵作城，比明，城立，由是公军尽得渡渭。"①《魏书》卷三七《司马楚之传》记载，北魏远征西北，"车驾伐蠕蠕，诏楚之与济阴公卢中山等督运以继大军。时镇北将军封沓亡入蠕蠕，说令击楚之等以绝粮运。蠕蠕乃遣奸觇入楚之军，截驴耳而去。有告失驴耳者，诸将莫能察。楚之曰：'必是觇贼截之以为验耳，贼将至矣。'即使军人伐柳为城，水灌之令冻，城立而贼至。冰峻城固，不可攻逼，贼乃走散。世祖闻而嘉之"②。又《宋史》卷二七二《杨延昭传》："会大寒，汲水灌城上，旦悉为冰，坚滑不可上。"③此例与"（王）家录令妇人运水灌城，冰厚数寸，贼不能攻"事最为相近。同样是明代故事，又可见《明史》："天大寒，通汲水灌城，冰坚不得近。"④而《明史》记载："自连云岛至窟驼寨十余里，缘河垒冰为墙，沃以水，经宿凝沍如城。"于是筑为"冰城"，迫使敌军"旁走"，"遂大溃"。⑤其情形类似北魏司马楚之故事。

王家录"令妇人运水灌城，冰厚数寸，贼不能攻"，是能体现出高明军事智慧的举措。"妇人"们的军事工程劳作，书写了战争史上闪光的记录。

---

① 《三国志》卷一《魏书·武帝纪》裴松之注引《曹瞒传》接着写道："或疑于时九月，水未应冻。臣松之按魏书：公军八月至潼关，闰月北渡河，则其年闰八月也，至此容可大寒邪！"第36页。然而考虑到东汉以来气候转寒的趋势，或许应当排除疑虑。参看竺可桢：《中国近五千年来气候变迁的初步研究》，《竺可桢文集》，科学出版社1979年版，第475—498页；王子今：《秦汉时期气候变迁的历史学考察》，《历史研究》1995年第2期；《关于秦汉时期淮河冬季封冻问题》，《中国历史地理论丛》1995年第4期。
② 《魏书》，第856—857页。
③ 《宋史》，第9306页。
④ 《明史》卷一六〇《罗通传》，第4363页。
⑤ 《明史》卷一三四《马云传》，第3900页。

3. "女役"形式之三：军运

"女役"以军事运输为主题的情形，顾颉刚《浪口村随笔》"女子服兵役"条有所论述："《列女传·鲁漆室女篇》云：'三年，鲁果乱，齐、楚攻之，鲁连有寇，男子战斗，妇人转输，不得休息。'是则壮女亦作老弱之事，从事于挽运粟刍。《汉书·严助传》谓秦时'丁男被甲，丁女转输'，是漆室女事虽未必实，而女子之为军事转输工作则固战国、秦、汉间所确有者也。"①

"谓秦时'丁男被甲，丁女转输'"者，其实早于《汉书》，已见于《史记》卷一一二《平津侯主父列传》。主父偃批判秦政："欲肆威海外，乃使蒙恬将兵以北攻胡，辟地进境，戍于北河，蜚刍挽粟以随其后。又使尉屠睢将楼船之士南攻百越，使监禄凿渠运粮，深入越，越人遁逃。旷日持久，粮食绝乏，越人击之，秦兵大败。秦乃使尉佗将卒以戍越。当是时，秦祸北构于胡，南挂于越，宿兵无用之地，进而不得退。行十余年，丁男被甲，丁女转输，苦不聊生，自经于道树，死者相望。及秦皇帝崩，天下大叛。"②《后汉书》卷四三《何敞传》"男子疲于战阵，妻女劳于转运"③，也说到这种劳役征发形式。

汉安帝元初二年（115）冬十月，"诏郡国中都官系囚减死一等，勿笞，诣冯翊、扶风屯，妻子自随，占著所在；女子勿输"。关于"女子勿输"，李贤注："不输作也。"④ 这里说的"女子"的"输"及"输作"，

---

① 《顾颉刚读书笔记》卷一六，第 77 页。
② 《史记》，第 2958 页。
③ 《后汉书》，第 1481 页。
④ 《后汉书》卷五《孝安帝纪》，第 224 页。

很可能是包括"转输"的劳役内容的。①《后汉书》卷五一《庞参传》载"(庞)参于徒中使其子俊上书":"方今西州流民扰动,而征发不绝,水潦不休,地力不复。重之以大军,疲之以远戍,农功消于转运,资财竭于征发。田畴不得垦辟,禾稼不得收入,搏手困穷,无望来秋。百姓力屈,不复堪命。臣愚以为万里运粮,远就羌戎,不若总兵养众,以待其疲。车骑将军鹭宜且振旅,留征西校尉任尚使督凉州士民,转居三辅。休徭役以助其时,止烦赋以益其财,令男得耕种,女得织纴,然后畜精锐,乘懈沮,出其不意,攻其不备,则边人之仇报,奔北之耻雪矣。"②明确说以"万里运粮"为主体内容的"徭役""征发",使得"男""女"都承受重负,只有"休徭役""止烦赋",才能"令男得耕种,女得织纴"。女子承担"万里运粮"的劳作任务,以致不得"织纴"的情形,是明确的。

前引《三国志》卷四一《蜀书·杨洪传》所见"男子当战,女子当运",③说明"女子"承担"运"的职责。与"战"对应的"运",正是军事运输。④

《艺文类聚》卷五八引梁裴子野《喻虏檄文》写道:"丁壮死于军旅,妇女疲于转输。"⑤可知在许多历史时期,都有这样的"女役"劳作。

清人志锐《张家口至乌里雅苏台竹枝词一百首》有《桃花乞》,说到军事戍卫"无男则以女代之"的情形。而《乌拉乞》则提及军

---

① 《晋书》卷三〇《刑法志》:"时有大女刘朱,挝子妇酷暴,前后三妇自杀,论朱减死输作尚方,因是下怨毒杀人减死之令。"第922页。此所谓"输作"并非"转输"役作。
② 《后汉书》,第1687页。
③ 《三国志》,第1013页。
④ 王子今:《论两汉军事"委输"》,《新疆大学学报》(哲学·人文社会科学版)2017年第4期。
⑤ 《艺文类聚》,第1047页。

285

事运输用役"不分男女":"策马随行并驾竿,不分男女弁而冠。译言唤作乌拉乞,苦力驰驱为应官。"自注:"台兵应役亦有雇佣者,每送一台得工资大茶半块,骑官马,男女一例充当。乌拉乞者,蒙语效苦力之人也。"① 这种劳作,通常可能是"应官""应役","苦力驰驱"。所谓"男女一例充当"的"台兵应役亦有雇佣者",应当是后来出现的变化。亦有"应官""应役"的同时给予些许物质补偿如"大茶半块"的情形。

4. "女役"形式之四:军中炊事

《尚书·费誓》有"臣、妾逋逃,勿敢越逐"以及"逾垣墙,窃马、牛,诱臣、妾,汝则有常刑"文句。② 顾颉刚《史林杂识初编》"女子当兵和服徭役"条对其予以关注,引孔《疏》云:"役人贱者,男曰'臣',女曰'妾'也。古人或以妇女从军,故云'臣、妾逋逃'也。"顾颉刚写道:"读此,知古代师旅之中有男、女奴隶,然而兢兢然惧其逋逃,又畏人略诱,则奴隶主之所以维持其秩序者亦良不易矣。军中所以使用臣、妾者,《周官·太宰》:'以九职任万民,……八曰臣、妾,聚敛疏材',郑《注》:'疏材,百草根实,可食者',盖令其采集果实以佐军食,且缝纫之事亦可令女奴为之也。"③ 所谓"令其采集果实以佐军食"者,应是承担炊事工作。

唐代著名诗篇《石壕吏》:"听妇前致词:三男邺城戍。一男附书至,二男新战死。存者且偷生,死者长已矣。室中更无人,惟有乳

---

① 《历代竹枝词》,第3160页。
② 〔清〕阮元校刻:《十三经注疏》,中华书局1980年影印版,第255页。
③ 《顾颉刚读书笔记》卷一六,第336—337页。

下孙。有孙母未去，出入无完裙。老妪力虽衰，请从吏夜归。急应河阳役，犹得备晨炊。"① 末句正是女子应役在军中备炊的实例。

前引清人志锐《张家口至乌里雅苏台竹枝词一百首》中有《乌拉乞》一诗，言军事运输用役"不分男女""男女一例"。这组竹枝词又有《蒙妇应差》一首，言女子承担炊事"徭役"，也是"应官"而作："严妆蒙妇颜如鬼，跨上雕鞍马似飞。雌伏居然应官去，这般徭役古来稀。"② 由杜诗名作《石壕吏》可知，"这般徭役"形式其实"古来"多有。

5. "女役"形式之五：军用被服制作

顾颉刚"且缝纫之事亦可令女奴为之也"语，有以下史实可以证明。

前引《战国策·中山策》平原君"皆令妻妾补缝于行伍之间"③，《史记》卷一一八《淮南衡山列传》"求女无夫家者三万人，以为士卒衣补"④，以及云梦睡虎地秦简《仓律》"女子操敃红及服者"⑤，居延汉简"官使婢弃，用布三匹，糸絮三斤十二两"（505.33）"☐妻治裘☐☑"（552.2A）简文，⑥ 都是军中女子承担"缝纫之事"的实证资料。

唐史中也有相关记载，《新唐书》卷一九二《忠义传中·张巡》写道："巡有姊嫁陆氏，遮王劝勿行，不纳，赐百缣，弗受，为巡补

---

① 〔清〕浦起龙：《读杜心解》卷一，中华书局 1961 年版，第 54 页。
② 《历代竹枝词》，第 3167 页。
③ 《战国策》，第 1189 页。
④ 《史记》，第 3086 页。
⑤ 《睡虎地秦墓竹简》，第 54 页。
⑥ 《居延汉简》（肆），第 151 页，第 218 页。

287

缝行间，军中号'陆家姑'，先巡被害。"① 可知当时"行间""军中"有女子要承担"补缝"任务。《明史》卷一七七《王复传》记载，王复"天顺中，历兵部左右侍郎"，曾"出视陕西边备"，又"经略宁夏"，"经略甘肃"，"在边建置，多合机宜"，"还朝"后，改在工部任职，"声名逾兵部"。"中官领腾骧四卫军者，请给胖袄鞋裤。复执不可，曰：'朝廷制此，本给征行之士，使得刻日戒途，无劳缝纫。京军则岁给冬衣布棉，此成宪也，奈何渝之。'"② 可见"缝纫""制""给"，对于"征行之士"意义之重要。而一般军用被服的"缝纫"劳作，通常都是由妇女承担的。

---

① 《新唐书》，第 5540 页。
② 《明史》，第 4716—4718 页。

第十二章　汉代的"卒妻"：军中女子身份个案研究

居延汉简和敦煌汉简中都可以看到有关随军女子的记载。而历代有关战争史的文献记录中也有以非法形式"随军为卒妻妇"的情形。分析史载"女子乘亭鄣""弱女乘于亭障"等情形，"卒妻"们很可能首先成为女子参与战争现象的行为主体。而汉代女子的军事生活，其实有相当丰富的形式，不应当以"汉代兵制"所见"汉代征兵与募兵的对象为男子而非女子"被轻易抹煞。

得到的出土简牍资料说明的汉代"卒妻"身份，属于女军史的特例，然而对于理解历代女子从军现象，却有示范和启示的意义。

1. 边军女子身份异议

有学者认为，"女子乘亭障"事，古人"对其中女子的身份没有解释，所以现代人有将其作为女兵者"。其注释中指明：这种认识见顾颉刚《史林杂识初编》及王子今《中国女子从军史》[1]。论者认为，"汉史资料中""未见有记载女子出征材料"。至于所谓"刑徒兵制"，"女

---

[1] 王子今：《中国女子从军史》，军事谊文出版社1998年版。

刑名之一'舂'","女刑名之二'复作'","女刑名之三'顾山'",被罚作的女犯都"是不任军役的"。"谪兵及发恶少年""也是男性"。然而,"西汉在西北边塞屯田,有不少女性随同家人徙边,且屯且戍"。"在西汉时还有犯罪人被处死后,其妻子被罚坐徙边的现象。""边塞女性中有下级军吏的家属从简牍资料中也可得到说明。""其中女性身份既有戍边的下级军吏的妻子家属,也有奴婢。"于是,论者以为:"'女子乘亭鄣'中的'女子'似乎不应是政府征发的女兵,她们应是平时居住于边塞,在战时临时被召集起来保卫家园的女性,她们的身份或是徙边屯田者的妻子,或是任职边塞的军吏的家属,或是因坐罪而徙边的女性。"①

这里有若干问题需要澄清。

2. 汉史"女子出征材料"

论者有关"汉史资料中""未见有记载女子出征材料"的说法,结论不免过于绝对化。

司马迁《史记》有"汉王夜出女子荥阳东门被甲二千人"的记载,②即不可以轻易否定。正如顾颉刚所说:"此女子凡二千人,数不为少,若非平时组织训练有素,何遽能下令集合,且被甲假作男子耶!"③吕思勉也指出:"知其时之女子,犹可调发。"④而张璠《汉纪》和《后汉书》所谓"妇女载戟挟矛,弦弓负矢","妇女犹戴戟操矛,挟弓

---
① 翟麦玲:《试释"女子乘亭鄣"中"女子"的身份》,《中国史研究》2008 年第 1 期。
② 《史记》卷七《项羽本纪》,第 326 页。
③ 顾颉刚:《女子当兵和服徭役》,《史林杂识初编》,中华书局 1963 年版,第 95 页。
④ 《吕思勉读史札记》,第 304 页。

负矢",①也应当是大体可信的女子直接参战的历史记录。

3. "女兵""女军"名义

顾颉刚《史林杂识初编》及王子今《中国女子从军史》讨论"女子乘亭障"事,意在指出古史中妇女在战争中发挥重要作用的事实,并没有使用"女兵"称谓。顾颉刚书据《汉书·贾捐之传》"女子乘亭鄣"事指出:"知武帝之世,仍有以女子服徭役守亭障之事。"②《中国女子从军史》中说道:"就现在我们熟悉的资料而言,女子戍边的情形如果确实曾经存在,大约也是未成定制的并不多见的例外。但是,即使这种现象只是偶然的特例,我们也应当看作社会生活风貌的一种反映而予以足够的重视。"③

研究者所谓"女兵""女军",多是指参与军事行为、参与战争实践的妇女。如果只取"政府征发的女兵"之定义,则历代女军人大都不包含于此概念中,人们熟知的历代"娘子军"事迹也大多都被否定了。例如上文说到的黄巾军中极可能有参与军务的随军女子,自然绝对不可能是"政府征发的女兵"。

4. "军吏""妻子家属"与"卒妻"

讨论者所谓"边塞女性中有下级军吏的家属""戍边的下级军吏的妻子家属"的说法,也并不确切。汉代西北边塞简牍资料中,这种

---

① 《三国志》卷一六《郑浑传》,第 510 页;《后汉书》卷七〇《郑太传》,第 2258 页。
② 顾颉刚:《女子当兵和服徭役》,《史林杂识初编》,第 95 页。
③ 《中国女子从军史》,第 59 页。

女性并非都是"下级军吏的家属""下级军吏的妻子家属",为数更多的是士兵家属,即"卒妻"。

日本学者森鹿三曾经根据简牍资料中"●右城北部卒家属名籍凡用谷九十七石八斗"(203.15)及"●冣凡十九人家属尽月见署用粟八十五石九斗七升小"(203.37),认为据前者"可知每个部每个月都配给了卒家属将近一百石谷物",后者"所说的十九人是指卒的人数,而不是家属的人口数,因为每个卒的家属人数是二至三人,所以十九个的家属就有四十多人"。他说:"一个部究竟有多少卒,还不清楚,但我估计约有二十人,因此,卒几乎都有家属。"① 这里所说的,自然是随军家属。

5. 关于"刑徒兵制"

以所谓"刑徒兵制"考虑,并不能绝对地说被罚作的女犯都"是不任军役的"。《二年律令·具律》:"有罪当耐,其法不名耐者,庶人以上耐为司寇,司寇耐为隶臣妾。"(90)又《告律》:"……耐为隶臣妾罪耐为司寇……"(128—129)② 可知"隶臣妾"与"司寇"的对应关系,"隶妾"也会罚作"司寇"之刑。

睡虎地秦简《秦律十八种》中的《仓律》,有"舂司寇"刑名,整理小组指出"不见于古籍"。又《司空律》可见所谓"城旦舂、舂司寇"③,也值得注意。《汉官旧仪》卷下:"罪为司寇,司寇男备

---

① 《论居延出土的卒家属廪名籍》,《简牍研究译丛》第 1 辑,第 108—109 页。
② 张家山二四七号汉墓竹简整理小组:《张家山汉墓竹简〔二四七号墓〕》(释文修订本),文物出版社 2006 年版,第 21 页,第 26 页。
③ 《睡虎地秦墓竹简》,第 51—52 页。

守,女为作,如司寇,皆作二岁。"①《汉书》卷二三《刑法志》:"隶臣妾满二岁,为司寇。司寇一岁,及作如司寇二岁,皆免为庶人。"②居延汉简和敦煌汉简中都有"司寇"与"作如司寇"并列的情形,其性别区分已经有所体现。

有学者以为这一现象与《二年律令》中的差别,体现了汉文帝刑法改革的成就。③那么,汉初女子如"罪为司寇",是应当承担"备守"之"军役"的。汉文帝之后所谓"作如司寇",职任也是接近的。这一问题,不直接属于"卒妻"主题,可另文讨论。

6. "卒妻"与质葆制度

"卒妻"在军中的意义,还可以从另一角度进行考察。《三国志》卷三二《蜀书·先主传》记述刘备入蜀战事:

> 明年,曹公征孙权,权呼先主自救。先主遣使告璋曰:"曹公征吴,吴忧危急。孙氏与孤本为唇齿,又乐进在青泥与关羽相拒,今不往救羽,进必大克,转侵州界,其忧有甚于鲁。鲁自守之贼,不足虑也。"乃从璋求万兵及资〔实〕,欲以东行。璋但许兵四千,其余皆给半。张松书与先主及法正曰:"今大事垂可立,如何释此去乎!"松兄广汉太守肃,惧祸逮己,白璋发其谋。于是璋收斩松,嫌隙始构矣。璋敕关戍诸将文书勿复关通先主。先主大怒,召璋白水军督杨怀,

---

① 〔汉〕卫宏撰,〔清〕孙星衍校:《汉官旧仪》卷下,〔清〕孙星衍等辑,周天游点校:《汉官六种》,中华书局1990年版,第53页。
② 《汉书》,第1099页。
③ 〔日〕水间大辅:《秦汉刑法研究》,知泉书馆2007年版,第56—58页。

责以无礼，斩之。乃使黄忠、卓膺勒兵向璋。先主径至关中，质诸将并士卒妻子，引兵与忠、膺等进到涪，据其城。①

这里说到的"质诸将并士卒妻子"，启示我们认识汉代军队中"卒妻"的身份，应当关注她们的人身可能已经成为朝廷与军事长官的"质"的情形。

陈直《葆宫与直符制度》注意到《墨子·号令》中安置军事人员"妻子"于"质宫""葆宫"的情形："守楼临质宫而垩②，周必密涂，令下无见上，上见下无知上有人。""葆宫之墙必三重，墙之垣，守者皆累瓦釜墙上；葆卫必取戍卒有重厚者。"又指出："据此葆宫皆军士家属之居所。现证以居延简，知汉代戍所吏卒，亦用质保制度，则为文献所未详。"列举"有关葆宫纪载者凡九简"。对于简文中"葆"的身份，学界存在争论。裘锡圭认为"葆"指庸保。③李均明认为"'葆'字指出入关担保而言，与今世所见出入境担保相类"。④但是居延汉简中涉及"妻子"的如下简文，应当确认与《墨子》所言"质宫""葆宫"有关：

☒为妻子葆庸居☒
☒为劳四日彊乐☒（243.25）⑤

---

① 《三国志》，第881—882页。
② 陈直：《居延汉简研究》，天津古籍出版社1986年版，第59页。陈直自注："原文垩为善字，今订正。"
③ 裘锡圭：《新发现的居延汉简的几个问题》，《中国史研究》1979年第4期。
④ 李均明：《汉代屯戍遗简"葆"解》，《文史》第38辑，中华书局1994年版。
⑤ 简牍整理小组编：《居延汉简》（叁），中央研究院历史语言研究所专刊之一〇九，2016年版，第106页。

陈直说："《墨子·备城门》以下十二篇，余昔考为秦人作品，汉因秦制，这一点为治汉史者所为详。汉少府属官居室令，武帝太初二年，改为保官，《汉书·李陵传》，母妻皆系在保宫，是汉廷亦用此法也。"① 关于"秦制"这一内容，《史记》卷七《项羽本纪》记载新安所坑杀秦降卒"窃言"可以作为佐证："章将军等诈吾属降诸侯，今能入关破秦，大善，即不能，诸侯虏吾属而东，秦必尽诛吾父母妻子。"② 陈直所据"☒为妻子葆庸居☒"简文对于我们理解"汉代戍所吏卒，亦用质保制度"的事实，应当是有益的。张政烺指出："《墨子》卷十四《备城门》，卷十五《号令》、《杂守》等篇，皆言城守事，凡守城将吏及勇士必须以父母兄弟妻子作抵押，以防其投降。当时使用的两个字是葆和质。葆即保，是守护，质是抵押。这是一件事情的两个方面，所以也就混用不别。收养这些父母妻子的地点叫作葆宫，也叫质宫。"③《墨子·杂守》写道："城守，司马以上父母、昆弟、妻子有质在主所，乃可以坚守。……吏、侍守所者，财足、廉信、父母昆弟妻子有在葆宫中者，乃得为侍吏。诸吏必有质，乃得任事。"岑仲勉解释说："此言吏员任用及保质之制。""古以父母、兄弟、妻子为质，后世则易为担保人。"④

就"卒妻"身份的准确理解而言，"☒为妻子葆庸居☒"简文也提供了新的思路。成为"质"，作为"抵押"和"担保"，这些军中妇女的境遇与责任，由此也更为明晰。陈直认为可证"汉廷"亦采用这种制度的资料，有《汉书》卷五四《李陵传》："上欲陵死战，召

---

① 陈直：《居延汉简研究》，第60页。陈直《自序》说到，收入该书讨论"葆宫"问题的《居延汉简综论》，作于1962年。
② 《史记》，第310页。
③ 张政烺：《秦律"葆子"释义》，《文史》第9辑，中华书局1980年版。
④ 岑仲勉：《墨子城守各篇简注》，中华书局1958年版，第148页。

陵母及妇,使相者视之,无死丧色。"说明汉廷已经对"陵母及妇"进行了控制。传说"李陵教单于为兵以备汉军","上闻,于是族陵家,母弟妻子皆伏诛"。①《史记》卷一〇九《李将军列传》褚少孙补述:"单于既得陵,素闻其家声,及战又壮,乃以其女妻陵而贵之。汉闻,族陵母妻子。"②所谓"系保宫"事,见《汉书》卷五四《苏武传》李陵自言:"陵始降时,忽忽如狂,自痛负汉,加以老母系保宫……"③清人吴伟业《赠辽左故人》其五:"路出西河望八城,保宫老母泪纵横。重围屡困孤身在,垂死翻悲绝塞行。尽室可怜逢将吏,生儿真悔作公卿。萧萧夜半玄菟月,鹤唳归来梦不成。"④其中"保宫老母"及"尽室可怜""生儿真悔"句,都是对李陵"母妻"性命系于李陵的战争表现这种人生悲剧的感叹。⑤

---

① 《汉书》,第 2455 页,第 2457 页。
② 《史记》,第 2878 页。
③ 《汉书》,第 2464 页。
④ 钱仲联主编:《清诗纪事》第 1 册,第 386 页。
⑤ 王子今:《汉代军队中的"卒妻"身份》,《南都学坛》(人文社会科学学报)2009 年第 1 期。

第十三章　女巫的军事行为

考察妇女在中国古代战争中的作用时,可以看到早期军事史中的一种特殊现象,就是女巫曾经有活跃的表现。

这一现象是我们在讨论女子参与军事活动的历史时,应当予以特别注意的。这一现象透露出中国古代文化的神秘主义特色。对这一现象进行文化学的分析,也有助于深入认识和理解女性在当时的社会地位和文化角色。

女巫在战争中的活动,是中国古代军事文化具有浓重神秘主义色彩的表现之一,也是在讨论中国古代妇女的社会地位和社会作用时不应当忽视的历史事实。

1. 女巫:早期军事文化中的神秘角色

"女魃"和"玄女"在黄帝军事生涯中呈现出的带有神秘色彩的表演,或许可以看作是早期战争中女巫作用的一种曲折反映。[1]

"巫",是交通鬼神与人的专门神职人员。

《说文·巫部》说:"巫,巫祝也。"段玉裁有这样的解释:"按:'祝'乃'觋'之误。'巫''觋'皆'巫'也。故'觋'篆下总言其义。《示

---

[1]《中国妇女通史·先秦卷》,第28—29页。

部》曰：'祝，祭主赞辞者。'《周礼》祝与巫分职，二者虽相须为用，不得以'祝'释'巫'也。"确实，《说文·巫部》又写道：

> 觋，能齐肃事神明者。在男曰"觋"，在女曰"巫"。

"在男曰觋，在女曰巫"，而所谓"能齐肃事神明者"[1]，即以诚一肃敬的态度服务于神明者。

女巫的社会文化职能，在先秦文献中已多见记载。

《周礼·春官宗伯》说：

> 司巫中士二人，府一人，史一人，胥一人，徒十人。男巫无数，女巫无数，其师中士四人，府二人，史四人，胥四人，徒四十人。

"司巫"，郑玄注："司巫，巫官之长。""男巫""女巫"句下，郑玄注："巫能制神之处位次主者。"[2]

《周礼·春官宗伯·司巫》写道："司巫掌群巫之政令。若国大旱，则帅巫而舞雩。国有大灾，则帅巫而造巫恒。"[3]司巫在祭祀仪礼中也有重要责任。《周礼·春官宗伯·男巫》："男巫掌望祀，望衍，授号，旁招以茅。冬堂赠，无方无筭。春招弭，以除疾病。王吊则与

---

[1] 段玉裁《说文解字注》引《国语·楚语下》："民之精爽不携贰者，而又能齐肃衷正，其知能上下比义，其圣能光远宣朗，其明能光照之，其聪能听彻之，如是则明神降之，在男曰'觋'，在女曰'巫'。是使制神之处位次主，而为之牲器时服。"又因韦昭注："齐，一也；肃，敬也。""'巫'、'觋'见鬼者。"并且指出："今《说文》'齐'作'斋'，非。"〔汉〕许慎撰，〔清〕段玉裁注：《说文解字注》，上海古籍出版社1981年影印版，第201—202页。
[2]《十三经注疏》，第755页。
[3]《十三经注疏》，第816页。

祝前。"①《周礼·春官宗伯·女巫》：

> 女巫掌岁时祓除衅浴，旱暵则舞雩。若王后吊则与祝前。凡邦之大灾，歌哭而请。②

可知司巫"若国大旱，则帅巫而舞雩"，所"帅"者为女巫。女巫以"歌""舞"形式行巫术，颇为引人注目。关于女巫"舞雩"，郑玄有如下注语：

> 使女巫舞，旱祭崇阴也。郑司农云："求雨以女巫，故《檀弓》曰：'岁旱，缪公召县子而问焉，曰：吾欲暴巫而奚若？曰：天则不雨，而望之愚妇人无乃已疏乎？'"③

郑司农引语，今本《礼记·檀弓下》写作："岁旱，穆公召县子而问然。曰：'天久不雨，吾欲暴尪而奚若？'曰：'天久不雨，而暴人之疾子，虐，毋乃不可与。''然则吾欲暴巫而奚若？'曰：'天则不雨，而望之愚妇人，于以求之，毋乃已疏乎？'"④

穆公所谓"巫"，县子所谓"愚妇人"，曾经在"岁旱"时被考虑"暴"之以求雨，可见"求雨以女巫"，确实曾经作为民俗礼仪施行。

《左传·僖公二十一年》："夏大旱，公欲焚巫尪。"杜预《集解》："巫尪，女巫也，主祈礼请雨者。"⑤也是女巫在大旱时承担献身求

---

① 《十三经注疏》，第 816 页。
② 《十三经注疏》，第 816—817 页。
③ 《十三经注疏》，第 816 页。
④ 《十三经注疏》，第 1317 页。
⑤ 《十三经注疏》，第 1811 页。

雨这一神职责任的证明。

以女巫为主角的求雨形式，使人联想到传说中黄帝"女魃"在涿鹿之战中的作用。

求雨，其实是旱季一种全民性的运动，其形式，正如一场面对自然的战争。"女魃"作为强大自然力的一种象征，已经在涿鹿之战的传说中以胜利者的形象得到体现。

《国语·楚语下》记载楚大夫观射夫关于"巫"的神职分工的言论，说道："在男曰'觋'，在女曰'巫'。"韦昭注："'巫''觋'，见鬼者。《周礼》，男亦曰'巫'。"[1]大约最初的"巫"多是女性，后来又出现了男巫。南宋学者徐梦莘《三朝北盟会编》卷三较早明确说到"珊蛮"（萨满）："珊蛮者，女真语巫妪也。以其变通如神，粘罕之下皆莫能及。"[2]北方少数民族中"萨满"多为女性，正和古来"在女曰巫"，"女能事无形，以舞降神者也"的情形一致。女萨满的普遍存在，是一种引人注目的现象。锡伯族传说中萨满的始祖，就是一位身披神衣、手持神鼓的女萨满。许多民族也有类似的传说。据说，堪察加尔人没有专职的萨满，他们的宗教活动全都是由老年妇女主持的。据不完全的调查资料统计，从1900年至1945年，鄂伦春族两个地区共出现39名萨满，其中男萨满15名，女萨满竟多达24名。[3]有学者指出："直至解放前后，鄂温克人的女萨满，还占据相当的数量。他们常说：'九十个女萨满，七十个男萨满。'在鄂伦春地区进行的民族调查表明，当地女萨满的数量也超过了男萨满。女萨满的重要地位，在满族、蒙古族中也仍然保留着。有清一代，满族宫廷中的萨满

---

[1] 〔春秋〕左丘明撰，徐元诰集解，王树民、沈长云点校：《国语集解》（修订本），中华书局2002年版，第513页。
[2] 〔宋〕徐梦莘：《三朝北盟会编》卷三，上海古籍出版社1987年版，第21页。
[3] 秋浦主编：《萨满教研究》，上海人民出版社1985年版，第55—56页。

祭祀，执祭者均为女性，称为'萨满妈妈'，蒙古族制作'翁衮'和举行某些仪式时，一般也由女萨满主持。"①

《周礼》中说到的"神仕"一职，有人将其也理解为"巫"。《周礼·春官宗伯·神仕》：

> 凡以神仕者，掌三辰之法，以犹鬼神示之居，辨其名物。以冬日至，致天神人鬼，以夏日至，致地示物魅②，以禬国之凶荒，民之札丧。

东汉学者郑玄的解释，说到所谓"神仕"与交通"天神人鬼地祇"这一神职的关系，也明确说："在男曰'觋'，在女曰'巫'。"唐人贾公彦疏则明确说："此'神仕'是'巫'。"③

女巫在与凶灾和死丧相抗争的活动中，是寄托着取胜期望的神格与人格兼于一身的代表。

她是战斗者，也是牺牲者。

女巫的神力，一部分是因这种悲壮的演出而生发出来的。

《宋史》卷四八六《外国列传二·夏国下》中，有关于战前卜筮的形式的记载。其中虽然没有明确指出是否由女巫操作，但是其程序和方式，有助于我们理解当时女巫所承担的战争巫术的形式："笃信机鬼，尚诅祝，每出兵则先卜。卜有四：一、以艾灼羊脾骨以求兆，名'炙勃焦'；二、擗竹于地，若揲蓍以求数，谓之'擗算'；三、夜以羊焚香祝之，又焚谷火布静处，晨屠羊，视其肠胃通则兵无阻，心有血则不利；四、以矢击弓弦，审其声，知敌至之期与兵交之胜负。"④

---

① 刘小萌、定宜庄：《萨满教与东北民族》，吉林教育出版社1990年版，第170页。
② 郑玄注："百物之神曰'魅'。"《说文·鬼部》："魅，老精物也。"
③ 《十三经注疏》，第827—828页。
④ 《宋史》，第14029页。

2. 汉匈战争的背景和胡巫的影响

西汉神祠系统中，有"胡巫"的存在。"胡巫"，是来自匈奴等文化进程相对落后于中原的北方部族的巫人。通过"胡巫"的活动，可以了解汉文化和匈奴文化的特殊的历史联系，也可以通过片断察知早期战争中"巫"的作用。

《史记》卷二八《封禅书》记述汉初"天下已定"，"长安置祠祝官、女巫"，确定了新的祠祀制度。① 在西汉王朝最初建立神权秩序时，"女巫"曾经作为正式的神职人员服务于都城长安的皇家神祠。

《三辅黄图》卷五引《汉武故事》："武帝时祭泰乙，上通天台，舞八岁童女三百人，祠祀招仙人。"甘泉通天台"祠祀"时使用"八岁童女三百人"，令"舞"以"招仙人"②，可以说明"女巫"在当时神祠制度中的作用。

《史记》卷二八《封禅书》在列述分别任用"梁巫""晋巫""秦巫""荆巫"等之后，又说到："九天巫，祠九天。""九天巫"与服务于皇家祠祀系统的"梁巫""晋巫""秦巫""荆巫"等同样，"皆以岁时祠宫中"。对于所谓"九天巫"，司马贞《索隐》解释说："案《孝武本纪》云：立九天庙于甘泉。《三辅故事》云：'胡巫事九天于神明台。'"③

如果"九天巫"解作"胡巫事九天"之说能够成立，则足见当时正统的神学体系中，"胡巫"，即出身于北方少数民族的巫者，曾经

---

① 《史记》，第 1378 页。
② 何清谷校注：《三辅黄图校注》，三秦出版社 2006 年版，第 337 页。《文献通考》卷一四四《乐考十七·乐舞》也说："武帝时用事甘泉圜丘，用女舞童三百。"〔元〕马端临撰，上海师范大学古籍研究所、华东师范大学古籍研究所点校：《文献通考》，中华书局 2011 年版，第 4365 页。
③ 《史记》，第 1378—1379 页。

占有重要的地位。

司马贞《索隐》引《孝武本纪》："立九天庙于甘泉"，又引《三辅故事》："胡巫事九天于神明台。"① 然而据《三辅黄图》卷三，神明台在建章宫。② 于是"九天"祠所，似乎就有甘泉和长安两种说法。然而，建章宫建于汉武帝太初元年（前104），汉高祖在此确定以"九天巫，祠九天"的制度是不可能的。据说神明台确有与"九天"有关的祠祀活动。③ 但是这样的记载，如果不是后人误记，就只能理解为汉武帝时代礼祀制度繁缛化的反映。

甘泉宫，秦代筑有林光宫④，经西汉时刻意经营，出现了更为宏丽的宫殿群。甘泉宫及所在的云阳，成为当时仅次于长安的准政治文化中心。云阳，曾经被称为"云阳都"。《汉书》卷六《武帝纪》：元封二年六月，"诏曰：'甘泉宫内中产芝，九茎连叶。上帝博临，不异下房，赐朕弘休。其赦天下，赐云阳都百户牛酒。'作《芝房之歌》"。

---

① 《史记》，第1379页。
② 《三辅黄图》卷三"建章宫"条下："神明台，《汉书》曰：'建章有神明台。'《庙记》曰：'神明台，武帝造，祭仙人处，上有承露盘，有铜仙人，舒掌捧铜盘玉杯，以承云表之露，以露和玉屑服之，以求仙道。'"又《三辅黄图》卷五："神明台，见建章宫。"《三辅黄图校注》，第215页，第335页。
③ 《汉书》卷二五下《郊祀志下》："作建章宫，度为千门万户。""立神明台，井干楼，高五十丈，辇道相属焉。"颜师古注："《汉宫阁疏》云：'神明台高五十丈，上有九室，恒置九天道士百人。'"第1245页。《艺文类聚》卷六四及《太平御览》卷一七四引《汉官殿名》均写作："神明台，武帝造，高五丈，上有九室，今人谓之'九天台'。武帝求神仙，恒置九天道士百人。"《艺文类聚》，第1151页；《太平御览》，第851a页。《水经注》卷一九《渭水》也写道："《三辅黄图》曰：神明台在建章宫中，上有九室，今人谓之'九子台'。""九子台"，或作"九天台"。《水经注校证》，第451页。
④ 《三辅黄图》卷一："林光宫，胡亥所造，纵广各五里，在云阳县界。"同书卷二又引《关辅记》："林光宫，一曰甘泉宫，秦所造。"《三辅黄图校注》，第71页，第163页。《文选》卷一班固《西都赋》："……陪以甘泉，乃有灵宫起乎其中，秦汉之所极观。"李善注："《汉宫阙疏》曰：'甘泉林光宫，秦二世造。'"〔梁〕萧统编，〔唐〕李善注：《文选》，中华书局1977年版，第24页。

《汉书》卷二二《礼乐志》载其歌："玄气之精，回复此都。"颜师古注："言天气之精，回旋反复于此云阳之都，谓甘泉也。"[1] 陈直指出："西汉未央，长乐二宫规模阔大之外，则数甘泉宫。甘泉在云阳，比其他县为重要，故称以'云阳都'。"[2] 此外，居延汉简10.27及5.10关于改火的文书中，可见"别火官先夏至一日以除隧取火，授中二千石、二千石官在长安、云阳者，其民皆受，以日至易故火"的内容，也说明云阳仅次于长安的地位。[3]

而云阳甘泉，当时又有特殊的神学文化的背景，即传说这里曾经是匈奴人祭天的处所。

《史记》卷一一〇《匈奴列传》记述，骠骑将军霍去病出击匈奴，"破得休屠王祭天金人"。裴骃《集解》："《汉书音义》曰：'匈奴祭天处本在云阳甘泉山下，秦夺其地，后徙之休屠王右地，故休屠有祭天金人，象祭天人也。'"司马贞《索隐》对《汉书音义》"匈奴祭天处本在云阳甘泉山下"的说法提出异议，以为："事恐不然。案：得休屠金人，后置之于甘泉也。"张守节《正义》则指出："《括地志》云：'径路神祠在雍州云阳县西北九十里甘泉山下，本匈奴祭天处，秦夺其地，后徙休屠右地。'"[4]

无论说其是匈奴祭天处也好，还是说黄帝以来祭天处也好，都重视云阳甘泉作为祭天圣地的地位。其实，所谓"匈奴祭天处本在云阳甘泉山下，秦夺其地"，很可能确实是历史事实。

---

[1]《汉书》，第193页，第1065页。
[2] 陈直：《汉书新证》，天津人民出版社1979年版，第35页。
[3] 王子今："云阳都"考论》，《唐都学刊》2015年第5期。
[4]《史记》，第2908—2909页。

匈奴民族有上天崇拜的意识。《汉书》卷九四上《匈奴传上》说："单于姓挛鞮氏，其国称之曰'撑犁孤涂单于'。匈奴谓天为'撑犁'，谓子为'孤涂'，单于者，广大之貌也，言其象天单于然也。"[1] 匈奴人称"天"为"撑犁"，有学者以为，所谓"撑犁"，即古圣王黄帝一系的传说人物"重黎"。[2] 而古有"重""黎"各为一人的说法，"重"即"司天以属神"[3]。"重黎"与"撑犁"的关系，也可以与"匈奴，其先祖夏后氏之苗裔也"的说法相印合。

匈奴又重视祭天之礼，有完备严格的祠祀制度。

《史记》卷一一〇《匈奴列传》写道：

> 岁正月，诸长小会单于庭，祠。五月，大会茏城，祭其先、天地、鬼神。秋，马肥，大会蹛林，课校人畜计。

"茏城"，司马贞《索隐》："《汉书》作'龙城'，亦作'茏'字。崔浩云：'西方胡皆事龙神，故名大会处为龙城。'《后汉书》云：'匈奴俗，岁有三龙祠，祭天神。'"对于所谓"秋，马肥，大会蹛林"的匈奴礼俗，注家也多以为与祭祀活动有关。

裴骃《集解》写道："《汉书音义》曰：'匈奴秋社八月中皆会祭处。

---

[1]《汉书》，第3751页。
[2]《史记》中多次说到"重黎"。如卷四〇《楚世家》："高阳者，黄帝之孙，昌意之子也。高阳生称，称生卷章，卷章生重黎。重黎为帝喾高辛居火正，甚有功，能光融天下，帝喾命曰'祝融'。共工氏作乱，帝喾使重黎诛之而不尽。帝乃以庚寅日诛重黎，而以其弟吴回为重黎后，复居火正，为祝融。"卷二六《历书》："尧复遂重黎之后，不忘旧者。"又《太史公自序》："重黎业之，吴回接之。"第1689页，第1257页，第3309页。
[3]《史记》卷二六《历书》："少暤氏之衰也，九黎乱德，民神杂扰，不可放物，祸灾荐至，莫尽其气。颛顼受之，乃命南正重司天以属神，命火正黎司地以属民，使复旧常，无相侵渎。"第1257页。

305

蹛音带。'"司马贞《索隐》："服虔云：'音带。匈奴秋社八月中皆会祭处。'郑氏云：'地名也。'晋灼曰：'李陵与苏武书云"相竞趋蹛林"，则服虔说是也。又韦昭音多蓝反。姚氏案：《李牧传》'大破匈奴，灭襜褴'，此字与韦昭音颇同，然林襜声相近，或以'林'为'襜'也。"

张守节《正义》："颜师古云：'蹛者，绕林木而祭也。鲜卑之俗，自古相传，秋祭无林木者，尚竖柳枝，众骑驰绕三周乃止，此其遗法也。'"[1]

匈奴确定祭天场所时重视林木象征的生命力意义，与汉地某些风习似乎有相近之处。[2]作为常年生活在广阔草原戈壁的民族，罕见高大林木，这样的文化倾向当然有更突出、更典型的反映。而甘泉所筑秦宫名"林光宫"，或许当地林区有与其他山地不同的更为光焕华美的自然风貌。从诸戎部族在春秋战国以来为华夏人不断压迫而北迁的历史来看，云阳甘泉可能是他们活动地域范围的南界，然而愈近晚世

---

[1]《史记》，第2892—2893页。
[2]《论语·八佾》："哀公问社于宰我，宰我对曰：'夏后氏以松，殷人以柏，周人以栗。'"〔清〕刘宝楠撰，高流水点校：《论语正义》卷四，中华书局1990年版，第118—119页。《庄子·人间世》说到"栎社树"。〔清〕郭庆藩撰，王孝鱼整理：《庄子集释》卷二中，中华书局1961年版，第170页。又多有将神社建于丛林中的情形，称作"丛社"。《吕氏春秋·怀宠》："问其丛社大祠，民之所不欲废者而复兴之，曲加其祀礼。"〔秦〕吕不韦编，许维遹集释，梁运华整理：《吕氏春秋集释》，中华书局2009年版，第173页。扬雄《太玄·聚》也说到"牵羊示于丛社"。〔汉〕扬雄撰，郑万耕校释：《太玄校释》，中华书局2014年版，第172页。祠祀之所设于丛林中，又称作"丛祠"。《史记》卷四八《陈涉世家》写道："令吴广之次所旁丛祠中，夜篝火，狐鸣呼曰：'大楚兴，陈胜王。'"裴骃《集解》引张晏曰："丛，鬼所凭焉。"司马贞《索隐》引《墨子》："建国必择木之修茂者以为丛位。"又引《战国策》高诱注："丛祠，神祠也。丛，树也。"第1950—1951页。唐人李冗《独异志》卷上可见"社林"，也是古俗遗存。〔唐〕李冗撰，萧逸校点：《独异志》，〔唐〕李德裕等撰，丁如明等校点：《次柳氏旧闻》（外七种），上海古籍出版社2012年版，第190页。宁可指出，"社神的标识一般是一株大树或丛木，称为'社树''社木'或'社丛'；也有进一步封土为坛的，称为'社坛'，其上或为树，或奉木或石的'社主'"。《汉代的社》，《文史》第9辑，中华书局1980年版。

则愈少登临，于是成为具有某种神性的山林胜境。民族文化记忆中印迹极其深刻的先祖传说与以这处山林为中心的故地的联系[①]，在注重"祭其先、天地、鬼神"的民族心理中，使得云阳甘泉很自然地成为一处宗教圣地。

更值得注意的是相竞齐趋、驰绕三周的形式，暗示所谓"蹏"作为祭天礼仪，似乎又有军事演习的性质。

据班固在《汉书》卷二八上《地理志上》中记载，左冯翊云阳有三处与匈奴文化有关的神祠：

> 云阳。有休屠、金人及径路神祠三所。[②]

"休屠"神祠以匈奴部族名命名，"金人"神祠显然与《史记》卷一一〇《匈奴列传》所谓"汉使骠骑将军（霍）去病将万骑出陇西，过焉支山千余里，击匈奴，得胡首虏万八千余级，破得休屠王祭天金人"及《史记》卷一一一《卫将军骠骑列传》所谓"过焉支山千有余里，合短兵，杀折兰王，斩卢胡王，诛全甲，执浑邪王子及相国、都尉，首虏八千余级，收休屠祭天金人"事有关。[③] 而关于"径路"神祠，《汉书》卷二五下《郊祀志下》写道："云阳有径路神祠，祭休屠王也。"颜师古注："休屠，匈奴王号也。径路神，本匈奴之祠也。"[④]

又说，"径路"，是匈奴宝刀名。《汉书》卷九四《匈奴传下》记载，

[①] 《史记》卷一一〇《匈奴列传》记载所谓"秦昭王时，义渠戎王与宣太后乱，有二子，宣太后诈而杀义渠戎王于甘泉，遂起兵伐残义渠"，就是值得重视的历史事实。第2885页。
[②] 《汉书》，第1545页。
[③] 《史记》，第2908页，第2929—2930页。
[④] 《汉书》，第1250页。据《汉书》卷二五下《郊祀志下》，汉元帝初年，"径路"祠以"不应礼"罢。第1257—1258页。

汉使韩昌、张猛与匈奴单于"共饮血盟","（韩）昌、（张）猛与单于及大臣俱登匈奴诺水东山，刑白马，单于以径路刀金留犁挠酒"。颜师古注引应劭曰："径路，匈奴宝刀也。"①《汉书》卷二八上《地理志上》王先谦《补注》则说："《郊祀志》：'云阳有径路神祠，祭休屠王也。'则'径路'是休屠王名，没而为神，故匈奴祠，而汉因之。非祠宝刀也。其神遗有宝刀，因名'径路刀'耳。"②

显然，云阳甘泉所谓"有休屠、金人及径路神祠三所"，当时应当都是出身匈奴的"胡巫"所主持的祀所。而"休屠""金人"姑且不论，所谓"径路神祠"，显然有浓重的战争神祠的性质。③

西汉帝王与上天之间的联系竟然曾经借"胡巫"之力而实现，是耐人寻味的文化现象。

西汉长安地区"胡巫"的活跃，有特殊的历史文化背景。

考察这一背景，我们可以从三个方面进行分析。

第一，我们首先注意到的历史现象，是西汉神祀制度大体继承了秦王朝的原有体制，而秦文化又有吸取西北民族文化影响的传统。西汉神祀形式因此所具有的原始性，可以成为我们认识早期神秘主义文化的标本。

第二，西汉统治中心地区有"胡巫"活动的另一因素，是长安接近北方草原民族、受其军事文化影响的地理条件。

前引"匈奴祭天处本在云阳甘泉山下，秦夺其地"，以及"径路神祠在雍州云阳县西北九十里甘泉山下，本匈奴祭天处，秦夺其地"等说法，正反映了这样的情形。

---

① 《汉书》，第 3801—3802 页。
② 〔汉〕班固撰，〔清〕王先谦补注：《汉书补注》，上海古籍出版社 2008 年版，第 2197 页。
③ 王子今：《直道与匈奴"祭天金人"》，《社会科学》2017 年第 6 期。

第十三章　女巫的军事行为

《史记》卷一一〇《匈奴列传》说，周武王时，"放逐戎夷泾、洛之北"，至周道衰，犬戎曾经"居于泾渭之间，侵暴中国"，"秦襄公伐戎至岐，始列为诸侯"。秦穆公时代，"自陇以西有绵诸、绲戎、翟、獂之戎，岐、梁山、泾、漆之北有义渠、大荔、乌氏、朐衍之戎"。秦昭襄王时，"宣太后诈而杀义渠戎王于甘泉，遂起兵伐残义渠，于是秦有陇西、北地、上郡，筑长城以拒胡"。① 可能正是在这样的历史过程中，云阳甘泉山下的祭天祠所从匈奴人手中转入秦人控制之下。

而按照司马迁在《史记》卷一一〇《匈奴列传》中开篇即强调的"匈奴，其先祖夏后氏之苗裔也"的说法，则所谓"匈奴祭天处本在云阳甘泉山下，秦夺其地"与所谓"云阳、甘泉，黄帝以来祭天圆丘处也"也并不矛盾。②

联系前面说到的云阳甘泉"休屠、金人及径路神祠三所"的设立，可知甘泉很可能原先是匈奴巫文化的一个特殊基地，在汉武帝时代，又成为匈奴巫文化与汉地巫文化相融汇的一个特殊交合点。

第三，长安"胡巫"活跃的另一历史文化条件，是西汉帝国和匈奴之间长期的战争关系。③

克劳塞维茨曾经说："战争是一种人类交往的行为。"④ 马克思和恩格斯也曾经指出，"战争本身……是一种经常的交往形式"。他们特别重视民族关系在这种"交往"中的动态。马克思、恩格斯指出："对野蛮的征服者民族说来，正如以上所指出的，战争本身还是一种经常的交往形式；在传统的、对该民族来说唯一可能的原始生产方式

---

① 《史记》卷一一〇，第2881—2885页。
② 《史记》卷一一〇，第2879页，第2909页；《汉书》卷六《武帝纪》，第193页。
③ 王子今：《西汉长安的"胡巫"》，《民族研究》1997年第5期。
④ 克劳塞维茨著，中国人民解放军军事科学院译：《战争论》第1卷，解放军出版社1964年版，第179页。

下，人口的增长需要有愈来愈多的生产资料，因而这种形式也就被愈来愈广泛地利用着。"①

战争双方在激烈较量的同时，也实现了密切的文化接触和文化交往。

3. 女巫诅军

《史记》关于"丁夫人"以方祠诅匈奴、大宛的记述，可以作为说明当时女巫在战争中直接产生作用的史例。

《史记》卷二八《封禅书》和《史记》卷一二《孝武本纪》都可以看到这样的记载：

> 太初元年，是岁，西伐大宛。蝗大起。丁夫人、雒阳虞初等以方祠诅匈奴、大宛焉。②

又《汉书》卷二五下《郊祀志下》也沿承《史记》的记载。③

也就是说，有称"丁夫人"者，在太初元年（前104）西汉王朝征伐大宛的战争中，以随军方士的身份，用方术诅咒匈奴和大宛的军队。

关于"丁夫人"的身份，《史记》卷一二《孝武本纪》裴骃《集解》引韦昭的说法："丁，姓；夫人，名也。"④《汉书》卷二五下《郊祀志下》颜师古注则引述应劭的解释说：

---

① 马克思、恩格斯：《德意志意识形态》，《马克思恩格斯全集》第3卷，人民出版社2002年版，第26页。
② 《史记》，第1402页，第483页。
③ 《汉书》，第1246页。
④ 《史记》，第483页。

丁夫人，其先丁复，本越人，封阳都侯。夫人其后，以诅军为功。

又引韦昭曰："丁，姓；夫人，名也。"① 周寿昌《汉书注校补》卷一八又说，这与战国时期著名的"善为匕首者"徐夫人相同，也是"男而女名也"。② 张孟伦《汉魏人名考》一书，于是举为"男子女名"的一例。③ 不过，所谓"徐夫人"事，见于《史记》卷八六《刺客列传》：

于是太子豫求天下之利匕首，得赵人徐夫人匕首，取之百金，使工以药淬之，以试人，血濡缕，人无不立死者。乃装为遣荆轲。

所谓"徐夫人"，司马贞《索隐》："徐，姓；夫人，名。谓男子也。"④ 然而泷川资言《史记会注考证》引中井积德曰：

徐夫人，非女子未可知也。且其命匕首，非必工名，或所贮之人名盛，则亦以命焉。⑤

这样的分析，是有一定道理的。而且，汉代"夫人"称谓已经明确是

---

① 《汉书》，第1246页。
② 〔清〕周寿昌：《汉书注校补》，王云五主编：《丛书集成初编》第3762册，商务印书馆1936年版，第271页。
③ 张孟伦：《汉魏人名考》，兰州大学出版社1988年版，第73—74页。
④ 《史记》，第2633页。
⑤ 〔汉〕司马迁撰，〔日本〕泷川资言考证，〔日本〕水泽利忠校补：《史记会注考证附校补》，上海古籍出版社1986年版，第1558页。

指女性。"范夫人城"的史事也可以作为证明。①现在看来，关于"丁夫人"的性别，仍然只能存疑。如果"丁夫人"与"范夫人"同样是女性，当然可以作为女巫服务于战争的史例。

值得我们注意的是，"范夫人"也有和"丁夫人"类似的诅军的巫术能力。《汉书》卷九四上《匈奴传上》说到"范夫人城"，颜师古注引张晏曰：

> 范氏能胡诅者。②

观"胡诅"的说法，说明这种巫术形式很可能来源于匈奴。有学者说，"此盖胡人之巫术传入中国，而中国人多有习之以为业者也"。③这样的理解，看来是有一定历史根据的。

女巫兵祷的实例，又见于《后汉书》卷一一一《刘盆子传》：

> （樊崇）军中常有齐巫鼓舞祠城阳景王，以求福助。

李贤解释说："以其定诸吕，安社稷，故郡国多为立祠焉。盆子承其后，故军中祠之。"④

《太平御览》卷七三五引《幽明录》说：

---

① 《汉书》卷九四上《匈奴传上》记载，汉军击败匈奴，"乘胜追北，至范夫人城，匈奴奔走，莫敢距敌"。据颜师古注引应劭的解释："本汉将筑此城。将亡，其妻率余众完保之，因以为名也。"第3779—3780页。说范夫人丈夫督军筑造此城，阵亡后，范夫人率余众固守，最终得以克敌保城。
② 《汉书》，第3780页。
③ 瞿宣颖纂辑：《中国社会史料丛钞·甲集》，商务印书馆1937年版，第356页。
④ 《后汉书》，第479—480页。

董卓信巫，军中常有巫。①

又如《三国志》卷六《魏书·董卓传》裴松之注引《献帝起居注》记载董卓主要将领李傕事迹，也说：

（李）傕性喜鬼怪左道之术，常有道人及女巫歌讴击鼓下神，祠祭六丁，符劾厌胜之具，无所不为。

后来被任为大司马，"（李）傕自以为得鬼神之力，乃厚赐诸巫"。②《后汉书》卷七二《董卓传》李贤注引《献帝起居注》："傕性喜鬼怪左道之术，常有道人及女巫歌讴击鼓下神祭，六丁符劾厌胜之具，无所不为。又于朝廷省门外为董卓作神坐，数以牛羊祠之。天子使左中郎将李国持节拜傕为大司马，在三公之右。傕自以为得鬼神之助，乃厚赐诸巫。"③

从董卓部将李傕"常有""女巫"服务，我们可以推知董卓"军中常有巫"者，很可能也是"女巫"。李傕属下"女巫""于朝廷省门外为董卓作神坐"，也可以作为旁证。

《后汉书》卷一一《刘盆子传》在所谓"（樊崇）军中常有齐巫鼓舞祠城阳景王，以求福助"事后，又写道：

巫狂言景王大怒，曰："当为县官，何故为贼？"④ 有

---

① 董卓军中巫往往"祷求福利"，又曾经预言吕布之祸："从卓求布，仓卒无布，有手巾，言曰：'可用耳。'取便布巾上，如作两口，一口大，一口小，相累以举，谓卓曰：'慎此也！'卓后为吕布所杀，后人则知况吕布也。"《太平御览》，第3258b页。
② 《三国志》，第184—185页。
③ 《后汉书》，第2338页。
④ 《后汉书》卷一一《刘盆子传》，李贤注："'县官'，谓天子也。"

313

笑巫者辄病，军中惊动。时方望弟阳怨更始杀其兄，乃逆说（樊）崇等曰："更始荒乱，政令不行，故使将军得至于此。今将军拥百万之众，西向帝城，而无称号，名为群贼，不可以久。不如立宗室，挟义诛伐。以此号令，谁敢不服？"崇等以为然，而巫言益甚。前及郑，乃相与议曰："今迫近长安，而鬼神如此，当求刘氏共尊立之。"六月，遂立盆子为帝，自号建世元年。①

樊崇军中"巫"的活动，终于使刘盆子取得了皇帝的称号。"巫言"与方望弟阳等主张一致，令人怀疑背后可能有政治阴谋。从这一史例，可知军队中"巫"的地位，有时甚至可以左右最高军事权力的转移。

唐人刘蜕《悯祷辞》中，说到地方官员以女巫祷天求雨的情形：

役巫女兮鼍鼓坎坎，
风笛摇空兮舞袂衫衫。②

军中女巫"鼓舞""歌讴击鼓"的形式，应当大致就是如此。

中国古代，女巫在诸如求雨等农耕巫术中有形式特殊的表演。《春秋繁露·求雨》说：

春旱求雨，令县邑以水日祷社稷山川，家人祀户。无伐名木，无斩山林。暴巫，聚尪。……择巫之洁清辩利者以为祝。……

季夏祷山陵以助之。令县邑十日一徙市，于邑南门之外，

---

① 《后汉书》，第479—480页。
② 《全唐文》卷七八九，第8260页。

五日禁男子无得行入市。……聚巫市傍，为之结盖。……

秋暴巫尪至九日，无举火事。……

四时皆以庚子之日，令吏民夫妇皆偶处。凡求雨之大体，丈夫欲藏匿，女子欲和而乐。①

所谓"求雨闭诸阳，纵诸阴"，其典型形式是"暴巫"，或写作"曝巫"。② 其形式，很可能与高山族"女巫登上公廨屋顶，向公众全裸，向神显其裸体"的形式相近。高山族平埔人社会中主持祭仪、占卜、行巫术的女性专业巫师，具有相当高的地位。据 C.E.S.《被忽视的台湾》记载，"其宗教仪式分为二：即献祭与诸神降临，皆在公廨由女巫举行"，"其仪式如下：首先献祭，祭物由社人宰杀的若干只猪，煮熟的米饭，以及大量的酒与果实等。女巫将这些祭物堆叠于公廨事先悬挂的鹿与猪头前面"。"此处居民由女巫担任司祭，其职务乃分为祈祷与牺牲两种，牺牲以宰众多的猪，与米、烈酒一并供奉于公廨，然后由一、二女巫行长时间的说教，而后睁眼向上，大声呼神出现。此时女巫进入恍惚状态，躺于床上，一如死人，有四、五人，拼命使女巫清醒。如此以后，女巫以世界最大痛苦状敲打，众人悲哭哀歌，继续约一小时后，女巫登上公廨屋顶，向公众全裸，向神显其裸体。""众男人祈祷后，不断饮烈酒。"这些女巫据说能预言未来，能驱除妖魔。驱魔时一面挥刀，一面"发出可怕的喊声或时改阴森声音喊叫"。

有的研究者指出，"这里所说的专职女巫，应指在台湾西南的西拉雅人的女巫"，并且以为："当时平埔人社会采取以母系为中心，

---

① 〔汉〕董仲舒著，〔清〕苏舆撰，锺哲点校：《春秋繁露义证》，中华书局1992年版，第426—437页。
② 《艺文类聚》卷一〇〇引董仲舒曰："春旱求雨，令县邑以水日〔日〕今〔令〕民祷社，家人祠户，无斩山林，曝巫聚尪。"第1726页。

故女巫在社会上享有崇高地位。因此，平埔人中的女巫，远较山地高山族女巫的职权为大。"①

其极端形式则可能是《左传·僖公二十一年》所谓"焚巫尫"。②《艺文类聚》卷一〇〇引《神农求雨书》也说："……开北门，取人骨埋之，如此不雨，命巫祝而曝之，曝之不雨，神山积薪，击鼓而焚之。"③

《艺文类聚》卷一〇〇引董仲舒曰："广陵女子诸巫，毋小大皆相聚其郭门外，为小坛，以脯酒祭，便移市，市使门者无内丈夫，丈夫无得相从饮食，又令吏各往视其夫，皆言到即赴，雨澍而已。"④这一说法，未见于《春秋繁露》。所谓"女子诸巫，毋小大皆相聚其郭门外"的集体请雨形式，与后世成书于明正德十一年（1516）的阿里·阿克巴尔《中国纪行》第十一章《妓院和妓女》中说到的如下情形有相近之处。阿里·阿克巴尔写道：官员犯了罪，本人斩首，儿子充军，妻女贬入妓院。妓女除了供人寻欢取乐以外，还有另一个职务：为公众祷雨。如果久旱不雨，官员启奏皇帝，皇帝就命令妓女祷雨。奉派祷雨的妓女不准申诉，她们要同所有的相识者诀别，并留下遗言，因为求不下雨来，要被统统斩首。祷雨的做法是：妓女分组坐下，唱歌、奏乐；然后一组人起来，在十二个地点跳舞，并做出一些奇怪的表演；一组演完，退出，另一组进来，在菩萨面前跳舞、演戏。她们敲打着自己的脑袋，痛哭流涕。这样轮流表演很长的时间，一个个担心自己的性命，不吃，不睡，不休息，不论白天、黑夜，发出令人心碎的哭声。巫人说：伤心的眼泪能带来雨水。碰巧下了雨，

---

① 以上参见田富达、陈国强：《高山族民俗》，民族出版社1995年版，第279—281页。
②《十三经注疏》，第1811页。
③《艺文类聚》，第1723页。
④《艺文类聚》，第1726页。

她们就高兴。否则，天不下雨，发生了饥馑，几千名妓女都被杀头。①

季羡林说，这种利用妓女求雨的办法，在中国史籍中还没有读到过。然而他联系印度传播很广的以妓女祈祷下雨的故事，以为《中国纪行》所记载的可能是真实的情况。②

4. "炙杀"，以"血""厌之"与"舞刀"表演

《山海经·海外西经》写道："女丑之尸，生而十日炙杀之。在丈夫北。以右手鄣其面。十日居上，女丑居山之上。"袁珂在解说这段文字时说："所谓'炙杀'，疑乃暴巫之象。'女丑'，疑即女巫也。古天旱求雨，有暴巫焚巫之举。……暴巫焚巫者，非暴巫焚巫也，乃以女巫饰为旱魃而暴之焚之以禳灾也，暴巫即暴魃也。"③他还指出："古代求雨有暴巫焚巫之法，巫通常由女性担任，扮作旱魃的模样，暴之焚之，以为如此即可以除去旱魃的为祟，使天降雨。"④

有的学者还认为，"所谓'焚巫祷雨'就是把女巫献给日神的意思"⑤。

彭卫、杨振红考察秦汉妇女史时，在"女性的'神秘力量'和与女性有关的巫术"题下讨论了相关历史文化现象，指出"汉代女性在求雨中也承担某种类似的角色"。所举例证有《春秋繁露》卷一六《求雨》及《路史》卷三九《余论二》引董仲舒《请雨法》。⑥

---

① [波斯]阿里·阿克巴尔著，张至善、张铁伟、岳家明译：《中国纪行》，华文出版社2016年版，第81—82页。
② 季羡林：《原始社会风俗残余——关于妓女祷雨的问题》，《世界历史》1985年第10期。
③ 袁珂：《山海经校注》，第218页。
④ 袁珂：《中国古代神话》，中华书局1960年版，第178页。
⑤ 陈炳良：《说崇山》，《大陆杂志》第41卷第10期，1971年。
⑥ 彭卫、杨振红：《中国妇女通史·秦汉卷》，杭州出版社2010年版，第396页。

这种祭祀形式比较特殊的表现，是对女巫人身进行残厉的迫害乃至杀戮，暗示她们的巫术活动原本与战争等极端残酷的社会行为有关。[①] 女巫表演以"鼓"和"刀"为道具，也暗示她们的行为与战争相关。前引《三国志》卷六《魏书·董卓传》裴松之注引《献帝起居注》、《后汉书》卷七二《董卓传》李贤注引《献帝起居注》所言李傕的祭神行为，是"击鼓下神"的实例。而《魏书》卷一〇三《高车传》记载："至来岁秋，马肥，复相率候于震所，埋殽羊，燃火，拔刀，女巫祝说，似如中国祓除，而群队驰马旋绕，百匝乃止。"[②] 有关"埋殽羊，燃火，拔刀，女巫祝说，似如中国祓除"的连续叙说，似言"女巫"与"刀"的神秘关系。《旧唐书》卷五七《刘文起传》："家中妖怪数见，文起忧之，遂召巫者于星下被发衔刀，为厌胜之法。"[③] 说到"巫者""为厌胜之法"时有"衔刀"情节。《清史稿》卷八五《礼志四·吉礼四》"满洲跳神仪"条，则明确说"女巫"祝祷时配以"舞刀"动作："女巫舞刀祝曰：'敬献糕饵，以祈康年。'"[④]

邓子琴《中国风俗史》记述满洲祭礼，其仪式包括：……4.献糕，5.舞刀，6.祝词……[⑤] 所依据的，是《清稗类钞·丧祭类》中"满洲跳神"条。原文写道："大祀日，五鼓，献糕于明堂如仪。""女巫吉服舞刀，祝曰：'敬献糕饵，以祈康年。'"[⑥] 其情节与《清史稿》记述相同。女巫祝祀仪式中的"舞刀"表演，明显带有女巫参与战争祈祝的原始

[①] 王子今：《战国秦汉时期的女巫》，《中国社会历史评论》第5辑，商务印书馆2007年版。
[②] 《魏书》，第2308页。《北史》卷九八《高车传》也记载："来岁秋，马肥，复相率候于震所，埋殽羊，燃火，拔刀，女巫祝说，似如中国祓除，而群队驰马旋绕，百匝乃止。"第3271页。
[③] 《旧唐书》，第2293页。《新唐书》卷八八《刘文静传》："会家数有怪，文起忧，召巫夜被发衔刀为禳厌。"第3736页。
[④] 《清史稿》，第2570页。
[⑤] 邓子琴：《中国风俗史》，巴蜀书社1988年版，第326页。
[⑥] 《清稗类钞》，第3561页。

巫术的遗痕。

"巫"在战争中具体的表演形式,又见于《宋史》卷三五〇《张蕴传》:"蛮遁走,使巫被发登崖为厌胜,蕴射之,应弦而毙,一军欢噪。"①所谓"被发登崖为厌胜",与前说"被发衔刀"类同。只是这里没有说明"巫"的性别。

5. "厌胜"巫术

在古代战例中,还可以看到所谓"裸妇女,血鸡犬厌之"的战术。②这种战术,显然也是体现女巫在战争中的表现的实例之一。尤其以"血""厌之"的行为,告知我们女巫诅军祷兵的神秘力量和战争实践是紧密联系的。

《明史》卷二一二《李锡传》记载,隆庆六年(1572)柳州怀远瑶族暴动,"侵据县治久",被平定后"复反"。万历元年(1573),李锡"征浙东乌铳手、湖广永顺钩刀手及狼兵十万人""六道并进"。瑶人退却,双方决战"天鹅岭"。至于最后据点"大巢",规模"亘数里"。据所描述战斗场景,"崖壁峭绝,为重栅拒官军,镖弩矢石雨下。妇人裸体扬箕,掷牛羊犬首为厌胜。"③明人郭应聘《征复怀远》写道:"贼殊死斗,男妇悉出。镖弩矢如雨下。有数妇裸体扬箕,掷牛羊犬首为厌胜术。"④雍正《广西通志》"李锡"条记载:"镖弩

---

① 《宋史》,第11087页。
② 《圣武记》(附《夷艘寇海记》),第370页。
③ 《明史》,第5623页。
④ 〔明〕郭应聘撰:《郭襄靖公遗集》卷一七,《续修四库全书》第1349册,上海古籍出版社2013年版,第379页。

矢石雨下。妇人裸体扬箕,掷牛羊犬首为厌胜。"[1]与前者说法相同,只是"厌胜术"作"厌胜"。这里所谓"数妇",与前说"妇人"不同,指出人数并不很多。此"数妇"之身份,不排除专职"女巫"的可能。

与"裸妇女,血鸡犬厌之"以及"妇人裸体扬箕,掷牛羊犬首为厌胜"不同,还有其他妇女"裸体"与"鸡犬"结合的战争巫术形式。《明史》卷二四九《李橒传》记载,天启元年(1621),"奢崇明已反重庆,陷遵义,贵阳大震"。天启二年(1622),"或传崇明陷成都",且安邦彦反,"袭毕节","陷其城",又相继"陷安顺平坝","陷霭益","直趋贵阳"。李橒、史永安"闻变,亟议城守","贼至","乃日夕分番驰突,以疲官兵。为三丈楼临城,用妇人、鸡犬厌胜术"。守军破解这种"妇人、鸡犬厌胜术"的方式也很特别:"橒、永安烹虣杂斗米饭投饲鸡犬,而张虎豹皮于城楼以被之,乃得施炮石,夜缒死士烧其楼。"[2]这里所说的用于"厌胜"的"鸡犬",与前例"血鸡犬""掷牛羊犬首"不同,是可以"投饲"的活的"鸡犬"。此"妇人、鸡犬厌胜术",可能是反军采用的当地民族类同的战争巫术以求战场上的胜筹。其中"裸妇女"与"妇人裸体"的形式应当是类似的。

在冷兵器时代结束之后的战争史中,仍然可以看到以"裸妇"对抗"大炮"的形式,即所谓"裸诸妇向炮",甚至"裸阴"以向。清人张岱《鲁王世家》有这样的记述:"清兵退,次日乃去城六五里埋大炮十二门,环发。初以裸妇厌之,不甚中。久之,西门崩城丈余⋯⋯"[3]明代学者方以智《物理小识》卷一二《神鬼方术类》"厌法"条写道:"李霖寰大司马征播,杨应龙败逃囤上。李公以大炮攻

---

[1]〔清〕金鉷等监修:《广西通志》卷六八,《景印文渊阁四库全书》第567册,台湾商务印书馆1986年版,第135页。
[2]《明史》,第6451—6452页。
[3]〔清〕张岱撰:《石匮书后集》卷五,《续修四库全书》第320册,第465页。

之，杨祼诸妇向炮，炮竟不然。此受厌也。崇祯乙亥，流贼围桐，城上架炮，贼亦逼人祼阴向城。时乃泼狗血、烧羊角烟以解之，炮竟发矣。故铸剑铸钟，合至丹药，皆忌裙钗之厌。"①"祼诸妇""祼阴"，可以显现"厌"的奇异力量，"炮"捻竟不能点燃。而"泼狗血、烧羊角烟以解之，炮竟发矣"，是另一种巫术的力量。所谓"裙钗之厌"，可以帮助我们理解战争中运用女巫神秘能力的现象。

对于"崇正十五年春正月"开封攻守之战，郑廉《豫变纪略》卷五记述："时贼围开封，攻甚急，守亦甚严，虽张许之守睢阳不如也。炮石如雨中，辄糜烂。贼患之，乃驱众妇人祼而立于城下以厌之，谓之'阴门阵'。城上之炮皆倒，泄而不鸣。城中将吏乃急命诸军祼立而燃炮，谓之'阳门阵'以破之。贼之炮石亦倒，泄而不鸣。异哉！"论者说，"自蚩尤、黄巢以来攻战多矣，未尝闻此也"②。

"祼"与"战争""厌胜"的关系，其技术形式和文化理念的因由，可能来自少数民族风俗。《新唐书》卷一一八《吕元泰传》说，吕元泰"上书言时政"，批评边事危机、行政紊乱："国家者，至公之神器，一正则难倾，一倾则难正。今中兴政化之始，几微之际，可不慎哉？自顷营寺塔，度僧尼，施与不绝，非所谓急务也。林胡数叛，獯虏内侵，帑藏虚竭，户口亡散。夫下人失业，不谓太平；边兵未解，不谓无事；水旱为灾，不谓年登；仓廪未实，不谓国富。而乃驱役饥冻，雕镌木石，营构不急，劳费日深，恐非陛下中兴之要也。比见坊邑相率为浑脱队，骏马胡服，名曰'苏莫遮'。旗鼓相当，军阵势也；腾逐喧噪，战争象也；锦绣夸竞，害女工也；督敛贫弱，伤政体也；胡服相欢，

---

① 〔明〕方以智撰：《物理小识》，黄德宽、诸伟奇主编：《方以智全书》第 7 册，第 520 页。
② 〔清〕郑廉撰：《豫变纪略》卷五，《四库禁毁书丛刊》史部第 74 册，北京出版社 1997 年版，第 411 页。

非雅乐也；浑脱为号，非美名也。安可以礼义之朝，法胡虏之俗？《诗》云：'京邑翼翼，四方是则。'非先王之礼乐而示则于四方，臣所未谕。《书》：'曰谋，时寒若。'何必裸形体，灌衢路，鼓舞跳跃而索寒焉？"①"裸形体，灌衢路，鼓舞跳跃"作为"军阵势"群体带有仪仗性质的表演，与"战争"相关。虽然这些"骏马胡服"的"浑脱队"中"裸形体"者未见性别说明，但是巫术意识中"裸"与"战"的关系，是可以帮助我们理解"裸诸妇"用以"厌胜"的文化背景的。

6."女巫圣七娘"

清人周亮工《闽小记》卷一"珍珠伞"条写道："汀西丘坑口，拨土一寸许，即有明珠大如粟，色若水晶，较之珠光少晦。相传为圣七娘率师至此，有珍珠伞为敌所破，当即咒曰：'男拈之成水，女拈之成粉。'虽事属荒唐，而男女得珠者诚如所传。又人言南宋时汪革僭据歙郡，与其妻巡行山川，堵筑险要，以修四塞之固。出入张珍珠伞为美观。一日，天骤风，擎伞于云表。良久坠下，珠悉迸落草间，因生草缀珠。至今人名为珍珠伞云。二事殊相类。"②说"二事殊相类"，是因为"圣七娘率师至此，有珍珠伞为敌所破"，"（汪革）与其妻巡行山川，堵筑险要，以修四塞之固"，都涉及女子参与兵战。清代学者俞樾《茶香室丛钞》卷一五"圣七娘"条下引录了这一"珍珠伞"故事：

国朝周亮工《闽小纪》云：汀西邱坑口，拨土一寸许，

---

① 《新唐书》，第4276—4277页。
② 〔清〕周亮工撰：《闽小记》，上海古籍出版社1985年版，第41—42页。

第十三章 女巫的军事行为

即有明珠大如粟,色若水晶,相传为圣七娘率师至此,有珍珠伞为敌所破,当即咒曰:"男拈之成水,女拈之成粉。"虽事属荒唐,而男女得之者诚如所传。

俞樾又写道:

按圣七娘未如何人,宋洪迈《夷坚丙志》云:"建炎初,车驾驻跸扬州,邦人盛称女巫圣七娘行秽迹,法通灵,能知未来事。"不知即此否?恐别一人也。①

"圣七娘率师至此,有珍珠伞为敌所破",涉及战争。所引"洪迈《夷坚丙志》云",见《夷坚支志》景卷第五"圣七娘"条:"建炎初,车驾驻跸扬州。中原士大夫避地来南,多不暇挈家。淄川姜廷言到行在参选,以母夫人与弟孚言已离乡在道,久不得家书,日夕忧恼,邦人盛称女巫圣七娘者行秽迹法通灵,能预知未来事,乃造其家,焚香默祷。才入门,见巫盖盛年女子,已跣足立于通红火砖之上,首戴热。神将方降,即云:'迪功郎,监潭中南岳庙。'姜跪问母与弟消息,'更十日当知,又三日可相见'。姜闻语敬拜,积忧稍释。恰旬日,果得书。又三日,家人皆至。姜悲喜交集,厚致钱往谢。一切弗受,唯留香烛幡花而已。"②如果洪迈《夷坚志》与周亮工《闽小记》所说的"圣七娘"为一人,则后者所说"率师"作战"为敌所破"的史例中,主人公应是"女巫"身份。《夷坚志》故事"神将方降"情节,正与"率师"作战事相合。不过,《夷坚志》"女巫圣七娘"故事发生在扬州,

---

① 《茶香室丛钞》,第340页。《茶香室丛钞》卷一七"评注稗官"条又写道:"又按《夷坚志》云:建炎初,车驾驻跸扬州。有女巫圣七娘者行秽迹,法通灵,能知未来事。"第390页。
② 〔宋〕洪迈撰,何卓点校:《夷坚志》,中华书局2006年版,第919页。

323

与闽中颇远。然而《坚瓠集》三集卷四"惠利夫人"条引《八闽志》所说的"圣七娘"事在闽中"明溪",与周亮工《闽小记》云"汀西邱坑口"相近。"圣七娘"故事见于康熙《归化县志》、康熙《清流县志》、乾隆《汀州府志》、光绪《长汀县志》。可知这一传说在"汀西"一带民间流播。

《坚瓠集》三集卷四"惠利夫人"条引《八闽志》:"莘七娘,五代人,从夫征讨。夫没于明溪乡。七娘即居明溪,死后合葬于驿左。一夕,客假馆驿中,夜闻吟诗甚悲。达旦,客语邻,并书其词壁间。乡人构室墓前祀之,祷祀响应。寇至,乡人恳祷,即殄渠魁。端平间,调寨兵戍建康。告行时,闻庙中钲鼓喧腾。迨兵回,言是日与敌会战,有神兵阴助,克之。于是上闻,赐庙额显应,封惠利夫人。文文山题诗曰:'百万貔貅扫犬羊,家山万里受封疆。男儿若不平强寇,死愧明溪圣七娘。'"①"莘七娘"虽然没有"女巫"身份,然而能"祷祀响应","寇至,乡人恳祷,即殄渠魁",策动"神兵阴助"远征"寨兵",都表现出其神异的力量。

《坚瓠集》三集卷四"惠利夫人"条"莘七娘""圣七娘"并说,应即一人。"圣七娘"或许是"莘七娘"之音讹。

7. 集体巫舞:"跳七姑娘""跳七姊妹"

女巫在战争中使用巫术的形式,在一些民族学资料中还可以看到若干遗存。

---

① 〔清〕褚人获纂辑:《坚瓠集》三集,《笔记小说大观》第7册,江苏广陵古籍刻印社1995年版,第505页。《全闽诗话》卷一二"莘七娘"条据《闽书》引文天祥题庙诗曰:"百万貔貅扫犬羊,家山万里受封疆。男儿若不平妖虏,死愧明溪圣七娘。"〔清〕郑方坤编辑,陈节、刘大治点校:《全闽诗话》,福建人民出版社2006年版,第556页。

凉山彝族在战争前有诅咒和反诅咒活动，"用魔法向敌人进攻"。诅咒和反诅咒的形式十分复杂，都由巫师"笔母"主持。[①]

云南大理喜洲镇河涘城村的白族在祭祀活动中曾经流行一种称作"跳七姑娘"或"跳七姊妹"的集体巫舞。表演者为1男7女，据说表现的是一位"武艺超群"的白族青年和"都精通十八般武艺"的"他的七个妹妹"。表演起先是双人舞"宰马刀"（又称"穿心刀"），接着是独舞"五尺棍舞"和"双刀舞"，"然后便是八兄妹之间以不同方式组成的有假设敌人的各种对厮杀表演"。最后一个舞段叫"大劈四门"，即七兄妹扮作敌兵将最小的七妹团团围困用弓箭射击，七妹则跳起"五尺棍舞"，使表演进入最高潮。[②]

白族这种体现战争主题的女巫表演，或许可以理解为反映女巫在早期军事生活中地位和作用的文化遗存。

[①] 白荻：《倮罗的宗教和他们的巫师》，《京沪周刊》第1卷，1947年。林耀华：《凉山彝家》，商务印书馆1947年版，第98—99页。
[②] 石裕祖、周庆萱调查整理，调查地点：大理市喜洲镇河涘城村；调查时间：1986年8月。《中国各民族原始宗教资料集成·白族卷》，中国社会科学出版社1996年版，第646页。

第十四章　女性"兵神""战神"和"护法神"

我们在讨论"早期部族战争中的女性"时说到的"玄女"神话与《玄女兵法》，以及"黄帝女魃"传说，都可以理解为信仰世界中女性"战神"的存在。在有关"民族志资料中的女性战神"的说明中，也可以看到和原始巫术有关的对于战争中女性神秘力量的崇拜。

1. 黄帝玄女战法

《史记》卷一《五帝本纪》记述黄帝与蚩尤的战争，导致天下形势发生了变化。或许这正是进入文明时代的历史转折。张守节《正义》引《龙鱼河图》说，蚩尤以强势武力"威振天下"。"黄帝""不能禁止蚩尤"："黄帝摄政，有蚩尤兄弟八十一人，并兽身人语，铜头铁额，食沙石子，造立兵仗刀戟大弩，威振天下，诛杀无道，不慈仁。万民欲令黄帝行天子事，黄帝以仁义不能禁止蚩尤，乃仰天而叹。"然而形势出现转机，有"玄女"得到"天"的指令支持"黄帝"：

天遣玄女下授黄帝兵信神符，制伏蚩尤，帝因使之主兵，

第十四章　女性"兵神""战神"和"护法神"

以制八方。①

"玄女下授黄帝兵信神符",也就是说,玄女对于黄帝集团给予了战略指导和军事建议,以及健全武装部队组织方式的策略咨询。于是黄帝部族联盟的军力得到显著提升,得以"制伏蚩尤"。随即"帝因使之主兵,以制八方"。"玄女"继续为"黄帝"服务,担任军事领袖,为黄帝控制天下"地方"做出了贡献。

《太平御览》卷七九引《龙鱼河图》内容略同:"黄帝摄政前,有蚩尤兄弟八十一人,并兽身人语,铜头铁额,食沙石子,造立兵杖刀戟大弩,威振天下,诛杀无道,不仁不慈。万民欲令黄帝行天子事。黄帝仁义,不能禁止蚩尤,遂不敌,乃仰天而叹。天遣玄女下授黄帝兵信神符,制伏蚩尤,以制八方。"②其他有关传说也具有参考意义。如《太平御览》卷一五引《黄帝玄女战法》:

> 黄帝与蚩尤九战九不胜。黄帝归于太山,三日三夜雾冥,有一妇人,人首鸟形,黄帝稽首再拜,伏不敢起。妇人曰:"吾玄女也,子欲何问?"黄帝曰:"小子欲万战万胜。"遂得战法焉。③

"玄女"以"一妇人,人首鸟形"的形象在"雾冥"中出现,授予"黄帝"可以"万战万胜"的"战法"。

给予"黄帝""兵信神符"及"战法",促成他实现战胜强势之敌的战功,完成"制八方"的军事政治建设的"玄女",是我们民族早期文明史进程中光荣的女性战神。协助"黄帝"得到"万战万胜"的理

---

① 《史记》,第 4 页。
② 《太平御览》,第 368a 页。
③ 《太平御览》,第 78a 页。

想成果，是"玄女"的功绩。当然，她是代表"天"来成就这一业绩的。

2. "六丁玉女""六丁神女"

上文在讨论贵州赤水发现的女性武士石刻时，曾经引陆游《老学庵笔记》"六丁皆为女子像"的说法。

与女性作法有关的"六丁"作为战争巫术与军中神祷方式，在汉代有所表现。前引《三国志》卷六《魏书·董卓传》裴松之注引《献帝起居注》所谓"（李）傕性喜鬼怪左道之术，常有道人及女巫歌讴击鼓下神，祠祭六丁，符劾厌胜之具，无所不为"，[①]《后汉书》卷七二《董卓传》李贤注引《献帝起居注》所谓"傕性喜鬼怪左道之术，常有道人及女巫歌讴击鼓下神祭，六丁符劾厌胜之具，无所不为"，[②]都是说"六丁"与"女巫"活动密切相关。

《抱朴子内篇》卷四《金丹》："……又《玉柱丹法》，以华池和丹，以曾青硫黄末覆之荐之，内筒中沙中，蒸之五十日，服之百日，玉女六甲六丁神女来侍之，可役使，知天下之事也。"[③]《抱朴子内篇》卷一五《杂应》在讨论"断谷人可以长生乎"这一问题时写道："《甘始法》：召六甲六丁玉女，各有名字，因以祝水而饮之，亦可令牛马皆不饥也。"[④] 似乎道教史很早就有"六甲六丁"与"玉女""神女"相关联的理念。《太上道君守元丹上经》："耳中忽闻金声玉音者，真气来入道欲成也。忽闻弦乐之声者，六丁玉女来卫子也。皆道欲成也。当隐静专修，所行勤至之心欲弥于往也。真人因是遂有形，见之渐矣，

[①]《三国志》，第184页。
[②]《后汉书》，第2338页。
[③]《抱朴子内篇校释》（增订本），第81—82页。
[④]《抱朴子内篇校释》（增订本），第267页。

第十四章　女性"兵神""战神"和"护法神"

自非尔师，且勿言于他人。"[1]似乎"六丁玉女"之说较早就在道家精神世界形成了影响。

承姜守诚见告，除葛洪《抱朴子内篇》而外，《太上洞玄灵宝五符序》等道教经典中就已出现了"六甲六丁""六丁六甲""六丁玉女，六甲将军""六甲阳神，六丁阴神""六丁玉女""六丁神女"等说法。"六丁六甲"本为司掌天干地支的神祇，其神十二位，在后期等同于六十太岁将军里的六甲太岁神与六乙太岁神。

南朝梁代陶弘景编撰《登真隐诀》卷中写道："洗澡时常存六丁，令人所向如愿。谓旦夕经常澡洗也，至沐浴时亦可存向之耳。六丁即六丁神女，此神善与人感通，易为存召，亦应向六丁所在，谓甲子旬即向卯。其玉女别有名字服色，在《灵飞》中。理发向王，谓月建之方面也，栉发梳头沐发皆尔。按仙忌，忌北向理发，今十一月既建子，宜当犹向亥，此正北，不可犯也。既栉之初，谓初就栉之始，行祝行栉。"[2]所谓"六丁即六丁神女"，其品性"善与人感通，易为存召"，似交往柔和。

葛洪曾论说对登山修道者颇为重要的遁甲隐身术。葛洪介绍自己早年学习遁甲术的经历，又引《遁甲中经》说到应用隐身术的时机："避乱世，绝迹于名山，令无忧患者，以上元丁卯日，名曰阴德之时，一名天心，可以隐沦，所谓白日陆沈，日月无光，人鬼不能见也。"又引《遁甲中经》介绍了隐身术的具体要领："往山林中，当以左手取青龙上草，折半置逢星下，历明堂入太阴中，禹步而行，三祝曰：'诺皋，太阴将军，独开曾孙王甲，勿开外人；使人见甲者，以为束薪；不见甲者，以为非人。'则折所持之草置地上，左手取土以傅鼻人中，右手持草自蔽，左手著前，禹步而行，到六癸下，闭气而住，人鬼不能见也。凡六甲为

---

[1]〔晋〕佚名撰：《大有妙经》，明正统《道藏》本，第8页。
[2]〔梁〕陶弘景撰，王家葵辑校：《登真隐诀辑校》，中华书局2011年版，第31—32页。

329

青龙，六乙为逢星，六丙为明堂，六丁为阴中也。"[1] 其中"祝文"出现"太阴将军"语，显现"六丁为阴中"，其神秘作用，与军事生活存在某种内在关联。

关于登山隐身之术，明代《正统道藏》收录《太上六壬明鑑符阴经》卷四"避形遁迹"条假托伍子胥之口云："若欲遁形者，乘青龙，六甲也。过明堂，六丙也。出天门，六戊也。入地户，六己也。过太阴，六丁也。取草折半障人，中半置卯地，而入西地，去人无见者，过太阴时，咒曰：'天翻地覆，九道皆塞。有来追我，至比不及。径入天藏，慎勿返顾。庚为天狱，辛为天庭。壬为天牢，避之抵之，即被束缚。急急如律令。'"[2] 这里托言名将"伍子胥"说"太阴六丁"，也暗示了"六丁"与兵战的神秘关系。类似的文字亦见于兵书。如《武经总要》后集卷二〇《遁甲》："凡出天门，入地户，过太阴，居青龙法，《经》曰：初兵出天门，六戊也。入地户，六己也。过太阴，六丁也。居青龙，六甲也。居其下，百战百胜。"[3] 又《遁甲演义》卷三《太乙直符吉凶神说》："伍子胥曰：'若欲伏匿者，乘青龙，六甲也；历蓬星，六乙也；过明堂，六丙也；出天门，六戊也；入地户，六己也；过太阴，六丁也；取草拆半障人中入天藏，六癸也。'"[4]《登坛必究》卷四《居青龙法》也可以看到相近的内容。[5]

大约成书于唐代的道教文献《北斗治法武威经》写道："或出行求财游艺，并行天罡法。先启告北斗，诵咒讫念七星名字，以杖子画地，

---

[1]《抱朴子内篇校释》（增订本）卷一七《登涉》，第302页。
[2] 张继禹主编：《中华道藏》第32册，华夏出版社2014年版，第471页。
[3]〔宋〕曾公亮等著，陈建中、黄明珍点校：《武经总要》，商务印书馆2017年版，第687页。
[4]〔明〕程道生撰：《遁甲演义》，《景印文渊阁四库全书》第810册，台湾商务印书馆1986年版，第970页。
[5]〔明〕王鸣鹤撰：《登坛必究》，《续修四库全书》第960册，上海古籍出版社2013年版，第153—154页。

四纵五横，禹步而行。随天罡役去，任意所行，殃灾消灭。……禹步咒曰：'四纵五横，六甲六丁。禹王治道，蚩尤辟兵。遍行天下，曲戈反复。所有一切虎狼、贼盗、凶恶等，并赴吾魁罡之下，无动无作。急急如律令。'"①这一道教文献题称"武威"，又说到"蚩尤辟兵"，涉及"六丁"的文字，虽然直接说"所有一切虎狼、贼盗、凶恶等"，亦当与军事战争有关。《太上三洞神咒》卷四《雷霆祈祷诸咒》题下《禹步辟虎狼咒》："四纵五横，六甲六丁，蚩尤治道，蒙恬步兵，遍行天下，曲戈反复，所有一切虎狼、贼盗、凶恶等，并赴吾魁罡之下，无动无作。急急如律令。"②说到古战神"蚩尤"和秦名将"蒙恬"，③所谓"遍行天下"，应是说行军远征。

道教图像遗存中所见"六丁神女""六丁玉女"画面，多手持兵器，往往披甲戎装。这一形象特征，给予我们重要的历史文化启示。从比较集中的图像资料看，她们大多持剑，与上文所说赤水发现的女性武士石刻不同。

3. 以"佛母"为号召的武装暴动

上文说到"妖妇"唐赛儿起义，曾经自称"佛母"，以此为精神号召。明人何三畏《卫都督明德公传》写道："唐赛儿以妖妇自号'佛母'，诱惑愚民作乱。"④《昆山人物传》卷二："近者唐赛儿妄称'佛

---

① 张继禹主编：《中华道藏》第 32 册，第 673 页。
② 〔宋〕佚名撰：《太上三洞神咒》，明正统《道藏》本，第 34 页。
③ 王子今：《汉代"蚩尤"崇拜》，《南都学坛》2006 年第 4 期；王子今：《蒙恬悲剧与大一统初期的"地脉"意识》，《首都师范大学学报》（社会科学版）2016 年 4 期。
④ 〔明〕何三畏撰：《云间志略》卷九，《四库禁毁书丛刊》史部第 8 册，北京出版社 1997 年版，第 347 页。

母',几溷青徐矣。"①《明史纪事本末》卷二三《平山东盗》记载:"成祖时,有蒲台唐赛儿者,自号'佛母',能刻楮为人马相战斗,众益信之。于是莒、即墨诸奸民遂蜂起,而贼党董彦杲、宾鸿等亦掠兵应之。"②

明嘉靖年间,有马隆起兵,以其母为"观音老母",为起义作舆论准备。《国朝典汇》卷一六四《兵部》记载:"嘉靖元年初,郏县马隆其母李氏手有卦文,自号'观音老母'。隆诈称首有盘龙,左股有日月二气,煽结其党柴世隆等□众劫掠,自河南卢氏、淅川,流入陕西商南、山阳等县,所过焚掠,势甚猖獗。"③

《訄书·通谶》写道:"佛书言'释迦去后,弥勒出世'。此亦无与中夏革命之事。而凡谋反者,皆喜自称弥勒。及韩山童以是鼓众,其子林儿卒称号十有二年。事虽不集,香军皆奉其正朔。虽明祖亦俟林儿殁后,始建吴元。亦可谓帝王之符矣。良由谶记既布,人心所归在是,而帝者亦就其名以结人望。故始虽假设,卒应于后也。"④较早史例有《隋书》卷三《炀帝纪上》:"有盗数十人,皆素冠练衣,焚香持华,自称弥勒佛,入自建国门。"⑤

佛家有《弥勒为女身经》。⑥《旧唐书》卷九三《张仁愿传》:"时有御史郭霸上表称则天是弥勒佛身。"⑦《旧唐书》卷一八三《外戚传·薛

---

① 〔明〕张大复撰:《昆山人物传》,《续修四库全书》第541册,第565页。
② 〔清〕谷应泰等撰,河北师范学院历史系点校:《明史纪事本末》,中华书局2015年版,第373页。
③ 〔明〕徐学聚撰:《国朝典汇》,《四库全书存目丛书·史部》第266册,齐鲁书社1996年版,第425页。
④ 章炳麟著,徐复注:《訄书详注》,上海古籍出版社2017年版,第190页。
⑤ 《隋书》,第74页。《隋书》卷二三《五行志下》:"有盗衣白练裙襦,手持香花,自称弥勒佛出世。"第662页。
⑥ 〔梁〕释僧祐撰:《出三藏记》录下卷四:"《弥勒为女身经》一卷。"〔梁〕释僧祐撰,苏晋仁、萧錬子点校:《出三藏记集》,中华书局1995年版,第128页。
⑦ 《旧唐书》,第2981页。

怀义》:"怀义与法明等造《大云经》,陈符命,言则天是弥勒下生。"①史籍亦见有以"弥勒"命名的女性。《金史》卷八二《萧拱传》写道:"耶律弥勒,拱妻女弟也,海陵将纳为妃,使拱自汴取之。"②《金史》卷六三《后妃传上·海陵诸嬖传》说:"过燕京,拱父仲恭为燕京留守,见弥勒身形非若处女者,叹曰:'上必以疑杀拱矣。'"又道:"萧拱妻择特懒,弥勒女兄也。"③民间反政府武装首领组织暴动者,有女子"称弥勒"的情形。《唐明律合编》卷九载录《禁止师巫邪术》写道:"凡师巫假降邪神,书符咒水,扶鸾祷圣,自号端公、太保、师婆,及妄称弥勒佛、白莲社、明尊教、白云宗等会,一应左道乱正之术。""为首者,绞;为从者,各杖一百,流三千里。"笺释:"师者,即今行法之人,称法师者。巫者,降神之人。端公、太保,男巫之伪号。师婆,女巫之伪号。白莲教,释弥勒下生,救众生刀兵劫难,蛊惑生民,故曰弥勒佛白莲社,此教世俗最尚。"④

白莲教等反政府武装组织中,有女子以"弥勒"名义积极参与并发挥领导作用者,即俗称"师婆"的"女巫",有"妄称弥勒佛""释弥勒下生,救众生刀兵劫难,蛊惑生民"者。

《宋史》卷二九五《谢景温传》可以看到谏臣对这种政治文化现象的批评:"瀛州妖妇李自称事九仙圣母,能与人通语言,谈祸福。景温在郡为所惑,礼饷甚厚,遣十兵挚之入京。数遣子愲至其处;补李婿为小史,使出入官府,崇大声势;至纵嬖妾之弟,醉殴市人。为政若此,尚何惜而不加谴。"⑤不过,这位"自称事九仙圣母"的"妖

---

① 《旧唐书》,第 4742 页。
② 《金史》,第 1850 页。
③ 《金史》,第 1511—1512 页。
④ 〔清〕薛允升著,怀效锋、李鸣点校:《唐明律合编》,法律出版社 1999 年版,第 175 页。
⑤ 《宋史》,第 9848 页。

妇"似乎并没有反政府的武装行为。

4."玄娘圣母""妖书"

明代成化年间以"佛法"聚众,"遂谋不轨","聚啸剽掠"于山西崞县、定襄地方的王良,被官军"剿捕"。"州县官""督民兵入山攻之","获百二十三人及妖书、器械、衣服、马匹颇多"。据《涌幢小品》卷三二《妖人物》"王良"条记载,所谓"妖书"有《推背书》《弥勒颂》《照天镜》等90种。其中有:

《龙女引道经》;《玄娘圣母亲书》;《玄娘圣母经》;《龙凤勘合》。①

通过这些所谓"妖书"的书名,可以隐约看到,其既透露出了女权色彩的意识形态,也有巫术遗存。

《典故纪闻》卷一五写道:"成化年间,因擒获妖人,追其妖书图本,备录其名目,榜示天下,以晓谕愚民。"②所列"妖书图本"名目略同。《名山藏》卷一八六《典谟记》写道:"都察院右都御史李寅奏:锦衣镇抚累问妖言罪人,所追妖书图本悉妄诞不经,愚民往往被惑。乞备录书名,榜示天下,使咸知其谬幻。诏:可。"③所"备录书名"大致相同。一则说"妖人",一则说"妖言罪人",都未言"王良"姓名。推想此类"妖书图本"的传播,很可能并不限于"王良"一支反政府武装。联系我们上文讨论过的远古战争史记忆中的"玄女"神话,可知这种文化现象具有悠久的历史。

---

① 《涌幢小品》,第643页。
② 〔明〕余继登辑:《典故纪闻》,《四库全书存目丛书·史部》第52册,第732页。
③ 〔明〕何乔远撰:《名山藏》,《续修四库全书》第425册,第661页。

第十五章　边地娘子军

因为文明进程和文化传统的差异，不同的民族，女性的社会地位和社会职任往往有所不同。

从历史文献提供的资料看，生活在边地的少数民族，往往有女子好武的风习，多有女子从军的情形。

1. 健妇节麾

《宋史》卷四九五《蛮夷列传三·广源州蛮侬氏》记述郁江上游的部族多以勇武女性为领袖。

图 35　合江福宝古镇
民间演出"穆桂英打雁"

图 36　民初平度印本
"穆桂英登台点将"图

335

有名称"阿侬"的女首领曾经率众"出据傥犹州,建国曰大历"。史载"阿侬有计谋",与其子智高一同雄据岭南,"智高攻陷城邑,多用其策,僭号皇太后"。后来,"智高败走,阿侬入保特磨,依其夫侬夏卿,收残众得三千余人,习骑战,复欲入寇"。①

宋人周去非《岭外代答》卷一〇有《蛮俗门》"入寮"条,记述"邕州诸溪峒"民间婚俗:

> 婿来就亲,女家于所居五里之外,结草屋百余间与居,谓之入寮。婿家以鼓乐送婿入寮,女家亦以鼓乐送女往寮。女之婢妾百余,婿之仆从至数百人。结婚之夕,男女家各盛兵为备,少有所争,则兵刃交接。成婚之后,婿常袖刀而行,妻之婢少忤其意,即手杀之,谓之逞英雄。入寮半年,而后妇归夫家。夫自入寮以来,必杀婢数十而后妻党畏之,否则以为懦。②

这种习俗带有明显的原始时代遗风,而"女之婢妾百余","盛兵为备",与男家往往"少有所争,则兵刃交接"的情形,尤其反映了当地部族妇女武装的存在与作用。

《宋史》卷四九五《蛮夷列传三·黎峒》有关于海南黎族女性领袖的地位受到朝廷正式承认的记载:"(宋孝宗淳熙)八年六月,诏三十六峒都统领王氏女袭封宜人。初,王氏居化外,累世立功边陲,皆受封爵。绍兴间,琼山民许益为乱,王母黄氏抚谕诸峒,无敢从乱者,以功封宜人。至是,黄氏年老无子,请以其女袭封,朝廷从之。""(宋

---

① 《宋史》,第 14215—14217 页。
② 《岭外代答校注》,第 418 页。

宁宗）嘉定九年五月，诏宜人王氏女吴氏袭封，统领三十六峒。"①所谓"以其女袭封"，即以女性世系继承的传统，也值得注意。

所谓"三十六峒都统领"世代女子相袭，恐怕并非因为"年老无子"，而很可能是由于当地诸部族遗存有母系氏族社会的风习。所谓"累世立功边陲"以及所谓"琼山民许益为乱，王母黄氏抚谕诸峒，无敢从乱者"等情形，都反映了部族女领袖依恃军事实力而形成的政治权威。

明代文人龙文《龙城竹枝词八首》写云南民俗，其七题《套头》，描述当地妇女头饰的繁丽，其中写道：

> 缠头青布叠多层，上插华枝掩折痕。
> 娘子军宜边地有，争包巧样斗邻村。②

关于边地妇女武装的记述，又见于朱纲《滇游草》中的《竹枝词》：

> 深菁衣裳各自分，往来书契亦能文。
> 殊方世授羁縻长，别部还开娘子军。

原注写道：

> 土官世袭，内有赊、卓、凤氏，皆女土官。③

---

① 《宋史》，第 14220 页。
② 《永昌府文征》卷四一，《历代竹枝词》，第 162 页。
③ 《纫兰集》卷五，丘良任等编：《中华竹枝词全编》（七），北京出版社 2007 年版，第 111 页。

"女土官"能文能武，是当地的民众领袖，也是政府基层结构的行政长官。"女土官"制度，以中央王朝对边地少数民族的"羁縻"政策为背景，反映出妇女在部族中的地位，很可能有些地区的部落或部落联盟，当时还处于母系氏族公社时代的末期，或者还残留有这一历史阶段的浓重的文化影响。

明末名将秦良玉，也是少数民族地区的女土官。

清代顺治年间，谢天枢描述西南边地民俗的《龙水竹枝词》中，写到当地勇健女子佩短刀骑小马的形貌：

> 健妇当门建节麾，短刀细马袅腰肢。
> 使君何事频相问，夫婿曾为宣慰司。[1]

健妇武装，姿容英秀，使来自内地的"使君"惊诧，其实，这很可能是当地少数民族贵族妇女的通行装束。

又如《清稗类钞·武略类》有"龙幺妹有将略"条，说到贵州少数民族女首领幺妹的事迹：

> 龙幺妹者，贵州水典土司龙跃妹也。文襄公勒保征仲苗，檄调土兵，（龙）跃病，命幺妹驰抵军门。幺妹年十八，长身白皙，有将略，出入矢石间，每战必捷。时大兴舒位为勒记室，勒为（龙）幺妹执柯，将归舒，舒婉辞，因作诗以纪其事。[2]

---

[1] 邓汉仪评选《诗观初集》卷五，《历代竹枝词》，第451页。
[2] 《清稗类钞》，第951页。

舒位"作诗以纪其事",可能就是《瓶水斋诗集》卷六的《幺妹诗》。其诗并序,记载了这位边部女将的事迹:

幺妹诗

水西土千总龙跃,其先以从讨吴三桂有功,世袭斯职。狆苗之畔,幕府檄调领土兵来赴,适(龙)跃卧疾,惧逗挠,乃遣其幺妹率屯练二百人驰诣军门从征。前后凡二十余战,禽馘最夥。岁除藏事,赏以牛酒银牌,令还本寨,而加(龙)跃军功一级。妹年十有八岁,形貌长白,结束上马,出没矢石间,指挥如意,亦绝徼之奇兵也。时王备兵留后兴义,属不佞为诗送之,以焜燿其归,因有是作。凡苗以行第最稚者为幺云。

健妇犹当胜丈夫,雍容小字彼尤妹。
然脂暝写蒋三妹,歃血请行唐四姑。
上马一双金齿屐,乘鸾十八玉腰奴。
不须更结鸳鸯队,白练裙开笔阵图。[①]

"歃血请行唐四姑",可能即《旧唐书》卷一〇《肃宗纪》记载"卫州妇人侯四娘、滑州妇人唐四娘、某州妇人王二娘相与歃血,请赴行营讨贼","皆补果毅"事之"唐四娘"。[②] 俞樾《茶香室四钞》卷五"妇人统兵"条据明周婴《卮林》作"滑州妇人唐四媳"。[③] 又其二:

迷离扑朔辨雄雌,千里明驼古有之。

---

① 〔清〕舒位撰,曹光甫点校:《瓶水斋诗集》,上海古籍出版社1991年版,第252页。
② 《旧唐书》,第253页。
③ 《茶香室丛钞》,第1557页。

> 军令静原同处子，兵符端合付如姬。
> 修来《眉史》功臣表，绣入弓衣幼妇词。
> 石砫兜鍪云鬒鬓，不知巾帼定遗谁？①

"健妇犹当胜丈夫"一句，反映了这一地区女子之强悍健勇，已经是尽人皆知的事实。

2. 桃花乞

少数民族尚武风习，不独见于西南边地，北边也有同样的情形。

清代雍正年间方观承《卜魁竹枝词二十四首》描写东北边地风土，多言及鄂伦春民族"边儿""边女""弓刀大雪"的勇武精神，其中有涉及"边女"即鄂伦春妇女生活的诗句：

> 夫役官围儿苦饥，连朝大雪雉初肥。
> 风驰一矢山腰去，猎马长衫带血归。

作者自注写道："鄂伦春妇女皆勇决善射。"②

平素精习骑射，一旦有战事，即可从容赴敌。"卜魁"，又写作"卜奎"，即齐齐哈尔，当时为齐齐哈尔副都统辖区首府。《小方壶斋舆地丛钞》第一帙所收桐城方式济著《龙沙纪略》写道："鄂伦春妇女皆勇决善射。客至，腰数矢上马，获雉兔作炙以饷。载儿于筐，裂布

---

① 《瓶水斋诗集》，第252页。
② 《述本堂诗集·东间剩稿》，民国《黑龙江志稿》卷六二《艺文志》，民国二十一年刻本，第1632页；《历代竹枝词》，第941页。

悬项上，射则转筐于背，旋回便捷，儿亦不惊。"①《朔方备乘》卷四五《考订诸书五》"风俗"条可见同样的记载。②又桐城方观承著《卜魁风土记》也有"鄂伦春妇女皆勇决善射"语。③

清代边地也有妇女直接从事军事戍卫之例。可见光绪年间志锐《张家口至乌里雅苏台竹枝词一百首》中，有题为《桃花乞》的一首：

一座毡庐一守兵，司茶执爨费经营。
开言但唤桃花乞，男女齐来应一声。

原注写道：

桃花乞，不分男女，无论正台帮台，轮应之蒙古包一座者，其人即为此处之守兵。例应男丁，无男则以女代之。④

这是志锐从张家口往乌里雅苏台（今河北张北西）途中见闻的记录，蒙古族亦牧亦兵的生活中妇女的作用，由此可以得到反映。

《清稗类钞·风俗类》有"蒙古妇女善骑"条，其中写道："青海之蒙古妇女，出必跨马，数里之遥，不常用鞍，辄一跃而登马背焉。"⑤也说到了蒙古妇女的勇武之风。

北边少数民族妇女尚武好兵事，又见于《清稗类钞·战事类》光

---

① 〔清〕王锡祺辑：《小方壶斋舆地丛钞》第1册，杭州古籍书店1985年版，第375页。
② 〔清〕何秋涛撰：《朔方备乘》，《续修四库全书》第742册，第81页。又清王初桐撰《奁史》卷五一《干略门》同，称引据《龙沙纪略》。〔清〕王初桐纂述，陈晓东整理：《奁史》，文物出版社2017年版，第744页。
③ 〔清〕方观承著：《卜魁风土记》，《小方壶斋舆地丛钞》第1册，第413页。
④ 《历代竹枝词》，第3168页。
⑤ 《清稗类钞》，第2214页。

绪三十年（1904）"奉黑将军征多艾女寇"事。

据记载："齐齐哈尔之南有一部落曰多艾者，道与吉林通。当光绪甲辰日、俄战争时，此部落之附近有女寇三：一花蝴蝶，年二十八；一花春莺，年二十一；——丈青，年十九。皆艳丽无匹。凤隶于高天高海天河马贼之部下，率二千余人出没于满、蒙间，所向皆锐不可当。屡渡嫩河以袭击齐齐哈尔，黑龙江将军闻而怒，命统领纪某星夜驰讨，接战数次而败。"

据说，"女军有新式兵器，盖日、俄战时，曾以轻骑袭俄营而掠夺之，俄兵不能抗也。黑龙江将军乃乞救于奉天，奉天将军命驻八面城之统领瑞某任征讨，率马队三营，兵六百骑，过山炮一尊，经北郑家屯洮南府向齐齐哈尔出发，数年始绝其迹。或言一丈青者，因其夫万永胜素通马贼，被官处死刑，急于复仇，遂愤然执戟而起也"。[1]

3.《流寇志》："西南诸苗""女兵"

明崇祯十七年（1644），反明起义军将领张献忠率众入川称帝，建大西国号，设官分职。张献忠义子李定国为安西将军。顺治三年（1646），清军入川攻西军，张献忠牺牲，大西军数十万众溃散。李定国等收集残部南走，连克遵义、贵阳，又进取云南，以为反清基地。李定国称安西王。李定国部强大的军事影响力曾经波及缅甸等地。

清人彭孙贻《流寇志》卷一四记述李定国进军西南时的情形："云贵四川汉彝杂处，恃其深险，阻兵好战，土官互相残杀，叛服不常。官兵入境，惮其险远，一为讲解，即已班师。奢安、普氏诸酋作乱，虽经

---

[1]《清稗类钞》，第930—931页。

收伏,并无苛求。诸苗不见中国强兵,自谓弩机毒矢长标轻盾,天下无敌。及(李)定国师至,人人死战,土人呼大箭为飞枪,又造鸟枪数万齐发之,山石崩摧。猓猡惊畏,始不敢仰视北兵。"彭孙贻又写道:

> 西南诸苗既伏,假永历年号收服南安、交趾、缅甸、占城、罗甸、女儿国。(李)定国云:"失却十省,收服五国。"
> 女儿国无男子,名为净土,家家奉佛,自卫其主。(李)定国等兵深入其境,国王挥兵接战数十,互有杀伤。(李)定国兵阳败以诱之,女兵追袭,伏四起,禽五六百人,皆美丽,掳入营淫之。天明,兵与女皆死。未死者不三日亦死。两军相持无宁晷,国王赍表请降,乃班师。①

《流寇志》中所记述的女儿国兵的故事带有传奇色彩,但是其大致情节应当是符合历史真实的。

4. "唃厮啰" 女将 "乔氏" "李氏"

《宋史》卷四九二《外国列传八·吐蕃》附《董毡传》记述了"唃厮啰"部族的女贵族在战争中的作用:

> 董毡母曰乔氏,厮啰三妻。乔氏有色,居历精城,所部可六七万人,号令明,人惮服之。

这位女子能统兵,有威望,后封太原郡君。

---

① 《流寇志》,第 230 页。

《董毡传》还记载："方董毡少时，择酋长子年与董毡相若者与之游，衣服饮食如一，以此能附其众。董毡自九岁厮啰为请于朝，命为会州刺史，而乔氏封太原郡君。其二妻皆李立遵女也，生瞎毡及磨毡角。立遵死，李氏宠衰，斥为尼，置廓州，锢其子瞎毡。磨毡角结母党李巴全窃载其母奔宗哥，厮啰不能制，磨毡角因抚有其众。李氏以宝元二年恩赐紫衣。磨毡角亦累奉贡，初补严州团练使，后以思州团练使卒。所部立其子瞎撒欺丁，李氏惧孤弱不能守，乃献皮帛、入库廪文籍于厮啰，厮啰因受之。嘉祐三年，命欺丁为顺州刺史。瞎毡居宛谷，屡通贡，授澄州团练使，先卒。子木征居河州，母弟瞎吴叱居银川。"① 也就是说，董毡妻李氏在上层政争中也有表演。"（磨毡角）初补严州团练使，后以思州团练使卒。"由于磨毡角去世，"所部立其子瞎撒欺丁，李氏惧孤弱不能守，乃献皮帛、入库廪文籍于厮啰，厮啰因受之"。所谓"立"，所谓"守"，都说明李氏参与了地方权力争夺，而这种争夺，是以武力为基础的。

5. 周遇吉"胡妇"

边地少数民族妇女勇悍风格的历史表现，又见于俞樾《茶香室三钞》卷七"周忠武公胡妇"条：

> 国朝钱軹《甲申传信录》云：总兵周遇吉字萃庵，驻劄宁武关。平时购选部下胡妇二十人，人皆剽悍，骑射精捷，支粟与裨将侔等。更选健丁之无艺者各一人，事之如夫妇，而临阵不役健丁，役胡妇，然非至急不役之。城陷，署中男

---

① 《宋史》，第14163页。

子相继出战，死亡略尽，家属俱死。胡妇二十人共伏室中，洞开其门，系遇吉所乘骏马于衢，贼众试引牵之，胡妇即引强弩连发，毙百数人，矢竭赴火死。按梨园演忠武事者，惜不知此。①

《明史》卷四一《地理志二·山西》"代州"条下"崞"县的介绍，说到"宁武关"："崞，州西南。元崞州。洪武二年降为县。八年二月来属。西南有崞山。东南有石鼓山，又有滹沱河。又西北有宁武关，有宁武守御千户所，景泰元年置。"②据谭其骧主编《中国历史地图集》，"宁武关""宁武所"位置，在今陕西宁武。③

"胡妇"，应是出身北方草原民族的妇女。所谓的"购选"方式，比较特别。而"更选健丁之无艺者各一人，事之如夫妇，而临阵不役健丁，役胡妇，然非至急不役之"的情形，也体现出了异常的组织形式和役使手法。

俞樾称"钱𫘤《甲申传信录》"，原书署名为"钱䩄"，"𫘤"应是误排。《甲申传信录》卷二《疆场裹革》（秦晋燕殉难诸臣并李闯纠贼附略）"宁武"条写道："镇守山西兼代州三关总兵周遇吉，字翠庵，辽东锦州卫指挥，骁毅绝伦，守御勒肃，驻劄宁武关。平时购选部下属胡妇二十人，人皆绝悍，骑射精捷。支粟与神将俸等。更选健丁之无艺者，各一人，事之如夫妇。而临阵不役健丁，役胡妇。然非至急不役之，以故行师杀贼过当。甲申三月，贼犯宁武。宁武兵止四千，遇吉同其妻刘氏夫人并率兵力战。人告奋勇，无不一以当百。

---

① 《茶香室丛钞》，第1100页。
② 《明史》，第961页。
③ 《中国历史地图集》第7册，第54—55页。

斩级万余，宁武战卒亦略尽，遂败入城。城陷，复马蹶，徒步跳荡，手格杀数十人，矢集如猬毛。被执，骂贼死。刘夫人率妇女登屋射贼，贼纵火焚之，家属共死。胡妇二十人共伏室中，洞开其门，系遇吉所乘骏马于衢。贼众固心惮遇吉，不敢骤窥其室，而又心艳骏马，无守者，试引牵之。至，胡妇即引强弩，连发毙百数人，矢竭亦尽赴火死。贼恨甚，遂屠宁武无一遗者。贼入京，语及宁武，皆云：'使所至皆若周公，殚忠尽力，我属乌能至此？'故言遇吉者，莫不惊叹悚服，号称大人。"①其中涉及"遇吉同其妻刘氏夫人并率兵力战"及"刘夫人率妇女登屋射贼，贼纵火焚之，家属共死"情节，超出俞樾《茶香室三钞》卷七"周忠武公胡妇"条引录的文字，对于我们讨论的中国女军史，意义同样重要。

周遇吉事迹见《明史》卷二四《庄烈帝纪二》："（崇祯十七年二月）李自成攻代州，总兵官周遇吉力战，食尽，退守宁武关。""李自成陷宁武，周遇吉力战死之。"《明史》卷八九《兵志一》："……至庄烈帝时，提督内臣曹化淳奏改为勇卫营，以周遇吉、黄得功为帅，遂成劲旅，出击贼，辄有功。"《明史》卷三〇九《流贼列传·罗汝才》："北徇忻、代，宁武总兵周遇吉战死。"②

《明史》卷二六八《周遇吉传》可见关于其"战死"的具体记录："遇吉巷战，马蹶，徒步跳荡，手格杀数十人。身被矢如猬，竟为贼执，大骂不屈。贼悬之高竿，丛射杀之，复脔其肉。城中士民感遇吉忠义，巷战杀贼，不可胜计。其舍中儿，先从遇吉出斗，死亡略尽。夫人刘

---

① 〔清〕钱𫐄等：《甲申传信录》（外四种），北京古籍出版社2002年版，第29—30页。其"山西"条，或题"宁武"条。〔清〕钱𫐄：《甲申传信录》，上海书店1982年版，第27页。
② 《明史》，第334页，第2191页，第7964页。

氏素勇健,率妇女数十人据山巅公廨,登屋而射,每一矢毙一贼,贼不敢逼。纵火焚之,阖家尽死。"对于"夫人刘氏"的"勇健"表现,记述得更为真切。《明史》卷二六八《周遇吉传》又写道:"贼每语人曰:'他镇复有一周总兵,吾安得至此。'"《明史》相关记载与《甲申传信录》有颇多一致,可知野史的可信度。

《甲申传信录》说周遇吉为"辽东锦州卫指挥",《明史》卷二六八《周遇吉传》说"周遇吉,锦州卫人",而"十五年冬,山西总兵官许定国有罪论死,以遇吉代之"①,则其承担山西防务不足两年,所用"胡妇"即所谓"平时购选部下属胡妇二十人,人皆绝悍,骑射精捷"者,也许并非山西长城外异族女子,而很可能来自"辽东锦州卫"方向。

6. "女长城"

南北朝时期,公主有以"长城公主"为名号的。北魏有穆真"尚长城公主"。②而南朝距长城甚远,却也有多位"长城公主",即:宋文帝第五女长城公主,谢纬妻③;齐武帝女长城公主,何敬荣妻④;梁武帝女长城公主,柳偃妻⑤。"长城公主"得名的缘由,我们并不清楚。而南朝帝女名号称"长城",毕竟是值得注意的现象。

《太平御览》卷八七九引《隋书》:"隋炀帝时,大旱,人疫死,

---

① 《明史》,第6899—6901页。
② 《魏书》卷二七《穆真传》,第662页;《北史》卷二〇《穆真传》,第738页。
③ 《宋书》卷五二《谢纬传》,第1497页;《南史》卷一九《谢纬传》,第532页。
④ 《梁书》卷三七《何敬容传》,第531页;《南史》卷三〇《何敬容传》,第795页。
⑤ 《梁书》卷二一《柳偃传》,第332页;《陈书》卷七《高宗柳皇后传》,第129页;《南史》卷一二《后妃传下·宣柳皇后》,第345页;《南史》卷三八《柳偃传》,第989页;《南史》卷五一《梁宗室传上·临川靖惠王宏》,第1278页。

死人如山。明年，杨玄感反，于时群盗烽起，天下离叛之应。又发卒百余万筑长城。百姓失业。至八年，天下旱。百姓流亡。时发四海兵亲征高丽。六军冻馁，死者十八九。至十三年，天下大旱。时郡县乡邑悉筑长城，男女无少长皆就役。"①可知"长城"修筑，也征用了女子劳役。《隋书》卷二二《五行志上》作"时郡县乡邑，悉遣筑城，发男女，无少长，皆就役"②，则说"筑城"，而并非"筑长城"。

狄仁杰《言疏勒等凋弊疏》写道："昔始皇穷兵极武，以求广地。男子不得耕于野，女子不得蚕于室。长城之下，死者如乱麻。于是天下溃叛。"③"长城之下"的"死者"，应当是包括"女子"的。

《武经总要》前集卷一六下《云州四面诸州》说"妫州"形势："妫州，妫川郡，唐初置北燕州，贞观中改为妫州，取城中妫水为名。涿鹿山、磨笄山、版泉在焉。石晋割赂契丹，周世宗时，戎主避归周之名，改为克汗州。东北至儒州二百里，西南至蔚州二百九十里，东南至幽州二百里，西南至代州四百二十里，东北至美女关百里，北至张说筑长城九十里。"④所谓"美女关"，是女子与长城守备曾经有重要关系的证明。

王昭君和亲，有人以为功比"长城"。杨瑯树《王明君》诗写道："明妃嫁单于，非关画图误。自是汉孱弱，无人阵黄雾。君王重黎民，岂惜一佳人。琵琶方出塞，已罢玉关军。虎臣飞将乃如此，万里长城在女子……"⑤所谓"万里长城在女子"，只是另一视角对王昭君历

---

① 《太平御览》，第 3906b 页。
② 《隋书》，第 636 页。
③ 《文苑英华》卷六九四，第 3579a 页。
④ 《武经总要》，第 262—263 页。
⑤ 徐世昌编，闻石点校：《晚晴簃诗汇》卷五三"杨瑯树"条，中华书局 1990 年版，第 2125 页。

史表现的评价，并不直接涉及军事史和战争史。

清人董元恺词作《愁春未醒·寄寿王闺媛玉映》写道："山阴钟秀，玉润冰清。想《吟红》《留箧》[①]，廿年坛坫女长城。几首新诗，两字浮名误平生。如今长愿，书开万卷，花祝千龄。 昔年楼上，满湖春水，依旧盈盈。忽惊心雨丝风絮，此恨曾经。堆案楞伽，消尽徐娘老去情。遥怜一样青衫，憔悴红粉飘零。"[②] 这只是以"女长城"来比喻女诗人在文学"坛坫"的显赫地位，与"长城"军防并无关系。另一诗作《银瓶娘子辞》追悼名将岳飞之女，却说到了这位"节孝"女子的悲剧命运与"长城"军事作用的关联：

银瓶娘子辞 有引

娘子宋岳鄂王女，闻王被收，负银瓶投井死。祠今在浙西宪司之左。逢感其节孝，敬为之辞：

碧梧月落乌号霜，寒泉幽凝金井床。

绮疏光流大星白，梦惊万里长城亡。

女郎报父收图圄，匍匐将身赎无所。

官家圣明如汉主，妾心愧死缇萦女。

井临交衢下通海，海枯衢迁井不改。

银瓶同沈意有在，万岁千春露神采。

魂今归来风泠然，思陵无树容啼鹃。

先王墓木西湖边。[③]

---

① 原注："俱玉映诗集。"
② 〔清〕董元恺撰：《苍梧词》卷六，《续修四库全书》第1725册，第186页。
③ 〔元〕王逢撰：《梧溪集》卷一，王云五主编：《丛书集成初编》第2377册，商务印书馆1935年版，第4页。

"梦惊万里长城亡"诗句,是感叹岳飞这样的抗御外敌的将领,一如卫护中原社会的"万里长城"。

道光《补辑石砫厅新志·艺文下》载录清人冯渠《明史杂咏》诗,歌颂女将军秦良玉,其中写道:"当筵论战最知兵,孱妇拳拳披血诚。漫美高梁谯国妇,有明又见女长城。"①则以"女长城"为喻,赞美挽救明王朝的秦良玉。

元代诗人有《漫兴七首》之三:"长城女儿双结丫,陈皇宅前第一家。生来不识古井怨,唱得后主《后庭花》。"②"长城女儿双结丫"又作"长城女儿双髻丫"。③所谓"长城女儿",大概说的只是出身"长城"沿线地方的女子。而方以智《送马晴江归秦》如下诗句则值得认真关注:"南迁还自恐,北渡可称雄。赵女皆持剑,胡雏善挽弓。长城如昔□,远道送春风。"④则将"长城"作为北方一个特殊文化地带来进行观察与描画。"长城"沿线的民俗风景,是包括"赵女皆持剑,胡雏善挽弓"的雄健勇武气象的。

7. "红妆一队山阴下"

明人冯琦《题闵氏画像》诗,其一:"貂裘绣带玉为姿,不是明妃出塞时。圣主恩深荒漠外,不教胡女怨焉支。"其二:"氍毹春暖锁芙蓉,争羡胡姬拜汉封。绕膝锦襕珠勒马,当脑宝袜绣盘龙。"其三:

---

① 《中国地方志集成·重庆府县志辑》第 21 册,第 87 页。
② 〔元〕杨维桢撰:《铁崖乐府》卷一〇,〔元〕杨维桢著,邹志方点校:《杨维桢集》第 1 册,浙江古籍出版社 2017 年版,第 210 页。
③ 〔清〕顾嗣立编:《元诗选》初集卷五五,《景印文渊阁四库全书》第 1469 册,台湾商务印书馆 1986 年版,第 458 页。
④ 〔清〕方以智撰:《方子流寓草》卷七,《四库禁毁书丛刊》集部第 50 册,北京出版社 1997 年版,第 722 页。

"塞北佳人亦自饶,白题胡舞为谁娇。青霜已尽边城草,一片梨花冷不销。"其四说到"娘子军":

> 红妆一队山阴下,乱点驼酥醉朔野。
> 塞外争传娘子军,边头不牧乌孙马。[1]

"阏氏画像"与"红妆一队山阴下"的风景,应当是生动多彩的。所谓"塞外争传娘子军",应当是"阏氏"的亲近卫队,或者是她亲自统率的"朔野"劲旅。

---

[1] 〔明〕冯琦撰:《宗伯集》卷六,《四库禁毁书丛刊》集部第 15 册,北京出版社 1997 年版,第 109 页。

第十六章　民俗史迹象：妇女好兵之风

中国古代女子从军以及女子以其他形式经历军事生活的历史事实，可以说明在历史时期的社会意识中，勇武精神曾经对文化形态的主体风格产生过显著的作用。

从民俗史考察的视角，可以发现妇女好武，曾经是历史时期不同阶段的社会风习。许多现象表明，在某些历史条件下，一些女子好兵爱武的性格倾向，对于当时时代精神的形成，确实产生了重要的影响。这种民俗史迹象，有时表现为区域个性与民族个性，但是也成为其总体文化风貌的构成内容。

1. 好勇·好武·好兵

人的性格倾向各有不同，所谓"人各有好尚"[1]，所谓"喜尚人或殊"[2]，都说明了这一情形。

崇尚勇武、喜好军事、乐向兵战的倾向，往往被称为"好勇"[3]"好

---

[1] [三国魏]曹植著，赵幼文校注：《曹植集校注》卷一《与杨祖德书》，中华书局2016年版，第227页。
[2] 元结：《游潓泉示泉上学者》诗，《全唐诗》卷二四一，第2708页。
[3] 《史记》卷六七《仲尼弟子列传》："孔子曰：'义之为上，君子好勇而无义则乱，小人好勇而无义则盗。'"第2192页。

第十六章 民俗史迹象：妇女好兵之风

武"①"好气"②"好战"③。又如所谓"好射"④"好击剑"⑤"好弓马"⑥等，也反映了大致类同的心理。

爱好兵战攻杀之事的个人性格倾向，又称作"好兵"。

《左传·隐公三年》说："公子州吁，嬖人之子也，有宠而好兵。"⑦《史记》卷七三《白起王翦列传》也写道："王翦者，频阳东乡人也，少而好兵。"⑧都说"好兵"就是喜好军事。宋人苏轼《代张方平谏用兵书》有所谓"臣闻好兵犹好色也"的话。⑨这里所说的"好兵"是指好战。但是与"好色"相并列，也说明了"好兵"是带有情感特色的个性风格。

"好兵"，一般是男子的性格特征。不过，我们也可以看到女子对兵战攻伐之事表现出主动与热忱的历史实例。

在上古时期，殷商时代的贵族妇女妇好就是典型的实例。不仅卜辞资料中多有她率军征伐诸方国的记载，墓中出土的青铜兵器多达130多件，也体现出了她的性格倾向。又如《左传·哀公十五年》说到卫国发生军事政变时，"孔伯姬杖戈而先"，⑩以女子之身，手持金戈，成为勇敢的前锋，也是女子"好兵"的一例。

秦汉时期也有类似的情形。

---

① 《史记》卷九六《张丞相列传》："其人好武，皆令诸吏带剑，带剑前奏事。"第2686页。
② 《史记》卷一〇六《吴王濞列传》："胶西王勇，好气，喜兵。"第2825页。
③ 《孟子·梁惠王上》："王好战，请以战喻。"〔清〕焦循撰，沈文倬点校：《孟子正义》卷二，中华书局1987年版，第52页。
④ 《史记》卷一四《十二诸侯年表》："公孙彊好射。"第671页。
⑤ 《史记》卷一一七《司马相如列传》司马贞《索隐》引魏文帝《典论》云："余好击剑，善以短乘长。"第2999页。
⑥ 《三国志》卷二《文帝纪》裴松之注引《典论》帝《自叙》："少好弓马，于今不衰。"第89页。
⑦ 《十三经注疏》，第1724页。
⑧ 《史记》，第2338页。
⑨ 〔宋〕苏轼撰，〔明〕茅维编，孔凡礼点校：《苏轼文集》卷三七《奏议》，中华书局1986年版，第1048页。
⑩ 《十三经注疏》，第2175页。

353

2. 刘备孙夫人"骄豪"

上文说到有学者指出"侍婢亦有持兵器者",以孙尚香事迹为例。《三国志》卷三七《蜀书·法正传》记载:孙权以妹妻刘备,而"妹才捷刚猛,有诸兄之风,侍婢百余人,皆亲执刀侍立"。据说刘备每入,内心经常凛凛不安。诸葛亮对于刘备面临的形势,也有"近则惧孙夫人生变于肘腋之下"的分析。①《三国志》卷三六《蜀书·赵云传》注引《云别传》也写道:"先主孙夫人以(孙)权妹骄豪,多将吴吏兵,纵横不法。"②所谓"多将吴吏兵",反映这位"才捷刚猛,有诸兄之风"的孙夫人,不仅有"侍婢百余人,皆亲执刀侍立",还有数量众多的武装"吏兵"供其驱使。

《三国演义》第五十四回《吴国太佛寺看新郎,刘皇叔洞房续佳偶》,关于这位"先主孙夫人"有较为生动的描写。周瑜口中是这样说的:"主公有一妹,极其刚勇,侍婢数百,居常带刀,房中军器摆列遍满,虽男子不及。"罗贯中笔下又写道:"数日之内,大排筵会,孙夫人与玄德结亲。至晚客散,两行红炬,接引玄德入房。灯光之下,但见枪刀簇满;侍婢皆佩剑悬刀,立于

图37 孙夫人像(清光绪庚寅冬月广百宋斋校印《图像三国志》)

---

① 《三国志》,第960页。
② 《三国志》,第949页。

图38　清杨柳青年画"东吴招亲"

两傍。唬得玄德魂不附体。正是：惊看侍女横刀立，疑是东吴设伏兵。"①

第五十五回《玄德智激孙夫人，孔明二气周公瑾》写道："管家婆进曰：'贵人休得惊惧，夫人自幼好观武事，居常令侍婢击剑为乐，故尔如此。'玄德曰：'非夫人所观之事，吾甚心寒，可命暂去。'管家婆禀覆孙夫人曰：'房中摆列兵器，娇客不安，今且去之。'孙夫人笑曰：'厮杀半生，尚惧兵器乎！'命尽撤去，令侍婢解剑伏侍。"②

刘备对于这位"好兵"女子，后来曾经发表过"夫人有男子之胸襟"的赞语。③

通过这类女子性情"骄豪""刚猛"的现象，可以较全面、较真切地了解当时社会妇女生活中的某种时代特色。

---

① 〔明〕罗贯中著，朱正标点：《三国演义》，岳麓书社1986年版，第280页，第284页。
②《三国演义》，第285页。
③《三国演义》，第287页。

刘备孙夫人性情"刚猛",也许并非特例,应是区域文化与地方民俗特征的体现。扬州地区汉墓发现多例墓主为女性,然而随葬兵器的情形,值得研究者注意。如江苏仪征胥浦101号西汉墓南棺出土铁刀和木剑。[1] 李解民根据多例夫妻合葬墓表现的规律,认为"南面甲棺尸主必为女性"。这一推定得到发掘者王勤金的证实:"101号墓南棺主人是女性。"[2] 江苏邗江姚庄102号汉墓,墓葬的年代在新莽时期。东侧为男棺,西侧为女棺。不仅"男棺内随葬品"有"铁剑","女棺内随葬品"亦有"铁剑"。女棺内还出土1件"虎钮玛瑙印"。发掘者在介绍时引用了应劭《汉旧仪》对虎钮印的解释:"印者因也,所以虎钮,阳类,虎兽之长,取其威猛,以执服臣下也。"[3] 清朱象贤撰《印典》卷五《集说》"龟钮虎钮"条:"应劭《汉官仪》:'印者,因也。……虎钮者,虎为兽长,取其威猛,以系服群下也。'"[4] 孙星衍校集《汉官仪》卷下:"秦以前民皆佩绶,金、玉、银、铜、犀、象为方寸玺,各从所好。"又说:"印者,因也,所以虎钮[5],阳类。虎者,兽之长,取其威猛,以执伏[6]群下也。"[7] 应劭说"秦以前民皆""各从所好",是说"玺"的材质的选择,没有说到"钮"。而邗江姚庄汉墓女性墓主随葬"虎钮玛瑙印",也可以理解为"各从所好"的表现。女子用印取其"威猛"象征,应当引起关注。汉广陵国董汉墓,据说男棺和女棺也都出土铁剑。推测为男棺者,出土铁剑2柄;推测为女

---

[1] 扬州博物馆:《江苏仪征胥浦101号西汉墓》,《文物》1987年第1期。
[2] 李解民:《扬州仪征胥浦简书新考》,长沙市文物考古研究所编:《长沙三国吴简暨百年来简帛发现与研究国际学术研讨会论文集》,中华书局2005年版。
[3] 扬州博物馆:《江苏邗江县姚庄102号汉墓》,《考古》2000年第4期。
[4] 〔清〕朱象贤撰:《印典》,清文渊阁《四库全书》本,第59页。
[5] 周天游案:"《北堂书钞》引作'虎剑',《太平御览》引作'虎细',皆字之讹。"
[6] 周天游案:"《北堂书钞》引作'系服'。"
[7] 〔汉〕应劭撰,〔清〕孙星衍校集:《汉旧仪二卷》,《汉官六种》,第187—188页。

棺者，出土铁剑4柄。有人推测其墓主或许"是一位能武善剑的女子"。①

3. 女子爱军装

《史记》卷七《项羽本纪》中有"汉王夜出女子荥阳东门被甲二千人，楚兵四面击之"的记载。同一事，又见于《史记》卷八《高祖本纪》："（汉军）乃夜出女子东门二千余人，被甲，楚因四面击之。"②

《魏书》卷九七《冯文通传》说，古弼率军攻伐冯文通，"（冯）文通乃拥其城内士女入于高丽"。《魏书》卷二八《古弼传》记载，"（冯）文通之奔也，令妇人被甲居中，其精卒及高丽陈兵于外"。③

清代学者赵翼《陔余丛考》卷四二有"女扮为男"条，其中说到女子战时服男装事数例。如："金之将亡，宗室承宗女阿鲁真寡居，有众千余。蒲鲜万奴来攻，阿鲁真衣男子服，督众力战破之。哀宗在蔡州被攻，括妇人壮健者，假男子衣冠，运石上城。"④

《魏书》卷七三《杨大眼传》有这样的记载："（杨大眼）出为征虏将军，东荆州刺史。时蛮酋樊秀安等反，诏（杨）大眼为别将，隶都督李崇，讨平之。（杨）大眼妻潘氏，善骑射，自诣军省（杨）大眼。至于攻陈游猎之际，（杨）大眼令妻潘戎装，或齐镳战场，或并驱林壑。及至还营，同坐幕下，对诸僚佐，言笑自得，时指之谓人曰：

---

① 《汉墓墓主：汉广陵国大臣董汉》，"个人图书馆"网站，"华夏董氏大全"公众号2007年9月27日。
② 《史记》，第326页，第373页。
③ 《魏书》，第2128页，第690页。
④ 〔清〕赵翼撰：《陔余丛考》，中华书局1963年版，第926—927页。

'此潘将军也。'"①

女子"被甲""戎装",还有另外的情形。

唐代诗人司空图《剑器》诗写道:

> 楼下公孙昔擅场,空教女子爱军装。
> 潼关一败吴儿喜,簇马骊山看御汤。②

诗中说到了唐代"女子"喜好着用"军装"的风尚。王建《宫词》有云:

> 射生宫女宿红妆,把得新弓各自张。
> 临上马时齐赐酒,男儿跪拜谢君王。③

有学者以为:"此亦唐人尚武之一证也。"④

《大唐传载》记述,"李昌夔为荆南,打猎,大修,妆饰,其妻独孤氏亦出女队二千人,皆着红紫锦绣袄子及锦鞍鞯。"⑤

这种风尚究竟是从社会影响到宫中的,还是从宫中影响到社会的,现在似乎还未能确知。如《后汉书》卷二四《马援传》所谓:"传曰:'吴王好剑客,百姓多创瘢;楚王好细腰,宫中多饿死。'长安语曰:'城中好高髻,四方高一尺;城中好广眉,四方且半额;城中好大袖,四方全匹帛。'斯言如戏,有切事实。"⑥又如《太

---

① 《魏书》,第 1634 页。
② 《全唐诗》卷六三三,第 7268 页。
③ 《全唐诗》卷三〇二,第 3440 页。
④ 《中国社会史料丛钞·甲集》,第 849 页。
⑤ 罗宁点校:《大唐传载》(外三种),中华书局 2019 年版,第 9 页。
⑥ 《后汉书》,第 853 页。

平御览》卷三八九引《尹文子》:"昔齐桓公好紫,阖境不鬻异彩。"①《韩非子·外储说左上》:"齐桓公好服紫,一国尽服紫。当是时也,五素不得一紫。桓公患之,谓管仲曰:'寡人好服紫,紫贵甚,一国百姓好服紫不已,寡人奈何?'管仲曰:'君欲止之,何不试勿衣紫也?谓左右曰:"吾甚恶紫之臭。"于是左右适有衣紫而进者,公必曰:"少却,吾恶紫臭。"公曰:'诺。'于是日,郎中莫衣紫;其明日,国中莫衣紫;三日,境内莫衣紫也。""邹君好服长缨,左右皆服长缨,缨甚贵。邹君患之,问左右,左右曰:'君好服,百姓亦多服,是以贵。'君因先自断其缨而出,国中皆不服长缨。"②《墨子·兼爱中》:"昔者楚灵王好士细要,故灵王之臣皆以一饭为节。"同书《兼爱下》:"昔荆灵王好小要,当灵王之身,荆国之士饭不逾乎一,固据而后兴,扶垣而后行。"③又如《管子》:"楚王好小腰,而美人省食。吴王好剑,而国士轻死。"④其中"吴王好剑,而国士轻死","吴王好剑客,百姓多创瘢"句,可以看作与好武之风有关的例证。通过诸多现象我们可以察知,当时,社会上下似乎普遍对于军戎生活有一种亲近向慕的心理倾向。这是由当时社会文化富有的积极进取的特征所决定的,表现出这一历史时期精神的奔扬与热烈。

认识当时的妇女生活,不能不注意到这一历史特色。

还应当看到,这种风习的形成,又有北边少数民族文化影响的因素。

李白《幽州胡马客歌》写道:"幽州胡马客,绿眼虎皮冠。笑拂两支箭,万人不可干。弯弓若转月,白雁落云端。双双掉鞭行,游猎

---

① 《太平御览》,第1798页。
② 〔清〕王先慎撰,钟哲点校:《韩非子集解》,中华书局1998年版,第282页,第285页。
③ 《墨子间诂》,第105页,第125页。
④ 黎翔凤撰,梁运华整理:《管子校注》,中华书局2004年版,第989页。

向楼兰。出门不顾后,报国死何难。天骄五单于,狼戾好凶残。牛马散北海,割鲜若虎餐。虽居燕支山,不道朔雪寒。妇女马上笑,颜如赪玉盘。翻飞射鸟兽,花月醉雕鞍。旄头四光芒,争战若蜂攒。白刃洒赤血,流沙为之丹。名将古谁是?疲兵良可叹。何时天狼灭,父子得安闲。"① 诗人以天才笔墨,将北海燕支的民族风情鲜明生动地描绘了出来。其中"妇女马上笑,颜如赪玉盘。翻飞射鸟兽,花月醉雕鞍"句,正是女子尚武风习的真切写照。

敦煌文书有岑参《冀国夫人歌辞》七首,其中第三首说到女子军装:

> 锦帽红缨紫薄寒,织成团襜钿装鞍。
> 翩翩出向城南猎,几许都人夹道看。②

冀国夫人,即大历三年平定杨子琳叛乱的崔宁妾任氏。任半塘以为,任氏成都平叛,"此右辞七首之本事也"。③《冀国夫人歌辞》七首第六首:

> 甲士千群若阵云,一身能出定三军。
> 仍将玉指调金镞,汉北巴东谁不闻。④

就是描写这次军事行动的情形与影响。

---

① 〔唐〕李白著,〔清〕王琦注:《李太白全集》卷四《乐府三十七首》,中华书局1977年版,第268—269页。
② 任半塘:《敦煌歌辞总编》卷三,上海古籍出版社1987年版,第658页。
③《敦煌歌辞总编》卷三,第660页。
④《敦煌歌辞总编》卷三,第658页。

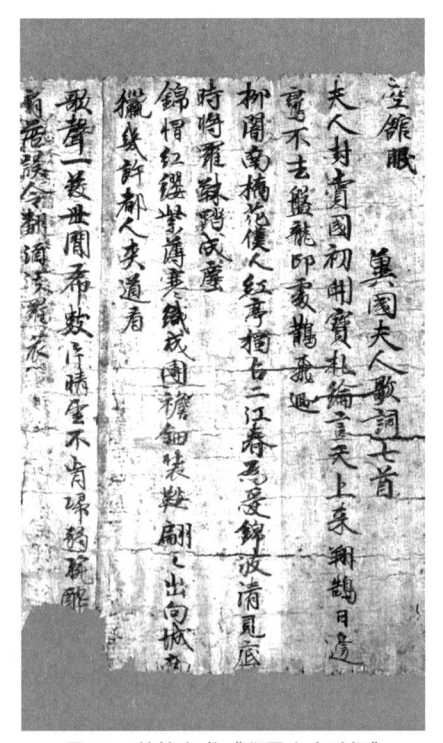

图39　敦煌文书《冀国夫人歌词》

唐代是胡风大盛的时代。有学者说，"唐之将才出于诸族者固不少"，"此殆亦国威远播之一因素欤！"①但是从另一角度看，外来文明对中土的影响，可以作用于人的思想观念，并且有"长久地留存下来"的可能，不仅可以引动"当时的或后世的社会生活和文化"的变化，还有可能最终成为"本土文化的一个有机的组成部分"。②

唐代诗人元稹《法曲》诗写道："自从胡骑起烟尘，毛毳腥膻满咸洛。女为胡妇学胡妆，伎进胡音务胡乐。火凤声沉多咽绝，春莺啭

---

① 《中国风俗史》，第120页。
② 吴玉贵：《〈唐代的外来文明〉译者的话》，[美]谢弗著，吴玉贵译：《唐代的外来文明》，中国社会科学出版社1995年版，第6页。

罢长萧索。胡音胡骑与胡妆，五十年来竞纷泊。"①所谓"女子爱军装"的风习，和"女为胡妇学胡妆"应当是有一定联系的。

然而，在通常的情况下，女子服饰接近兵战风格的倾向，从传统儒学的立场出发，往往被认为是值得警惕的危亡之象。《搜神记》卷七写道：

> 晋惠帝元康中，妇人之饰有五佩兵。又以金、银、象、角、玳瑁之属为斧、钺、戈、戟，而载之以当笄。男女之别，国之大节，故服食异等。今妇人而以兵器为饰，盖妖之甚者也。于是遂有贾后之事。②

"妇人而以兵器为饰"，被看作是与所谓"国之大节"相违背的"妖之甚者"，这种意识，代表了一种比较普遍的文化观念。

所谓"楼下公孙昔擅场，空教女子爱军装"，说到公孙氏《剑器》之舞曾经轰动一时，致使社会风行女子爱军装的习俗。清人胡鸣玉《订讹杂录·剑器浑脱》指出：

> 《文献通考·舞部》谓《剑器》，古武舞之曲名。其舞用女妓，雄装空手而舞。案此，今人意以"剑器"为刀剑之器，非是。③

今按《文献通考》卷一四五《乐考十八·乐舞》说到"健舞"："故'健舞'

---

① 〔唐〕元稹撰，冀勤点校：《元稹集》卷二四《乐府》，中华书局 2010 年版，第 325 页。
② 〔晋〕干宝撰，贾二强校点：《搜神记》，辽宁教育出版社 1997 年版，第 56 页。
③ 〔清〕胡鸣玉撰：《订讹杂录》，《景印文渊阁四库全书》第 861 册，第 457 页。

曲有《大杆》《阿连》《柘枝》《剑气》《胡旋》《胡胜》。"①《剑器》写作《剑气》。这一"健舞"曲通常都写作《剑器》，而如果确是"空手而舞"，则《剑气》或许更能够体现出其本义。

《剑器》作为"武舞"，用"女妓"而"雄装"②，其流行，自然可以促成"女子爱军装"的风习。

4.《剑器》的文化内涵

《剑器》作为"女妓"之"武舞"，曾经在唐代社会卷起过一阵雄奇的文化旋风。

敦煌歌辞有《剑器词三首》，其中第三写道：

> 排备白旗舞，先自有由来。
> 合如花焰秀，散若电光开。
> 喊声天地裂，腾踏山岳摧。
> 剑器呈多少，浑脱向前来。③

唐代诗人姚合也有《剑器词三首》：

---

① 〔元〕马端临撰：《文献通考》，中华书局1986年版，第1277页。
② 据《宋史》卷一四二《乐志十七》，宋代《剑器》舞的形式有所变化，"队舞"有"小儿队"、"女弟子队"之分，"队舞之制，其名各十。小儿队凡七十二人，……二曰剑器队，衣五色绣罗襦，裹交脚幞头，红罗绣抹额，带器仗……"第3350页。
③ 此外，第一写道："皇帝持刀强，一一上秦王。闻贼勇勇勇，拟欲向前汤。应手五三个，万人谁敢当。从家缘业重，终日事三郎。"第二写道："丈夫气力全，一个拟当千。猛气冲心出，视死亦如眠。弯弓不离手，恒日在阵前。譬如鹘打雁，左右悉皆穿。"其主题也都是倡扬"斗勇"之"猛气"的。曾昭岷等编撰：《全唐五代词》正编卷四，中华书局1999年版，第880—882页。

> 圣朝能用将，破敌速如神。
> 掉剑龙缠臂，开旗火满身。
> 积尸川没岸，流血野无尘。
> 今日当场舞，应知是战人。
>
> 昼渡黄河水，将军险用师。
> 雪光偏著甲，风力不禁旗。
> 阵变龙蛇活，军雄鼓角知。
> 今朝重起舞，记得战酣时。
>
> 破虏行千里，三军意气粗。
> 展旗遮日黑，驱马饮河枯。
> 邻境求兵略，皇恩索阵图。
> 元和太平乐，自古恐应无。[①]

所谓"掉剑龙缠臂，开旗火满身""阵变龙蛇活，军雄鼓角知"，反映了舞蹈场面的热烈和节奏的激昂。而所谓"今日当场舞，应知是战人""今朝重起舞，记得战酣时"，是说这种舞蹈是对以往壮烈战争场面的一种追忆和纪念。

唐人关于《剑器》的诗篇，最为著名的，当然是杜甫的名作：

> 观公孙大娘弟子舞《剑器》行并序
> 大历二年十月十九日，夔府别驾元持宅，见临颍李十二娘舞《剑器》，壮其蔚跂，问其所师，曰："余公孙大娘弟

[①]《全唐诗》卷五二〇，第5709页。

子也。"开元三载,余尚童稚,记于郾城观公孙氏舞《剑器》《浑脱》,浏漓顿挫,独出冠时。自高头宜春、梨园二伎坊内人洎外供奉,晓是舞者,圣文神武皇帝初,公孙一人而已。玉貌锦衣,况余白首。今兹弟子,亦匪盛颜。既辨其由来,知波澜莫二。抚事慷慨,聊为《剑器行》。往者吴人张旭,善书草帖,数常于邺县见公孙大娘舞西河《剑器》,自此草书长进。豪荡感激,即公孙可知矣。

昔有佳人公孙氏,一舞剑气动四方。
观者如山色沮丧,天地为之久低昂。
㸌如羿射九日落,矫如群帝骖龙翔。
来如雷霆收震怒,罢如江海凝清光。
绛唇珠袖两寂寞,况有弟子传芬芳。
临颍美人在白帝,妙舞此曲神扬扬。
与余问答既有以,感时抚事增惋伤。
先帝侍女八千人,公孙《剑器》初第一。
五十年间似反掌,风尘倾动昏王室。
梨园子弟散如烟,女乐余姿映寒日。
金粟堆南木已拱,瞿唐石城草萧瑟。
玳筵急管曲复终,乐极哀来月东出。
老夫不知其所往,足茧荒山转愁疾。[1]

清人钱谦益注引《明皇杂录》:"天宝中,……时有公孙大娘者,善舞剑,能为《邻里曲》及《裴将军满堂势》《西河剑器》《浑脱遗》,

---

[1]《全唐诗》卷二二二,第2356—2357页。

妍妙皆冠绝于时也。"又写道："开元中，有公孙大娘，善舞《剑器》，僧怀素见之，草书遂长，盖壮其顿挫势也。"① 直到晚唐，公孙大娘舞《剑器》的风采依然存留在人们的记忆中。如郑嵎《津阳门诗》："公孙剑伎方神奇"②，又前引司空图《剑器》诗："楼下公孙昔擅场，空教女子爱军装"等，这不仅说明了这位《剑器》表演者身兼武术与艺术的"豪荡感激"的魅力，可能还体现出了人们对那个历史时期"来如雷霆收震怒，罢如江海凝清光"激烈豪放的时代精神的怀念。

回顾女子习武的历史，竟然常常可以看到被诗人誉为"电光""雪光""清光"的闪亮剑光。

《吴越春秋》卷五《勾践阴谋外传第九》说，勾践与范蠡商议军事，范蠡荐引越女论战，越女以剑术喻战道的言论，宛如一篇饱蕴军事哲学深意的寓言：

>……范蠡对曰："……今闻越有处女出于南林，国人称善，愿王请之，立可见。"越王乃使使聘之，问以剑戟之术。
>处女将北见于王，道逢一翁，自称曰袁公，问于处女："吾闻子善剑，愿一见之。"女曰："妾不敢有所隐。惟公试之。"于是袁公即杖箖箊竹③，竹枝上颉桥，末堕地，女即捷末。袁公则飞上树，变为白猿。遂别去。
>见越王，越王问曰："夫剑之道，则如之何？"女曰："妾

---

① 《钱注杜诗》卷七。今本《明皇杂录》无此文。钱谦益又引《历代名画记》："开元中，裴旻善舞剑，吴道玄观（裴）旻舞毕，挥毫益进。时又有公孙大娘，亦善舞《西河剑器》《浑脱》，张旭见之，因为之草书。"〔唐〕杜甫著，〔清〕钱谦益笺注：《钱注杜诗》，上海古籍出版社2009年版，第217页。
② 《全唐诗》卷五六七。注文写道："上始以诞圣日为千秋节，每大酺会，必于勤政楼下使华夷纵观。有公孙大娘舞剑，当时号为雄妙。"第6563页。
③ 戴胜之《竹谱》："箖箊，叶薄而广，越女试剑竹是也。"也说明这一故事流传之广。

生深林之中，长于无人之野，无道不习，不达诸侯，窃好击之道，诵之不休。妾非受于人也，而忽自有之。"越王曰："其道如何？"女曰："其道甚微而易，其意甚幽而深。道有门户，亦有阴阳，开门闭户，阴衰阳兴。凡手战之道，内实精神，外示安逸，见之似好妇，夺之似惧虎，布形候气，与神俱往，杳之若日，偏如腾兔，追形逐影，光若佛仿，呼吸往来，不及法禁，纵横逆顺，直复不闻，斯道者一人当百，百人当万，王欲试之，其验即见。"越王即加女号，号曰"越女"。

乃命五板之堕（队）长高习之教军士。当世〔莫能〕胜"越女"之剑。①

最后一句，《太平御览》卷三四三引文作："越王大悦，乃命五校之队长高才习之，以教军人。当此之时，皆称'越女剑'。"② 罗贯中编次、冯梦龙增补改编的《平妖传》，第一回《授剑术处女下山，盗法书袁公归洞》中的有关描写，一如《吴越春秋》"越女剑"故事的白话说明，当然又有渲染和编作："有上大夫范蠡献计，挑选六千君子军，朝夕训练；访得南山有个处女，精通剑术，奉越王之命，聘请他为教师。那处女收拾下山，行到半途，逢着一个白发老人，自称袁公，对处女说道：'闻小娘子精通剑术，老汉粗知一二，愿请试之。'处女道：'妾不敢隐，但凭老翁所试。'袁公觑着树梢头透出一竿枯竹，踊身一跳，早已拔起，撇向空中坠下。那根竹迎着风势，聒喇一声，折作两段。处女接取竹梢，袁公接取竹根，袁公就势去刺那处女，那处女不慌不忙，将竹梢接住，转身刺着袁公。袁公飞上树梢头，化为

---

① 〔后汉〕赵晔撰，〔明〕吴琯校：《吴越春秋》，王云五主编：《丛书集成初编》第3696册，第194—196页。
② 《太平御览》，第1575b页。

白猿而去。原来处女不是凡人，正是九天玄女化身，因吴王无道，玉帝遣玄女临凡，助越亡吴。那袁公是楚国中多年修道的一个通臂白猿，因楚共王校猎荆山，他连接了共王一十八枝御箭，共王大怒，宣楚国第一善射有名百步穿杨之手，唤作养由基，前来射他。白猿知养由基是个神箭，躲迭不及，一溜烟走了。共王教大小三军围住山头，搜寻无迹，把一山树木放火都烧了。至今传说楚国亡猿，祸延林木，为此也。那白猿从此躲入云梦山白云洞中，潜心修道，今日明知玄女下降，故意变作袁公，试他的剑术。后来处女见了越王，教练成了六千君子军，也不回复范蠡，也不拜辞越王，径自飘然而去。"①

《论衡·别通》说："剑伎之家，斗战必胜者，得曲城、越女之学也。"同篇又说："孔、墨之业，贤圣之书，非徒曲成、越女之功也。""剑伎之术，有必胜之名；贤圣之书，有必尊之声。"②可见汉代"剑伎之术"以"越女之学""越女之功"著名。

李白有《东海有勇妇》诗，其中写道：

东海有勇妇，何惭苏子卿？
学剑越处子，超腾若流星。
捐躯报夫仇，万死不顾生。
白刃耀素雪，苍天感精诚。
十步两躩跃，三呼一交兵。
斩首掉国门，蹴踏五藏行。

---

① 〔明〕罗贯中编次，〔明〕冯梦龙增补，钟夫标点：《平妖传》，上海古籍出版社1996年版，第2—3页。
② 〔汉〕王充著，黄晖撰：《论衡校释》（附刘盼遂集解），中华书局1990年版，第597页。所谓"曲城"，即汉曲城圉侯虫达，事迹见《汉书》卷一六《高惠高后文功臣表》，第560页。

图40 梁红玉佩剑像

图41 红拂像(清王翙绘图嘉庆间颜氏刻本《百美新咏》)

豁此伉俪愤,粲然大义明。
北海李使君,飞章奏天庭。
舍罪警风俗,流芳播沧瀛。
名在列女籍,竹帛已光荣。①

"学剑越处子"句,反映了越女习剑传说仍然盛行。所谓"白刃耀素雪""超腾若流星""十步两躩跃,三呼一交兵",应当都是唐人对越女剑法的艺术想象。

"越女剑"故事中"门户""阴阳"等富含神秘主义的内容我们不在这里讨论,我们更为注意的是,所论"手战之道"中,"内实精

---

① 〔唐〕李白撰,安旗等笺注:《李白全集编年笺注》卷七《编年诗第七》,中华书局2015年版,第674页。

图 42　清光绪刊本《胡蝶秋斋所藏画册》"女剑侠"图

图 43　清咸丰刊本《剑侠传》"荆十三娘"图

神,外示安逸,见之似好妇,夺之似惧虎"的特征,恰恰体现出了女性的风格倾向。

除了剑术有"越女"称胜而外,剑的铸成,竟然也需要女子之助力。《太平御览》卷三四三引《吴越春秋》说干将莫耶宝剑的铸作:"使僮女三百鼓橐装炭,金铁乃濡,遂以成剑。"①《吴地记》又说,干将铸此剑时,使童女三百人祭炉神,鼓橐,金银不销,铁汁不下,其妻莫邪曰:"铁汁不下,有计?"干将曰:"先师欧冶铸剑之颖不销,

---

① 《太平御览》,第 1575b 页。《吴越春秋》卷二《阖闾内传第四》:"使童女、童男三百人,鼓橐装炭,金铁乃濡,遂以成剑。"〔后汉〕赵晔撰,周生春辑校汇考:《吴越春秋辑校汇考》,中华书局 2019 年版,第 32—33 页。

亲铄耳，以然成物，吾何难哉？可以女人聘炉神，当得之。"莫邪闻语，投入炉中。铁汁出，遂成二剑。①

在中国古代，剑往往被看作象征神力与道行的法器。上天神仙世界的女性，多佩奇剑以为神器。如《艺文类聚》卷六〇引《汉武内传》："西王母带分景之剑。上元夫人带流黄择精之剑。"②

传说中的女侠，也大多是以剑为习用兵器的剑侠。唐人传奇中的红线、聂隐娘等，都是典型的女剑侠。③"剑"也是"红拂"故事中的主要道具。④

奇女子以剑行事的典型，有《搜神记》卷一九《李寄》故事。东越闽中庸岭有大蛇，长七八丈，大十余围，称欲啖童女年十二三者，于是以女献祭，"送蛇穴口，蛇出吞啮之。累年如此，已用九女"。尔时预复募索，未得其女，将乐县李诞家小女名寄，应募欲行，不可禁止。李寄"告请好剑"，诱蛇出，蛇"头大如囷，目如二尺镜"，李寄"从后斫得数创，疮痛急，蛇因踊出，至庭而死"。李寄入蛇穴，"得其九女髑髅"。⑤

清末女革命家"鉴湖女侠"秋瑾，多有咏剑的诗作，如《剑歌》："若耶之水赤堇铁，铸出霜锋凛冰雪。欧冶炉中造化工，应与世间凡剑别。夜夜灵光射牛斗，英风豪气动诸侯。也曾渴饮楼兰血，几

---

① 〔唐〕陆广微撰，曹林娣校注：《吴地记》，江苏古籍出版社1999年版，第25页。
② 〔唐〕欧阳询撰，汪绍楹校：《艺文类聚》，第1081页。一般的女子则并不带剑。《列女传》卷七《孽嬖传·夏桀末喜》："末喜者，夏桀之妃也。美于色，薄于德，乱孽无道，女子行，丈夫心，佩剑带冠。"佩剑，使末喜成为正统儒者批判的对象。《列女传译注》，第254页。
③ 〔明〕黄学海撰《筠斋漫录》卷一〇称"剑侠红线"，明万历三十年刻本，第103页。〔明〕陈继儒撰《陈眉公集》卷六说"聂隐娘""通于剑术"，明万历四十三年刻本，第61页。
④ 清人唐景崧有诗："闻有扶余在海滨，横磨匣剑秘龙身。便宜一个张红拂，附作《虬髯传》里人。"《请缨日记》卷一，清光绪台湾布政使署刻本，第6页。
⑤ 《搜神记》，第136页。

度功铭上将楼。"《宝剑歌》:"炎帝世系伤中绝,茫茫国恨何时雪?世无平权只强权,话到兴亡眦欲裂。千金市得宝剑来,公理不持持赤铁。死生一事付鸿毛,人生到此方英杰。"都是掷地有声的金石之辞。又如:

> 肮脏尘寰,问几个,男儿英哲?算只有,蛾眉队里,时闻杰出。良玉勋名襟上泪,云英事业心头血。[①]醉摩挲,长剑作龙吟,声悲咽。(《满江红》)
> 嗟险阻,叹飘零,关山万里作雄行。休言女子非英物,夜夜龙泉壁上鸣!(《鹧鸪天》)
> 叹息风云多变幻,存亡家国总关情。英雄身世飘零惯,惆怅龙泉夜夜鸣。(《柬志群》其二)[②]

英雄女儿的壮怀与剑气融而为一,"霜锋凛冰雪","灵光射牛斗",闪亮着可以点燃最黑暗寒夜的精神光辉。

---

① 良玉,即秦良玉,《明史》有传。云英,即沈云英,明道州守备沈至绪女,父战死,率骑入阵杀敌,夺父骸归,事闻,授游击将军。
② 李宗邺编:《注释中国民族诗选》第4册,中华书局1941年版,第101—104页。

第十七章　女子参预军谋

许多人同意这样的观点：男性和女性在体力方面有强弱的不同，在智力方面，则没有非常明显的差异。于是似乎可以这样说，在一般军战实践中，女子和男子相比有较明显的劣势；但是在军谋策划时，如果忽略亲身战争体验的因素不计，则女子的条件应当并不劣于男子。在中国古代，可以看到不少女子参预军谋的史例。有些故事，能够给我们重要的文化启示。

1. 以智决策，斡旋大事

尽管女子多有参预军谋、襄助军事的实例，但是，在中国古代传统社会，从男尊女卑的立场出发，仍然常常可以看到否定这一行为的情形。

《容斋续笔》卷一二有"妇人英烈"条。其中写道："妇人女子，婉娈闺房，以柔顺静专为德，其遇哀而悲，临事而惑，蹈死而惧，盖所当然尔。至于能以义断恩，以智决策，斡旋大事，视死如归，则几于烈丈夫矣。"[1]

---

[1]《容斋随笔》，第361页。

作者洪迈又列举了若干妇女参预重大军事决策，即所谓"以智决策，斡旋大事"的史事。我们在这里引举4例。

故事1：苻坚张夫人故事

秦苻坚将伐晋，所幸张夫人引禹、稷、汤、武事以谏曰："朝野之人，皆言晋不可伐，陛下独决意行之？"（苻）坚不听，曰："军旅之事，非妇人所当预也！"

故事2：孟昶妻周氏故事

刘裕起兵讨逆，同谋孟昶谓妻周氏曰："我决当作贼，幸早离绝。"周氏曰："君父母在堂，欲建非常之谋，岂妇人所能谏。事之不成，当于奚官中奉养大家，义无归志也。"（孟）昶起，周氏追（孟）昶坐，曰："观君举措，非谋及妇人者，不过欲得财物耳。"指怀中儿示之，曰："此而可卖，亦当不惜。"遂倾资以给之。

故事3：何无忌母刘氏故事

何无忌夜草檄文，其母，刘牢之姊也，登橙密窥之，泣曰："汝能如此，吾复何恨。"问所与同谋者，曰："刘裕。"母尤喜，因为言举事必有成之理以劝之。

故事4：窦建德妻曹氏故事

窦建德救王世充，唐拒之于虎牢。（窦）建德妻曹氏，劝使乘唐国之虚，西抄关中，唐必还师自救。（窦）建德曰："此非女子所知！"[1]

其中的故事1，事见《晋书》卷九六《列女传·苻坚妾张氏》："苻坚妾张氏，不知何许人，明辩有才识。（苻）坚将入寇江左，群臣切谏不从。张氏进曰：'妾闻天地之生万物，圣王之驭天下，莫不顺其性而畅之，故黄帝服牛乘马，因其性也；禹凿龙门，决洪河，因水之势也；后稷之播殖百谷，因地之气也；汤武之灭夏商，因人之欲也。是以有因成，无因败。今朝臣上下皆言不可，陛下复何所因也？《书》曰：天聪明自我民聪明。天犹若此，况于人主乎！妾闻人君有伐国之志者，必上观乾象，下采众祥。天道崇远，非妾所知。以人事言之，未见其可。谚言："鸡夜鸣者不利行师，犬群嗥者宫室必空，兵动马惊，军败不归。"秋冬已来，每夜群犬大嗥，众鸡夜鸣，伏闻厩马惊逸，武库兵器有声，吉凶之理，诚非微妾所论。愿陛下详而思之。'（苻）坚曰：'军旅之事非妇人所豫也。'遂兴兵。张氏请从。（苻）坚果大败于寿春，张氏乃自杀。"[2]

所谓"军旅之事非妇人所豫也"，《资治通鉴》卷一〇四"晋孝武帝太元七年"写作："军旅之事，非妇人所当预也。"[3]

故事2，事见《晋书》卷九六《列女传·孟昶妻周氏》，记述较为详尽："孟昶妻周氏，（孟）昶弟（孟）觊妻又其从妹也。二家并丰财产。初，桓玄雅重（孟）昶而刘迈毁之，（孟）昶知，深自惋失。

---

[1]《容斋随笔》，第362页。
[2]《晋书》，第2522—2523页。
[3]《资治通鉴》，第3305页。

及刘裕将建义,与(孟)昶定谋,(孟)昶欲尽散财物以供军粮,其妻非常妇人,可语以大事,乃谓之曰:'刘迈毁我于桓公,便是一生沦陷,决当作贼。卿幸可早尔离绝,脱得富贵,相迎不晚也。'周氏曰:'君父母在堂,欲建非常之谋,岂妇人所谏!事之不成,当于奚官中奉养大家,义无归志也。'(孟)昶怆然久之而起。周氏追(孟)昶坐,云:'观君举厝,非谋及妇人者,不过欲得财物耳。'时其所生女在抱,推而示之曰:'此而可卖,亦当不惜,况资财乎!'遂倾资产以给之,而托以他用。及事之将举,周氏谓(孟)觊妻云:'一昨梦殊不好,门内宜浣濯沐浴以除之,且不宜赤色,我当悉取作七日藏厌。'(孟)觊妻信之,所有绛色者悉敛以付焉。乃置帐中,潜自剔绵,以绛与(孟)昶,遂得数十人被服赫然,悉周氏所出,而家人不之知也。"[1]

故事3,基本史迹见于《晋书》卷九六《列女传·何无忌母刘氏》:"何无忌母刘氏,征虏将军(刘)建之女也。少有志节。弟(刘)牢之为桓玄所害,刘氏每衔之,常思报复。及(何)无忌与刘裕定谋,而刘氏察其举厝有异,喜而不言。会(何)无忌夜于屏风里制檄文,刘氏潜以器覆烛,徐登橙于屏风上窥之,既知,泣而抚之曰:'我不如东海吕母明矣!既孤其诚,常恐寿促,汝能如此,吾仇耻雪矣。'因问其同谋,知事在(刘)裕,弥喜,乃说桓玄必败、义师必成之理以劝勉之。后果如其言。"[2]

故事2和故事3中周氏和刘氏的表现,已经绝不只是"英烈"二字所能概括,其胆识和才具,都有超人之处。所谓"举事必有成之理",所谓"义师必成之理"的预见,体现出了其非同寻常的战略眼光。

---

[1]《晋书》,第2518页。
[2]《晋书》,第2518—2519页。

故事4，事见《旧唐书》卷五四《窦建德传》："（窦）建德数不利，人情危骇，将帅已下破孟海公，皆有所获，思归洺州。"这时凌敬建议说："宜悉兵济河，攻取怀州河阳，使重将居守。更率众鸣鼓建旗，逾太行，入上党，先声后实，传檄而定。渐趋壶口，稍骇蒲津，收河东之地，此策之上也。"他说，这样的策略可以取得三方面的好处："一则入无人之境，师有万全；二则拓土得兵；三则郑围自解。"窦建德正准备采纳这一建议，然而王世充派人收买诸将，众咸进谏曰："凌敬书生耳，岂可与言战乎？"于是，"（窦）建德从之，退而谢（凌）敬曰：'今众心甚锐，此天赞我矣。因此决战，必将大捷。已依众议，不得从公言也。'（凌）敬固争，（窦）建德怒，扶出焉。其妻曹氏又言于（窦）建德曰：'祭酒之言可从，大王何不纳也？请自滏口之道，乘唐国之虚，连营渐进，以取山北，又因突厥西抄关中，唐必还师以自救，此则郑围解矣。今顿兵武牢之下，日月淹久，徒为自苦，事恐无功。'（窦）建德曰：'此非女子所知也。且郑国悬命朝暮，以待吾来，既许救之，岂可见难而退，示天下以不信也？'"①

"此非女子所知也"，《新唐书》卷八五《窦建德传》写作"此非女子所知"。②

隋末战争中窦建德确定进军方向的故事，可以反映曹氏是具有高明军事识见的非凡女子。曹氏的建议，是克敌制胜的奇计，然而却未被采纳，窦建德以女子不知军事的陈旧之见而漠视合理的军谋，导致最终身败名裂。之后，"妻曹氏及其左仆射齐善行将数百骑遁于洺州"③，可见曹氏确实是有直接从事军事指挥的能力的。

---

① 《旧唐书》，第 2241—2242 页。
② 《新唐书》，第 3702 页。
③ 《旧唐书》卷五四《窦建德传》，第 2242 页。

《旧唐书》卷五四《窦建德传》最后说，"凌敬、曹氏陈谋不行，遂至亡灭，鲜克有终矣"。①"曹氏陈谋"的故事，是军事史上值得重视的史实。

宋人孙光宪《北梦琐言》卷一七"晋王上源驿遇难"条说到李克用的妻子刘氏明于军计，屡次建言，对于确定正确的军事方针起到决定性作用的故事：

> 晋王李克用妻刘夫人，常随军行，至于军机，多所弘益。先是，汴州上源驿之变，晋王愤恨，欲回军攻之。夫人曰："公为国讨贼，而以杯酒私怨，必若攻城，即曲在于我。不如回师，自有朝廷可以论列。"于是班退。天复中，周德威为汴军所败，三军溃散，汴军乘我，晋王危惧，与周德威议，欲出保云州。刘夫人曰："妾闻王欲弃城而如外藩，谁为此画？"曰："（李）存信辈所言。"夫人曰："（李）存信本北方牧羊儿也，焉顾成败？王常笑王行瑜弃城失势，被人屠割，今复欲效之何也？王顷岁避难达靼，几遭陷害，赖遇朝廷多事，方得复归。今一旦出城，便有不测之变，焉能远及北藩？"晋王止行，居数日，亡散之士复集，军城安定，夫人之力也。②

刘氏"常随军行，至于军机，多所弘益"，上源驿或攻或走，晋阳城或弃或守，其决策，都具有关键性意义。

明人朱国祯《涌幢小品》卷二一有"妇人知兵"条，也说道：

> 上源驿之变，以李克用雄武，即宜发兵翦朱全忠矣，然

---

① 《旧唐书》，第2243页。
② 〔五代〕孙光宪撰，贾二强校点：《北梦琐言》，中华书局2002年版，第322—323页。

竟以刘氏言而止，盖左右勇士多死于难，其气已竭，且孤军无后继，势不可轻用。欲而不能，非能而不欲。刘氏亦姑托词，真女丈夫也！太原被围，（李）克用欲走，刘氏谏止，亦与此同。自来妇人知兵，无若刘氏。①

所谓"自来妇人知兵，无若刘氏"，显然是相当高的评价。

2. 军旅之事，非妇人所豫也

前举数例，对于妇女是否有能力参预军谋、是否有权利参预军谋，有正反两种社会反应，即妇女的意见或得到接受或遭到排斥。然而这两种情形，都反映了当时社会对于女子参与高级军机事务的普遍认识，就是说，一般认为，女子是不应当参预其间的。

我们看到把握军政权力的男子的态度：

（1）军旅之事非妇人所豫也。（《晋书》卷九六《列女传·苻坚妾张氏》苻坚语）

（2）军旅之事，非妇人所当预也。（《资治通鉴》卷一〇四"晋孝武帝太元七年"苻坚语）

（3）此非女子所知也。（《旧唐书》卷五四《窦建德传》窦建德语）

（4）此非女子所知。（《新唐书》卷八五《窦建德传》窦建德语）

值得我们注意的是，女子本身也有重要军谋不得有妇人参预的观念。例如，我们看到：

（5）欲建非常之谋，岂妇人所谏！（《晋书》卷九六《列女传·孟昶妻周氏》周氏语）

------

① 《涌幢小品》，第424页。

（6）欲建非常之谋，岂妇人所能谏！（《资治通鉴》卷一一三"晋安帝元兴三年"）[①]

（7）观君举厝，非谋及妇人者。（《晋书》卷九六《列女传·孟昶妻周氏》周氏语）

妇女自觉地自列于军政要事的决策圈之外，似乎是符合常规的做法。当然，也有例外的"非常"情形，例如：

（8）其妻非常妇人，可语以大事。（《晋书》卷九六《列女传·孟昶妻周氏》）

大约与一般的妇人，是不可以讨论军务的。而所谓"非常妇人"，则是可以议决"大事"的。

还应当看到，（5）与（6）的"非常之谋"和（8）的"非常妇人"，两种"非常"，对照起来读，是很有意思的。

3. 韬略巾帼

历史上也有女子对于军事谋划和军事指挥的正确意见起到决定性作用的战例。

例如，唐德宗建中年间（780—783），在地方军阀李希烈和唐王朝的战争中，有所谓"杨烈妇"协助丈夫项城令李侃守城的故事。《新唐书》卷二〇五《列女传·杨烈妇》写道：

> 杨烈妇者，李侃妻也。建中末，李希烈陷汴，谋袭陈州。（李）侃为项城令，（李）希烈分兵数千略定诸县，（李）侃以城小贼锐，欲逃去，妇曰："寇至当守，力不足，则死焉。

[①]《资治通鉴》，第3559页。

君而逃，尚谁守？"（李）侃曰："兵少财乏，若何？"妇曰："县不守，则地贼地也，仓廪府库皆其积也，百姓皆其战士也，于国家何有？请重赏募死士，尚可济。"（李）侃乃召吏民入廷中曰："令诚若主也，然满岁则去，非如吏民生此土也，坟墓存焉，宜相与死守，忍失身北面奉贼乎？"众泣，许诺。乃徇曰："以瓦石击贼者，赏千钱；以刀矢杀贼者，万钱。"得数百人。（李）侃率以乘城，妇身自囊以享众。报贼曰："项城父老义不下贼，得吾城不足为威，宜亟去；徒失利，无益也。"贼大笑。（李）侃中流矢，还家，妇责曰："君不在，人谁肯固？死于外，犹愈于床也。"（李）侃遽登城。会贼将中矢死，遂引去，县卒完。诏迁（李）侃太平令。①

杨烈妇不仅有识见，而且有胆略。《新唐书》卷二〇五《列女传》的作者将她著于史籍，无疑是要表彰其忠君之志，于是在几位勇武女子事迹之后，特别强调了杨烈妇事迹所体现的"慷慨知君臣大义"的精神价值和道德意义：

先是万岁通天初，契丹寇平州，邹保英为刺史，城且陷，妻奚率家僮女丁乘城，不下贼，诏封诚节夫人。默啜攻飞狐，县令古玄应妻高能固守，虏引去，诏封徇忠县君。史思明之叛，卫州女子侯、滑州女子唐、青州女子王，相与歃血赴行营讨贼，滑濮节度使许叔冀表其忠，皆补果毅。虽敢决不忘于国，然不如杨烈妇慷慨知君臣大义云。②

---

① 《新唐书》，第 5825—5826 页。
② 《新唐书》，第 5826 页。

事实上,"杨烈妇"在项城保卫战中的作用,更突出地体现为其参与军谋的坚定与果断,以致实际上成为这次战役中军事形势的主导人物和军民上下同心抗敌的精神支柱。

历史证明,女性中的杰出人物在军事领域也表现出了才智和意志力的光辉。

《清稗类钞·武略类》有几则故事,也有说到女子在军事谋略方面才华优异的实例。例如"许氏精韬略"条:

> 许氏,奉天铁岭人,为镇平将军一等男、谥襄毅徐治都夫人。精韬钤,善骑射。偕襄毅出兵,每自结一队,相为犄角,以故战功居最。康熙甲寅,吴三桂犯湖南,襄毅往援彝陵,夫人驻防江口。丙辰,镇将杨来嘉叛应谭洪,夫人脱簪珥犒师,晓以大义,沿江剿杀,屡却之。八月,猝犯镇署,夫人中炮殒。将军蔡毓荣等具状以闻,特旨优恤,予云骑尉世职,以次子永年袭。荫袭自母氏得之,殊仅见。①

"百菊溪降张保"条写道:"百菊溪尚书龄再任粤督,时海盗充斥,遣枭使温承志、朱白泉入盗舰,说匪首张保降,保观望未决。朱觇知其妻郑一嫂颇勇健,为保所畏,乃设法说之。郑慨然曰:'同辈中几见有白首贼耶?'遂谓保曰:'向来海上诸雄所以能肆掠者,因督臣懦弱。今百公健吏,反前所为,必欲尽殄党类,以报天子,若不及早稽首军门,其兵朝暮下,妾不欲与君同为齑粉也。请断袂,各行其志。'保惧,遂降。"②郑一嫂的优长之处,不仅在于"颇勇健",而且对

---

① 《清稗类钞》,第935页。
② 《清稗类钞》,第951页。

于形势与前景的判断比较明智通达，因而《清稗类钞》将这一故事编入《武略类》之中。

又有"葛壮节缉贼神算"条，说："葛壮节公云飞治水师时，捕海贼最力"，特别重视利用智谋。如"葛尝伪作商舟以诱海贼，擒刈极多"，以致"贼中为之谣曰：'莫逢葛，必不活。'"随后又有"葛壮节妾有胆略"条，说其姬妾有明白"武略"者：

> 葛壮节公多姬侍，其一亦山阴人，貌尤美，容止闲雅，有胆略。闻壮节阵亡，集诸妾，率残兵，乘夜入英垒，夺尸还，葬之。①

这位女子在战事形势不利时，能够"集诸妾，率残兵"达到目的，确实显示出其"有胆略"。又如"李素贞谙兵法"条：

> 唐县李方伯孟群有女弟素贞，知书工骑射，熟谙孙吴兵法，穷究天文占验之学。咸丰乙卯，方伯以知府奉楚抚胡文忠公檄，督师讨粤寇，招素贞至军，画策决胜，累建奇功，杀贼逾万。方伯常剿寇失利，被围十数重，他将瞠目束手，不能相救。素贞怒马独出，突围而入，手斩数十人，护方伯归，甲裳皆赤。群寇注视，惊为天神。后某中丞攻汉阳，城坚不能下，素贞与方伯谋，欲夜袭之。孤军深入，中伏，救兵不至，遂战死。年二十余耳。②

---

① 《清稗类钞》，第 955—956 页。
② 《清稗类钞》，第 959 页。

李素贞"熟谙孙吴兵法",亦"穷究天文占验之学",因而在战争中可以"画策决胜,累建奇功"。

这些故事都值得一读。所谓"精韬略""有胆略""谙兵法",都反映了杰出女子在"善骑射""工骑射"之外,表现于军事谋略方面的智慧。

4. 孝庄皇太后告诫康熙

孝庄皇太后曾经参与清初的行政。她对于军事特别关心,曾经作书以诫康熙:

> 祖宗骑射开基,武备不可弛。

作为贵族女子,强调军事训练、军事准备方面的民族传统必须世代继承。

《清史稿》卷二一四《后妃列传·孝庄文皇后》记载:"吴三桂乱作,频年用兵,太后念从征将士劳苦,发宫中金帛加犒。""布尔尼叛,师北征,太后以慈宁宫庶妃有母年九十余,居察哈尔,告上诫师行毋掳掠。"[①] 身居最高位的女子对前线战事和将士境遇的关注值得重视。

这些事迹所体现的文化精神,与先祖"骑射"事业本有女子参与的历史传统是一脉相承的。

---

① 《清史稿》,第 8902 页。

图 44　北京故宫博物院藏孝庄文皇后朝服像

图 45　清康熙刊本《闺范图说》"鲁氏守寨"图

第十八章　随军女子的特殊身份

中国古代军队的构成，有复杂的形式。通过一些资料可以看到，军队中有与军人一同体验军事生活的身份特殊的女子。考察相关历史文化现象，可以了解不同时期妇女的地位与境遇，对于军事史、社会生活史与性别关系史，增益新的知识。

1. "妇人""补兵"

《宋书》卷六四《何承天传》载录何承天"议曰"的内容："寻劫制，同籍期亲补兵，大功不在此例。妇人三从，既嫁从夫，夫死从子。今道举为劫，若其叔尚存，制应补谪，妻子营居，固其宜也。但为劫之时，叔父已没，代公、道生并是从弟，大功之亲，不合补谪。今若以叔母为期亲，令代公随母补兵，既违大功不谪之制，又失妇人三从之道。由于主者守期亲之文，不辨男女之异，远嫌畏负，以生此疑，惧非圣朝恤刑之旨。谓代公等母子并宜见原。"[1]说到"妇人""补兵"的情形。《南史》卷三三《何承天传》有大致相同的内容。[2]《隋书》卷二五《刑法志》记载南朝梁刑法，其中包括："劫身皆斩，妻子补

---

[1]《宋书》，第1704页。
[2]《南史》，第868—869页。

兵。"①沈家本《历代刑法考·刑法分考八》指出："陈同。"又按："子可为兵，妻乃妇女，其补兵者不知何以处之，抑第充厮役之事欤？"②其实，《文献通考》卷一六八《刑考七》关于南朝宋刑法，已经写道："宋制，为劫者身斩，家人弃市，同籍周亲谪补兵。"③这里所说的"同籍周亲"，不著性别，似乎也包括女性亲属在内。《隋书》卷二五《刑法志》还写道："自魏、晋相承，死罪其重者，妻子皆以补兵。"④沈家本于是又感叹道："据此则妻子补兵不仅为劫者矣。"⑤

罪人妻子编入军队，曾经是长期通行的制度。这些妇女究竟"何以处之"，我们只能凭借片断的记载进行历史分析。现在看来，其作用似乎并不只是"充厮役之事"。

因为这一类历史现象的存在，也可以了解当时的妇女生活境遇，认识当时的社会文化面貌。

当然，这些军中妇女虽然在名义上并不是正式的军人，但是处于险恶的战争环境中，也是需与军人一同经历艰难危厄的军事生活的，她们往往从事战地服务工作，有时甚至间接或直接参加作战。

2. 罪犯"诣边戍""妻子自随"

古代对罪犯的惩罚方式之一是流放至边地。在军事形势复杂的情

---

① 《隋书》，第 699 页。
② 《历代刑法考》（附寄簃文存），第 231—232 页。
③ 《文献通考》，第 5033 页。
④ 《隋书》，第 709 页。
⑤ 沈家本《历代刑法考·充军考上》又写道："发罪人以充军，秦、汉之时久有此令，特不在常刑之内耳。自魏、晋相承，死罪其重者妻子皆以补兵。宋制，为劫者同籍周亲谪补兵。梁制，劫身皆斩，妻子补兵。此充军为常刑之始。"《历代刑法考》（附寄簃文存），第 232 页，第 1271—1272 页。

387

图46　清嘉庆刊本《回文类聚》"携姬之任"图

况下,来到边地的罪人,也承担"屯""戍"的责任。

罪犯"诣边戍"而"妻子自随",曾经是相当普遍的情形。这些"诣边戍"者的"妻",成为边防军事体系中具有特殊身份的女性。

《后汉书》卷二《明帝纪》记载,汉明帝永平八年(65)冬十月丙子,"诏三公募郡国中都官死罪系囚,减罪一等,勿笞,诣度辽将军营,屯朔方、五原之边县;妻子自随,便占著边县;父母同产欲相代者,恣听之。其大逆无道殊死者,一切募下蚕室。亡命者令赎罪各有差。凡徙者,赐弓弩衣粮"。"占著边县",李贤注:"占著谓附名籍。"次年,"(永平)九年春三月辛丑,诏郡国死罪囚减罪,与妻子诣五原、朔方占著,所在死者皆赐妻父若男同产一人复终身;其妻无父兄独有母者,赐其母钱六万,又复其口筭"。永平十六年(73),"九月丁卯,诏令郡国中都官死罪系囚减死罪一等,勿笞,诣军营,屯朔方、敦煌;妻子自随,父母同产欲求从者,恣听之;女子嫁为人妻,勿与俱。谋反大逆无道不用此书"。① 《后汉书》卷三《章帝纪》记载,汉章帝建初七年(82)九月辛卯,"诏天下系囚减死一等,勿笞,诣边戍;妻子自随,占著所在;父母同产欲相从者,恣听之;有不到者,皆以乏军兴论。"李贤注:"军兴而致阙乏,当死刑也。"强制"诣边戍"的罪犯,从"郡国中都官死罪系囚"变更为"天下系囚"。建初八年(83)八月癸酉,诏曰:"郡国中都官系囚减死一等,勿笞,诣边县;妻子自随,占著在所。"② 又由"天下系囚"改为"郡国中都官系囚",然而不称"死罪系囚"。

在押罪犯与妻子一同诣边戍,从最初的"募",到后来的"令",最终又成为以军法死刑相威胁的强制性的处置形式。

18年间,汉王朝5次发布诏书,使这一做法成为确定的刑制。

《后汉书》卷五《安帝纪》又记载,元初二年(115)冬十月,"诏郡国中都官系囚减死一等,勿笞,诣冯翊、扶风屯,妻子自随,占著所在;女子勿输。"再次推行这一政策。关于"女子勿输",李贤的解释是:"不输作也。"③

罪犯前往"边县",永平八年诏称"诣度辽将军营,屯朔方、五原之边县",永平九年诏称"诣五原、朔方占著",永平十六年诏称"诣

---

① 《后汉书》,第111页,第112页,第121页。
② 《后汉书》,第143页,第147页。
③ 《后汉书》,第224页。

军营，屯朔方、敦煌"，建初七年诏称"诣边戍"，建初八年诏称"诣边县"，元初二年诏称"诣冯翊、扶风屯"，多数明确强调了"诣军营""诣边戍"以及"屯"的形式，即列入军队编制，进入严格的军事化管理体制。则"妻子自随"者，显然已经成为随军人员。

我们在前面已经引述过《汉书》卷五四《李陵传》中所谓"军出时，关东群盗妻子徙边者随军为卒妻妇，大匿车中"的情形，可知罪犯"妻子"一同"徙边"的情形，西汉时就已经出现。

3. "军妻"与"军妇"

"妻子徙边"和"随军为卒妻妇"两种现象，都涉及边地军事体制中女子的家庭婚姻生活。

"妻子徙边"，是妻子被迫随丈夫迁徙到边远地区从事军役或其他劳役。

"随军为卒妻妇"，是女子随军与士卒结成事实婚姻关系。

这两种情形，或许都可以称为"军妻"。后世文学作品中，出现了"军妻"称谓。

《初刻拍案惊奇》卷二《姚滴珠避羞惹羞，郑月娥将错就错》说，姚乙寻找被拐卖的妹妹姚滴珠，得遇娼妓郑月娥，认假作真，领回家中，见人说是兄妹，背地自做夫妻，而最终案情明晰，真犯落网。姚乙以"倚官拐骗人口"定罪，也受到处罚：

> 那姚乙定了卫所，发去充军。拘妻签解，姚乙未曾娶妻。只见那郑月娥晓得了，大哭道："这是我自要脱身泄气，造成此谋，谁知反害了姚乙？今我生死跟了他去，也不枉了一

场话攔。"姚公心下不舍得儿子，听得此话，即便买出人来，诡名纳价，赎了月娥，改了姓氏，随了儿子做军妻解去。后来遇赦还乡，遂成夫妇。这也是郑月娥一点良心不泯处。①

"军妻"的身份，由此可以得到了解。"拘妻签解"以及"做军妻解去"的手续，似乎"军妻"也类同于罪人。然而从所谓"后来遇赦还乡，遂成夫妇"可以看到，"军妻"又可能并不是真正的"夫妇"。

《儒林外史》第三八回《郭孝子深山遇虎，甘露僧狭路逢仇》也写道："广东一个人充发到陕西边上来，带着妻子是军妻。"②同样是充军携带"军妻"的例子。

军队中裹挟妇女，是相当普遍的情形。杜甫《三绝句》之三"殿前兵马虽骁雄，纵暴略与羌浑同。闻道杀人汉水上，妇女多在官军中"③，就记录了这样的情形。当然，被迫随军的妇女当服事多种杂役，如所谓"老妪力虽衰，请从吏夜归。急应河阳役，犹得备晨炊"④等，并不一定都与"军妻"身份有关。

《明史》卷三〇三《列女传三》中，有两则农民军驱使妇女从事杂役的史例。如"商州邵氏"条：

> 邵氏，商州人，布政使可立女，侍郎雒南薛国用子匡伦妻也。流贼将至，避之母家。商州陷，贼驱使执㸑，骂曰："吾大家女，嫁大臣子，肯为狗贼作饭耶！"贼怒，斫其足，

---

① 〔明〕凌濛初著，魏亦珀校点：《拍案惊奇》，魏同贤、安平秋主编：《凌濛初全集》第2册，凤凰出版社2010年版，第40页。
② 〔清〕吴敬梓：《儒林外史》，上海古籍出版社1991年版，第257页。
③ 《杜诗详注》卷一四，第1241页。
④ 《杜诗详注》卷七《石壕吏》，第529页。

骂益厉，断舌寸磔之。

又如"吕氏"条：

> 关陈谏妻吕氏。陈谏，云梦诸生。族有安氏者，殉其夫关坤，吕每谈及，辄感慨欷歔曰："妇人义当如是。"崇祯末，寇陷邻郡，吕谓夫曰："贼焰方张，不如早为之所。"取鱼网结其体甚固。俄寇至，俾缝衣，吕投剪破贼面，骂曰："贼敢辱我针黹乎！手可断，衣不可缝。"贼怒，磔之，投于水。①

一例为"执爨"，一例为"缝衣"，当是军中妇女从事杂役的主要内容。

古时又有"军妇"称谓。

《宋史》卷四六五《外戚列传下·郑兴裔》写道："军妇杨杀邻舍儿，取其臂钏而弃其尸。"② 这里所说的"军妇"，身份或许与"军妻"有相近之处。

"军妇"或有其他特殊作用。《宋史》卷一九三《兵志七》"召募之制"条写道："……或令军妇冶容诱于路，尽涅刺之。"③

"军妇"或许可以理解为"随军妇女"的简称。《金史》卷一一六《徒单兀典传》："山路积雪，昼日冻释，泥淖及胫，随军妇女弃掷幼稚，哀号盈路。"④ 艰苦战争生活中"军妇"的惨痛遭遇，由此可以略知。

---

① 《明史》，第 7757 页。
② 《宋史》，第 13594 页。
③ 《宋史》，第 4822 页。
④ 《金史》，第 2539 页。

4. "营妓"和"营倡"

《战国策·东周策》中写道:"齐桓公宫中七市,女闾七百,国人非之。"鲍彪注:"闾,里中门也。为门为市于宫中,使女子居之。"① 一般理解为齐桓公设在宫中的淫乐场所。然而清代学者周亮工在《书影》卷四中提出了新的解释。他说:"女闾七百,齐桓征夜合之资,以佐军兴,皆寡妇也。"② 这种征收"夜合之资"作为国家收入的做法,值得社会史学者注意。而"以佐军兴"之说,认为以此充作军费,于是和军事政策发生联系,也是值得重视的。

古代军队中曾经有正式的女妓。中国古代军中的官妓,称作"营妓"或"营伎"。据说"营妓"出现于汉代。

王书奴《中国娼妓史》引录了"汉武始置营妓,以待军士之无妻室者"的说法。常建华《中国古代女性婚姻家庭》就此有所考论:

> 王书奴《中国娼妓史》第三章第五节《汉代之营妓》指出:"营妓始于汉,历六朝唐宋不衰,《万物原始》说:'一曰,古未有妓,至汉武始置营妓,以待军士之无妻室者,见《汉武外史》。'(明人《正字通》引)表面上看'营妓'是创始于汉武,实际仍旧袭用勾践'游军士'、管子'女闾'之遗意而已。惟'营妓'制度如何,书缺有间,余以意推测之如下。"王书奴的推测有两点:一是"汉代军营有新声、女乐在军营,而太常里面是没有女乐的";二是"军营里面有军市"。并认为充"营妓"的人除"群盗妻子、随军为卒

---

① 《战国策》,第15页。
② 《因树屋书影》,第105页。

妻"者外，还有"官奴婢"。

显然，王书奴认为营妓始置于汉武帝，"营妓"一词来源于《汉武外史》。笔者查阅了明张自烈、清廖文英《正字通》中"妓""娼""营"三字各条，并无王书奴所引内容。另外，从现存汉代的历史记载来看，确如王书奴所说"书缺有间"，而且连"营妓"一词也没有出现。这就不能不怀疑《汉武外史》的记载了。笔者检索了《四库全书》电子版，未发现有《汉武外史》的记载，查阅《中国丛书综录》也未发现此书。在有关汉武帝的同类书中，如《汉武故事》《汉武帝内传》《汉武帝外传》《汉武洞冥记》中均未发现"营妓"一词，也未发现汉武帝有关军妓的相关记载。其实，即令有记载，也未必可靠。

常建华分析了《汉武故事》《汉武帝内传》《汉武洞冥记》的文化品质，指出："以上三书所载皆妖妄之语、怪诞不经之谈，可能分别由齐梁、齐梁以前、六朝时代的人假托。"进行了文献学分析之后，论者判定："汉武帝设'营妓'是史无其事的，系唐宋人用本时代娼妓专门语汇杜撰在汉武帝身上的。""唐以前根本就没有'营妓'制度。"[1]

不过，并非只有王书奴《中国娼妓史》引用《汉武外史》"营妓"语。《康熙字典》丑集下《女部》"妓"条就写道："（妓）女乐也。洪涯妓，三皇时人，娼家托始。见《万物原始》。一曰古未有妓，至汉武始置营妓，以待军士之无妻室者。见《汉武外史》。"[2]

---

[1] 常建华：《中国古代女性婚姻家庭》，中国工人出版社2020年版，第320—322页。
[2] 汉语大词典编纂处编：《康熙字典》（标点整理本），上海辞书出版社2007年版，第192页。《康熙字典》引《汉武外史》"营妓"说的信息，承邱文杰告知，谨此致谢。上海辞书出版社标点整理本标点形式或可商榷。

《汉武外史》这样的记载虽然不能作为信史理解，但是结合前引《汉书》卷五四《李陵传》所谓"关东群盗妻子徙边者随军为卒妻妇，大匿车中"的情形，可以推想当时或此后不久，"营妓"身份者在"随军"人员中已经出现是可能的。

　　后蜀何光远《鉴诫录》卷一〇"蜀才妇"条中已经明确说到"营妓"身份，又写道：

　　　　吴越饶营妓，燕赵多美姝，宋产歌姬，蜀出才妇。

由此可知，当时的"营妓"，似乎已经有了较为明确集中的出身地域。①

　　元代诗人陈孚的《真州》诗，有"翠户妆营妓，红桥税海商"②的诗句，似乎营妓已经成为豪富生活的一种点缀。而《唐摭言》写道，杨汝士镇东川，其子如温及第开宴，营妓咸集，（杨）汝士命人与红绫一匹。诗曰："郎君得意及青春，蜀国将军又不贫。一曲高歌绫一匹，两头娘子谢夫人。"③可见，至少在唐代前后，营妓作为以演艺为业的妇女，其服务对象，首先还是军队上层的军阀贵族。这正保留了营妓起初出现时的身份特征。

　　"营妓"又称作"营倡"。

　　《资治通鉴》卷二六八"后梁太祖乾化二年"："郢王（朱）友珪，

---

① 何光远接着还写道："薛涛者，容姿既丽，才调尤佳，言谑之间，立有酬对。大凡营妓，比无校书之称。自韦南康镇成都日，欲奏之而罢，至今呼之。故进士胡曾有赠涛诗曰：'万里桥边女校书，枇杷花下闭门居。扫眉才子知多少，管领春风总不如。'涛每承连帅宠念，或相唱和，出入车舆，诗达四方。"校注者指出，与胡曾相关情节，"欲奏之而罢至今呼之故，崇文本作'令入乐籍呼为女校书'。按，后者义长且前后衔接较佳"。〔五代〕何光远撰，邓星亮、邬宗玲、杨梅校注：《鉴诫录校注》，巴蜀书社2011年版，第250—251页。
② 杨镰主编：《全元诗》第18册，中华书局2013年版，第353页。
③ 〔五代〕王定保：《唐摭言》卷三，古典文学出版社1957年版，第37页。

其母亳州营倡也。"胡三省注：

> 薛《史》：（朱）友珪小字遥喜，母失其姓，本亳州营妓也。唐光启中，帝徇地亳州，召而侍寝。月余，将舍之而去，以娠告。是时元贞张后贤而有宠，帝素悼之，由是不果携归大梁，因留亳州，以别宅贮之。及期，妓以生男来告，帝喜，故字之曰"遥喜"。后迎归汴。①

朱友珪生母曾为"亳州营倡"的故事，反映当时军中的"营倡""营妓"首先是为将帅所占有的，他们可以随时"舍之而去"，可知这些随军女子身份低下，遭遇悲惨。

在南北朝时代，已经出现了集中"营倡""营妓"的坊署，当时通称为"营署"。

《宋书》卷九《后废帝纪》中，关于荒淫放恣，又"天性好杀，以此为欢，一日无事，辄惨惨不乐"，仅在位四年的宋后废帝刘昱，有这样的记载：

> 单将左右，弃部伍，或十里、二十里，或入市里，或往营署，日暮乃归。四年春夏，此行弥数。

又如：

> （刘）昱每出入去来，常自称刘统，或自号李将军。与右卫翼辇营女子私通，每从之游，持数千钱，供酒肉之费。②

---

① 《资治通鉴》，第8758页。
② 《宋书》，第188—189页。

所谓"右卫翼辇营女子",不知是不是"营署"中女子。

《南史》卷五《齐废帝郁林王纪》记载,在位仅1年的齐废帝郁林王萧昭业,也有流连"营署"的喜好:

> 帝独住西州,每夜辄开后堂阁,与诸不逞小人,至诸营署中淫宴。

这种行为引起了近臣焦虑,"师史仁祖、侍书胡天翼闻之,相与谋曰:'若言之二宫,则其事未易,若于营署为异人所殴打,及犬物所伤,岂直罪止一身,亦当尽室及祸。年各已七十,余生宁足吝邪。'数日中,二人相系自杀"①。

清代学者俞正燮《癸巳类稿》卷一二有"除乐户丐户籍及女乐考附古事"条,其中这样写道:

> 《宋书·后废帝纪》云:与右卫营女子私通,每从之游,持数千钱为酒肉费。《齐书·前废帝纪》云:夜开后阁,与左右淫宴,诸营署,皆军市也。……唐则曰"营伎",亦曰"官使妇人"。《旧唐书·宇文融传》云:广集两县官使妇人唱之是也。《乐府解题》引作"官伎女子",是未解名义。"营伎",亦曰"风声妇人"。取《古文尚书》表厥井里,树之风声之义。言各为一市。《唐语林》云,牛僧孺谓杜牧曰:风声妇人有顾盼者。又云,牧子晦,辞过常州,眷妓朱良。守李瞻以良赠行,曰风声贱人,员外何必为之大哭是也。《新唐书·董晋传》云,孟叔度数入倡家。《旧唐书》传作:数至乐营,与诸妇人嬉戏。《谈宾录》亦同。《北梦琐言》

---
① 《南史》,第135页。

云：东川董璋开筵，李仁矩不至，乃与营伎曲宴。又司空图诗云：处处亭台止坏墙，军营人学内人装。是唐伎尽属乐营。其籍则属太常，故堂牒可追之。①

可见，这是一种沿习甚久的制度。"淫宴"之说，体现了"女乐""营伎""官使妇人""风声妇人"作为"军营人"在当时军队中的身份与职能。其服务性质与"风声""嬉戏"相关。"诸营署，皆军市也"的说法也值得注意。

唐代以边塞诗闻名的诗人岑参，有《玉门关盖将军歌》。其中有这样的诗句：

> 玉门关城迥且孤，黄沙万里白草枯。
> 南邻犬戎北接胡，将军到来备不虞。
> 五千甲兵胆力粗，军中无事但欢娱。
> 暖屋绣帘红地炉，织成壁衣花氍毹。
> 灯前侍婢泻玉壶，金铛乱点野驼酥。
> 紫绂金章左右趋，问着即是苍头奴。
> 美人一双闲且都，朱唇翠眉映明眸。
> 清歌一曲世所无，今日喜闻《凤将雏》。
> 可怜绝胜秦罗敷，使君五马谩踟蹰。
> 野草绣窠紫罗襦，红牙镂马对樗蒲。
> 玉盘纤手撒作卢，众中夸道不曾输。

岑参还写道："我来塞外按边储，为君取醉酒剩沽。醉争酒盏相喧呼，忽忆咸阳旧酒徒。"②"玉壶""清歌"，"纤手""樗蒲"，

---

① 〔清〕俞正燮撰：《癸巳类稿》，商务印书馆1957年版，第474页，第482—483页。
② 《岑参集校注》，第165—166页。

第十八章 随军女子的特殊身份

"美人""酒盏",关城边塞高级军官"军中无事但欢娱"的享乐生活,是以军中身份特殊的"朱唇翠眉"们"可怜绝胜"的服务为条件的。

《诗话总龟》记载有这样的故事:

> 崔左辖瓘牧江外郡,祖席夜阑,一营妓先辞归,崔与诗曰:
> 寒檐寂寂雨霏霏,候馆萧条烛尽微。
> 只有今宵同此宴,翠娥伴醉欲先归。①

《全唐诗》卷三一一收录此诗,题作《赠营妓》,"烛尽微"作"烛烬微"。② 从营妓可以"先辞归"看,其行为有相对的自由。

李贺有《梁公子》诗:"风采出萧家,本是菖蒲花。南塘莲子熟,洗马走江沙。御笺银沫冷,长簟凤窠斜。种柳营中暗,题书赐馆娃。"清人王琦注:"《晋书》:陶侃镇武昌,尝课诸营种柳。盖公子所住之地是江夏武昌之所,故用种柳营事。《太平寰宇记》:《越绝书》云,吴人于砚石山置馆娃宫。刘逵注:《吴都赋》引扬雄《方言》云,吴有馆娃宫。吴人呼美女为娃,故《三都赋》云:幸乎馆娃之宫中,张女乐而宴群臣。今吴县有馆娃乡。按:种柳营、馆娃乡不在一处,且止用'馆娃'二字,本意谓馆娃中美人耶?然终是歇后语气。愚意'馆娃'疑是营妓之别称,与吴郡之馆娃宫了无干涉。想公子为人,必自夸工书,而又好狭邪之游者,故以此赠之。"③ 所谓"馆娃""是营妓之别称"的推想,很可能是合理的。但是也可能只是美女代称,如崔瓘《赠营妓》诗所谓"翠娥"。"馆娃"身份是"营妓",大概

---

① 〔宋〕阮阅编,周本淳校点:《诗话总龟》(前集)卷二三,人民文学出版社1987年版,第248页。
② 《全唐诗》,第3515页。
③ 〔唐〕李贺著,〔清〕王琦等注:《李贺诗歌集注》,上海古籍出版社1978年版,第209—210页。

是确实的。"营中"二字,提供了可靠的信息。其实"种柳营中暗"句,也许未必说《晋书》"陶侃镇武昌,尝课诸营种柳"事,而与"细柳营"汉代周亚夫事迹相关。

李贺诗句"题书赐馆娃"有可能与崔瑾《赠营妓》诗情形类似,同样有"祖席"之"宴"的性质。而"赐""赠"诗作,或许体现了当时的"营妓"对于诗歌都具备一定的知识和爱好。

《资治通鉴》卷二六八"后梁太祖乾化二年"说朱温次子"郢王友珪,其母亳州营倡也"。① 通过这位所生子得登大位然而自己竟然"失其姓"的女子的经历,可以得知"营倡""营妓"的生存境况和情感体验。

《金史》卷一三〇《列女传·张凤奴》中有这样一段记述,说到一位军中"倡女"的经历:

> 天兴元年,北兵攻城,矢石之际忽见一女子呼于城下曰:"我倡女张凤奴也,许州破被俘至此。彼军不日去矣,诸君努力为国坚守,无为所欺也。"言竟,投濠而死。朝廷遣使驰祭于西门。②

这位张凤奴原本是"倡女",城破被俘后仍然被迫充作敌军中的"营倡"。这位风尘女子不惜牺牲生命向守军透露重要军事情报,以保全一城,其勇略和情操都可歌可泣。

《明史》卷二七三《左良玉传》写到"诸营优娼歌舞达旦"的情形,又说:"尝夜宴僚佐,召营妓十余人行酒,履舄交错。"③ 反映了明末战争中军营生活的一个侧面,而"营妓"和"营倡"的作用,在史

---

① 《资治通鉴》,第 8758 页。
② 《金史》,第 2805 页。
③ 《明史》,第 6997 页。

家笔下也得以透露出来。

5. "军伶"：军中女乐

唐人诗作往往能够比较全面地反映社会生活的多种场景，军营生活亦多有体现。韩愈在《答张彻》诗中写道：

> 及去事戎缮，相逢宴军伶。

钱仲联《集释》引蒋之翘的说法：

> 军伶，军中乐。①

《太平广记》卷一六〇引《异闻录》"秀师言记"故事，说到殷氏为崔氏孤女定婚的故事：

> 殷学秦筝于常守坚，尽传其妙，护食孤女，甚有恩意。会南昌军伶能筝者，求丐高安，亦（常）守坚之弟子，故殷得见之。谓军伶曰："崔家小娘子，容德无比，年已及笄，供奉与他取家状，到府日，求秦晋之匹可乎？"军伶依其请。至府，以家状历抵士人门，曾无影响。后因谒盐铁李侍御，出家状于怀袖中，铺张几案上……②

---

① 〔唐〕韩愈著，钱仲联集释：《韩昌黎诗系年集释》卷四，上海古籍出版社1984年版，第397页，第401页。
② 《太平广记》，第1149页。

后来，这位盐铁李侍御终于"定婚崔氏"。

从《异闻录》中"军伶"说亲的故事，可以知道这些人以身份之特殊，是能够经常往来于官宦士人之家的。

岳珂《桯史》卷一三"选人戏语"条说："蜀伶多能文，俳语率杂以经史，凡制帅幕府之宴集，多用之。"① 这里所说的为军中将帅服务的"蜀伶"，可能也是"军伶"。

唐代诗人岑参《酒泉太守席上醉后作》诗写道：

> 琵琶长笛曲相和，羌儿胡雏齐唱歌。
> 浑炙犁牛烹野驼，交河美酒金叵罗。
> 三更醉后军中寝，无奈秦山归梦何。②

虽然题文称"酒泉太守席上醉"，然而有"三更醉后军中寝"句，可知仍然是在军营中宴饮，因而所谓"琵琶长笛曲相和，羌儿胡雏齐唱歌"，描写的是军伶生活。边塞军中，以羌胡女子充作军伶，是在特殊民族关系的背景下具有某种特殊意义的文化现象。

白居易《寄献北都留守裴令公》诗描写军营生活亦颇为细致。其中有这样的文句："汾云晴漠漠，朔吹冷飕飕。豹尾交牙戟，虬须捧佩刀。通天白犀带，照地紫麟袍。羌管吹杨柳，燕姬酌蒲萄。银含凿落盏，金屑琵琶槽。"③ 这里所谓"燕姬酌蒲萄""金屑琵琶槽"云云，也描画出了与"豹尾交牙戟，虬须捧佩刀"相对应的军营宴乐生活的生动画面。

---

① 〔宋〕岳珂撰，吴企明点校：《桯史》，中华书局1981年版，第156页。
② 《全唐诗》卷一九九，第2055页。
③ 《全唐诗》卷四五七，第5182页。

下编

传统女军观与文化人的『女军』关切

第十九章　妇女参与和军事成败：中国传统女军观之一

在中国古代民间意识中，重视阴阳对立的理念影响深远，男女之间地位、权益的差异是非常之大的。

在湖北云梦睡虎地秦简《日书》和甘肃天水放马滩秦简《日书》中，都列有"牡月"和"牝月"以及"男日"和"女日"。据有的学者分析，在这样的数术体系中，女子忌以女日病、葬，而宜以男日病、葬；男子忌以男日病、葬，而宜以女日病、葬。女月的男日和男月的女日则都是嫁娶的吉日。有的学者以为这样的内容与《论衡·讥日》中所谓"刚柔相得，奇耦相应，乃为吉良""追求阴阳调和的出发点"是一致的。①

对这类文化现象可以有不同的理解，但男与女、牡与牝相互的差别和对立，是人们首先可以注意到的事实。

中国古代普遍流行的女子不利于军事的观念，正是在这样的文化基础上生成和扩衍的。

---

① 刘乐贤：《睡虎地秦简日书研究》，文津出版社1994年版，第69—72页。

图47　刘备孙夫人像（清王翙绘图嘉庆间颜刘备氏刻本《百美新咏》）

图48　孙夫人像（《良友》第13期17页）

1. 李陵"剑斩"军中女子

一般说来，女子的生理条件其实并不适应艰险的军旅生活。我们可以看到，战国秦汉时期的民间礼俗，确实也有对妇女从军表现出否定倾向的内容。

例如，《商君书·垦令》中严格规定："令军市无有女子。"[1] 似乎在当时某些神秘主义观念中，存在着女子妨害军事的意识。所谓"秦俗多忌讳之禁"[2]，这可能也是表现之一。这种意识，可能就是后世称为"军中有女气难扬"的迷信。[3]

汉代仍然有反映类似观念形态存在的史例。

---

[1]《商君书注译》，第44页。
[2] 贾谊：《过秦论》，《史记》卷六《秦始皇本纪》，第278页。
[3] 清代嶰西复侬氏、青村杞卢氏的《都门纪变百咏》，是记叙庚子前后义和团运动期间京津地区情景的竹枝词。其中描写"红灯照"的内容有"军中有女气难扬"句。《历代竹枝词》，第3485页。

第十九章　妇女参与和军事成败：中国传统女军观之一

如《汉书》卷五四《李陵传》记载，汉武帝天汉二年（前99），贰师将军李广利率军出酒泉，与匈奴右贤王战于天山，起初令李陵督将辎重，李陵亲见天子，请求"自当一队"，"愿以少击众，步兵五千人涉单于庭"。汉武帝为其壮心所感动，于是准许。然而李陵率军和匈奴苦战于浚稽山，连战却不能抵挡匈奴军的强力围攻：

> （李）陵于是将其步卒五千人出居延，北行三十日，至浚稽山止营，举图所过山川地形，使麾下骑陈步乐还以闻。（陈）步乐召见，道（李）陵将率得士死力，上甚说，拜步乐为郎。
>
> （李）陵至浚稽山，与单于相直，骑可三万围（李）陵军。军居两山间，以大车为营。（李）陵引士出营外为陈（阵），前行持戟盾，后行持弓弩，令曰："闻鼓声而纵，闻金声而止。"虏见汉军少，直前就营。（李）陵搏战攻之，千弩俱发，应弦而倒。虏还走上山，汉军追击，杀数千人。单于大惊，召左右地兵八万余骑攻（李）陵。（李）陵且战且引，南行数日，抵山谷中。连战，士卒中矢伤，三创者载辇，两创者将车，一创者持兵战。[①]

汉军士卒英勇作战，多负箭伤，负伤三处的不能行走，随军车行动，负伤两处的仍然要推挽车辆行进，负伤一处的则坚持在前沿作战。李陵看如此苦战仍然未能扭转局势，说道："我军士气逐渐低落，以致连战鼓也不能使士卒们激奋冲杀，这是为什么呢？军中是不是有女子呢？"于是在军中搜查，果然发现藏匿在车中的女子，并严厉处置。

[①]《汉书》，第2451—2453页。

据说，第二天作战，汉军就取得了"斩首三千余级"的战绩。《汉书》卷五四《李陵传》记载：

> （李）陵曰："吾士气少衰而鼓不起者①，何也？军中岂有女子乎？"始军出时，关东群盗妻子徙边者随军为卒妻妇，大匿车中②，（李）陵搜得，皆剑斩之。明日复战，斩首三千余级。

李陵斩杀军中女子，现在看来是一种极端的处置方式。然而李陵军后来竭力奋战，往往"战一日数十合"，又杀伤匈奴数千人，单于叹为"此汉精兵，击之不能下"，最终"转斗千里，矢尽道穷"，全军分散，逃回汉塞400余人，李陵被迫降匈奴。③

显然，当时已经存在这样的观念，以为女子在军中，可能会导致将士沮气、军风败坏、武运凋丧。

杜甫《新婚别》有"妇人在军中，兵气恐不扬"句。④顾颉刚《丙辰杂记》"汉代军中禁女子"条以为"'妇人在军中，兵气恐不扬'一语，出《汉书·李陵传》"。即前引："陵曰：'吾士气少衰而鼓不起者，何也？军中岂有女子乎？'始军出时，关东群盗妻子徙边者随军为卒妻妇，大匿车中，（李）陵搜得，皆剑斩之。明日复战，斩首三千余级。"顾颉刚说："此事可补入予旧作《女子服兵役》中，盖战国时各国兵源缺乏，故辅之以妇女；及秦汉时，国既统一，无虑兵源，故

---

① 颜师古解释说："击鼓进士而士气不起也。一曰，士卒以有妻妇，故闻鼓音而不时起也。"
② 有的版本写作"伏匿车中"。
③ 《汉书》，第2453—2456页。
④ 《杜诗详注》卷七，第532页。

以军中有女子为厉禁，搜得即处以死刑也。"① 今按："军中禁女子"事应与"国既统一，无虑兵源"无关，其意识背景应在于与巫术有关的神秘理念。战国时军中虽"辅之以妇女"，但是《商君书》亦严禁"壮男过壮女之军"②，《墨子》亦明确"女子到大军，令行者男子行左，女子行右，无并行"③。

2. 军中得力儿男事

认为女子妨害军事，当然是一种迷信意识，但是这种意识的形成，可能也是有一定的战争史的经验为基础的。

由于体能、智能以及心理特征和生理特征等多方面的差异，女子与男子相比，不及男子更能适应残酷艰苦的战争生活。这样的认识，是有充分依据的。

《商君书·兵守》中所谓"慎使三军无相过"，以及"壮男过壮女之军，则男贵女，而奸民有从谋，而国亡"④，《墨子·号令》中所谓"女子到大军，令行者男子行左，女子行右，无并行"等，可能也与这样的观念有关。

这种观念，对后世有重要的影响。

唐人杨巨源《方城驿逢孟侍御》诗写道："走马温汤直隼飞，相逢氀铄理征衣。军中得力儿男事，入驿从容见落晖。"⑤ 所谓"军中得力儿男事"一语，体现出一种较为普遍的社会意识。

---

① 《顾颉刚读书笔记》卷一四，第360页。
② 《商君书注译》，第262页。
③ 《墨子间诂》，第591页。
④ 《商君书注译》，第262页。
⑤ 《全唐诗》卷三三三，第3739页。

在传统儒学否定女子应有的社会地位和人格尊严的观念风行于世的时代，女子被排除在重要的社会政治生活、文化生活以及军事生活之外，则是一种合理的现象。

汉代女学者班昭曾经著《女诫》，被认为是最早的女子教育专门著作。《女诫》共7篇，加上序文，共1600余字。7篇依次为《卑弱》《夫妇》《敬慎》《妇行》《专心》《曲从》《和叔妹》。有人说，其中"《卑弱》篇是通贯全书的宗旨"[1]。

班昭在《女诫·卑弱》中，是这样划分男女之间的刚与柔、强与弱的鲜明界隔的：

> 阴阳殊性，男女异行。阳以刚为德，阴以柔为用。男以强为贵，女以弱为美。故鄙谚有云："生男如狼，犹恐其尪；生女如鼠，犹恐其虎。"[2]

"女以弱为美"的观念，后来成为千百年来规范女子思想行为的铁律。而所谓"男女异行"规定的社会角色的历史差别，也形成了极其广泛而深远的影响。

《金史》卷一八《哀宗纪下》记载金朝临灭亡时的史事，金哀宗天兴二年（1233），宋军和元军联合进攻金朝最后的统治据点蔡城，金人顽抗，在城破之日的前35天，开始调用妇女守城：

> 十二月甲戌，尽籍民丁防守，括妇人壮捷者假男子衣冠，运大石。上亲出抚军。[3]

---

[1] 雷良波、陈阳凤、熊贤军：《中国女子教育史》，武汉出版社1993年版，第39页。
[2]《后汉书》卷八四《列女传》，第2788页。
[3]《金史》，第402页。

《金史》卷一一九《完颜仲德传》亦记载天兴二年"蔡城"之守，调用妇女参与城防的情形：

> 十一月辛丑，大兵以攻具傅城，有司尽籍民丁防守，不足则括妇女壮健者，假男子衣冠使运木石。①

动员女子中"壮捷者""壮健者"参加守城之役，却又"假男子衣冠"，是不愿示弱于敌，还是另外有其他的因素，颇可发人深思。或许在当时汉人、女真人或蒙古人的文化观念中，都有女子不利于军事的意识存在。

3. 人类学、民族学的例证

彭卫、杨振红《中国妇女通史·秦汉卷》在分析李陵处斩军中女子事件时指出，对于李陵杀害"随军""卒妻妇"事，"无论何种解释，都认为士气不振与士卒身边有妇女有关。我们从人类学资料中也可以寻到这种解释，即妇女对作战期间男性的负面影响，这种影响不是人们通常理解的缠绵恋家之情，而是通过接触女性造成的男子勇气的磨灭。这是与原始巫术交感联系类似的具有神秘色彩的思维"。论者还指出，"这种思维的起源应当甚早，并传播广远。《商君书》卷一《垦令》'令军市无有女子'似乎也可以作此理解"。晚近的例子，则有"清代有屏盗贼咒语，'羁旅路宿，颇可预防'，惟要求'勿令鸡犬妇女见之'"②。

---

① 《金史》，第 2609—2610 页。
② 原注："梁章钜：《归田琐记》卷一《屏贼盗咒》。又见姚之元：《竹叶亭杂记》卷七。"

论者还写道:"在一些未开化民族中,有战士在战时不得接近妇女的规定,弗雷泽认为原因可能是与妇女亲近会染上女性的怯懦。① 在文明社会依然有这类习俗,如古代罗马禁止军队随营携带女眷,因为在战时'易于引起人们的畏怯'。"②《汉书》卷五四《李陵传》颜师古注"击鼓进士而士气不起也""闻鼓音而不时起也",就是这种情形。③

"射猎"与"战攻"有密切的关系。④ 有些民族的禁忌传统,确信女子会影响狩猎与战事的成败。景颇族有这样的禁忌:"不能摸人家身边经常佩挂的长刀。长刀是他们自卫的武器,……女人更不能摸,他们认为女人摸了,会使主人倒运。"男子的"枪、长刀","女人不能跨越"。⑤ 哈尼族的禁忌规范,甚至包括"男子出门狩猎时忌讳在村口与成年妇女相遇"。⑥ 珞巴族的崩尼人,"男子修理弓箭时,妇女不准在其面前经过,否则打不到猎物"⑦。珞巴族还有对于"狩猎武器"同时亦可作为战争武器的毒箭的有关禁忌:"年轻人在弓箭上涂了这种毒药后,三天内不准与妻子同睡。""他们离

---

① 原注:"[英]弗雷泽(J.G.Frazer)著,徐育新等译:《金枝——巫术与宗教之研究》,大众文艺出版社1998年版,第33页。"《中国妇女通史·秦汉卷》,第397页。
② 原注:"[古罗马]塔西佗著,王以铸、崔妙因译:《编年史》,商务印书馆1981年版,第161页。"《中国妇女通史·秦汉卷》,第397页。
③ 《中国妇女通史·秦汉卷》,第397页。
④ 《史记》卷一一〇《匈奴列传》:"其俗,宽则随畜,因射猎禽兽为生业,急则人习战攻以侵伐,其天性也。"第2879页。《汉书》卷二八下《地理志下》:"及安定、北地、上郡、西河,皆迫近戎狄,修习战备,高上气力,以射猎为先。"第1644页。
⑤ 刘振乾:《潞西县弄丙寨、泷川县邦瓦寨家族婚姻生活习俗情况》,《景颇族社会历史调查》(四),云南人民出版社1986年版,第111—112页。桑耀华主编,何老大顾问:《中国各民族原始宗教资料集成·景颇族卷》,中国社会科学出版社1999年版,第464—465页。
⑥ 调查地点:红河县羊街乡娘的村;调查时间:1985年5月;调查对象:李章发,男,38岁,摩匹,叶车人;调查整理:毛佑全。李国文主编,王建副主编:《中国各民族原始宗教资料集成·哈尼族卷》,第309页。
⑦ 《珞巴族社会历史调查》(二),西藏人民出版社1989年版,第300页。李尚坚、刘芳贤主编:《中国各民族原始宗教资料集成·珞巴族卷》,第875页。

开村子，前往猎场之后，妇女才能舂谷去壳。"[1]珞巴族阿迪妇女对武器有严格的禁忌，"主妇除了使用日常工作所必需的大、小刀外，不准使用其他武器"。她们的这种禁忌涉及多种兵器。"在和平时期，妇女可触摸屋内存放的弓和箭筒。但在月经和战争期间，不准触动战争和追击使用的武器，如刀、矛、弓、箭、箭筒等。男子也不能与正在织布或酿酒的妇女接触，否则在战争中会心神不宁和无法控制自己。"据说，"如果妇女误触了武器，为了免于在战争中出现灾难性事件，就要向皮昂神奉献一只鸡，举行塔库克仪式。为验证这种献祭的效应，他们先去打猎，如果在狩猎时轻而易举地打到一只野物，这就证明献祭已得到了报应。否则，他们还要杀鸡，举行木芒、玛巴特和皮昂等仪式"[2]。傈僳族的传统，"械斗获胜后，杀牛宰猪，全体在野外聚餐"，但是"妇女不能参加"，据说"否则便认为不吉利，会使下次械斗失败"。[3]

瑶族有出猎时行避妇女的禁忌。"岭祖一带的茶山瑶，上山打猎时，在途中遇见妇女，妇女必须让路回避，否则就不会猎获野兽。"甚至"家里男子准备出外打猎时，妇女不得对着男子梳头，否则就会一无所获，空手回家，甚至打猎的人还会受伤"。[4]对于白裤瑶的禁忌，有这样的调查记录："在狩猎前和狩猎过程中，……猎具不允许女人，尤其不允许孕妇跨过；倘若女人跨过，必将猎具拿到铁匠的火炉上熏过去邪才可用；狩猎出家门后立即遇上妇女，则终止此行，改日再去；

---

[1]《中国各民族原始宗教资料集成·珞巴族卷》，第873页。
[2]《中国各民族原始宗教资料集成·珞巴族卷》，第880页。
[3] 田家祺等：《碧江县五区色德乡德一登村傈僳族社会经济调查》，《傈僳族社会历史调查》，云南人民出版社1981年版，第74页。蔡家麒主编，杨毓骧、张桥贵编：《中国各民族原始宗教资料集成·傈僳族卷》，第787页。
[4] 杨成志、唐兆民等：《广西金秀大瑶山瑶族社会历史调查》，《广西瑶族社会历史调查》第1册，广西民族出版社1984年版。张有隽主编：《中国各民族原始宗教资料集成·瑶族卷》，第352页。

如此等等。否则不是一无所获，就是招来不幸。"[1] 有学者归纳努侯瑶的"渔猎禁忌"：

> 忌女子跨踩钓鱼竿。
> 忌打猎时女子参加。
> 忌女子跨越猎枪。
> 忌女子跨越抬猎物的抬扛等物品。
> 忌在出猎前"安坛"时有外人或女子说话。
> 忌安坛前后坛主同女子性交。
> 忌在安坛后出猎遇见女子。
> 忌打猎时遇女子大小便。
> ……[2]

"性交""大小便"等，是比较特殊的情况。基诺族巴亚寨的"狩猎禁忌"有这些内容与女子有关："男子下弯弓前一天晚上和当天晚上，不能与妻同房，只能在兽房（客房）住宿。如一条山箐的弯弓一天未安好，就不回家，住在附近山地的茅房。这一天晚上家中的成年未婚男女不能外出，不能引朋友进家，不然就得罪兽鬼。""男子下弯弓的那天，家中的女子不能纺织，不能舂米，不能点火把照明，不能歌舞嬉闹。""打得野牛后，男子不能包包头，男女不能在耳珰上戴花。女子晚上不能舂米、纺织。女子白天不能上山劳动。""女人不能吃兽头肉，不能

---

[1] 朱荣等：《中国白裤瑶》，广西民族出版社1992年版，第193—196页。《中国各民族原始宗教资料集成·瑶族卷》，第358页。
[2] 黄海：《荔波努侯瑶原始宗教调查》，未刊稿，1990年。《中国各民族原始宗教资料集成·瑶族卷》，第361页。

喝兽头肉汤。"①

中国少数民族调查资料中也可以看到这样的信息。景颇族与其他族群的战争，"妇女一般不直接参加战斗，只担负侦察、煮饭、送饭等任务"。②这样的情形，应当也是以具有某种神秘色彩的意识为背景方才形成的传统。

有的民族对女子的类似禁忌似乎只限于经期妇女。珞巴族苏龙人"妻子月经期间，禁止丈夫去狩猎；如狩猎已准备好时，妻子突来月经即禁止其进入房内，要其另找住处；狩猎者禁止走有月经妇女走过的路，否则不吉利"③。珞巴族博嘎尔人"狩猎季节禁止丈夫与妻子共一个容器盛饭菜吃"④。珞巴族义都人狩猎期间的禁忌，"丈夫外出打猎所带的食物，妻子在月经期不能做。估计丈夫要出猎了，就要在月经前把食物做好"⑤。

前引彭卫、杨振红《中国妇女通史·秦汉卷》引述"弗雷泽认为原因可能是与妇女亲近会染上女性的怯懦"的意见，可以理解为重要的启示。文化人类学相关考察与研究成果告知我们，许多民族都有这样的禁忌，认为"姑娘都被视为拥有强大的力量，若不使之保持在固定范围之内，对姑娘自己以及姑娘接触的所有人都将造成危害"。"青

---

① 调查时间：1990年12月23日~25日；调查地点：基诺山戛里果箐；调查对象：木拉孜、沙车、白腊者、白佳林、沙车—卓巴氏；调查整理：杜玉亭。杜玉亭主编：《中国各民族原始宗教资料集成·基诺族卷》，第361页。
② 龚佩华等：《景颇族的山官制度》，《中国南方少数民族社会形态研究》，贵州人民出版社1987年版，第143—144页。《中国各民族原始宗教资料集成·景颇族卷》，第496页。
③ 调查地点：西藏错那县；调查时间：1981年3月；调查对象：阿兵，调查整理：刘芳贤。《中国各民族原始宗教资料集成·珞巴族卷》，第874—875页。
④ 调查地点：西藏米林县琼林村；调查时间：1986年4月；调查对象：达让；调查整理：刘芳贤。《中国各民族原始宗教资料集成·珞巴族卷》，第875页。
⑤ 讲述人：义都部落人林卫华；时间地点：1986年7月于拉萨；收集人：李尚坚。《中国各民族原始宗教资料集成·珞巴族卷》，第875页。

415

春期""小姑娘""目光所到之处，能够毁掉猎人、渔民""的好运"。弗雷泽写道："在克里克联盟的印第安人和其亲属部落间，他们的战士'在出发征战前三天三夜，不与妇女同居，甚至同自己的妻子也不接近。这是由于宗教的虔诚和约束，需要使本人圣洁'。南非的巴佩迪人和巴聪加人，不仅其战士不得接近妇女，留居村里的人也都得节欲。他们认为如果他们不实行节欲，则他们的战士所经之地就将荆棘丛生，就不能赢得胜利。""有些未开化民族想象战士如果同产褥期中的妇女发生性关系则身体虚羸、武器软弱。中婆罗洲的卡扬人甚至认为男人如果碰了一下织布的机子或妇女的衣服都会在渔猎和战争中失利。因此，未开化民族的战士们不仅有时候要禁绝与妇女发生性关系，而且要彻底同异性隔绝。印度东北部阿萨姆邦山区的一些部落，在对外进行袭击时，或袭击之后，不仅不许战士同自己的妻子同居，而且连妇女烧煮的饭食也不能吃，甚至对自己的妻子也一句话都不能说。一次有一个女人无意中对处在战争戒忌中的丈夫说了句话，事后知道了她犯的可怕罪过，吓得病死了。"[①]

4. 古久的迷信：女子对于战争的神秘作用

我们在前面说到被称作"暴巫""曝巫"的以"求雨闭诸阳，纵诸阴"的形式求雨的文化现象，很可能与高山族"女巫登上公廨屋顶，向公众全裸，向神显示裸体"的形式相近。

在中国古代战争史的资料中，我们看到与女巫求雨形式相类的实例。《流寇志》卷二在关于明末农民军在安徽作战的记述中写道：

[①]《金枝——巫术与宗教之研究》，第854页，第318—319页。

（崇祯八年正月甲戌廿二）是日围六合，裸妇女数千，詈城下，愧沮者礮之。①

攻城时"裸妇女数千，詈城下"的做法，当然也是一种女巫诅军形式的遗存。联想到高山族平埔人社会中的女巫"驱魔时一面挥刀，一面'发出可怕的喊声或时改阴森声音喊叫'"②，"詈城下"或与"发出可怕的喊声或时改阴森声音喊叫"表现出共同性，而"挥刀"的动作特征，则反映了女巫的这一类神秘表演，其实原本就曾经运用于早期的战争中。

又如清人魏源《圣武记》卷八《乾隆临清靖贼记》中所记述乾隆三十九年（1774）兖州寿张（今山东阳谷东南）起义军数千人攻陷寿张、堂邑（今山东聊城西）、阳谷（今山东阳谷），又分趋临清（州治在今山东临清）、东昌（府治在今山东聊城），阻隔运河通路的情形，其中写道：

官兵不扼运河东岸，惟知闭城守。贼遂结筏渡，据临清旧城，佯禁杀掠，以车三百辆塞街巷，胁丁壮，围攻新城。城上铳炮击之不能中，乃裸妇女、血鸡犬厌之，复败其火车。③

攻城时"裸妇女、血鸡犬厌之"的情形，与前述"裸妇女数千，詈城下"的做法是相类的，也是女巫以神秘功力影响战事的古老习俗的遗存。

仲芳氏《庚子记事》记载庚子（1900）五月义和团大队进入北京后的时事，其中有这样一段文字：

---

① 《流寇志》，第29页。
② 《高山族民俗》，第279页。
③ 《圣武记》（附《夷艘寇海记》），第369—370页。

初七日，义和团每日换班攻打西什库，仅将四围群房烧拆数十间，大楼毫无伤损。附近之铺户居民，则焚抢无遗矣。或问团民："从前事之乍起，焚烧各教堂，擒杀各教民，无往不胜，实可动人听信。西什库教堂虽大，现有团民数十万之众，何以一月有余尚未打破耶？"团民云："此处与别处教堂不同，堂内墙壁，俱用人皮粘贴，人血涂抹，又有无数妇人赤身露体，手执秽物站于墙头，又以孕妇剖腹钉于楼上，故团民请神上体，行至楼前，被邪秽所冲，神即下法，不能前进，是以难以焚烧。又兼教堂有老鬼子在内，专用邪术伤人，故难取胜，反多受伤。"或问："黑团与红灯照皆不畏脏秽之物，何以亦不能制胜？"团民云："黑团虽不畏秽物，奈时日未到，难以成功。俟至日期，老团一到，自然扫荡矣。"听其所答，殊多掩饰，恐徒延时日，与事无益。①

所谓"有无数妇人赤身露体，手执秽物站于墙头，又以孕妇剖腹钉于楼上"，以致"团民请神上体，行至楼前，被邪秽所冲，神即下法，不能前进，是以难以焚烧"的回答，显然是"殊多掩饰"的无稽之说。不过，这样的说法却透露出在团民们的意识中，"有无数妇人赤身露体，手执秽物站于墙头，又以孕妇剖腹钉于楼上"的做法，是可以败坏作战对方的神异之力的。

集合裸女以厌敌的形式，可能和鬼类常为裸体的传说有关。《警世通言》卷二三《乐小舍拚生觅偶》中有《临江仙》，嘲谑临安（今浙江杭州）看潮人因"潮势阔大"，"被潮头涌下水去，又有豁湿了身上衣服的，都在下浦桥边搅挤教干"，有句曰："下浦桥边，一似

---

① 《庚子记事》，第21页。

奈何池畔，裸体披头似鬼。"①可能民间传说中鬼的形象，大多是"裸体"的。

古代战争中以裸女厌胜克敌，是一种与巫术有关的战术。这种战术尽管未必可以真正削弱敌军，但在神秘主义文化有相当社会影响的时代，却在一定意义上有瓦解敌军战斗意志、增强自信的作用。因为这种做法并不能使敌军实力受到真正的打击，就只能在实战中偶然使用。

元末战争中，也有值得重视的史例。元将脱脱攻高邮，又分兵攻六合。六合守军求救，"时元兵号百万，诸将畏之，莫敢往，皆托以祷神弗吉为辞"。郭子兴命朱元璋前往，"亦令祷于神"。朱元璋说："事之可否，当断之于心，何必祷也。"于是率师东之六合，守瓦梁垒。元军猛攻，朱元璋采取了一种特殊计谋得以顺利突围。《明太祖实录》卷一写道：

>元兵攻之急，每日暮攻垒，垂陷复去之。明旦，复完垒与战。如是数四，上以计绐之，乃敛兵入舍，备糗粮，遣妇女倚门戟手大骂。元兵相视错愕，环垒不敢逼。遂列队而出，牛畜、妇女居前，丁壮翼之，徐引而去，元兵不敢近，遂还滁州。②

"遣妇女倚门戟手大骂"，出围时又令"妇女居前"，竟然在心理上取得了压倒敌军的优势。所谓"元兵相视错愕，环垒不敢逼""元兵不敢近"的反应，说明在当时军人的意识中，"妇女"对于战争，确实有某种神秘的作用。

这种意识，据说可能与渊源久远的原始文化中对妇女生殖能力

---

① 〔明〕冯梦龙：《警世通言》，岳麓书社2019年版，第222页。
② 《明太祖实录》，中央研究院历史语言研究所1962年版，第15—16页。

的尊崇有关。有的学者曾经指出,"女性的力量即生殖力的本质是与猎人的杀生力量正相反对的另一极,所以,妇女与武士不能相遇。如果他们的力量相遇,整个神圣的体系就会丧失平衡。这样,神力便会肆虐,从而引起瘟疫、火灾、洪水、作物歉收或狩猎落空"①,其实,可能与"秽物"的忌讳直接相关。哈尼族有关狩猎的禁忌,包括"家有孕妇或行经妇女的男子忌讳上山狩猎"②,应当体现了对女子身体血污的禁忌。朱元璋瓦梁垒之战所采取的策略,正是利用了元军的这种迷信意识。

5. 二十八宿之女相

描画天界神圣星宿的拟人形象中,也可以看到女性军人画面。由此可以说明在古代社会神秘主义观念中,也有女军的地位。

民间作为"塑神样本"的册书《塑神秘谱》中,有"二十八宿"形象。其中可见"女土蝠景丹"为女子样貌,颇为引人注目。

景丹是刘秀功臣集团主要成员,战功显赫。曾与王郎作战,在处于弱势、"汉军退却"的情况下,"(景)丹等纵突骑击,大破之,追奔十余里,死伤者从横"。刘秀赞赏道:"吾闻突骑天下精兵,今乃见其战,乐可言邪?"称其为"景将军北州大将",遂拜为"骠骑大将军"。③

画面可见景丹上身披甲,然而下着长裙,遮掩足履,看不到军靴

---

① [美]邓尼丝·拉德纳·卡莫迪(D.L.Carmody)著,徐钧尧、宋立道译:《妇女与世界宗教》,四川人民出版社1989年版,第30页。
② 调查地点:红河县羊街乡娘的村;调查时间:1985年5月;调查对象:李章发,男,38岁,摩匹,叶车人;调查整理:毛佑全。李国文主编,王建副主编:《中国各民族原始宗教资料集成·哈尼族卷》,第309页。
③ 《后汉书》卷二二《景丹传》,第772—773页。

图49 《塑神秘谱》书影：
二十八宿之"女土蝠景丹"之一

图50 《塑神秘谱》书影：
二十八宿之"女土蝠景丹"之二

与行縢。左手托剑，右手纤指尖尖，作俗称"兰花"样态。头饰亦典型"女样"。另一幅"女土蝠景丹"像，则素服长巾，眉目益清丽，但是衣氅未遮处可见腰腿部有甲，左手按剑。

有研究者分析了这组画像："料这部二十八将塑样图像是元朝时期，民间彩塑艺人为'天王寺''玉皇庙''灵境宫'等建庙塑神所画出的塑样稿本，且非出自一时一人，后有所增添。故梵宇道观之神佛不一。今道观多毁，佛寺尚存，欲知中国彩塑中古代之将相神态，唯有此二十八宿可作参考了。"对于"女土蝠（景丹）"形象，论者指出："景丹为'女土蝠'，图中误画成女子像。"又说："像作女样误。"①

仔细分析，其实所谓"图中误画成女子像""像作女样误"，两言"误"字，或许其说皆"误"。景丹以名将身份，被描画成女子形态，应当是有内在因由的。天上星宿显现戎衣女妆结合的女性军人形象，应当是反映了世俗军事生活中的实际情景的。至于其象征意义的深层次内涵，可能还需要认真探究。

---

① 王树村：《塑神秘谱》，北京工艺美术出版社2008年版，第11页，第18页，第26页。

第二十章　女军的俗文学形象：中国传统女军观之二

文学，是社会文化的一面镜子。俗文学则以亲近民间的趋向，通过最普及的方式形成了文化影响。

通过对中国古典俗文学中社会史料的分析，可以从更为宽广的视角认识古代社会的构成和古代文化的特质。

讨论女子从军这样的历史文化现象，也是如此。此外，借取俗文学形式以考察中国社会意识中对于女子从军等现象的传统观念，对于我们研究这一现象本身，也是有意义的。

古代诗词曲赋中不乏涉及女子从军的作品，有些我们在上文已经有所引述。这里，我们就较为普及的文学形式中的有关内容，再作进一步的分析。

1. 敦煌文书《李陵变文》

上文说到李陵"剑斩"军中女子事。敦煌文书《李陵变文》作为说唱体的文学作品，其中也有关于这一故事的生动文字：

　　单于亲领万众兵马，到大夫人城，趁上李陵。韩延年报

第二十章　女军的俗文学形象：中国传统女军观之二

李陵曰："大将军暂抽兵马，取路而行。"李陵闻言，向南即走，行经三日，遂被单于趁来。虏既全强，汉使半败，不觉在后，约损五百余人。李陵唤左右曰："如何不战？"左右答曰："将军兵□□尽，如何更战？"李陵报曰："体着三枪四枪者，车上载行；一枪两枪者，重重更战。"下营来了，顿食中间，（李）陵欲攒军，方令击鼓。一时打其鼓不鸣。李陵自叹："天丧我等。"叹之未了，从弟三车上，有三条黑气，向上冲天。李陵处分左右搜括，得〔两〕个女子，年登二八，亦在马前，处分左右斩之，各为两段，其鼓不打，自鸣吼唤。庾信诗云："军中二女忆，塞外夫人城。"更无别文，正用此时（事）。胡还大走，汉亦争奔，斩决匈奴，三千余骑。旋割其耳，马上驮行，叙录之时，拟冯（凭）为验。夜望西北，晓望东南，取路而行，故望得脱。[①]

敦煌变文中的李陵斩女故事，说明了女子不利于军的观念具有深刻而广泛的社会影响。

所谓"得〔两〕个女子"，其中"两"字是校录者所补。令人不解的是，何以车上"有三条黑气，向上冲天"，而搜得女子只有两人。庾信诗原句为："军中女子气，塞外夫人城。"[②] 并不言"二女"，可见如果补女子人数，或许当以"得〔三〕个女子"为是。

[①] 王重民等编：《敦煌变文集》上册，人民文学出版社1957年版，第85—86页。
[②] 庾信：《奉报赵王出师在道赐诗》，《庾子山集》卷三。诗有句曰："上将出东平，先定下江兵。弯弓伏石动，振鼓沸沙鸣。""锦车同建节，鱼轩异泊营。军中女子气，塞外夫人城。"所谓"锦车""鱼轩"，都是女子乘车。时赵王出师，赵国夫人纥豆陵氏同行。庾信《周赵国夫人纥豆陵氏墓志铭》所谓"扬旌玉垒，驱传铜陵"，正记述这种经历。〔北周〕庾信撰，〔清〕倪璠注，许逸民校点：《庾子山集注》，中华书局1980年版，第204—205页，第1038页。俞樾《茶香室四钞》卷五"妇人统兵"条议此事："是赵王宅眷皆在军中矣。愚按'同建节''异泊营'二句，疑赵王夫人亦自成一队也。"《茶香室丛钞》，第1557—1558页。

2. 徐渭《雌木兰》杂剧

明代著名文人徐渭,字文长,据说天才绝逸,诗文书画皆工,著有《四声猿》杂剧。其门人王骥德《曲律》称:先生所为《四声猿》,故是天地间一种奇绝文字。《木兰》之北,与黄崇嘏之南,尤奇中之奇。著名剧作家汤显祖也曾经说:《四声猿》乃词坛飞将,辄为唱演数通,安得生致文长,令自拔其舌云。①

《四声猿》中有《雌木兰替父从军》。虽然篇幅不长,却是表现女子军营生活的典型的文学作品。《雌木兰替父从军》,古代戏曲曲品曲录有的作简名《代父从军》《木兰女》或《雌木兰》。

《雌木兰》第一出写木兰决意代父出征,演习弓马,披挂登鞍,赶赴军前的情节。开始"旦扮木兰女上",有一段生动活泼的言词:

> 昨日闻得黑山贼首豹子皮,领着十来万人马造反称王。俺大魏拓跋可汗下郡征兵。军书络绎有十二卷来的,卷卷有俺家爷的名字。俺想起来,俺爷又老了,以下又再没一人。况且俺小时节,一了有些小气力,又有些小聪明,就随着俺的爷,也读过书,学过些武艺。这就是俺今日该替爷的报头了。

木兰又自语道:"只是一件,若要替呵,这弓马枪刀衣鞋等项,却须索从新另做一番,也要略略地演习一二,才好把这要替的情由,告诉他们得知。"

徐渭从明代社会生活常识出发,有描写木兰女以"凤头尖"小脚将就军靴,"怎生就凑得满帮儿楦"的笔墨。实际上,从北魏至于隋唐,

---

① 参看庄一拂:《古典戏曲存目汇考》,上海古籍出版社1982年版,第428页。

民间女子是没有缠足风习的。

随后，木兰女着军装，又演刀枪，拉弓上马：

> 鞋儿到七八也稳了。且换上这衣服者！（换衣戴一军毡帽介）
>
> 【天下乐】穿起来怕不是从军一长官，行间正好瞒。紧绦钩，厮趁这细褶子系刀环。软哝哝衬锁子甲，暖烘烘当夹被单，带回来又好脱与咬儿穿。
>
> 衣鞋都换了，试演一会刀看。（演刀介）
>
> 【那吒令】这刀呵！这多时不拈，俺则道不便。才提起一翻，也比旧一般。为何的手不酸，习惯了锦梭穿。越国女尚要白猿教，俺替爷军怎不捉青蛇炼绕红裙一股霜抻！
>
> 演了刀，少不得也要演枪。（演枪介）
>
> 【踏鹊枝】打磨出苗叶鲜，栽排上绵木杆，抵多少月舞梨花，丈八蛇钻。等待得脚儿松，大步重那撚，直翻身戳倒黑山尖。
>
> 箭呵！这里演不得。也则把弓来拉一拉看，俺那机关和那绷子，比旧日如何。（拉弓介）
>
> 【寄生草】指决儿薄，鞘靶儿圆。一拳头搠住黄蛇擅，一胶翎拔尽了乌雕扇，一胳膊挺做白猿健。长歌壮士入关来，那时方显天山箭。
>
> 俺这骑驴跨马，倒不生疏。可也要做个撒手登鞍的势儿。（跨马势）
>
> 【么】绣裲裆坐马衣，嵌珊瑚掉马鞭。这行装不是俺兵家办，则与他两条皮生捆出麒麟汗，万山中活捉个猢狲伴，一缰头平踹了狐狸堑。到门庭才显出女多娇，坐鞍鞒谁不道英雄汉！

木兰女随后说服爷娘,与一同从征的伙伴"上马趱行"。所谓"百忙里跨马登鞍,靴插金鞭,脚踹铜环,丢下针尖,挂上弓弦",由民家女变成了一名武装军人。

最后一出写木兰受命在两阵之间拦腰出马,生擒贼首豹子皮。回朝后授尚书郎,令驰驿还乡。于是还旧时女儿妆,令同伴惊叹。木兰女得胜授官后的一段唱辞颇有意趣:

【前腔】万般想来都是幻,夸什么吾成算。我杀贼把王擒,是女将男换。这功劳得将来不费星儿汗。①

木兰女的英雄豪气,通过"女将男换",使杀贼擒王的情节具有了强烈的感染力。

3.《初刻拍案惊奇》中的"妖""淫"唐赛儿

中国古代通俗小说中的女军形象,以及由此所反映的重要历史现象,寄寓了宝贵的文化信息,也值得我们注意。

《初刻拍案惊奇》卷三一《何道士因术成奸,周经历因奸破贼》,讲述了我们前面已经说到的唐赛儿起义的故事。

作者是站在维护专制主义王朝正统的政治角度对起义进行攻击的,开卷引诗所谓"天命从来自有真,岂容奸术恣纷纭?黄巾张角徒生乱,大宝何曾到彼人?"就鲜明地表达了作者的立场。作者还写道:"悖叛之事,天道所忌,若是得了道术,辅佐朝廷,如张留侯、陆信

---

① 〔明〕沈泰辑:《盛明杂剧初集》卷七《雌木兰》,《续修四库全书》第1764册,上海古籍出版社2013年版,第405—409页。

图51 玻璃瓷画《西游记》故事"芭蕉扇"

图52 玻璃瓷画《庆顶珠》打渔杀家故事

图53 民国同昌楼灯画：《施公案》张桂兰、黄天霸比武故事

州之类，自然建功立业，传名后世。若是萌了私意，打点起兵谋反，不曾见有妖术成功的。从来张角、徵侧、徵贰、孙恩、卢循等，非不也是天赐的兵书法术，毕竟败亡。所以《平妖传》上也说道'白猿洞天书后边深戒着谋反一事'的话。"

作者还说："事体本如此明白，不知这些无主意的愚人，住此清平世界，还要从着白莲教，到处哨聚倡乱，死而无怨，却是为何？而今说一个得了妖书，倡乱被杀的，与看官听一听。有诗为证：早通武艺杀亲夫，反获天书起异图。扰乱青州旋被戮，福兮祸伏理难诬。"可见，其立场是十分明确的。

不过，对于唐赛儿起义的若干描写，至少说明了在作者所处的时代民间对于女军的认识，因而仍然有值得珍视的意义。

《何道士因术成奸，周经历因奸破贼》写道，唐赛儿"自幼乖觉伶俐，颇识字，有姿色，尝剪纸人马厮杀为儿戏"，年长出嫁，丈夫王元椿"弓马熟闲，武艺精通"，"时时与（唐）赛儿说些弓箭刀法，（唐）赛儿又肯自去演习戏耍"。

唐赛儿安葬罢丈夫，回家途中，"来到一个林子里古墓间，见放

427

出一道白光来，正值黄昏时分，照耀如同白日"。墓中有一石匣，有一口宝剑，一副盔甲，"开石匣看时，别无他物，止有抄写得一本天书"，"（唐）赛儿看见天书卷面上，写道《九天玄元混世真经》"。天书据说"非同小可"，有"飞沙走石，驱逐虎豹，变化人马"之术。唐赛儿于是"每夜演习法术符咒，夜来晓去，不两个月，都演得会了"，"先剪些纸人纸马来试看，果然都变得与真的人马一般"。

知县相公因唐赛儿"妖法惑众，扰害地方"，"差兵快头吕山、夏盛两个，带领一千余人"前往捕拿。关于唐赛儿对付官兵的情形，小说中有这样的描写：

> （唐）赛儿看见兵快来拿人，嘻嘻的笑，拿出二三十纸人马来，望空一撒，叫声："变！"只见纸人都变做彪形大汉，各执枪刀，就里面杀出来。又叫姚虚玉把小皂旗招动，只见一道黑气，从屋里卷出来。吕山两个还不晓得，只管催人赶入来，早被黑气遮了，不看见人。（唐）赛儿是王元椿教的，武艺尽去得，被（唐）赛儿一剑一个，都斫下头来。众人见势头不好，都慌了，转身齐跑。前头走的还跑了几个，后头走的，反被前头的拉住，一时跑不脱。（唐）赛儿说："一不做，二不休。"随手杀将去，也被（何）正寅用棍打死了好几个，又去追赶前头跑得脱的，直喊杀过石麟桥去。

唐赛儿在桥边收了兵，说："杀的虽然杀了，走的必去禀知县。那厮必起兵来杀我们，我们不先下手，更待何时？"于是，"就带上盔甲，变二三百纸人马，竖起七星旗号来招兵，使人叫道：'愿来投兵者，同去打开库藏，分取钱粮财宝！'街坊远近人，因昨日、这番，都晓得（唐）赛儿有妖法，又见变得人马多了，道是气概兴旺，城里城外人喉极的,齐来投他。有地方豪杰方大、康昭、马效良、戴德如四人为头,一时聚起二三千人","鸣锣擂鼓,杀到县里来"。唐赛儿率众又袭取了青州府。

军报呈奏朝廷,"朝廷就差总兵官傅奇充兵马副元帅,两个游骑将军黎晓、来道明充先锋,领京军一万,协同山东巡抚都御史杨汝待,克日进剿扑灭。钱粮兵马,除本省外,河南、山西两省,任从调用"。"傅总兵就分五千兵马与黎晓充先锋,来取莱阳县",又调二位都指挥和六位指挥,各领新调来的两万人马,离莱阳县二十里下寨,次日准备厮杀。关于两军交战情节,《何道士因术成奸,周经历因奸破贼》有颇为生动的描写:

(唐)赛儿接得这报子,就集各将官说:"如今傅总兵领大军来征剿我们,我须亲自领兵去杀退他。"着王宪、董天然守着这府,又调马效良、戴德如各领人马一万,去滕县、临海卫三十里内,防备袭取的人马。就是滕县、临海卫的人马,也不许放过来。

听到这样的部署,诈降潜入起义军内部的周经历也不由得"暗地叫苦说:'这妇人这等利害!'"

(唐)赛儿又调方大领五千人马先行,随后(唐)赛儿自也领二万人马到莱阳县来。离县十里,就着个大营,前、后、左、右、正中五寨。又置两枝游兵在中营,四下里摆放鹿角、蒺藜、铃索齐整,把辕门闭上,造饭吃了,将息一回,就有人马来冲阵,也不许轻动。

唐赛儿治军之严整，在作者笔下也有具体详尽的描写：

> 且说黎先锋领着五千人马，喊杀半日，不见（唐）赛儿营里动静，就着人来禀总兵：如此如此。傅总兵同杨巡抚领一班将官到阵前来，扒上云梯，看（唐）赛儿营里，布置整齐，兵将猛勇，旗帜鲜明，戈戟光耀，褐罗伞下，坐着那个英雄美貌的女将。左右立着两个年少标致的将军，一个是萧韶，一个是陈鹦儿，各拿一把小七星皂旗。又有两个俊俏女子，都是戎装，一个是萧惜惜，捧着一口宝剑；一个是王娇莲，捧着一袋弓箭。营前树着一面七星玄天上帝皂旗，飘扬飞绕。总兵看得呆了，走下云梯来，令先锋领着高雄、赵贵、赵天汉、崔球等，一齐杀入去，且看（唐）赛儿如何。诗云：剑光动处见玄霜，战罢归来意气狂。堪笑古今妖妄事，一场春梦到高唐。
>
> （唐）赛儿就开了辕门，令方大领着人马也杀出来，正好接着。两员将斗不到三合，（唐）赛儿不慌不忙，口里念起咒来，两面小皂旗招动，那阵黑气从寨里卷出来，把黎先锋人马罩得黑洞洞的，你我不看见。黎晓慌了手脚，被方大拦头一方天戟，打下马来，脑浆奔流。高雄、赵天汉俱被拿了。傅总兵见先锋不利，就领着败残人马，回大营里来纳闷。方大押着，把高雄两个解入寨里见（唐）赛儿。（唐）赛儿道："监候在县里，我回军时发落便了。"（唐）赛儿又与方大说："今日虽赢得他一阵，他的大营人马，还不损折，明日又来厮杀，不若趁他喘息未定，众人慌张之时，我们赶到，必获全胜。"留方大守营，令康昭为先锋，（唐）赛儿自领一万人马，悄悄的赶到傅总兵营前，呐声喊，一齐杀将入去。傅总兵只防（唐）赛儿夜里来劫营，不防他日里乘势就来，

都慌了手脚,厮杀不得。傅总兵、杨巡抚二人骑上马,往后逃命。二万五千人,杀不得一二千人,都齐齐投降。又拿得千余匹好马,钱粮器械,尽数搬掳,自回到青州府去了。[①]

对唐赛儿起义的攻击,特别突出于一个"妖"字和一个"淫"字。[②]尽管作者是在贬低农民起义军中的女首领,然而对于这位起义的女性领袖的才干和勇力,作者有时也不自主地流溢出敬重之情,字里行间往往表露出对这位"英雄美貌的女将"的肯定。

在中国古代通俗小说反映军事生活的内容中,多可看到有女子从军的情节,如果从分析写作形式与技法的角度看,往往体现了作者迎合读者某种猎奇心理的倾向,但是从更宽广的视角考察,应当承认,这种文学内容,其实也反映了真实的历史。

4.《水浒传》女将:一丈青　母大虫　母夜叉

《水浒传》中描画了梁山英雄一百零八将的生动形象,其中有三位女将,即:地慧星一丈青扈三娘,地阴星母大虫顾大嫂,地壮星母夜叉孙二娘。

关于扈三娘的武功,在第四十七回《一丈青单捉王矮虎,宋公明两打祝家庄》中有生动的描写。杜兴为宋江介绍扈家庄情形时说道:

……只恐西村扈家庄上要来相助。他庄上别的不打紧,只有一个女将,唤做一丈青扈三娘,使两口日月刀,好生了得。

---

① 以上皆见于〔明〕凌濛初著,魏亦珀校点:《拍案惊奇》第 2 册,魏同贤、安平秋主编:《凌濛初全集》,凤凰出版社 2010 年版,第 482—505 页。
② 篇题所谓"周经历因奸破贼",说官军最终击败唐赛儿,正是利用了她情感方面的弱点。

431

扈三娘与梁山好汉交战，竟导致宋江军的严重挫败。施耐庵写道：

> 山坡下来军约有二三十骑马军，当中簇拥着一员女将……正是扈家庄女将一丈青扈三娘。一骑青鬃马上，轮两口日月双刀，引着三五百庄客，前来祝家庄策应。

军前对战情形，更有细致的描写：

> （王矮虎）当时喊了一声，骤马向前，挺手中枪便出迎敌一丈青。两军呐喊，那扈三娘拍马舞刀来战王矮虎。一个双刀的熟闲，一个单枪的出众。两个斗敌十数合之上，宋江在马上看时，见王矮虎枪法架隔不住。原来王矮虎初见一丈青，恨不得便捉过来，谁想斗过十合之上，看看的手颤脚麻，枪法便都乱了。不是两个性命相扑时，王矮虎却要做光起来。那一丈青是个乖觉的人，心中道："这厮无理！"便将两把双刀，直上直下，砍将入来。这王矮虎如何敌得过？拨回马却待要走，被一丈青纵马赶上，把右手刀挂了，轻舒猿臂，将王矮虎提离雕鞍，活捉去了。众庄客齐上，把王矮虎横拖倒拽捉了去。
>
> 欧鹏见折了王英，便提起刀来救。一丈青纵马跨刀，接着欧鹏，两个便斗。原来欧鹏祖是军班子弟出身，使得好大滚刀。宋江看了，暗暗的喝采。怎的一个欧鹏刀法精熟，也敌不得那女将半点便宜！①

扈三娘投入梁山集团之后与顾大嫂同官军作战情形，又见于第五十四

---

① 〔明〕施耐庵：《水浒传》，人民文学出版社 2005 年版，第 643 页，第 645—646 页。

回《高太尉大兴三路兵，呼延灼摆布连环马》。其中扈三娘英武骁勇，在读者心中留下的印象最为深刻。作者写道：

> （小李广花荣与彭玘）斗不到三合，第四拨一丈青扈三娘人马已到，大叫："花将军少歇，看我捉这厮！"花荣也引军望右边蓦转山坡下去了。彭玘来战一丈青未定，第五拨病尉迟孙立军马早到，勒马于阵前摆着，看这扈三娘去战彭玘。两个正在征尘影里，杀气阴中，一个使大杆刀，一个使双刀。两个斗到二十余合，一丈青把双刀分开，回马便走。彭玘要逞功劳，纵马赶来。一丈青便把双刀挂在马鞍鞯上，袍底下取出红锦套索，上有二十四个金钩，等彭玘马来得近，扭过身躯，把套索望空一撒，看得亲切。彭玘措手不及，早拖下马来。孙立喝教众军一发向前，把彭玘捉了。呼延灼看见大怒，忿力向前来救。一丈青便拍马来迎敌。呼延灼恨不得一口水吞了那一丈青。两个斗到十合之上，急切赢不得一丈青，呼延灼心中想到："这个泼妇人，在我手里斗了许多合，倒恁地了得！"心忙意急，卖个破绽，放他入来，却把双鞭只一盖，盖将下来，那双刀却在怀里。提起右手铜鞭，望一丈青顶门上打下来，却被一丈青眼明手快，早把刀只一隔，右手那口刀望上直飞起来，却好那一鞭打将下来，正在刀口上，铮地一声响，火光迸散。一丈青回马望本阵便走。呼延灼纵马赶来。病尉迟孙立见了，便挺枪纵马，向前迎住厮杀。背后宋江却好引十对良将都到，列成阵势。一丈青自引了人马，也投山坡下去了。①

---

① 《水浒传》，第733页。

第六十五回《时迁火烧翠云楼，吴用智取大名府》中，扈三娘、顾大嫂和孙二娘都有相当活跃的表现。书中描述智取大名府一战的情形，"初更左右，王矮虎、一丈青、孙新、顾大嫂、张青、孙二娘，三对儿村里夫妻，乔乔画画，装扮做乡村人，挨入在人丛里，便入东门去了"。二更时，翠云楼时迁放火，各路英雄同时动手，"南瓦子前，王矮虎、一丈青杀将来，孙新、顾大嫂身边掣出暗器，就那里协助；铜佛寺前，张青、孙二娘入去，扒上鳌山，放起火来"。一时"四下里十数处火光亘天，四方不辨"。①

总的来说，《水浒传》中对女将用的笔墨并不多，但塑造的形象个个活泼生动。她们在所谓"征尘影里，杀气阴中"血光横飞的军事实践中，使梁山军事战斗生活显得多彩多姿。

此外，我们还看到，其他民间流行的戏曲小说中也有聪慧、勇悍的女子形象，也成为这些作品能够长久保有魅力的因素之一。

《宣和遗事》前集有一丈青李横，原为呼延灼部将，后同奔宋江。《水浒传》演为一丈青扈三娘。"一丈青"绰号后来多被袭用。俞樾《茶香室丛钞》卷一七"宋江等三十六人"条说，"《癸辛杂识》载龚圣与作《宋江等三十六人赞》"，"今所传有一丈青扈三娘，此则无之，然浪子燕青赞云：'平康巷陌，岂知汝名。太行春色，有一丈青。'未知何指"②。"明谢肇淛《文海披沙》云：宋徽宗时，山东贼宋江等三十六人，聚众横行；元顺帝时，花山贼毕四等亦三十六人聚集茅山，出没无忌。宋江中有'一丈青''花和尚'，而毕四中亦有一妇

---

① 《水浒传》，第872—874页。
② 《茶香室丛钞》卷四"一丈白"条："宋吴自牧《梦粱录》：私妓有一丈白杨三妈。按人知有《水浒传》之一丈青，不知更有此一丈白也。又有十般大胡怜怜、屐片张三娘、半把伞朱七姊，殆亦当时相传之混名邪。"《茶香室丛钞》，第122页。所谓"太行春色，有一丈青"，应当也是此类"混名"。

第二十章　女军的俗文学形象：中国传统女军观之二

图 54　清临泉年画《十字波（坡）》"武松孙二娘"

图 55　明崇祯刊本水浒页子
"一丈青扈三娘"

图 56　清顺治刊本水浒页子
"母大虫顾大嫂"

435

一僧最勇健,岂皆天罡之数欤?"《茶香室三钞》卷七有"一丈青"条:

> 明李日华《六砚斋二笔》云:一丈青,群盗马皋之妻。间劲者说张用归朝廷,马皋为郭仲荀所诛,(间)劲以其妻配(张)用,遂为中军统领,列二旗于马前,曰:"关西贞烈女,护国马夫人。"亦女骁也。然非《水浒》中人。按此女何以有贞烈之称,且既配张用,仍谓之马夫人,亦不可解。①

"关西贞烈女,护国马夫人"的含义未可确解,不过,我们知道了"一丈青"往往成为江湖"女骁"诨号的情形。清人李清《女世说·毅勇》也写道:"马皋被诛,间劲周恤其妻一丈青,以为义女,后(间)劲说张用归朝,以一丈青妻之,遂为中军统领。有二认旗在焉。前题曰'关西贞烈女,护国马夫人'。"②

据《清稗类钞·战事类》,清末齐齐哈尔"女寇",也有自号"一丈青"的。③

明人沈德符《万历野获编》卷二九《叛贼》有"妇人行劫"条,说到健妇劫掠,也有以"母大虫"作绰号的:"乙未丙申间,畿南霸州文安之间,忽有一健妇剽掠,诨名'母大虫'。其人约年三十,貌亦不陋,双趺甚纤,能于马上用长枪……横行者三四年。"④"按人知有《水浒》之'母大虫',不知有此。"⑤

---

① 《茶香室丛钞》,第381—382页,第1100页。
② 《夵史》卷四九《干略门一》引《女世说》,第725页。
③ 《清稗类钞》,第930页。
④ 〔明〕沈德符撰:《万历野获编》,中华书局1959年版,第757页。
⑤ 《茶香室丛钞》,第601—602页。

5.《红楼梦》贾宝玉《姽婳词》

《红楼梦》第七十八回《老学士闲征姽婳词，痴公子杜撰芙蓉诔》，记录了一次大观园中的文学座谈，其中涉及女子从军用武的现象，因此也可以看作一次以文学形式进行的社会学对话。

曹雪芹写道：一日贾政与众幕友们谈论寻秋之胜时，又说及一事，称"最是千古佳谈，'风流隽逸，忠义慷慨'八字皆备"，并吩咐以此为题目，"大家要作一首挽词"。众幕宾听了，都忙请教系何等妙事。贾政乃道：

> 当日曾有一位王封曰恒王，出镇青州，这恒王最喜女色，且公余好武，因选了许多美女，日习武事。每公余辄开宴连日，令众美女习战斗攻拔之事。其姬中有姓林行四者，姿色既冠，且武艺更精，皆呼为林四娘。恒王最得意，遂超拔林四娘统辖诸姬，又呼为"姽婳将军"。

众清客都称："妙极神奇，竟以'姽婳'下加'将军'二字，反更觉妩媚风流，真绝世奇文也。想这恒王也是千古第一风流人物了。"贾政笑道："这话自然是如此，但更有可奇可叹之事。"众清客都愕然惊问道："不知底下有何奇事？"贾政于是说道：

> 谁知次年便有"黄巾""赤眉"一干流贼余党复又乌合，抢掠山左一带。恒王意为犬羊之恶，不足大举，因轻骑前剿。不意贼众颇有诡谲智术，两战不胜，恒王遂为众贼所戮。于是青州城内文武官员，各各皆谓"王尚不胜，你我何为！"遂将有献城之举。林四娘得闻凶报，遂集聚众女将，发令说

道："你我皆向蒙王恩，戴天履地，不能报其万一。今王既殒身国事，我意亦当殒身于王。尔等有愿随者，即时同我前往；有不愿者，亦早各散。"众女将听他这样，都一齐说愿意。于是林四娘带领众人连夜出城，直杀至贼营里头。众贼不防，也被斩戮了几员首贼，然后大家见是不过几个女人，料不能济事，遂回戈倒兵，奋力一阵，把林四娘等一个不曾留下，倒作成了这林四娘的一片忠义之志。后来报至中都，自天子以至百官，无不惊骇道奇。

贾政又说："其后朝中自然又有人去剿灭，天兵一到，化为乌有，不必深论。只就林四娘一节，众位听了，可羡不可羡呢？"

众幕友都叹道："实在可羡可奇，实是个妙题，原该大家挽一挽才是。"贾政说："大家听见这新闻，所以都要作一首《姽婳词》，以志其忠义。"

贾政又命贾环、贾兰、宝玉三人，每人各吊一首，谁先成者赏，佳者则额外加赏。

一时，贾兰先有了。贾环生恐落后也就有了。二人皆已录出，宝玉尚出神。

贾兰的是一首七言绝，写道是：

姽婳将军林四娘，玉为肌骨铁为肠。
捐躯自报恒王后，此日青州土亦香。

又看贾环的，是首五言律，写道是：

红粉不知愁，将军意未休。
掩啼离绣幕，抱恨出青州。
自谓酬王德，讵能复寇仇。
谁题忠义墓，千古独风流。

宝玉的《姽婳词》则晚成，其中写道：

恒王好武兼好色，遂教美女习骑射。
秾歌艳舞不成欢，列阵挽戈为自得。
眼前不见尘沙起，将军俏影红灯里。
叱咤时闻口舌香，霜矛雪剑娇难举。
丁香结子芙蓉绦，不系明珠系宝刀。
战罢夜阑心力怯，脂痕粉渍污鲛绡。
明年流寇走山东，强吞虎豹势如蜂。
王率天兵思剿灭，一战再战不成功。
腥风吹折陇头麦，日照旌旗虎帐空。
青山寂寂水澌澌，正是恒王战死时。
雨淋白骨血染草，月冷黄沙鬼守尸。
纷纷将士只保身，青州眼见皆灰尘。
不期忠义明闺阁，愤起恒王得意人。
恒王得意数谁行，姽婳将军林四娘。
号令秦姬驱赵女，艳李秾桃临战场。
绣鞍有泪春愁重，铁甲无声夜气凉。
胜负自然难预定，誓盟生死报前王。
贼势猖獗不可敌，柳折花残实可伤。
魂依城郭家乡近，马践胭脂骨髓香。
星驰时报入京师，谁家儿女不伤悲！

>　　天子惊慌恨失守，此时文武皆垂首。
>　　何事文武立朝纲，不及闺中林四娘。
>　　我为四娘长太息，歌成余意尚彷徨。

贾宝玉的这一诗作，博得了一片赞叹。①

这篇《姽婳词》，可以称作《红楼梦》中诗词的佳作。

当然，作者是站在正统的政治立场上，对于所谓"强吞虎豹势如蜂"的"流寇"持敌视态度的。所谓"不期忠义明闺阁""誓盟生死报前王"，宣传了无条件忠于专制君王的奴性观念。不过，其中"何事文武立朝纲，不及闺中林四娘"句，则实际上是对专制主义政治腐败无能的一种批判。作者说："我为四娘长太息，歌成余意尚彷徨。"实际上又是在呼唤一种在"一战再战不成功""纷纷将士只保身"时，不畏强敌勇敢奋争的英雄主义精神。

这种英雄主义精神，在作者笔下，体现于闺阁中女子林四娘"绣鞍有泪""铁甲无声"的军事实践。作者对"柳折花残"以及所谓"魂依城郭家乡近，马践胭脂骨髓香"的悲剧结局的深切感叹，使对这种英雄主义的颂扬达到了高峰。

回顾历史，可以知道《姽婳词》中关于女军训练与作战的文学描写，都是有史实根据的。例如："恒王好武兼好色，遂教美女习骑射。秾歌艳舞不成欢，列阵挽戈为自得。眼前不见尘沙起，将军俏影红灯里。""丁香结子芙蓉绦，不系明珠系宝刀。战罢夜阑心力怯，脂痕粉渍污鲛绡。""号令秦姬驱赵女，艳李秾桃临战场。绣鞍有泪春愁重，铁甲无声夜气凉。""贼势猖獗不可敌，柳折花残实可伤。"实际上

---

① 〔清〕曹雪芹、〔清〕高鹗著，中国艺术研究院红楼梦研究所校注：《红楼梦》，人民文学出版社1982年版，第1100—1107页。

都有一定的历史真实为依据，并不是凭空的虚构。

6. 多重视角的"林四娘"形象

《聊斋志异》卷二《林四娘》曾经记述了一个凄婉感人的故事。"青州道陈公宝钥，闽人，夜独坐，有女子搴帏入。视之，不识，而艳绝，长袖宫装。笑云：'清夜兀坐，得勿寂耶？'公惊问：'何人？'曰：'妾家不远，近在西邻。'公意其鬼，而心好之。捉袂挽坐，谈词风雅，大悦。""谈及音律，辄能剖悉宫商。""固诘之，女愀然曰：'妾，衡府宫人也。遭难而死，十七年矣……'"临别有诗："静锁深宫十七年，谁将故国问青天？闲看殿宇封乔木，泣望君王化杜鹃。海国波涛斜夕照，汉家箫鼓静烽烟。红颜力弱难为厉，惠质心悲只问禅。日诵菩提千百句，闲看贝叶两三篇。高唱梨园歌代哭，请君独听亦潸然。"①

王士禛《池北偶谈》卷二一《谈异二》也有《林四娘》，所述故事略同，四娘自述身世曰："妾故衡王宫嫔也，生长金陵。衡王昔以千金聘妾，入后宫，宠绝伦辈，不幸早死，殡于宫中。不数年，国破，遂北去。"临别赠诗意境亦大体类同而辞句有异。②

此外，林四娘的生动故事，又见于林云铭的《林四娘记》③、陈

---

① 张友鹤辑校：《聊斋志异》（会校会注会评本），中华书局1962年版，第286—289页。
② 诗云："静锁深宫忆往年，楼台箫鼓遍烽烟。红颜力弱难为厉，黑海心悲只学禅。细读莲花千百偈，闲看贝叶两三篇。梨园高唱《升平曲》，君试听之亦惘然。"〔清〕王士禛撰，靳斯仁点校：《池北偶谈》，中华书局1982年版，第512—513页。
③ 〔清〕张潮辑，王根林校点：《虞初新志》，上海古籍出版社2012年版，第63—65页。

维崧的《妇人集》①以及卢见曾的《国朝山左诗钞》②等。

《池北偶谈》中林四娘初次出现时的情形为："逡巡间，四娘已至前万福，蛮鬓朱衣，绣半臂，凤觜靴，腰佩双剑。陈疑其仙侠，不得已，揖就坐。"③半臂小靴及所谓"腰佩双剑"装束，俨然军饰戎服。

陈维崧《妇人集》中林四娘的形象，也是"身萦半臂，足蹑翠靴，锦绦双环，环悬利剑，冷然如聂隐娘、红线一流"。④清人杜乡渔隐《野叟闲谈》卷一《林四娘》中也描绘道："衣红袍，上加金绣锦半臂，腰系赤绡帨，左右悬双剑，着小红靴。"⑤林云铭《林四娘记》所记载的林四娘故事，甚至还有"持弓回射，矢如雨集"的情节。⑥

关于林四娘的文字，所记述的故事大致都是这样的：林四娘生前为衡王宫人，颇受衡王宠爱，国破后衡王北去，她的孤魂留恋旧墟，往往夜返青州，回述故国之思。有人甚至说，《姽婳词》之"姽婳"，即暗示"鬼"之"活"也。有的学者考证，林四娘的故事，是和明朝最后一位衡王朱由椒相联系的。然而，他并非是因镇压农民起义而战死的，而是曾经和农民军一度合作，共同抗清，最后被清朝统治者杀死的。顺治三年（1646），清王朝押送郡王和宫眷北上时，又有许多王室成员和宫中妇女死亡，"林四娘或即死于此时，并且死得比较壮烈，所以身后受到人们的怀念，并把她的故事和传说流传开来"。⑦

----

① 〔清〕陈维崧撰，〔清〕冒襄注：《妇人集》，王云五主编：《丛书集成初编》第3401册，第61—62页。
② 〔清〕卢见曾《国朝山左诗钞》卷六〇《方外》收录有林四娘诗，题作"述宫中旧事"。转引自朱一玄编：《〈聊斋志异〉资料汇编》，南开大学出版社2012年版，第76页。
③《池北偶谈》，第512页。
④《妇人集》，王云五主编：《丛书集成初编》第3401册，第62页。
⑤ 〔清〕杜乡渔隐著，〔清〕委羽山樵注：《详注野叟闲谈》，上海会文堂书局1926年版，第30页。
⑥《虞初新志》，第63页。
⑦ 王学太：《林四娘故事的演变及其历史真象》，山东大学蒲松龄研究室编：《蒲松龄研究集刊》第1辑，齐鲁书社1980年版，第366—373页。

应当看到，贾宝玉《姽婳词》所谓"叱咤时闻口舌香，霜矛雪剑娇难举"等句，透露出了贵族公子对女军从"好色"的心理基点出发的不尽健康的意识，这自然也是和贾宝玉的身份相符合的。值得注意的是，古代文人关于女性习武从军的记载，大多都难以掩饰内心的轻薄之意，这是我们在讨论中国古代女子从军史时不能不面对的一种特殊的文化现象。

7. 清代竹枝词中的女军

原本出于巴渝山区的民歌"竹枝词"，唐代以后，文人仿作成为风气，于是形成了一种形式平易朴实、文辞清新活泼的诗体。历代诗人文士常常以此记述民风，描画世俗，其风格表现出鲜明的特色，其内容也具有宝贵的价值。

清代竹枝词以作者人数之众多，作品数量之浩繁，对当时世情风俗的反映之真切细腻，被看作社会史资料的宝库。

在披览清人竹枝词所描绘的绚丽多彩的社会生活画面时，我们注意到了有关女子从军、女子习武或女子其他直接经历军事生活的内容。除了前引谢天枢《龙水竹枝词》、龙文《龙城竹枝词八首》、朱纲《滇游草》中的《竹枝词》、王培荀《竹枝词》、别文樑《燕京咏古》、杨甲秀《徙阳竹枝词》、方观承《卜魁竹枝词》、志锐《张家口至乌里雅苏台竹枝词一百首》、鲁忠《鉴湖竹枝词》、郭麐《潍县竹枝词》、暳西复侬氏与青村杞卢氏《都门纪变百咏》、秦荣光《上海县竹枝词》等以外，还可以看到其他反映女军生活的竹枝词作品。

康熙年间严绳孙《秋水集》卷二收录《湖上竹枝词》，以"昭庆房头驻客车""楼船只在六桥东"追述旧朝繁华。诗人出身江苏无锡，号藕荡渔人。"愁杀西陵苏小小,不知何处结同心""年时还有当垆女,青旗红灯唱鹧鸪""娇把菱花照西子,拣将山色画眉湾"等诗句生动描画了湖光春色与女子生活,体现"愿得欢情似湖水"的风情。然而又有"军装""披甲"词句:

> 不学杭州双鬟鸦,军装小队斗天斜。
> 宫靴细马清明后,辫子盘头满插花。

又如:

> 休将青幰护纤纤,披甲前头唤揭帘。
> 昨夜清波门里过,最先车子杏红衫。[①]

"宫靴细马""军装小队",似乎写述的是宫中女子的武装仪仗。

后宫女军的出现,反映了皇室贵族的一种特殊的情趣。这种所谓"宫中娘子军"往往出于猎奇立异的心理而组建,当然难以实战。不过,其出现毕竟体现了一种追觅古来雄健豪放之风的心理倾向。清代竹枝词的作者们以欣赏的笔调写叙这种文化现象,其积极意义是值得肯定的。

孙武教练吴王后宫女子的传说,历代多有学者认为可疑。宋代学者叶适在他的读书札记《习学记言序目》卷四六《孙子》中说,孙武事迹,"皆辩士妄相标指,非事实"。他又写道:"其言阖闾试以妇人,尤为奇险不足信。且武自诡妇人可勒兵,然用百八十人为二队,是何阵法?且既教妇人而爱姬为队长,则军吏不应参用男子,队长当斩,

---

[①]《历代竹枝词》,第592页。

其谁任之？仓猝展转，武将自败之不暇。然谬误流传，但谓穰苴既斩宠臣而孙武又戮爱姬也，不知真所谓知兵者何用此。"①叶适从对所谓当时"阵法"的有限知识出发，怀疑古时"阵法"，又没有注意到"用其次为队长"的文句，于是有"军吏不应参用男子"的无理指责，而"尤为奇险不足信"之说，自然不免武断。还应当看到，他的怀疑，又是以对孙武"试以妇人"事迹的彻底否定为基础的。然而后世人们仍然多相信其历史真实性。清人竹枝词中也有回顾其事的诗作，如前引咸丰年间叶承桂《太湖竹枝词》。

《梦粱录》卷一一《诸山岩》说："大内坐山，名'凤凰'。"②据说为南宋皇宫的所在，辟有专门令宫中妇女进行军事操练的所谓"御教场"。《西湖志纂》卷六《南山胜迹下》"宋御教场"条写道："《梦粱录》在凤凰山八蟠岭即殿前司营中置衙有御书阁、凝香堂、整暇堂。……《西湖游览志》：殿前司为宋亲军护卫之所，俗称'御教场'。"注："臣谨按：御教场，又名女教场，传是南宋六宫习武之地。"③乾隆时人陈璨《西湖竹枝词》中写道：

　　山上犹传御教场，空劳戎马炫红妆。
　　君王若识鹰扬意，旗鼓还须问汴梁。

作者在小注中解释说：

　　凤凰山顶平坦可驰马。南渡时山下即大内。此为嫔妃演

---

① 〔宋〕叶适：《习学记言序目》，中华书局1977年版，第675—676页。
② 〔宋〕吴自牧：《梦粱录》，浙江人民出版社1984年版，第92页。
③ 〔清〕梁诗正等辑：《西湖志纂》，《景印文渊阁四库全书》第586册，第463页。

武处。土人至今犹呼"御教场"云。①

确实，如果没有北定中原、收复汴梁的决心和意志，"戎马""红妆"就只是一种表演的意味，一种游戏的价值。

杨文著的这首《西湖竹枝词》，其内容可能也与此有关：

> 破虏三河始策勋，君王不忘复慭云。
> 已加阃外平章事，别部宫中娘子军。②

"宫中娘子军"似乎确实是曾经存在的。

同治年间胡曦《兴宁竹枝杂咏一百首》中，有《古迹二十首》，其中有一首赞美了五代时率领民众筑城抗敌的一位"村妪武氏"：

> 郊西一片战场留，城老围荒吊古愁。
> 丞相姓文妪姓武，须眉巾帼总千秋。

作者原注：

> 五代时，干戈扰攘。村妪武氏，鸠村民筑城捍卫。人德之，曰"武婆城"。故址邑西一里。又宋文信国兵败循州，收合散卒经邑，驻西郊，望阙朝拜，后曰"朝天围"。距武婆城半里。③

在胡曦笔下，村妪武氏和丞相文公，功绩是可以相并列的。文天

---

① 《西湖竹枝词》，光绪戊子刻本。《历代竹枝词》，第1269页。
② 《玉润斋杂钞》手钞本。《历代竹枝词》，第329页。
③ 《历代竹枝词》，第3020页。

祥"兵败循州"事，见《宋史》卷四一八《文天祥传》："天祥收残兵奔循州，驻南岭。"《宋史》卷四七《瀛国公纪》："天祥至空坑，兵尽溃，遂挺身走循州，诸将皆被执。"①

朱友德《王朱竹枝词二十首》中，有一首说到从军而战死沙场的女将：

> 古墓传言马拉坟，藏埋战死一红裙。
> 悠悠杞宋难征据，谁解真情抵死分。

作者又有这样的小注进行说明：

> 马拉坟在村东南。相传一战马逸奔至此，力尽而死。尚载有女将半体，单钩拘絷于镫内。村人怜而埋之于此。②

既称"古墓"，又说"悠悠杞宋难征据"，可知这位"战死"之"红裙"，当是前朝女将。

清代竹枝词作者们对前代勇健无畏、富于牺牲精神的女子发思古之幽情，大概并不应完全理解为是对传说与古迹的自然主义的笔录，而很可能与时代精神逐渐转为柔弱的历史倾向有关。

署名曒西复侬氏、青村杞卢氏的《都门纪变百咏》记庚子事，其中有一首记载了左宝贵夫人率军抗御外敌的事迹：

> 夫人统率复仇兵，来自齐州越禁城。

---

① 《宋史》，第 12538 页，第 943 页。
② 《岁寒堂文稿》。《历代竹枝词》，第 3834 页。

> 粉黛兜鍪一佳话，白团三万拥旗旌。

作者自注说：

> 左提督宝贵，阵亡于甲午牙山之役。日来喧传其夫人统率白团数万人，与洋人抵敌，作复仇之举。①

所谓"白团"，应当是为左宝贵服丧的白衣战士。而"夫人统率复仇兵"，是战争史上极其悲壮的场面。

北京图书馆藏无名氏《三年都门竹枝词》记录太平天国北伐军转战至天津地区前后京师士民所见所闻。原序称："咸丰三年冬，粤匪由山西窜至天津，凡所属之州县，均行被扰，京师戒严"，遂"将所见所闻吟有《竹枝词》三十余韵"。除题为《首起》者外，第一首就说到"妇女""从戎"史事：

> 山西逆匪窜京东，抵拢官兵血战红。
> 抢夺闾阎谁雪恨，拼教妇女也从戎。

作者原注：

> 贼由山西窜至天津，男女俱以农器杀贼。②

这里所说的"妇女""从戎"，是对在清廷统治下的女子参与镇

---

① 《历代竹枝词》，第 3486 页。
② 《竹枝词》，同治三年钞本。《历代竹枝词》，第 2835—2836 页。

压太平天国运动的军事行为的历史记录。

朱宝善《海陵竹枝词》中,说到"民团"中的"女将军":

> 抽丁选壮议纷纷,泰邑民团远近闻。
> 斜颤云鬟能上马,队中更有女将军。

注文说:

> 某姓女管带乡勇,群称为"某姑娘",闻康伯山先生有诗纪其名姓,惜予未之见也。①

这位"女管带""女将军",不知名姓,其事迹我们现在也未能了解究竟。

---

① 《海陵竹枝词》。《历代竹枝词》,第 2977 页。

第二十一章　咏史怀古艺术表现中的女军：中国传统女军观之三

习惯历史回顾，重视历史关怀，长于历史思考，是中国文化沿承长久的传统。文学艺术形式中，自然会有相关文化表现。历代诗词作品中"咏史""怀古"主题，占有相当多的篇幅。"咏史""怀古"作为艺术表现的重心，值得我们发掘其中的历史意识、历史思想。女军，是历史上迹象鲜明的社会文化表现，在艺术史演进历程中也多有值得珍视的遗存。分析相关历史文化现象，可以透视中国传统社会对于女军的认识。

1. "孝烈将军"歌咏

替父从军的女英雄木兰，据说因战功得"孝烈将军"名号。《研北杂志》卷下写道："完州城北有木兰庙，榜曰'孝烈将军'。土人云是木兰战处。庙有宋熙宁间知军事钱景初题记，并所刻古乐府词。"[①]俞樾《茶香室四钞》卷五"孝烈将军"条下引此文，称"元陆友仁《研北杂志》云"，又写道："按今为完县，先君子曾至其处，

---

① 〔元〕陆友仁撰：《研北杂志》，《景印文渊阁四库全书》第866册，台湾商务印书馆1986年版，第597页。

有诗存集中。"①

元人王恽经历此地,谒孝烈将军庙,因有诗作《题木兰庙》:

> 庙榜曰"孝烈将军",在今完州城东北隅。至元庚辰正月十日来谒。土人称昔木兰战此得功,故庙。有熙宁间知军事河南钱景初题记,并所刻乐府古辞。
> 春风奏凯入明光,不愿曹郎归故乡。
> 今日西山见遗庙,蕙兰根异死犹香。
> 迷离扑握杂雌雄,万里持戈此建功。
> 因见汉家征戍重,尽兴间左尚秦风。②

"迷离扑握杂雌雄"句,即由《木兰诗》"雄兔脚扑朔,雌兔眼迷离;双兔傍地走,安能辨我是雄雌"变化。

明人孙瑀也有《孝烈将军》诗,歌咏木兰故事:"羽书昨日来征兵,正点木兰亲父名。木兰见父语呜咽,衰迈那堪从远征。家无丁壮空太息,女思代父当行役。纵令转战死疆场,留得父身无所惜。朱缨金字饰兜鍪,青丝结带悬吴钩。挽弓缴矢试武艺,爱亲情切忘娇羞。死生诀别去亲侧,上马回头泪频滴。贴身衣带结不解,只恐戎行人察识。行行出塞营边陲,人言往事我独悲。胡笳有愧翻琴调,琵琶哀怨当告谁。从军一纪十六战,骁勇徒为人所羡。不矜主将亦知名,只愿生还见亲面。一朝奏凯朝明堂,论功超拜尚书郎。周行爵禄我何有,乞得宁亲归故乡。却忆出门心独苦,谁知拥节回乡土。丈夫勋业奚足论,幸得全身还父母。父母心欢相慰劳,脱去军前征战袍。衣裳穿出旧时制,再梳蝉鬓乌云高。一军人见尽惊异,

---

① 《茶香室丛钞》,第1551页。
② 〔元〕王恽撰:《秋涧集》卷二八,《景印文渊阁四库全书》第1200册,第343—344页。

更谢君王传密意。自嗟辞辇亦相疏,敢恃战功承宠贵。女身爱惜重千金,只因父子恩情深。轻出闺门备行伍,誓将一死明我心。我心竟白人间口,孝烈褒封合公义。如何久假将军号,正名女子神无愧。"①

明代另一诗人姚广孝也曾作《孝烈将军庙》诗:

代父从军有远图,勋名自昔女中无。
庙存孝烈碑千载,羞杀人间鄙丈夫。②

清人孙荪意作品《孝烈将军歌》写道:"挟弓刀,跨鞍马,宛宛去边城。妾是从征者,昨夜可汗来征兵,户有三丁抽一丁。阿爷年衰小弟弱,妾替爷征死亦乐。戎装结束慷慨行,万里驰驱入沙漠。黄河东去黑水西,愁云惨惨阴山低。故乡一片深闺月,夜夜沙场照铁衣。狡兔雌雄那可辨,火伴同行空习见。不画蛾眉十二年,归来依旧芙蓉面。吁嗟乎,英雄何必皆男儿,须眉纷纷徒尔为。君不见,孝烈双兼古莫比,乃在区区一女子。"③又有女子诗作,题《孝烈将军祠》,原注:"将军讳木兰,姓魏,隋时人。祠在河南商丘县营郭镇,即将军故里。"诗曰:"河水溅溅远近闻,崇祠人重女将军。脱装独许生全父,仗剑还将死报君。环佩归来隋代月,旌旗卷尽宋丘云。西川更有黄崇嘏,千古高标武与文。"作者为"汉军程孟梅麟"。引录者称其"盖风雅性成也,诗笔亦温厚和平",据说"稿存甚少"④,所介绍的第一首,

---

① 〔明〕孙瑴撰:《岁寒集》卷下"歌行",《四库全书存目丛书·集部》第31册,齐鲁书社1997年版,第39—40页。
② 〔明〕姚广孝撰:《逃虚子集》卷一〇,乐贵明编:《姚广孝集》,商务印书馆2016年版,第126页。
③ 〔清〕蔡殿齐撰:《国朝闺阁诗钞》第七册《贻砚斋诗稿》卷一〇,《续修四库全书》第1626册,上海古籍出版社2013年版,第616页。
④ 〔清〕沈善宝撰:《名媛诗话》卷一一,《续修四库全书》第1706册,第685页。

就是这一诗篇。其中透露的英雄气,是超越"温厚和平"的赞誉的。所说"西川更有黄崇嘏",即明人田艺蘅《留青日札》卷二〇"复见两木兰"条说到的"五代之临邛黄崇嘏","黄崇嘏,见《诗女史》,有《女状元春桃记》",① 与"木兰"一文一武,堪称"千古高标"。

图57　明万历四十年泊如斋吴氏刊本《闺范》"木兰回乡"图

2. 咏史怀古诗作中的"娘子军"唱诵

前引宋李廌《夫人城》诗写道:"庸将昧奇正,乘鄣罕书勋。我

---

①《留青日札》,第372页。

登夫人城,想见奋锸勤。攻瑕既遇坚,坐制乌合群。异时古烈妇,鲜以智勇闻。褒称励愚懦,敢讽贤令君。作传续烈女,远绍子政文。壁间画葆羽,俾如娘子军。"其中"异时古烈妇,鲜以智勇闻",是经过历史思考、历史比较获得的认识。而"作传续烈女,远绍子政文"句,言是刘向《列女传》的"续"写。徐之瑞《西湖竹枝词》"别部宫中娘子军",朱纲《滇游草》中《竹枝词》"别部还开娘子军",亦见前引。

何耕的《龙华大像盖冀国夫人所作因成二绝》诗,咏叹"娘子军"故事。其一涉及佛教背景:

慧性元从戒定薰,百花潭水浣僧裙。
个中力量真超绝,故老尚传娘子军。

其二则有涉及性别比较的诗句:

生男个个欲如狼,妇女军中气不扬。
试问争功嗔目士,几人能敌浣花娘?①

诗人作"男""女"对比,颂扬"浣花娘"之军功,对于"妇女军中气不扬"的成见,是予以否定的。

宋人王迈《郑昂叔和余问盗诗未及山东事弟侄辈又问山东本末再用前韵答之》叙述当时"山东""盗"兴起"本末",诗句说到"娘子军":"鱼肉我王人,首领春葱切。涂炭我生灵,聚落炊烟灭。嫚书揭通衢,著语太辛辣。供帐王者居,左纛将军绂。往来青齐区,健比霜天鹘。一名娘子军,掎角同生活。狼心肆陆梁,烽燧竞熏热。我

---

① 〔宋〕扈仲荣等编:《成都文类》卷五,《景印文渊阁四库全书》第1354册,第338页。

事南方强,渭可以恩结。"① 所说"娘子军",应当属于"山东""盗",似与李全势力相关。

元代诗人杨维桢的《乐府补》卷三,收有《王氏女》诗,其中出现"娘子军"一语:

> 王氏女,始州人。
> 羌中老虎旁企地,朝接长安莫聚南山群,
> 庞家大将不敢嗔。
> 王氏女,在虎口。
> 上马与联辔,下马与饮酒。
> 老虎卧酣上马走,拔刀杀虎如杀狗。
> 王氏女,真奇勋。
> 锡以崇义号夫人,不数李家娘子军。

末句"不数李家娘子军",有注文:"柴绍妻李氏聚兵万余,号'娘子军',会世民于渭北。"② 所谓"李家娘子军",只是称颂"王氏女"勇武的陪衬。

3. 描绘"女军"的历史主题画作

历代以"女军"为主题的画作,我们现今已经很难看到起初的色彩形象。然而通过文字记述,可以得知在中国古代艺术宝库中,曾经有许多精彩"妙墨"描画了女性英雄的"军容"。

---

① 〔宋〕王迈撰:《臞轩集》卷一二《古诗》,《景印文渊阁四库全书》第1178册,第616—617页。
② 《全元诗》第39册,第111页。

宋代文化名人黄庭坚《题画娘子军胡骑后》对表扬平阳公主"娘子军"的画作有所评价。他写道：

> 神尧第三女，平阳柴氏主也。倾家资招南山亡命，画策授奴客，降知名贼四辈，勒兵七万，与秦王会渭水上，开幕府，可谓天下健妇。吾观伯时妙墨，想见清渭照其军容，神尧父子皆为动色时也。①

观摩画面，可以"想见"当时"军容"。黄庭坚"天下健妇"的赞颂，是对平阳公主事迹的肯定，也是对"伯时妙墨"的赞赏。

元人柳贯诗作《黄宗道播州杨仪娘独骑图》，就一幅以"妇人队""娘子军"为描画主题的美术作品有所感叹，发表了一种文化史的评议：

> 蓬蓬玄葆缠朱帉，阳台无梦无行云。
> 镂御双控马头赤，橐鞬右属豹尾文。
> 宫中谁严妇人队，河外皆称娘子军。
> 不忧兵气不能振，世有他杨人得闻。②

其中"妇人队"与"娘子军"对仗，也是新异的称谓形式。用"镂御双控马头赤，橐鞬右属豹尾文"等句，形容"播州杨仪娘"飒爽英姿，能够体会到画笔与诗笔皆健美两兼，而我们在这里也是可以作为史笔理解的。

---

① 〔宋〕黄庭坚撰：《山谷全书·正集》卷二七，曾枣庄、刘琳主编：《全宋文》第106册卷二三一二，上海辞书出版社2006年版，第258页。
② 〔元〕柳贯撰：《柳待制文集》卷六，〔元〕柳贯著，魏崇武、钟彦飞点校：《柳贯集》，浙江古籍出版社2014年版，第163页。

前引明人冯琦《题阏氏画像》诗，说到主题特别的画作，可以说多视角地描绘了草原女性贵族的生活画面。其四说到"娘子军"：

> 红妆一队山阴下，乱点驼酥醉朔野。
> 塞外争传娘子军，边头不牧乌孙马。①

图 58　皮影女将造型

组诗标题称"题阏氏画像"，"红妆一队山阴下"一句则描绘了视野较为广阔的草原风景，而"红妆一队"极其醒目。诗言"塞外争传娘子军"，应当是"阏氏"属下的女子武装。

4. 明皇贵妃"风流阵"

五代王仁裕《开元天宝遗事》卷下《天宝下》有"风流阵"条。其中说到唐玄宗、杨贵妃宫中"戏笑"：

> 明皇与贵妃，每至酒酣，使妃子统宫妓百余人，帝统小中贵百余人，排两阵于掖庭中，目为风流阵。以霞被锦被张之，为旗帜攻击相斗。败者罚之巨觥以戏笑。时议以为不祥

---

① 〔明〕冯琦撰：《宗伯集》卷六，《四库禁毁书丛刊》集部第 15 册，第 109 页。

457

之兆。后果有禄山兵乱。天意人事不偶然也。①

"风流阵"是当时一种宫廷游戏，很可能是带有集体舞或团体操性质的娱乐性表演。"使妃子统宫妓百余人，帝统小中贵百余人，排两阵于掖庭中"，即男女两阵，张"旗帜""攻击相斗"。这应当是战场情景的模拟。所谓"使妃子统宫妓百余人"，演出女军作战场面。后人歌咏，如《天宝遗事诸宫调》中《渔阳十题》所谓"往常时恁助欢娱，今日便踌躇"，以及《力士泣杨妃》所谓"记得那彩云成阵锦重围"②，或许都暗示对"风流阵"游戏的追忆。

图59　国家图书馆藏清升平署绘戏曲人物图谱梁红玉扮相

李贺有《河南府试十二月乐辞》诗，其中《三月》写道："东方风来满眼春，花城柳暗愁杀人。复宫深殿竹风起，新翠舞襟静如水。光风转蕙百余里，暖雾驱云扑天地。军装宫妓扫蛾浅，摇摇锦旗夹城暖。曲水飘香去不归，梨花落尽成秋苑。"对于"军装宫妓扫蛾浅，摇摇

---

① 〔五代〕王仁裕等撰，丁如明辑校：《开元天宝遗事十种》，上海古籍出版社1985年版，第106页。
② 凌景埏、谢伯阳校注：《诸宫调两种》，齐鲁书社1988年版，第174页，第218页。

锦旗夹城暖"句的理解，清人丘象随引姚佺说："石虎皇后出女骑千人，皆着五彩靴。明皇与贵妃每至酒酣，使妃子统宫妓百余人，帝统小中贵百余人，排两阵掖庭中，目为'风流阵'。以霞被锦被张之为旗帜。'军装宫妓'有所自也。隋炀西苑上巳褉饮，帝引宫人三五千骑，作清夜游之曲，一时布兵。周匝四面，有七十万人。《尔雅》云：素锦绸。杜注云：以白地锦韬旗之竿也。《甘泉赋》云：振殷鳞而军装。元张翥《萤苑曲》云：军装小队皆美人，画龙鞯汗金麒麟。"①

有诗作言"唐明皇"与"杨太真"的其他游戏方式，也提到"风流阵"。宋陈鉴之《和友人题唐明皇杨太真对弈图》："风流阵退却围棋，心醉妖妍落子迟。还记兵行南诏否，输赢应不到双眉。"②宋人邓肃《遣兴》诗也写道："风流阵中却寝兵，酒瓯但借邻姬擎。何日高楼钟鼓鸣，如我心醉如春醒。"③范成大《题〈开元天宝遗事〉四首》之四："剥啄延秋屋上乌，明朝箭道入东都。宫中亦有风流阵，不及渔阳突骑粗。"④萧立之《风流阵》诗小序写道："明皇与贵妃酒酣，统宫妓、小中贵排两阵于掖庭，目为'风流阵'，攻击以戏。"其诗曰："两阵雌雄禁掖间，纷纷攻击寸心寒。风流天子贪行乐，不作伊川被发看。"⑤所说"两阵雌雄""纷纷攻击"，描述生动真切。"风流阵"在宋人诗作中频繁出现，说明相关历史文化记忆之深刻。

元人顾瑛《天宝宫词十二首寓感》之五写道："龙旗翠盖拥鸾幢，

---

① 〔唐〕李贺撰，〔清〕姚佺笺，〔清〕丘象升等评，〔清〕丘象随等辩注：《李长吉昌谷集句解定本》卷一，《续修四库全书》第1311册，第231页。
② 〔宋〕陈鉴之撰：《东斋小集》，〔宋〕陈起编：《江湖小集》卷一五，《景印文渊阁四库全书》第1357册，第117页。"兵行南诏"，或作"行兵南诏"。〔宋〕陈思编，〔元〕陈世隆补：《两宋名贤小集》卷三三一陈鉴之《东斋小集》，《景印文渊阁四库全书》第1364册，第605页。
③ 〔宋〕邓肃撰：《栟榈集》卷四《古风》，《景印文渊阁四库全书》第1133册，第278页。
④ 〔宋〕范成大著，辛更儒点校：《范成大集》卷一，中华书局2020年版，第21页。
⑤ 〔宋〕萧立之撰：《萧冰崖诗集拾遗》卷中，《续修四库全书》第1321册，第47页。

步辇追随幸曲江。鸟道正通天上路,羊车直到竹间窗。桃花柳叶元无限,燕子莺儿各有双。中贵向人言近事,风流阵里帝先降。"① 言"帝先降",则杨玉环"统宫妓百余人"组成的女军取胜。

前引元张翥《萤苑曲》"军装小队皆美人,画龙輤汗金麒麟",《石仓历代诗选》卷二五四《元诗二十四·萤苑曲》引文稍异,作:"杨花吹春一千里,兽舰如云锦帆起。咸洛山河皆帝都,君王自爱扬州死。军装小队驱美人,画龙輤汗金麒麟。香风摇荡夜游处,二十四桥珠翠尘。骑行不用烧红烛,万点飞萤炫川谷。金钗歌度苑中来,宝帐香迷楼上宿。醉魂贪作花月荒,肯信戟剑生宫墙。斑斓六合洗秋露,尚疑怨血凝晶光。至今落日行人路,鬼火狐鸣隔烟树。腐草无情亦有情,年年为照雷塘墓。"② 所谓"军装小队驱美人,画龙輤汗金麒麟",与李贺《河南府试十二月乐辞》不同。"珠翠""骑行""金钗歌度",以及"戟剑生宫墙",都是形容隋炀帝时"军装小队"装点的特殊宫廷风景。可知"'军装宫妓'有所自也"是确实的。

与前引元张翥《萤苑曲》"军装小队皆美人,画龙輤汗金麒麟"同样,作"军装小队皆美人"者,有《元艺圃集》卷三,《元音》卷九,《宋元诗会》卷八八,《元诗选》初集卷三八。然而"画龙輤汗"均作"画龙鞯汗"。③

关于"女骑",《后汉书·礼仪志上》"先蚕"条刘昭注补引丁孚《汉仪》曰:"皇后出,乘鸾辂,青羽盖,驾驷马,龙旂九旒,大将军妻参乘,太仆妻御,前鸾旂车,皮轩阘戟,雒阳令奉引,亦千乘

---

① 〔元〕顾瑛撰:《玉山璞稿》,《景印文渊阁四库全书》第1220册,第139页。
② 〔明〕曹学佺编:《石仓历代诗选》,《景印文渊阁四库全书》第1390册,第251—252页。
③ 〔明〕李蓘编:《元艺圃集》,《景印文渊阁四库全书》第1382册,第998页;〔明〕孙原理辑:《元音》,《景印文渊阁四库全书》第1370册,第525页;〔清〕陈焯编:《宋元诗会》,《景印文渊阁四库全书》第1464册,第576页;〔清〕顾嗣立编:《元诗选》(初集),中华书局1987年版,第1336—1337页。

万骑。车府令设卤簿驾，公、卿、五营校尉、司隶校尉、河南尹妻皆乘其官车，带夫本官绶，从其官属导从皇后。置虎贲、羽林骑，戎头、黄门鼓吹，五帝车，女骑夹毂，执法御史在前后，亦有金钲黄钺，五将导。桑于蚕宫，手三盆于茧馆，毕，还宫。"《后汉书·礼仪志下》"大丧"条刘昭注补引丁孚《汉仪》曰："永平七年，阴太后崩，晏驾诏曰：'柩将发于殿，群臣百官陪位，黄门鼓吹三通，鸣钟鼓，天子举哀。女侍史官三百人皆着素，参以白素，引棺挽歌，下殿就车，黄门宦者引以出宫省。太后魂车，鸾路，青羽盖，驷马，龙旂九旒，前有方相，凤皇车，大将军妻参乘，太仆妻御，女骑夹毂悉道。公卿百官如天子郊卤簿仪。'后和熹邓后葬，案以为仪，自此皆降损于前事也。"[1] 皇后出行，太后、皇后出丧，其武装仪仗中，都包括"女骑夹毂"。《后汉书·百官志四》"大长秋"条说"皇后卿""大长秋"的属官包括："中宫署令一人，六百石。本注曰：宦者。主中宫请署天子数。女骑六人，丞、复道丞各一人。"[2] 这里所谓"女骑六人"，是常设的随从编制。《宋书》卷一八《礼志五》写道："应劭《汉官》，明帝永平七年，光烈阴皇后葬，魂车，鸾路青羽盖，驾驷马，龙旂九旒，前有方相。凤皇车，大将军妻参乘，太仆妻、御女骑夹毂，此前汉旧制也。"[3] 参看《后汉书·礼仪志下》"大丧"条刘昭注补引丁孚《汉仪》文句，末句正确的标点应该是："凤皇车，大将军妻参乘，太仆妻御、女骑夹毂，此前汉旧制也。""御女骑夹毂"是错误的。

前引"石虎皇后出女骑千人"之说，或许与《晋书》卷一〇六《石季龙载记》的这一记载有关："季龙常以女骑一千为卤簿，皆着紫纶

---

[1]《后汉书》，第3110页，第3151页。
[2]《后汉书》，第3607页。
[3]《宋书》，第497—498页。

巾、熟锦裤、金银镂带、五文织成靴,游于戏马观。"①

5.对于平阳公主"娘子军"的文化质疑

对于唐平阳公主"娘子军"故事,明人梁潜有一篇题为《论平阳公主》的史论有所评价。他写道:

> 唐武德六年,平阳昭公主卒。诏加鼓吹班剑武贲甲卒以葬。大常奏礼妇人无鼓吹。上曰:公主亲执金鼓,兴义兵以成大业。岂与常妇人比乎?遂用之。梁子曰:世固有非常妇人哉!方唐主起晋阳,入关中,公主将精兵,会世民于渭北。与其夫柴绍各置幕府,号"娘子军"。气概能事隐,若一奇男子,岂不非常妇人然。

随后论者笔锋一转,说其事"非常",然而"非常之事不可有也",即使"有之",却未必值得肯定和赞美。他说:

> 窃意非常之事不可有也,苟有之,非美事也。礼:男子生,授之以干戈俎豆,故有事于天地四方者,男子之常事也。女子之生,习之以瓦,示之以祒,卑之于地,故有闺门之修,而无境外之志者,女子之常事也。

他甚至说,女子将兵,一如"妖狐昼游""鬼魅夜啸","可怪也"。

---

① 《晋书》,第 2777—2778 页。

而"妇人而夸能事于军旅宇宙间事,亦良可怪也哉",甚至可以说是"非常之怪":

> 妖狐昼游,人必骇视。鬼魅夜啸,众则瞿然。曾谓妇人而夸能事于军旅宇宙间事,亦良可怪也哉。高祖乃犹欲移国家有常之典,以赏此非常之怪,是高祖好怪矣。晋阳之役,独少此一女子兵耶?夫人主举措虽微,其流必至。故礼怒蟆而勇士成,市骏骨而良马得。《易》曰:履霜坚冰,至言渐不可长也。

随后则有"武后"专权,导致"国家有常之典"的变更。作为"非常妇人",其影响又超过了"女军"故事中的"跨鞍对阵者":

> 未几而武后出,性明敏,通《书》《史》,易唐祚,自为皇帝,斩伐号令天下者,二十余年。于是乎,谓之真非常妇人者焉。而向之跨鞍对阵者,又不足道也。自是终唐之世,非常妇人居多焉。《诗》曰:哲夫成城,哲妇倾城。吾观高祖经营之初,亦异哉。[①]

论者所谓"终唐之世,非常妇人居多焉",也许接近历史真实。然而对武则天"易唐祚,自为皇帝,斩伐号令天下者,二十余年"的政治变局与"高祖经营之初,亦异哉"有所关联的认定,透露出不赞同女子"兴义兵""成大业"之社会责任承担的性别文化成见。

这样的性别意识,是中国传统女军观的表现。

---

① 〔明〕梁潜撰:《泊庵集》卷二,《景印文渊阁四库全书》第1237册,第192页。

第二十二章　关于"女戎"：中国传统女军观之四

古代文献可见"女戎"的说法，指因女子引起战乱危机等历史现象。涉及"女戎"的史料未必是直接有关"女军"的信息，但是对于"女戎"的警惕和批判，是和当时社会的女性观有关联的，有时间接涉及武装行为、军事生活和战争灾难。

1.《国语》说"男戎""女戎"

《国语·晋语一》："史苏告大夫曰：'有男戎必有女戎。若晋以男戎胜戎，而戎必以女戎胜晋，其若之何？'"又举列历史教训："昔夏桀伐有施，有施人以妹喜女焉，妹喜有宠，于是乎与伊尹比而亡夏。殷辛伐有苏，有苏氏以妲己女焉，妲己有宠，于是乎与胶鬲比而亡殷。周幽王伐有褒，有褒人以褒姒女焉，褒姒有宠，生伯服，于是乎与虢石甫比，逐太子宜臼，而立伯服。太子出奔申，申人、鄫人召西戎以伐周，周于是乎亡。"他说："好其色，必授之情。彼得其情，以厚其欲，从其恶心，必败国，且深乱。乱必自女戎，三代皆然。"韦昭注："深乱，乱深也。女戎，女兵也。""戎，兵也。女兵，言其祸由姬也。"①

这里所谓"女戎",似乎只是一种象征,强调女祸导致的政治危害,犹如"兵""戎"军战,可以导致王朝覆亡。

唐人李德裕《伐国论》写道,"史苏所谓'必有女戎',妹喜、妲己、褒姒是也"。②其实即通常所谓"女祸",然而确实"言其祸犹兵也",说明女戎引起祸端。"妹喜、妲己、褒姒"故事,都导致军事威胁,引发政治危局,最终颠覆政权。有人言陈之"夏姬",也是"女戎"史例。宋人葛胜仲《题柘城怀古亭》诗写道:"陈本太姬封,卒以夏姬乱。君臣同宣淫,父子并遘患。直谏泄冶死,诈忠巫臣窜。郢兵讨少西,昊墟且为县。呜呼女戎祸,陈祚仅如线。余波及羊舌,伯石实首难。我行径株林,怀古一兴叹。流波似当时,惟有城东涣。"③

2. 汉晋战争史与"女戎"

后人政论、史论用"女戎"之说,亦往往言战争史的经验教训。

例如宋人陈造《袁本初二首》之二写道:"嬖孽朝兄主父囚,女戎衔猾史苏忧。便教官渡交绥去,二竖犹能乱冀州。"④

列入《史咏诗集》卷下《晋·人君》的《武帝》诗写道:"上袭篡攘三世业,下承丕祚本无功。平吴竟获男戎虑,不悟荒淫有女戎。"⑤将"女戎"与"荒淫"相关联,然而也牵涉到"平吴"战事。

---

① 《国语集解》(修订本),第250—251页,第256页。
② 《全唐文》卷七〇九,第7280页。
③ 〔宋〕葛胜仲撰:《丹阳集》卷一六,《景印文渊阁四库全书》第1127册,第566页。
④ 〔宋〕陈造撰:《江湖长翁集》卷一八,《景印文渊阁四库全书》第1166册,第208页。
⑤ 〔宋〕徐钧撰:《史咏诗集》,《续修四库全书》第1321册,第103页。

宋人王应麟《困学纪闻》卷二解说"儆戒无虞",讨论"治安"与"危乱"的关系,这样写道:"治安之时,危乱之萌已兆。"论者举西汉晚期史例:"汉宣帝渭上之朝,是年元后生成帝,新都篡汉已兆于极盛之日矣。"论者又说:"无虞岂可不儆戒?愚谓匈奴衰而女戎兴。倚伏果可畏哉。"[①]所谓"倚伏"规律之"可畏",用《老子》"祸兮福之所倚,福兮祸之所伏"语[②],提示这一道理在政治史中的表现,即西汉晚期"匈奴衰而女戎兴"的趋向。

所谓"汉宣帝渭上之朝",即《汉书》卷八《宣帝纪》记载,汉宣帝甘露三年(前51)春,"匈奴呼韩邪单于稽侯狦来朝,赞谒称藩臣而不名。赐以玺绶、冠带、衣裳、安车、驷马、黄金、锦绣、缯絮。使有司道单于先行就邸长安,宿长平。上自甘泉宿池阳宫。上登长平阪,诏单于毋谒。其左右当户之群皆列观,蛮夷君长王侯迎者数万人,夹道陈。上登渭桥,咸称万岁。单于就邸。置酒建章宫,飨赐单于,观以珍宝"。[③]

"匈奴呼韩邪单于稽侯狦来朝",应当经行秦始皇直道。这是中原王朝与北方草原民族关系史中具有象征意义的通道。[④]汉家女子王昭君北上和亲塞外,也是经行这条道路。[⑤]女戎导致衰亡似乎是普遍被认可的现象。

---

① [宋]王应麟著,[清]翁元圻等注,栾保群、田松青、吕宗力校点:《困学纪闻》全校本,上海古籍出版社 2008 年版,第 167 页。
② 《老子》五十八章,[魏]王弼注,楼宇烈校释:《老子道德经注校释》,中华书局 2008 年版,第 151 页。
③ 《汉书》,第 271 页。
④ 王子今:《秦二世直道行迹与望夷宫"祠泾"故事》,《史学集刊》2018 年第 1 期。
⑤ 王子今:《关于王昭君北行路线的推定》,《西北大学学报》(哲学社会科学版)2014 年第 3 期。

3.《新唐书》所谓"女戎"

《新唐书》卷一○五《上官仪传》中可以看到这样的文字："天以女戎间唐而兴，虽义士仁人抗之以死，决不可支。"[1] 所谓"女戎"，指政治史特殊阶段的特殊表现。

明人程敏政《题沈廷美尚宝所藏四烈妇图·冯媛当熊》诗写道："石郎秉钧萧傅死，斗兽君王悦妃子。就中却有冯婕妤，以身当熊传女史。婕妤父本冯将军，义勇光腾金缕裙。女戎可恨亦挞马，孤负虬髯贞观君。"[2] 冯婕妤"以身当熊"的故事，见《汉书》卷九七下《外戚传下·孝元冯昭仪》："建昭中，上幸虎圈斗兽，后宫皆坐。熊佚出圈，攀槛欲上殿。左右贵人傅昭仪等皆惊走，冯婕妤直前当熊而立，左右格杀熊。上问：'人情惊惧，何故前当熊？'婕妤对曰：'猛兽得人而止，妾恐熊至御坐，故以身当之。'元帝嗟叹，以此倍敬重焉。"[3]《新唐书》这里所说的"女戎"，指武则天权力至于最高点的表现。

顾炎武《乾陵》诗说武后故事："代运当中绝，房帏召女戎。诛锄宗子尽，罗织庶僚空。典祏迁新主，司筳扫故宫。贞符疑改卜，大礼竟升中。复子仍明两，登遐获令终。弥缝由密勿，回斡赖元功。祔庙尊亲并，因山宅兆同。至今寻史传，犹想狄梁公。"[4] 说武则天夺取最高权力，导致唐王朝国运"中绝"的路径、表现和影响，第一句就说到"女戎"。

---

[1]《新唐书》，第4036页。
[2]〔明〕程敏政撰：《篁墩文集》卷八二《诗》，《景印文渊阁四库全书》第1253册，第629页。
[3]《汉书》，第4005页。
[4]〔清〕顾炎武著，王蘧常辑注，吴丕绩标注：《顾亭林诗集汇注》，上海古籍出版社1983年版，第864页。

就武则天事迹有关"女戎"的史论，取前引《国语·晋语一》载史苏告大夫语"有男戎必有女戎"以及"必败国，且深乱，乱必自女戎"之"女戎"原义。

图60 清杨柳青年画"虹霓关"

第二十三章 "女军"的文化关注

我们对于"女军"的讨论,许多信息来自不同文献中保留的资料。可知以往对于女子参与军事生活和战争实践的历史文化现象,保留着部分记载。有一些文化史文献的内容,体现了对"女军"比较集中的关注。

1.《列女传》的"节义"榜样

刘向著《列女传》,被看作"我国最早的一部妇女专史","为我们全面了解古代妇女的社会生活和精神风貌,提供了有益的资料"。①《列女传》卷五《节义传》共15题:鲁孝义保,楚成郑瞀,晋圉怀嬴,楚昭越姬,盖将之妻,鲁义姑姊,代赵夫人,齐义继母,鲁秋洁妇,周主忠妾,魏节乳母,梁节姑姊,珠崖二义,郃阳友娣,京师节女。其中"珠崖二义"言两位女子,则一共记载了16位女子事迹。

从主题用字看,"义"4次,"节"3次,"洁""忠""友"各1次。道德表彰的用意是非常明显的。

其中"京师节女"事,则有刀光血色闪耀其中,演出了惊心动魄

---

① 《列女传译注》,前言第1页。

的"杀身""成仁"的壮烈:

> 京师节女者,长安大昌里人之妻也。其夫有仇人,欲报其夫而无道径,闻其妻之仁孝有义,乃劫其妻之父,使要其女为中谲。父呼其女告之。女计念不听之则杀父,不孝;听之则杀夫,不义。不孝不义,虽生不可以行于世。欲以身当之,乃且许诺曰:"旦日在楼上新沐,东首卧则是矣。妾请开户牖待之。"还其家,乃告其夫,使卧他所,因自沐,居楼上东首,开户牖而卧。夜半,仇家果至,断头持去,明而视之,乃其妻之头也。仇人哀痛之,以为有义,遂释不杀其夫。君子谓节女仁孝,厚于恩义也。夫重仁义,轻死亡,行之高者也。《论语》曰:君子杀身以成仁,无求生以害仁。此之谓也。
> 颂曰:京师节女,夫仇劫父。要女间之,不敢不许。期处既成,乃易其所。杀身成仁,义冠天下。[1]

《隶续》卷六《碑图下》有相关画面。"京师节女"榜题下,一女子卧。"怨家攻者"榜题下则为"夜半"潜入"户牖"的"仇家"。[2] 虽说"重仁义,轻死亡","杀身成仁,义冠天下","京师节女"却并没有直接的勇武表现,更没有参与军事活动的行为。

《列女传》卷七《孽嬖传·夏桀末喜》:"末喜者,夏桀之妃也。美于色,薄于德,乱孽无道,女子行,丈夫心,佩剑带冠。""佩剑",是被作为"维乱骄扬""不恤法常"的"荒""奸"的表现予以指责的。[3]

---

[1]《列女传译注》,第 200 页。
[2]〔宋〕洪适撰:《隶释 隶续》,中华书局 1985 年版,第 379 页。
[3]《列女传译注》,第 254 页。

第二十三章 "女军"的文化关注

然而《后汉书》卷八四《列女传》中却载录女子以"刀兵""刺杀"方式为父复仇的史例:

> 酒泉庞淯母者,赵氏之女也,字娥。父为同县人所杀,而娥兄弟三人,时俱病物故,仇乃喜而自贺,以为莫已报也。娥阴怀感愤,乃潜备刀兵,常帷车以候仇家。十余年不能得。后遇于都亭,刺杀之。因诣县自首。曰:"父仇已报,请就刑戮。"禄福长尹嘉义之,解印绶欲与俱亡。娥不肯去。曰:"怨塞身死,妾之明分;结罪理狱,君之常理。何敢苟生,以枉公法!"后遇赦得免。州郡表其闾。太常张奂嘉叹,以束帛礼之。①

"禄福长尹嘉义之""太常张奂嘉叹,以束帛礼之",两人都对赵娥的行为表示赞赏。这符合汉代社会风俗主流。而对于"义"的肯定,是继承了刘向《列女传》卷五《节义传》推崇的"节义"精神的。《三国志》卷一八《魏书·庞淯传》:"初,(庞)淯外祖父赵安为同县李寿所杀,淯舅兄弟三人同时病死,寿家喜。淯母娥自伤父仇不报,乃帏车袖剑,白日刺寿于都亭前,讫,徐诣县,颜色不变,曰:'父仇已报,请受戮。'禄福长尹嘉解印绶纵娥,娥不肯去,遂强载还家。会赦得免,州郡叹贵,刊石表闾。"②

裴松之注引皇甫谧《列女传》有更详尽的记述:"酒泉烈女庞娥亲者,表氏庞子夏之妻,禄福赵君安之女也。君安为同县李寿所杀,娥亲有男弟三人,皆欲报仇,寿深以为备。会遭灾疫,三人皆死。寿

---

① 《后汉书》,第 2796—2797 页。
② 《三国志》,第 548 页。

闻大喜，请会宗族，共相庆贺，云：'赵氏强壮已尽，唯有女弱，何足复忧！'防备懈弛。娥亲子淯出行，闻寿此言，还以启娥亲。娥亲既素有报仇之心，及闻寿言，感激愈深，怆然陨涕曰：'李寿，汝莫喜也，终不活汝！戴履天地，为吾门户，吾三子之羞也。焉知娥亲不手刃杀汝，而自傲倖邪？'阴市名刀，挟长持短，昼夜哀酸，志在杀寿。寿为人凶豪，闻娥亲之言，更乘马带刀，乡人皆畏惮之。比邻有徐氏妇，忧娥亲不能制，恐逆见中害，每谏止之，曰：'李寿，男子也，凶恶有素，加今备卫在身。赵虽有猛烈之志，而强弱不敌。邂逅不制，则为重受祸于寿，绝灭门户，痛辱不轻也。愿详举动，为门户之计。'娥亲曰：'父母之仇，不同天地共日月者也。李寿不死，娥亲视息世间，活复何求！今虽三弟早死，门户泯绝，而娥亲犹在，岂可假手于人哉！若以卿心况我，则李寿不可得杀；论我之心，寿必为我所杀明矣。'夜数磨砺所持刀讫，扼腕切齿，悲涕长叹，家人及邻里咸共笑之。娥亲谓左右曰：'卿等笑我，直以我女弱不能杀寿故也。要当以寿颈血污此刀刃，令汝辈见之。'遂弃家事，乘鹿车伺寿。至光和二年二月上旬，以白日清时，于都亭之前，与寿相遇，便下车扣寿马，叱之。寿惊愕，回马欲走。娥亲奋刀斫之，并伤其马。马惊，寿挤道边沟中。娥亲寻复就地斫之，探中树兰，折所持刀。寿被创未死，娥亲因前欲取寿所佩刀杀寿，寿护刀瞋目大呼，跳梁而起。娥亲乃挺身奋手，左抵其额，右桩其喉，反覆盘旋，应手而倒。遂拔其刀以截寿头，持诣都亭，归罪有司，徐步诣狱，辞颜不变。时禄福长汉阳尹嘉不忍论娥亲，即解印绶去官，弛法纵之。娥亲曰：'仇塞身死，妾之明分也。治狱制刑，君之常典也。何敢贪生以枉官法？'乡人闻之，倾城奔往，观者如堵焉，莫不为之悲喜慷慨嗟叹也。守尉不敢公纵，阴语使去，以便宜自匿。娥亲抗声大言曰：'枉法逃死，非妾本心。今仇人已雪，死则妾分,乞得归法以全国体。虽复万死,于娥亲毕足,不敢贪生为明廷负也。'尉故不听所执,娥亲复言曰:'匹妇虽微,犹知宪制。杀人之罪,法所不纵。今既犯之,义无可逃。乞就刑戮,陨身朝市,肃明王法,娥亲之愿也。'辞气愈厉,面无惧色。尉知其难夺,强载还家。凉州刺史周洪、酒泉太守刘班等并共表上,称其烈义,刊石立碑,显其门闾。太常弘农张奂贵尚所履,以束帛二十端礼之。海内闻之者,莫不改容赞善,高大其义。故黄门侍郎安定梁宽追述娥亲,为其作传。玄晏先生以为父母之仇,不与共天地,盖男子之所为也。而娥亲以女弱之微,念父辱之酷痛,感仇党之凶言,奋剑仇颈,人马俱摧,塞亡父之怨魂,雪三弟之永恨,近古已来,未之有也。《诗》云'修我戈矛,与子同仇',娥亲之谓也。"①

血亲复仇,是远古以来普遍流行的风习。汉代社会"是以血缘关系为基础的宗法社会","古老的复仇原则依然神圣"。"血亲复仇作为原始社会的遗风愈演愈烈,成为两汉复仇的主要形式"。有论者言"汉代血亲复仇以为父报仇的最多",所举第一个例证,就是《后汉书》卷八四《列女传》记载的"酒泉庞淯母者,赵氏之女也,字娥"的事迹。②另一女子复仇事,见于《太平御览》卷四八一引袁山松《后汉书》载《乐府》左延年《秦女休行》:"始出上西门,遥望秦氏家。秦氏有好女,自名曰女休。女休年十五,为宗行报仇。左执白阳刀,右据宛景矛。仇家东南僵,女休西上山。上山四五里,关吏不得休。女休前置辞:'生为燕王妇,今为诏狱囚。'刀矛未及下,拢幢击鼓赦书下。"③女子复仇故事,又有陈留"缑氏女玉为父报仇"。《后汉书》

---

① 《三国志》,第 548—550 页。
② 周天游:《两汉复仇盛行的原因》,《历史研究》1991 年第 1 期。
③ 《太平御览》,第 2203a-b 页。

卷五三《申屠蟠传》："同郡缑氏女玉为父报仇，杀夫氏之党，吏执玉以告外黄令梁配，配欲论杀玉。蟠时年十五，为诸生，进谏曰：'玉之节义，足以感无耻之孙，激忍辱之子。不遭明时，尚当表旌庐墓，况在清听，而不加哀矜！'配善其言，乃为谳得减死论。乡人称美之。"申屠蟠对于缑玉的行为，是以"节义"予以赞扬并支持的。李贤注："《续汉书》曰'同县大女缑玉为从父报仇，杀夫之从母兄李士，姑执玉以告吏'也。"①

女子个人复仇，虽然并非战争参与，并非军事行动，但是赵娥亲"潜备刀兵"，"阴市名刀，挟长持短"，"夜数磨砺所持刀"，秦女休"左执白阳刀，右据宛景矛"，都有武装准备，又有"短""长""刀""矛"施行。而皇甫谧《列女传》所谓"《诗》云'修我戈矛，与子同仇'"，是直接引用战争诗予以表扬的。《诗·秦风·无衣》毛亨传："《无衣》，刺用兵也。秦人刺其君好攻战，亟用兵，而不与民同欲焉。"②朱熹对《无衣》的解说则全是正面的。他说："秦人之俗，大抵尚气概，先勇力，忘生轻死，故其见于《诗》如此。然本其初而论之，岐丰之地，文王用之以兴二南之化，如彼其忠且厚也。秦人用之，未几而一变其俗。至于如此，则已悍然有招八州而朝同列之气矣。何哉？雍州土厚水深，其民厚重质直，无郑、卫骄堕浮靡之习。以善导之，则易以兴起而笃于仁义，以猛驱之，则其强毅果敢之资，亦足以强兵力农而成富强之业，非山东诸国所及也。呜呼，后世欲为定都立国之计者，诚不可不监乎此。而凡为国者，其于导民之路，尤不可以不审其所之也。"③对《诗·秦风·无衣》的理解可以有不同视角，但是皇甫谧《列女传》

---

① 《后汉书》，第 1751 页。
② 《十三经注疏》，第 373—374 页。
③ 〔宋〕朱熹集注：《诗集传》，上海古籍出版社 1980 年版，第 79 页。

言女子复仇引用"《诗》云'修我戈矛,与子同仇'",将这些行为与"攻战""用兵"相联系,其态度是明朗的。女子复仇事迹体现的"尚气概,先勇力,忘生轻死"的"强毅果敢"精神,与秦人"强兵""兴起","悍然""招八州而朝同列"的军事成就和战争功业有文化风格的一致性,是我们在考察"女军"史时应当注意的。

其实,女子复仇直接导致军事集团的凝聚和战争态势的形成,是有例证的。比如吕母起义就是典型史例。正如周天游所指出的,"西汉末年,吕母为其子报仇,在百余名贫苦少年的帮助下,攻破海曲县城,杀县宰以祭子墓。这场出于个人恩怨的复仇行动,在当时阶级矛盾的推动下,揭开了绿林赤眉大起义的序幕"。[1]

《后汉书》卷八四《列女传》之后,《晋书》《魏书》《隋书》《北史》《旧唐书》《新唐书》《宋史》《辽史》《金史》《元史》《明史》以及《清史稿》均有《列女传》。《晋书》卷九六《列女传》勇武故事,上文已经集中引录。《魏书》卷九二《列女传》记载:"平原鬲县女子孙氏男玉者,夫为灵县民所杀。追执仇人,男玉欲自杀之,其弟止而不听。……遂以杖殴杀之。"也是复仇故事。[2]《魏书》卷九二《列女传》及《北史》卷九一《列女传》"任城国太妃孟氏""勒兵登陴""巡守""不避矢石","苟金龙妻刘氏""率厉城民","拒战百有余日"事迹,《北史》卷九一《列女传》记述"西魏孙道温妻赵氏",《北史》卷九一《列女传》及《隋书》卷八〇《列女传》记述"冼夫人"即"谯国夫人"事迹,已见于上文。《旧唐书》卷一九三《列女传》说"魏衡妻王氏"被"薛仁杲旧将房企地"俘获,"逼而妻之","企地领众将趋梁州,未至数十里,饮酒醉卧,王氏取其佩刀斩之,携其首入城,

---

[1] 周天游:《两汉复仇盛行的原因》,《历史研究》1991年第1期。
[2] 《魏书》,第1980页。

贼众乃散"。于是唐高祖"大悦，封为崇义夫人"。[①] 王氏以其个人行动，影响了战局形势。

其他正史《列女传》记载的"女军"故事，多已见于上文不同历史阶段的记述与论说之中。应当说，历代史籍的《列女传》，保留了许多值得珍视的女子从事军事活动的历史记忆。

2.《少室山房笔丛》"妇人掌兵"事

明代学者胡应麟《少室山房笔丛》曾经回顾历代女子非凡表现，就其"力"的作用有这样的历史分析：

> 妇人掌兵者：六朝冼氏，唐李氏。群盗者：东汉吕母称将军，徵侧、徵贰反交阯，宋李全妻杨妙真，五代贼帅白项鸦。伪男子有军功者：晋木兰，唐张詧妻。丑而力而德者，梁鸿妇孟氏。美而力而节者，符登后毛氏。

分说"妇人掌兵者""群盗者""伪男子有军功者"以及"丑而力而德者"和"美而力而节者"，除了其中所谓"丑而力而德者"之外，多与"女军"相关，上文已曾论及。胡应麟这里讨论的主题是"妇人"的"力"。他又写道："右诸人漫忆其烨赫，余未易更仆陈，然总之未必皆勇力。即勇力未必绝人也。"

胡应麟又讲述了一个"勇力""绝人"的故事："惟《剧谈录》一妇人异甚，而《太平广记》'勇力'类不收，因录之。即此知唐人

---

① 《旧唐书》，第5140页。

图61 清苏州年画"白虎关樊梨花大破杨藩"（事见《薛丁山征西全传》）

小说中奇事，《广记》固有不尽收者，非以刊落，大概遗亡耳。神策将张季弘以勇气闻于时。一日，赍文牒往州郡，暮投旅店。睹其母子相对悲愁，问之，曰：'家有妇至恶，恃其勇，凌侮吾母子无不至。'季弘笑谓：'他非吾所办，此易耳。即相为除之。'母子剧喜。俄妇人自外至，状无异常人。季弘取骡鞭置座下，呼语曰：'吾闻汝倚有勇力，不伏姑婿使唤，果有此否？'妇再拜曰：'新妇敢尔？自是大家憎嫌过甚。'因引季弘手至大石上，历数平日事，辄曰：'如此事岂是新妇不是？'每陈一事，以指于石上掏一画，每掏辄入寸余。季弘汗落神骇。但称'道理不错'。其夜不能寐。翌日亟行。"[①] 胡应麟对于"女军"史中声名"烨赫"者以为"未必皆勇力"，以及"即

---

① 〔明〕胡应麟撰：《少室山房笔丛》卷三五《己部·二酉缀遗上》，上海书店出版社2001年版，第359页。此"恶新妇"事又见〔清〕王初桐撰《奁史》卷二七《肢体门三》据《剧谈录》引，《奁史》，第437—438页。又见〔清〕徐岳撰《见闻录》卷三"妇力"条，《四库全书存目丛书·子部》第250册，齐鲁书社1995年版，第461页。

图 62　清潍县年画"石王府"（事见《英烈传》）

勇力未必绝人也"的分析，是值得重视的。

我们或许可以这样说，历代"女军""英雄"的资质与军事能力，是由多方面元素构成的。

3.《名山藏·列女记》"比木兰"事

上文引录了明人何乔远《名山藏》卷八九《列女记一》"苏氏"条记述的"女子军"故事。同书《列女记一》还有《韩氏女黄善聪合传》，其中"韩氏女"事迹与"女军"相关：

> 韩氏女，保定人。国初，明玉珍据蜀。女年十七，独身耳。惧为乱军所掠，衣男子衣，混行间。既被掳，为兵卒，从玉珍入云南。从军七年，人莫知也。道近其叔父，乃赎之以归。一时同伍者皆惊异。归而嫁于成都之尹氏。成都人称为"韩贞女"。

又叙"成化中南京淮清桥一女子名善聪者,其事亦类贞女","二女人以比木兰云"。①然而黄善聪虽同样女扮男装,隐匿女性身份,"其事亦类贞女",但是并没有"从军"经历,虽"人以比木兰",但严格说来是并不相同的。

同卷又有"郭真顺"故事。"郭真顺,潮州周伯玉妻。""元乱,避地居村寨,众推伯玉为寨主。"郭真顺细心观察形势,"语伯玉曰:'吾观寨众,皆矜能轻敌,必败。卿好谢之。'伯玉如其言。久之,寨众争长,杀其所别立者,而伯玉以免。寨中人多积粟,真顺独劝伯玉散所藏粟,与其婢子日索绚而已。亡何,贼至,尽焚农家子所积粟。真顺请伯玉引索贯妻子与同系,贼谓此捕卤也,恣其行,置不问。因得从间道去依溪头寨居焉"。郭真顺以计谋在寨中内乱及外贼侵入时得保自全。在"太祖定天下,岭南归附,再遣指挥俞良辅来征诸寨之未服者"时,"一寨皆恐诛",而"真顺作《俞将军引》,遮道上之,并言寨人无逆状,俞将军览诗大喜,一寨皆全"。郭真顺只是间接参与军事,其事迹未可看作真确的"女军"史信息。但是所作《俞将军引》虽有阿谀语气,却透露出她不仅富有文采,也具有一定的军事知识。其诗写道:"将军开国之

图63 清杨柳青彩色套印风筝"花木兰"

---

① 〔明〕何乔远撰:《名山藏》,《续修四库全书》第427册,第445—446页。

武臣，早附凤翼攀龙鳞。烟云惨淡蔽九野，半夜捧出扶桑轮。前年领兵下南粤，眼底群雄尽流血。马蹄带得淮河冰，洒向江南作晴雪。潮阳僻在南海滨，十载不断干戈尘。客星移处万里外，天子亦念遐方民。将军高名迈千古，五千健儿猛如虎。轻裘缓辔踏地来，不减襄阳晋羊祜。此时特奉明主恩，金印斗大龟龙文。大开藩卫制方面，期以忠义酬明君。……去岁壶阳戍守时，下车爱民如爱儿。壶山苍苍壶水碧，父老至今歌咏之。欲为将军纪勋绩，天家自有麒麟笔。愿属壶民歌太平，磨崖勒尽韩山石。"① 这篇《俞将军引》，在某种意义上，或许可以归入军事文学类别之中。

4.《女云台》《兰闺宝录》等"妇人统兵"事

清人周亮工《因树屋书影》卷六写道："贼寇盘据吾豫十余年，阮太冲愤兵骄将懦，作《女云台》二卷以讥之。记中杂取古女子妇人建义旗、灭盗贼诸事，多至数十百人，一时传之。"② 俞樾《茶香室续钞》卷五"女云台"条下引录了这段有关"阮太冲愤兵骄将懦，作《女云台》二卷以讥之"的文字。所谓"古女子妇人建义旗、灭盗贼诸事，多至数十百人"③，史例之多，是惊人的。汉明帝追念前世功臣，图画邓禹等二十八将于南宫云台。云台，后来用以专指纪念功臣名将之所。所谓《女云台》，犹如说《女名将谱》《女军事功臣谱》。

宋人赵与时《宾退录》卷七写道："妇人统兵，世但称唐平阳公主。余又记晋王恭讨王国宝时，王廞聚众应之，以其女为贞烈将军，且尽

---

① 《名山藏》，《续修四库全书》第 427 册，第 444 页。
② 《因树屋书影》，第 159 页。
③ 《茶香室丛钞》，第 602 页。

第二十三章 "女军"的文化关注

以女人为官属,顾琛母孔氏为司马,其一也。"[1]清人张宗泰《鲁岩所学集》卷七"书《宾退录》卷七后"条下,对于赵与时搜辑女军史料予以肯定:"谓妇人统兵,世但知有平阳公主,而不知晋王廞讨王国宝,以其女为贞烈将军。诧为能搜索异闻。"然而又指出类似信息"尚多有之"。他写道:"其实此等事之见于传记者尚多有之。如近代人《兰闺宝录》所载:晋张茂为沈充所害,其妻陆氏,率茂部曲为先登以讨充。刘遐为石季龙所围,其妻邵氏,将数骑拔遐于万众之中。梁高州刺史李迁仕反,冯宝妻洗氏,将千余人击之,大捷。唐天宝末,史思明叛乱,卫州侯氏、滑州唐氏、青州王氏,各率团练乡兵,赴行营讨贼。黄巢之乱,英德虞氏,躬擐甲胄,率昆弟及乡兵迎战,贼败北。宋绍定间,寇破宁化,晏氏召田丁,勉之以义,田丁感激思奋,乃自挝鼓,使诸婢鸣金以作其气,贼遂败退。古今以妇女统兵,似此者尚不可枚举。兹特录其大略,以补赵氏所未备焉。"[2]对于中国女军史的关注,历代有心人进行了长期的工作。然而所谓"赵氏所未备"者,其实还可以进行补足的工作。但是相关文献遗存的"搜索",当然只能一步一步增益。可惜的是,《女云台》《兰闺宝录》等论著,已经佚失无存。

清代学者俞樾《茶香室四钞》卷五有"妇人统兵"条,引录宋赵与时《宾退录》言"妇人统兵"事,又写道:"按杨大眼妻杨氏称杨将军,见《魏书》本传。许勍妻刘氏称刘将军,见唐崔致远《桂苑笔耕集》。此类尚有之。至统兵自成一军者,则罕见。《金史》,完颜仲德妻率诸命妇自为一军,亲运矢石于城下。此则非赵氏所及

---

[1] [宋]赵与时著,齐治平校点:《宾退录》,上海古籍出版社1983年版,第88页。
[2] [清]张宗泰注:《鲁岩所学集》,《清代诗文集汇编》编纂委员会编:《清代诗文集汇编》第516册,上海古籍出版社2010年版,第281页。《清史稿》卷五〇八《列女传一·廷璐妻恽》:"尝拟《列女传》为《兰闺宝录》。"第14026页。

见矣。""完颜仲德妻率诸命妇自为一军"的评价,上文已曾引述。俞樾补充前人识见,不仅直接搜索史籍文献,亦细心辑录笔记文字相关内容,多所增益。而前代笔记,也多注意通过历史文献有所发现。俞樾写道:"明周婴《卮林》云:《唐书》,韦后时有内将军贺娄氏。肃宗乾元初,卫州妇人侯四娘,滑州妇人唐四媳①,集州妇人王一娘,歃血请赴行营讨贼,皆补果毅,咸官妖也。"此称"官妖",然而言吕母、孔氏等故事,则有"奇妇人"的赞叹:"《卮林补遗》云:《汉纪》,琅琊吕母为子报怨,聚众数百人,自号将军。《宋书》,顾琛母孔氏年百余岁,晋安帝隆安初,琅琊王廞于吴中为乱,以女为贞烈将军,以孔氏为司马。女将军、女司马,伟矣,年百余岁而能服军政,振古之奇妇人也。"俞樾还关注了《疑耀》的相关内容:"明张萱《疑耀》云:庾子山《奉报赵王出师在道赐诗之作》云:'锦车同建节,鱼轩异泊营。军中女子气,塞外夫人城。'是赵王宅眷皆在军中矣。愚按'同建节''异泊营'二句,疑赵王夫人亦自成一队也。"②《疑耀》卷七"妇人在军中"条写道:"自古出师未有妇人偕行者,故杜工部有'妇人在军中,兵气恐不扬'之句。庾子山《奉报赵王出师在道赐诗》之作乃云:'锦车同建节,鱼轩异泊营。军中女子气,塞外夫人城。'是赵王宅眷皆在军中矣。"③其他诗论,也可见"先序出师之盛,因携宫眷"的说法。④《庾子山集注》此句注释:"言与赵国夫人纥豆陵氏同行也。"又引《汉书·西域传》曰:"初,楚主侍者冯嫽能史书,习事,尝持汉节为公主使,行赏赐于城郭诸国,

---

① 《旧唐书》卷一〇《肃宗纪》作"唐四娘"。第253页。
② 《茶香室丛钞》,第1557—1558页。
③ 〔明〕张萱撰,栾保群点校:《疑耀》,文物出版社2019年版,第233页。
④ 〔清〕陈祚明评选,李金松点校:《采菽堂古诗选》卷三三,上海古籍出版社2019年版,第1094页。

敬信之，号曰冯夫人。为乌孙右大将妻，右大将与乌就屠相爱，都护郑吉使冯夫人说乌就屠，以汉兵方出，必见灭，不如降。乌就屠恐，曰：'愿得小号。'宣帝征冯夫人，自问状。遣谒者竺次、期门甘延寿为副，送冯夫人。冯夫人锦车持节。"又引颜师古注引服虔曰："锦车，以锦衣车也。"①

注家还写道："《左氏传》曰：'归夫人鱼轩。'"对于《史记》《汉书》相关"军中女子之事"信息的引录，没有按照时序。引《汉书》曰：李陵与单于战，"陵曰：'吾士气少衰而鼓不起者，何也？军中岂有女子乎？'始军出时，关东群盗妻子徙边者随军为卒妻妇，大匿车中。陵搜得，皆剑斩之"②。"又《商子·兵守》篇云：'壮女为一军。'《史记》云：'孙武以兵法见于吴王，试以妇人。'③梁湘东王尝出军，有人将妇从者，王曰：'才愧李陵，未能先诛女子，将非孙武，遂欲驱战妇人。'皆引军中女子之事也。《汉书》曰：'汉军乘胜追北，至范夫人城。'应劭曰：'本汉将筑此城，将亡，其妻率余众完保之，因以为名也。'张晏曰：'范氏能诅胡者。'④时赵王将妇出军，故引军中女子、塞外夫人之事。子山《纥豆陵墓志》云'柱国殿下，扬旌玉垒，驱传铜陵。夫人从政月峡，赞德云门'是也。夫人后薨于成都之锦城矣。"⑤

所谓"梁湘东王尝出军，有人将妇从者，王曰：'才愧李陵，未能先诛女子，将非孙武，遂欲驱战妇人。'"事，见于《南史》卷一五《徐

---

① 《汉书》卷九六下《西域传下》，第3907页。
② 《汉书》卷五四《李陵传》，第2453页。
③ 《史记》卷六五《孙子吴起列传》："孙子武者，齐人也。以兵法见于吴王阖庐。阖庐曰：'子之十三篇，吾尽观之矣，可以小试勒兵乎？'对曰：'可。'阖庐曰：'可试以妇人乎？'曰：'可。'于是许之，出宫中美女，得百八十人。"第2161页。
④ 《汉书》卷九四上《匈奴传上》，颜师古注引张晏曰："范氏能胡诅者。"第3780页。
⑤ 《庾子山集注》，第204—206页。

君蒨传》:"湘东王尝出军,有人将妇从者,王曰:'才愧李陵,未能先诛女子,将非孙武,遂欲驱战妇人。'君蒨应声曰:'项籍壮士,犹有虞兮之爱,纪信成功,亦资姬人之力。'"[1]从正面肯定了"女子""妇人"在战争中的积极作用。

5. 姜晓泉《儿女英雄画册》与陈文述跋

清人姜晓泉有《儿女英雄画册》,表扬历代英雄女子。陈文述《姜晓泉〈儿女英雄画册〉跋》写道:"右《儿女英雄画册》十二册,云间姜晓泉为万廉山司马作。"其内容,"首聂政姊荣,自杀以显弟名者也。次如姬,为信陵君盗兵符夺晋鄙军救赵者也。次冯嫽,汉楚王侍者,乌孙右大将妻,锦车持节诏乌就屠使乌孙镇抚星弥者也。次冯婕妤,汉元帝宫人当熊者也。次木兰,代父从征十二年始归,火伴不知是女郎者也。次洗夫人,高凉太守冯宝妻,陈封中郎将石龙郡太夫人,隋初张锦伞卫诏使定岭表,封谯国夫人敕开幕府者也。次红拂,李卫公妻,事见唐人小说者也。次平阳昭公主,唐高宗女,起兵佐高帝者也。次梁红玉,韩蕲王次妻,佐蕲王破兀术黄天荡者也。次奢香,为明太祖开龙场九驿者也。次秦良玉,石砫宣慰马千乘妻,官总兵,破杨应龙及张献忠者也。次费贞娥,明思陵宫人,刺李自成副贼罗让者也"。所列十二人,据陈文述所说,"图皆有诗,诗皆有论史之识"。

这十二位"儿女英雄"中,木兰、洗夫人、平阳昭公主、梁红玉、秦良玉五人故事,都可以归入我们讨论的"女军"范畴之中。

---

[1]《南史》,第441页。

第二十三章 "女军"的文化关注

陈文述所表扬"诗皆有论史之识"者，"平阳公主云：独将偏师冠一军，入关娘子是功臣。凌烟阁上无名氏，缺写开唐第一人。"又"秦良玉云：胜国英雄三百年，功名不及画凌烟。可怜一只娲皇臂，难挣西南半壁天。"陈跋写道："非特画称名家，诗亦称良史焉。"① 认为这些"女军""英雄""功臣"的历史表现，本来是应该上"凌烟阁"的。这样的认识，得"亦称良史"的评价，自有其合理性。

图64　清苏州屏条"薛丁山征西"
（事见《薛丁山征西全传》）

---

① 〔清〕陈文述撰：《颐道堂文钞》卷一一，《清代诗文集汇编》编纂委员会编：《清代诗文集汇编》第505册，上海古籍出版社2010年版，第184页。

第二十四章　现代史学视野中的"女军"

女子参与战争活动，女子经历军事生活，是历代多曾发生的社会现象。一些关注社会生活史全貌的现代史学家，对于这种现象予以重视。他们笔下出现了对于"女子从军"、"女子服兵役"、女子以武装抗争的方式表达自我意志之行为的记述和分析，构成了史学进步的新动向，对于深化社会生活史研究有积极意义。

1.《吕思勉读史札记》"女子从军"条

吕思勉遗著《吕思勉读史札记》是他50多年的读史心得，其实也是他"踏实从事历史研究的成果"。上海古籍出版社将其中已经发表和未曾发表的札记一起加以整理汇编，于1982年8月出版。

其中甲帙"先秦"184则，乙帙"秦汉"120则，丙帙"魏晋南北朝"101则，丁帙"隋唐以下"56则，戊帙"通代"65则。可知重心在于先秦、秦汉时期，计304则，占总数526则的58%以上。

甲帙"先秦"有"女子从军"条。开篇即指出："后世女子罕从征战，偶有其事，人遂诧为异闻；若返之于古，则初无足异也。"论说引录《商君书·兵守》"壮男为一军，壮女为一军，男女之老弱者为一军"之"三军"说，及《墨子·备城门》"丈夫""丁女""老小"编列为军，各有军务责任的内容，又指出："盖兵亦役之一，古役固男女皆兴也。"①

《吕思勉读史札记》"女子从军"条，体现出学识卓越的史家对这一历史文化现象长期的关注。

2.《顾颉刚读书笔记》论"女子服兵役"

顾颉刚《史林杂识初编》第一五则为"女子服兵役"条。② 这是比较全面地研究女子从军役的论著，亦编入《顾颉刚读书笔记》之中。③ 而《顾颉刚读书笔记》则有多条涉及女子参与战争实践与军事生活问题。

例如《西庑读书记》"男女以辨"条："古代国有大事，男、女俱出，则各成列而不乱。哀公元年《传》曰：'楚子围蔡，……蔡人男、女以辨，使疆于江、汝之间而还。'杜注：'辨，别也。男、女各别，系累而出降。'"④ 所谓"国有大事，男、女俱出"，分别排列，这是军事化的管理方式。

《得性轩读鉴记（二）》"贾捐之陈武帝时人民痛苦状：女子乘亭鄣"条写道："珠厓诸县数反，待诏贾捐之曰：孝文皇帝偃武行文，当此之时，断狱数百，赋役轻简。孝武皇帝厉兵马以攘四夷，天下断狱万数，赋烦役重，寇盗并起，军旅数发，父战死在前，子斗伤于后，女子乘亭鄣，孤儿号于道，老母、寡妇饮泣巷哭，是皆廓地泰大，征伐不休之故也。"于是写道："此见武帝时民众的痛苦。女子乘亭鄣，

---

① 《吕思勉读史札记》，第303—305页。
② 《史林杂识初编》，第92—95页。
③ 《顾颉刚读书笔记》卷一六，第336—339页。
④ 《顾颉刚读书笔记》卷四，第162页。

知汉时女子亦有服兵役者。"①

《耄学丛记（一）》"为亲属报仇之三女杰"条，言"东海妇为夫报仇，与秦女休为宗报仇，苏来卿为父报仇"，以为"可谓中国史中三女杰，其姓名惜不传也"。所说"手刃宗仇，勇且侠矣""白刃耀素雪""三呼一交兵"②，赞美的是以武装方式铁血复仇的精神。

《丙辰杂记》"汉代军中禁女子"条写道："'妇人在军中，兵气恐不扬'一语，出《汉书·李陵传》。《传》云：陵至浚稽山，与单于相值，……令曰：'闻鼓声而纵，闻金声而止！'……陵曰：'吾士气少衰而鼓不起者何也？军中岂有女子乎？'始军出时，关东群盗妻子徙边者，随军为卒妻妇，大匿车中。陵搜得，皆剑斩之。"于是写道："此事可补入予旧作《女子服兵役》中，盖战国时各国兵源缺乏，故辅之以妇女；及秦汉时，国既统一，无虑兵源，故以军中有女子为厉禁，搜得即处以死刑也。"③虽然所谓"秦汉时""无虑兵源"的分析显得过于简单化，但是对于"军中""女子"的存在及纪律执行进行的文化史考察，是可以给予我们启示的。

《浪口村随笔》卷之二《制度类二十二则》有"女子服兵役"条。这就是他所说可以补充的"予旧作《女子服兵役》"。其内容上文"《墨子》城守各篇所见'丁女''坚守胜围'责任""《商君书·兵守》：'壮女为一军'""女子'被甲'""'女役'形式之二：军事工程营筑""'女役'形式之三：军运"等节有所引用。

他的《愚修录（四）》又有"太平天国之妇女军"条。④

---

① 《顾颉刚读书笔记》卷七，第 490 页。
② 《顾颉刚读书笔记》卷一四，第 189—190 页。
③ 《顾颉刚读书笔记》卷一四，第 360 页。
④ 《顾颉刚读书笔记》卷一二，第 175 页。

3. 杨爱国、邢义田对"七女为父报仇"画像的解读

与前说顾颉刚《耄学丛记（一）》"为亲属报仇之三女杰"条所肯定的女子武装复仇行为相关，汉代画像主题之一，有"七女为父报仇"。

杨爱国研究汉代画像多有新见。他认为，以往武氏祠发现、定名为"桥上战争图"或"水陆攻战图"的汉画像石，表现的其实是"七女为父报仇"的故事。他写道："1993年在莒县东莞镇一座宋代墓葬中，发现了几块汉画像石（三国以后，人们利用汉画像石造墓或直接将死者葬入汉画像石墓中是常有的事），其中一块石阙上刻着和上述嘉祥武氏祠的两图内容相同的图像，右上角有榜题'七女'。将其与内蒙古和林格尔汉墓壁画上的'七女为父报仇'图相对照，我们可以看出，这两幅图与武氏祠中的两幅图像的内容，都是七女为父报仇的故事。但这个故事却不见于迄今所见的文献，以收录列女故事为对象的《列女传》中也没有。"[1] 据邢义田指出，这一认识亦见于《莒县文物志》等论著。[2]

莒县汉画像石刻写"七女"榜题的发现[3]，结合和林格尔汉墓壁画墨书"七女为父报仇"榜题[4]，为解读相关汉代画像的主题提供了重要的启示。邢义田进行了全面深入的研究，推定武氏祠、孝堂山石祠和临沂吴白庄汉墓所见画面也是"'七女为父报仇'画像"，进而

---

[1] 杨爱国：《不为观赏的画作——汉画像石和画像砖》，四川教育出版社1998年版，第221页。
[2] 苏兆庆、夏兆礼、刘云涛编：《莒县文物志》，齐鲁书社1993年版；王思礼：《从莒县东莞汉画像石中的七女图释武氏祠"水陆攻战"图》，《莒县文史资料》第10辑《莒文化研究专辑》（一），1999年版，第201—218页。
[3] 刘云涛：《山东莒县东莞出土汉画像石》，《文物》2005年第3期。
[4] 内蒙古文物工作队、内蒙古博物馆：《和林格尔发现一座重要的东汉壁画墓》，《文物》1974年第1期。

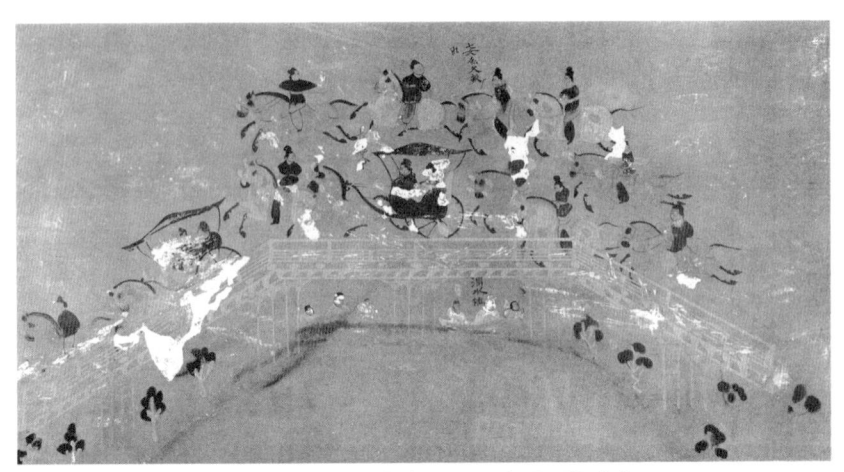

图 65　和林格尔汉墓壁画"七女报仇图"摹本

图 66　莒县东莞汉画像石"七女报仇图"（右上方可见"七女"榜题）

图 67　临沂吴白庄汉画像石"七女报仇图"

进行了"安徽宿县褚兰两座石祠西壁上'七女为父报仇'画像的推定"。论者指出，有的画面表现的武装争斗的"场面"更为"浩大"，例如，"参加报仇的人除了七位女子，在武氏祠的画面里还出现不少其他手持武器的男性兵士。左石室桥下右侧的船上，在女子身后甚至有一位披发的小孩。这些人物应和七女复仇故事的情节有关"[1]。也就是说，"七女复仇故事"中，武装组合规模其实可能超过"七位女子"。"披发的小孩"形象，或许有意显现典型的家族"复仇"的性质。而"出现不少其他手持武器的男性兵士"的情形，则体现这可能是有充分准备的组织规模可观的武装行动。吕母为子复仇，起初集众"百余人"，后来队伍益为扩大，形成武装暴动，可以引为参考。[2]

"七女为父报仇"画面之所以以往定名为"桥上战争图"或"水陆攻战图"，就是因为所表现的场面一如战争情景。"七女"一致行动，实质上也形成了战斗组合。

4. 妇女史论著的"女军"页面

一些妇女史论著注意到女子参与军事生活的历史事实。

王子今、张经著《中国妇女通史·先秦卷》有"女性战神：'女魃'和'玄女'""早期部族战争中的女性""妇好事迹""孙武女军操练"等节，都事涉"女军"。而"女间谍"一节，说到"女艾"既是"女间谍"，又是"女刺客"，除了军事"情报"的"刺探"，还以其他表现"对于夏的复兴有重要贡献"。"妹喜"对于商汤决

---

[1] 邢义田：《画为心声：画像石、画像砖与壁画》，中华书局2011年版，第92—137页。
[2] 《汉书》卷九九下《王莽传下》，第4150页。《后汉书》卷一一《刘盆子传》，第477—478页。

策"果断出兵","犹发师""西以进",最终导致"夏亡",也"确实起到了某种重要作用"。①

又如彭卫、杨振红著《中国妇女通史·秦汉卷》在"女性的'神秘'力量"一节说到李陵故事:"《汉书》卷五四《李广传附孙李陵》记录李陵远征匈奴时"为维护"士气"而斩杀"军中""女子"的情节。李陵说:"吾士气少衰而鼓不起者,何也?军中岂有女子乎?"班固记载:"始军出时,关东群盗妻子徙边者随军为卒妻妇,大匿车中。陵搜得,皆剑斩之。"颜师古注"对鼓不起的原因提供了两种解释":"击鼓进士而士气不起也。一曰,士卒以有妻妇,故闻鼓音而不时起也。"彭卫、杨振红写道:"无论何种解释,都认为士气不振与士卒身边有妇女有关。我们从人类学资料中也可以寻到这种解释,即女性对作战期间男性的负面影响,这种影响不是人们通常理解的缠绵恋家之情,而是通过接触女性造成的男子勇气的磨灭。这是与原始巫术交感联系类似的具有神秘色彩的思维。"论者指出:"在一些未开化民族中,有战士在战时不得接近妇女的规定,弗雷泽认为原因可能是与妇女亲近会染上女性的怯懦。在文明社会依然有这类习俗,如古代罗马禁止军队随营携带女眷,因为在战时'易于引起人们的畏怯。'"

对于中国古代的相关禁忌,彭卫、杨振红还以注文有所补充:"这类思维的起源应当甚早,并流播广远。《商君书》卷一《垦令》'令军市无有女子'似乎也可作此理解。晚近如清代有屏盗贼咒语,'羁旅路宿,颇可预防',惟要求'勿令鸡犬妇女见之'(梁章钜:《归田琐记》卷一《屏贼盗咒》。又见姚之元:《竹叶亭杂记》卷七)。"②

---

①《中国妇女通史·先秦卷》,第122—125页。
②《中国妇女通史·秦汉卷》,第397页。

插图目录

图 1　元谋新石器时代遗址人骨残留石镞的女性墓 M8　/018

图 2　元谋新石器时代遗址人骨残留石镞的女性墓 M9　/018

图 3　妇好墓出土青铜戈　/051

图 4　妇好墓出土青铜钺　/051

图 5　妇好墓出土玉刀　/051

图 6　妇好伐巴方卜辞　/052

图 7　绵阳白虎嘴 M7 出土挟环首刀侍婢俑　/104

图 8　忠县涂井崖墓出土持兵器侍婢俑　/104

图 9　传米芾书《木兰诗》　/119

图 10　明万历十八年山西刊本《闺范》"木兰代戍"图　/123

图 11　明万历刊本《列女传》"木兰女"图　/123

图 12　民国《木兰从军》连环画　/125

图 13　杨柳青"木兰从军"年画　/125

图 14　刘旦宅彩绘《木兰从军》图　/125

图 15　魏晋墓壁画女子骑射图　/127

图 16　冼夫人塑像　/129

图 17　民国五年《绣像十二寡妇征西》　/158

图 18　民国五年《绣像十二寡妇征西》插图 1　/161

图 19　民国五年《绣像十二寡妇征西》插图 2　/161

493

图 20　《绣像杨家将全传》穆桂英画像　/162

图 21　赤水女武士石刻画像　/164

图 22　中国国家博物馆藏清人绘梁红玉像　/178

图 23　年画《梁红玉大战金兀术》　/178

图 24　1992 年社会福利奖券《梁红玉擂鼓抗金兵》　/178

图 25　中国国家博物馆藏清人叶衍兰绘秦良玉像　/207

图 26　清绵竹印本门神"秦良玉"　/207

图 27　清杨柳青年画"李自成"（左起第二人为"红娘子"张兰英）　/208

图 28　年画《小刀会》《红灯照》　/237

图 29　上海年画《南京得胜》　/239

图 30　红灯照领袖"黄莲圣母"林黑儿　/244

图 31　上海年画《孙夫人会同刘小姐台中彰化县大胜》　/248

图 32　《新刊八仙出处东游记》"桂英射死何庆"图　/254

图 33　倪田《四红图》　/280

图 34　梁红玉像（清光绪二十二年《历代画像传》）　/280

图 35　合江福宝古镇民间演出"穆桂英打雁"　/335

图 36　民初平度印本"穆桂英登台点将"图　/335

图 37　孙夫人像（清光绪庚寅冬月广百宋斋校印《图像三国志》）　/354

图 38　清杨柳青年画"东吴招亲"　/355

图 39　敦煌文书《冀国夫人歌词》　/361

插图目录

图 40　梁红玉佩剑像　/369

图 41　红拂像（清王翙绘图嘉庆间颜氏刻本《百美新咏》）　/369

图 42　清光绪刊本《胡蝶秋斋所藏画册》"女剑侠"图　/370

图 43　清咸丰刊本《剑侠传》"荆十三娘"图　/370

图 44　北京故宫博物院藏孝庄文皇后朝服像　/385

图 45　清康熙刊本《闺范图说》"鲁氏守寨"图　/385

图 46　清嘉庆刊本《回文类聚》"携姬之任"图　/388

图 47　刘备孙夫人像（清王翙绘图嘉庆间颜刘备氏刻本《百美新咏》）　/406

图 48　孙夫人像（《良友》第13期17页）　/406

图 49　《塑神秘谱》书影：二十八宿之"女土蝠景丹"之一　/421

图 50　《塑神秘谱》书影：二十八宿之"女土蝠景丹"之二　/421

图 51　玻璃瓷画《西游记》故事"芭蕉扇"　/427

图 52　玻璃瓷画《庆顶珠》打渔杀家故事　/427

图 53　民国同昌楼灯画：《施公案》张桂兰、黄天霸比武故事　/427

图 54　清临泉年画《十字波（坡）》"武松孙二娘"　/435

图 55　明崇祯刊本水浒页子"一丈青扈三娘"　/435

图 56　清顺治刊本水浒页子"母大虫顾大嫂"　/435

图 57　明万历四十年泊如斋吴氏刊本《闺范》"木兰回乡"图　/453

图 58　皮影女将造型　/457

图 59　国家图书馆藏清升平署绘戏曲人物图谱梁红玉扮相　/458

495

图 60　清杨柳青年画"虹霓关"　/468

图 61　清苏州年画"白虎关樊梨花大破杨藩"　/477

图 62　清潍县年画"石王府"（事见《英烈传》）　/478

图 63　清杨柳青彩色套印风筝"花木兰"　/479

图 64　清苏州屏条"薛丁山征西"（事见《薛丁山征西全传》）　/485

图 65　和林格尔汉墓壁画"七女报仇图"摹本　/490

图 66　莒县东莞汉画像石"七女报仇图"（右上方可见"七女"榜题）　/490

图 67　临沂吴白庄汉画像石"七女报仇图"　/490

参考资料

陈东原：《中国妇女生活史》，商务印书馆 1928 年版；

瞿宣颖纂辑：《中国社会史料丛钞·甲集》，商务印书馆 1937 年版；

鲍家麟：《中国妇女史论集》，稻乡出版社 1979 年版；

吕思勉：《吕思勉读史札记》，上海古籍出版社 1982 年版；

高大伦、范勇编译：《中国女性史（1851—1958）》，四川大学出版社 1987 年版；

〔日〕山川丽：《中国女性史》，高大伦、范勇译，三秦出版社 1987 年版；

邓子琴：《中国风俗史》，巴蜀书社 1988 年版；

高世瑜：《唐代妇女》，三秦出版社 1988 年版；

刘士圣：《中国古代妇女史》，青岛出版社 1991 年版；

马西沙、韩秉方：《中国民间宗教史》，上海人民出版社 1992 年版；

高世瑜：《中国古代妇女生活》，商务印书馆国际有限公司 1996 年版；

杨爱国：《不为观赏的画作——汉画像石和画像砖》，四川教育出版社 1998 年版；

吕宗力、栾保群：《中国民间诸神》，河北教育出版社 2001 年版；

吴玉贵：《中国风俗通史·隋唐五代卷》，上海文艺出版社 2001 年版；

彭卫、杨振红：《中国风俗通史·秦汉卷》，上海文艺出版社 2002 年版；

李小江：《女性／性别的学术问题》，山东人民出版社 2005 年版；

王子今、张经：《中国妇女通史·先秦卷》，杭州出版社 2010 年版；

彭卫、杨振红：《中国妇女通史·秦汉卷》，杭州出版社 2010 年版；

张承宗、陈群：《中国妇女通史·魏晋南北朝卷》，杭州出版社 2010 年版；

高世瑜：《中国妇女通史·隋唐五代卷》，杭州出版社 2010 年版；

方建新、徐吉军：《中国妇女通史·宋代卷》，杭州出版社 2011 年版；

陈宝良：《中国妇女通史·明代卷》，杭州出版社 2010 年版；

郭松义：《中国妇女通史·清代卷》，杭州出版社 2010 年版；

顾颉刚：《顾颉刚读书笔记》，中华书局 2011 年版；

邓小南、王政、游鉴明：《中国妇女史读本》，北京大学出版社 2011 年版；

邢义田：《画为心声：画像石、画像砖与壁画》，中华书局 2011 年版；

罗慧兰、王向梅：《中国妇女史》，当代中国出版社 2016 年版；

常建华：《中国古代女性婚姻家庭》，中国工人出版社 2020 年版；

焦杰：《中国古代妇女史》，陕西人民教育出版社 2022 年版。

索 引

A

阿鲁真 / 175—176，357

B

八百媳妇 / 188—190

八百媳妇国 / 188—189

白项鸦 / 155—157，476

C

陈硕真 / 135—138，256

迟昭平 / 095—096，255—256

雌木兰 / 201，424，426

崔宁妾任氏 / 360

D

大师姐 / 244

丁女 / 064—065，069，072，089—090，274，486

东巴教 / 031—033

E

二师姐 / 244

R

儿女英雄画册 / 484

F

风流阵 / 457—460

风声妇人 / 397—398

夫人城 / 116—117，213—214，274—277，422—423

佛母 / 195，331—332

符登妻毛氏 / 110—111

妇好 / 042—052，353，491

妇女军 / 233，453，488

妇人队 / 456

G

苟金龙妻刘氏 / 115，256，475

缑玉 / 474

古玄应妻高氏 / 146

官伎女子 / 397

官使妇人 / 397—398

媯嫿词 / 437—440，443

郭沫若 / 042，052—053，206

H

邯郸 / 071—072，085，091，148

韩贞女 / 199—201，478

黑灯照 / 241，243

黑丫头 / 230，256

红灯照 / 237，241—245，406，418

红娘子 / 208—209

洪宣娇 / 232

黄巢 / 140，142，320，481

黄帝女魃 / 026—027，326

黄夫人 / 225—226

皇甫谧 / 023，471，474

J

即墨 / 070—071，195，332

贾宝玉 / 437，440，443

剑器 / 172，358，362—366

健妇 / 206—207，234，335，338—340，436，456

教匪七姑娘 /240—241

京师节女 / 469—470

军妇 / 390，392

军伶 / 401—402

军妻 /390—392

军装宫妓 / 146—148，151，458—460

L

兰闺宝录 / 480—481

蓝灯照 / 241

老学庵笔记 / 164—165，328

梨花枪 / 179—180

李波小妹歌 / 118

李陵 / 244，295—296，407—408，422—423，483—484

梁红玉 / 177—179，250，280，369，458，484

列女传 / 107—111，128—130，175—176，200，284，375—376，469—476

六丁 / 164—172，174，313，328—331

刘将军（许勋妻刘氏）/ 143—144，481

刘淑英 / 215，218—220

吕母 / 093—095，114，155，257，475—476

M

弥勒 / 332—334

墨子 / 064—067，069—070，294—295，409

母大虫 / 431，435—436

母夜叉 / 431

木兰诗 / 119—121，199，451

穆桂英 / 161—162，335

N

娘子关 / 134—135

娘子军 / 002—004，131—134，201，335，453—457

女魃 /026—028，297，300，326

女长城 / 005—006，347，349—350

索 引

女儿国 /265，268，343

女匪 /003，261—263

女服贼 /100—102

女官 /232

女国 /029，265—273

女将 /003，113—114，181，206—208，230—234，430—432

女将军 /003，005，031，176，196—197，215—219，449

女教场 /445

女寇 /003，253—262，342，436

女云台 /480—481

女戎 /001—002，464—468

女帅 /201，205，219—220

女巫 /036，052，166—167，297—302，312—325

女役 /274，282，286—287，488

女元帅 /231，233

女贼 /003，232，253，262—264

女主象 /028，030—031

P

庞勋 /140

平阳公主 /003，131—135，221，456，462

平原君 /069—072，085，091，287

Q

七女为父报仇 /489，491

乔氏 /343—344

秦良玉 /003，005，201—207，338，350，484—485

秦女休 /474，488

青灯照 /241

R

任城国太妃孟氏 /114—115，475

阮姑娘 /220—221

S

沙里质 /175—176

商君书 /067，069—070，074—075，409

蛇节 /189—191，256

圣女 /075—076，275—276

水浒传 /431—434

苏三娘 /234—236

孙武 /056—058，060—061，063，444—445，483—484，491

折太君 /158，161

折太君碑 /159

T

太平军女营 /231

唐赛儿 /194—196，256，331—332，426—431

桃花乞 /285，340—341

田单 /069—072，091

W

完颜仲德妻 /175—176，481—482

王聪儿 /229—230，255

王家録 /282—283

501

王凝之妻谢氏 / 109

魏衡妻王氏 / 475

尉缭子 / 072，073

吴宫二队长 / 062—063

X

冼夫人 / 005，126—130，475，484

小刀会 / 236—238

萧太后 / 174—175

谢道韫 / 109

徐渭 / 201，424

轩辕 / 024—026，028—031

玄女 / 018，025—028，031，297，326—327，334，367—368，491

玄女兵法 / 026，326

荀灌（荀崧小女灌） / 108—109，217，256

Y

杨寡妇军 / 197—198

杨门女将 / 157—158，160—161

杨四娘子 / 179—180

妖女 / 136—137

衣补 / 085—087，287

一丈青 / 186—188，259，342，431—436

因树屋书影 / 223—224，393，480

营倡 / 393，396，400—401

营伎 / 393，397—398

营妓 / 393—401

御教场 / 445—446

虞潭母孙氏 / 110

Z

寨将夫人 / 142—143

张茂妻陆氏 / 107—108，111

霍氏（张铨妻霍氏） / 213—214，275

赵娥（赵娥亲） / 471，474

徵侧 / 096—099，155，235，256，427，476

徵贰 / 097—099，155，235，256，427，476

郑畋妻 / 141

治裘 / 088，289

周立春 / 236—238，262

周亮工 / 165，222—224，322—324，393，480

周秀英 / 236—237

竹枝词 / 061，180，204—206，216，222—224，285—287，337—338，443—449

转输 / 089—090，189，284—285

壮女 / 067—070，072，074—075，091—092，274，282—284

邹保英妻奚氏 / 146

卒妻 / 244，289—296，390，395，408

后 记

有人曾经以"相斫书"来比喻中国史书。《三国志》卷一三《魏书·隗禧传》裴松之注引《魏略》:"鱼豢曰:'天下兵戈尚犹未息,如之何?'豢又常从问《左氏传》,禧答曰:'欲知幽微莫若《易》,人伦之纪莫若《礼》,多识山川草木之名莫若《诗》,《左氏》直相斫书耳,不足精意也。'"①

确实,中国历史正是多变乱、多争战的历史。

那么,占人口大约二分之一的女性,在千百年的战争中有怎样的感受,有怎样的表现,有怎样的作用呢?

中国妇女在战争史中绝不仅仅是在消极地、被动地迎受着苦难。她们曾经有积极的奋争,曾经有精彩的表演,曾经有卓越的功绩。

俞樾《茶香室续钞》卷五"女云台"条下写道:"国朝周亮工《书影》云:'贼寇盘据吾豫十余年,阮太冲愤兵骄将懦,作《女云台》二卷以讥之。记中杂取古女子妇人建义旗、灭盗贼诸事,多至数十百人,

---

① 《三国志》,第422页。《读左氏》诗:"麟经书王法,圣笔行天诛。丘明发其蕴,磊磊照九隅。奈何茧栗犊,命曰相斫书。"〔宋〕李彭撰:《日涉园集》卷四《五言古诗》,《景印文渊阁四库全书》第1122册,第652页。又有称兵书为"相斫书"的。如陆游《对酒》:"识字记姓名,击剑一人敌。孙吴相斫书,了解亦何益。"钱仲联校注:《剑南诗稿校注》卷一一,钱仲联、马亚中主编:《陆游全集校注》第2册,浙江古籍出版社2015年版,第74页。

一时传之.'"① 汉明帝追念前世功臣，图画邓禹等二十八将于南宫云台。云台，后来用以专指纪念功臣名将之所。所谓《女云台》，犹如说《女名将谱》《女军事功臣谱》。

清人张宗泰《鲁岩所学集》卷七"书《宾退录》卷七后"条下，赞叹宋人赵与时《宾退录》关于女军史料的搜寻："谓妇人统兵，世但知有平阳公主，而不知晋王歘讨王国宝，以其女为贞烈将军。诧为能搜索异闻。"然而又写道："其实此等事之见于传记者尚多有之。如近代人《兰闺宝录》所载：晋张茂为沈充所害，其妻陆氏，率茂部曲为先登以讨充。刘遐为石季龙所围，其妻邵氏，将数骑拔遐于万众之中。梁高州刺史李迁仕反，冯宝妻洗氏，将千余人击之，大捷。唐天宝末，史思明叛乱，卫州侯氏、滑州唐氏、青州王氏，各率团练乡兵，赴行营讨贼。黄巢之乱，英德虞氏，躬擐甲胄，率昆弟及乡兵迎战，贼败北。宋绍定间，寇破宁化，晏氏召田丁，勉之以义，田丁感激思奋，乃自挝鼓，使诸婢鸣金以作其气，贼遂败退。古今以妇女统兵，似此者尚不可枚举。兹特录其大略，以补赵氏所未备焉。"②

看来，对中国古代女军史的注意，早已有人。只是《女云台》《兰闺宝录》，我们今天已经难以再看到。

当然，我们讨论女子从军史，并不是仅仅站在研究女性史的立场，或者仅仅站在研究军事史的立场，也并不是如同"愤兵骄将懦"以为男女对比"而讥之"那样，进行某种政治道德的批判，而是期望从考察社会文化演进的视点，科学地分析这一历史现象，深入地理解这一

---

① 《茶香室续钞》，第602页。
② 〔清〕张宗泰注：《鲁岩所学集》，《清代诗文集汇编》编纂委员会编：《清代诗文集汇编》第516册，上海古籍出版社2010年版，第281页。《清史稿》卷五〇八《列女传一·廷璐妻恽》："尝拟《列女传》为《兰闺宝录》。"第14026页。

历史现象，并且准确地说明这一历史现象的文化渊源和社会影响。

如此说来，本书所进行的工作，仅仅是最初浅的尝试。

我们又希望通过这样的尝试，能够有益于发现中国社会在怎样的背景下，可以在正常的生活秩序下发展进步。也希望通过这样的尝试，能够有益于发现在怎样的历史条件和文化条件下，可以振起我们民族的雄风，焕发我们民族的奋进精神，点燃我们民族发愤图强的热情。

美国人海伦·洛根（Helen Rogan）著有《混合连队——现代军队中的女兵》一书[1]，其中第一部分说到"历史上的女兵"，从"希腊神话中原始典型的女战神"一直谈到现代战争中的女性，然而这一历史追溯是以欧洲为中心的。书中甚至以相当多的篇幅说到"西非达荷美国王盖左的妇女兵团"，可是关于中国女子从军的历史，仅有400余字的记述，且主要是关于"本世纪早期剧烈的革命动荡时期"妇女活动的回顾。对于此前的历史，只有极简单的一句话："在19世纪中国农民起义、太平天国革命时期，数以千计的妇女参加了女兵队伍。"[2] 看来，就是从向世界介绍中国历史知识的角度来看，总结中国女军史的工作也是有必要的。

接近完稿之日，又翻阅陈东原1928年1月由上海商务印书馆初版的《中国妇女生活史》一书的"后序"，读到了这样一段话。陈东原写道：

> 我初到汉口时，看见中央军事政治学校或别的干部学校

---

[1] 海伦·洛根：《混合连队——现代军队中的女兵》，波士顿烽火出版公司1982年版，中译本题为《美国的女兵》。
[2] 〔美〕海伦·洛根著，乐山译：《美国的女兵》，人民日报出版社1987年版，第13页。

里的女生，戎服戎装，不脂不粉，俨然是木兰重生，良玉再世，虽然心中有无限的佩服，但却不免于怀疑。固然暖玉温香，娇闺绣榻，不是真女子所要求的真生活，然而抹杀女性，必欲高视阔步，使途人不辨雄雌的，又岂是女子生活之最高标准？①

本书假若出版顺利，面世时，距陈东原的大著出版，也要超过 70 年了。70 年来，中国经历了深刻的历史变化，中国人的观念，中国人的情感，也经历了深刻的历史变化。但是，什么是所谓"真女子所要求的真生活"？什么是"女子生活之最高标准"呢？这样的问题，依然使人们"不免于怀疑"。"抹杀女性，必欲高视阔步，使途人不辨雄雌的"，是不是真的代表了女性进步的方向，代表了文明进步的方向呢？

这也可能将是人们还要思考 70 年，甚至 2 个 70 年、3 个 70 年的问题。

本书所搜罗的历史资料，有些可能对这一问题的思索有所裨益，然而，在引录和分析这些资料时，作者没有来得及从这一角度多做思考以展开论说，这是不能不深引为遗憾的。

本书结稿时，想到了 20 世纪 60 年代初郭沫若涉及著名女将军秦良玉的一首诗所引起的一段文字纠纷。这首诗是为四川宜宾赵一曼烈士纪念馆所题。原文为："蜀中巾帼富英雄，石砫犹存良玉踪。四海今歌赵一曼，万民永忆女先锋。青春换得江山壮，碧血染将天地红。

---

① 陈东原：《中国妇女生活史》，商务印书馆 1928 年版，"后序"第 1 页。

东北西南齐仰首，珠河亿载漾东风。"不想这首诗因为将秦良玉与共产党员、抗日英雄赵一曼并提，在报章上受到质问。郭沫若不得不致书引起这一批评的《四川日报》，进行辩解。

郭沫若写道："《四川日报》编辑同志：七月二十一日给我的信，剪报李鉴同志《青春换得江山壮》和读者的质疑，都收读了。李鉴同志在文章中引用了我为宜宾赵一曼烈士纪念馆题的诗。关于秦良玉的问题，引起了读者的诘问。问题既是因我而引起的，你们要我'写点简单的意见答复'，我自应该接受这个任务。""歌颂赵一曼同志，我联想到了秦良玉，这是使用了我国诗歌中'以比起兴'的传统办法。例如，周代的《诗经》一开首惯以草木鱼虫来比譬人，《楚辞》则惯以兰蕙荷芷等香草来拟贤人君子。但这并不是把草木虫鱼和人等同起来，也不是把兰蕙荷芷和贤人君子等同起来。同样，我也并没有在赵烈士和秦良玉之间画了等号。不，相差得很远！请把我的诗多看一两遍吧。我自信对于赵一曼的歌颂是到了极端的高度，而使秦良玉所演的节目则只是垫底菜而已。"

郭沫若又解释说："那吗，为什么在歌颂赵一曼同志时要联想到秦良玉呢？这个心理过程倒很简单。赵一曼是四川人，秦良玉也是四川人；赵一曼是女性，秦良玉也是女性；赵一曼在东北抗日而牺牲于珠河，秦良玉也曾到东北去抗击清兵（当时称'后金'，尚未称'清'，便宜上这样说）。她们之间有着这些相似，故使我发生了联想。"

郭沫若又肯定了秦良玉北上请缨抗击后金军的事迹，以为"要称秦良玉为'巾帼英雄'，似乎也还不算得怎么过分"，同时又指出了她和农民起义军作过战，"是她最不名誉的污迹"。他说，"但幸而秦良玉的抗清态度是终始一贯的"，"从这具有民族意识和爱国热情而能反抗侵略、死不投降这一个角度来看，我认为秦良玉这个人物是不好完全抹杀的。何况提问的读者也知道：她还是一位'土司婆娘'（他在信中这样称呼她）！在今天，我们受过党的教育，不少的同志知道用阶级观点来看历史问题，来评价历史人物，这自然是很好的学术风气。但我们也诚恳地希望：不要把今天的标准去衡量古人，更不要在衡量古人时也犯上大民族主义的毛病。秦良玉是在三百五六十年前生在我们四川偏僻地区的一位女性，看来还是少数民族，而她不仅会带兵打仗，却还长于诗文，这似乎是值得我们另眼相看的"。[①]

这封信，实际上作为反映当时社会思想潮流和文化学术风气的一种记录，本身也是具有历史意义的。

我们当然不反对"用阶级观点来看历史问题，来评价历史人物"，但是在讨论一些具体历史事实的时候，应当遵循的基本原则是求实求真，追求真正的客观。本书在分析中国女子从军的历史时，出发点在于说明历史事实本身，期望能够不是从阶级斗争史的角度，而是从社会文化演进的角度，把历史这一层面的有关真实现象推呈在读者面前。好在文化的进步已经迈入新的时期，我们在研究有关学术问题时，不必要再贴各种没有实际意义的政治标签了，也不用太多地担心来自"左"的方面的种种"质疑"和"诘问"了。

应当承认，中国军事史、中国妇女史以至中国女军史，对于作者来说，都是初次接触的课题。这一初步成果中难以避免种种疏失与误见，切盼得到方家指正！

本书的写作和改定，得到中央党校刘景录教授、辉煌文化艺术工

[①] 郭沫若：《关于秦良玉的问题》，《郭沫若全集·历史编》第3卷，人民出版社1984年版，第550—553页。

作室丛凤辉女士、军事谊文出版社张丽副社长的鼓励。中国社会科学院高世瑜、宋超、定宜庄、吴玉贵、陈爽，中国人民大学裴国平，北京大学刘浦江，国家文物局宋新潮，中央党校梅敬忠、姜跃、韩红、钱镇、王海光、李慧英、张文、刘悦斌等友人或多有教示，或提供了各种帮助。军事谊文出版社编辑赵爱华同志为书稿审定加工付出了辛勤的劳动。谨此一并深致谢忱！

王子今

1997年9月9日初稿

1998年3月12日二稿

增订版后记

拙著《中国女子从军史》1998年7月由军事谊文出版社出版后,《解放军报》1998年12月28日发表李平书评,《文摘报》1998年8月6日发表书讯,《光明日报》1998年8月7日发表书讯,应当说产生了一些学术和社会影响。笔者后来就这一主题涉足不多,只有《汉代军队中的"卒妻"身份》(《南都学坛》2009年1期,《复印报刊资料·先秦秦汉史》2009年第3期)一篇文章与"女军"相关。这与初版时有若干篇论文如《战国秦汉时期的女军》(与孙中家合署,第一作者,《社会学研究》1996年第6期)、《清人竹枝词所见女军史料研究》(与王慎之合署,第二作者,《中华女子学院学报》1997年第4期,1998年第1期)作为前期成果有明显不同。但是对于性别研究视野中的战国秦汉历史文化现象,笔者依然多有关注。发表成果有《汉代的女权》(《东方》1999年第3期)、《汉代民间的西王母崇拜》(与周苏平合署,第一作者,《世界宗教研究》1999年第2期)、《张家山汉简所见"妻悍""妻殴夫"等事论说》(《南都学坛》2002年第4期)、《"偏妻""下妻"考——张家山汉简〈二年律令〉研读札记》(《华学》第6辑,紫禁城出版社2003年版)、《张家山汉简〈贼律〉"叚大母"释义》(与范培松合署,第一作者,《考古与文物》2003年第5期)、《"姬别霸王"的历史记忆与"虞美人"的象征歧义》(《博览群书》

2004年第3期)[①]、《秦汉时期的女工商业主》(《中国文化研究》2004年秋之卷)、《论走马楼简所见"小妻"——兼说两汉三国社会的多妻现象》(《学术月刊》2004年第10期)、《三国孙吴乡村家族中的"寡嫂"和"孤兄子"——以走马楼竹简为中心的考察》(《简牍学研究》第4辑,甘肃人民出版社2004年版)《南宫公主的婚事》(《文景》总第12期,2005年7月,《读书》2006年第3期)、《秦始皇的情感生活——兼及秦始皇是否立皇后问题》(《史学新论:祝贺朱绍侯先生八十华诞》,河南大学出版社2005年版)、《秦汉"小女子"称谓再议》(《文物》2008年第5期)、《汉代社会上层婚姻中的"待年"女子》(《南都学坛》2009年第3期)、《论〈列女传·母仪传〉早期教育故事》〔《徐州师范大学学报》(哲学社会科学版)2009年第6期〕、《秦汉的婴女》(《中华女子学院学报》2009年第6期)、《吕太后的更年期》(《读书》2010年第4期)、《试说里耶户籍简所见"小上造""小女子"》(《出土文献》第1辑,中西书局2010年版,收入《2007中国简帛学国际论坛论文集》,台湾大学中国文学系2011年版)、《论长安"小女陈持弓"大水讹言事件》(与吕宗力合署,第一作者,《史学集刊》2011年第4期)、《吴起杀妻论》〔《南京师大学报》(社会科学版)2013年第4期〕、《关于王昭君北行路线的推定》〔《西北大学学报》(哲学社会科学版)2014年第3期,收入《昭君文化》2017年第3期〕、《秦史的宣太后时代》(《光明日报》2016年1月20日14版)、《早期丝绸之路跨民族情爱与婚姻》〔《陕西师范大学学报》(哲学社会科学版)2016年第1期〕、《汉代"嫘祖"的历史记忆与文化影响》(《石家庄学院学报》2017年第4期)、

[①] 收入《古史性别研究丛稿》(增订本)时恢复了原题《"姬别霸王"的历史记忆和"虞美人草"的文化象征》。

增订版后记

《论秦宫"榛娥之台"兼及漆业开发与"秦娥"称谓》(《四川文物》2018年第6期)、《汉代"乳舍"及相关问题的社会史考察》(《理论学刊》2019年第4期)、《汉代"襁褓""负子"与"襁负"考》(《四川文物》2019年第6期)、《说"盐水神女"》〔《文化杂志》(澳门)中文版2019年,总第105期〕、《汉代女童教育的形式和影响》(《中华文化论坛》2021年第1期)。发表的其他学术文章,也有《昆仑神话与西王母崇拜》(《学习时报》2002年5月6日)、《秦国女权的演变》(《光明日报》2002年8月20日)、《汉代的知识女性》(《学习时报》2007年8月27日)、《秦汉时期的女企业家》(《中国投资》2009年第4期)、《吕后对文景之治起到了引导性的作用》(《中华读书报》2010年3月24日)、《汉代的女童教育》(《中国典籍与文化》第13辑)、《〈史记〉中关于美容妆饰的记录》(《月读》2021年第10期)等,以及一本小书《卸妆芈月:宣太后世家》(中国人民大学出版社2016年版),大概都可以列为相关成果。

秦汉时段以外的性别研究关注,还体现于以下成果:《平利女娲故事的发生背景和传播路径》(《渭南师范学院学报》2004年第1期,收入《女娲文化研究》,三秦出版社2005年版)、《驿壁女子题诗:中国古代妇女文学的特殊遗存》〔《重庆师范大学学报》(哲学社会科学版)2004年第3期〕、《走马楼竹简女子名字分析》(与王心一合署,第一作者,《吴简研究》第1辑,崇文书局2004年版)、《温庭筠词"小山重叠金明灭"图解》(《四川文物》2005年第2期,收入《唐墓壁画国际学术研讨会论文集》,三秦出版社2006年版)、《论女娲神话源生于西北山区》(《宁夏师范学院学报》2007年第4期)、《"女儿国"的传说与史实》(《河北学刊》2008年第3期)、《走马楼简所见未成年"户下奴""户下婢"》(《吴简研究》第3辑,中华书局2011年版)。另有收入王慎之、王子今合著《竹枝词研究》

513

中的《〈乌江竹枝〉：清代劳动妇女生活的写真》（《中华女子学院学报》2002年第2期）。这些论文，有些收入《古史性别研究丛稿》（社会科学文献出版社2004年版）和《古史性别研究丛稿》增订本（陕西师范大学出版总社2020年版）之中。《古史性别研究丛稿》收入的未刊论文有《性别的政争："巫蛊之祸"与政和时期的帝后关系》《情爱的幻境：方士为汉武帝夜致王夫人事》《战国秦汉时期的女巫》[①]《睡虎地秦简〈日书〉甲种性别史料辑考》《居延汉简"歌人"考论》。

《古史性别研究丛稿》初版有幸列入李小江教授主编的"性别研究丛书"，增订本则列入李小江教授主编的"'乾·坤'：性别研究文史文献集萃系列丛书"。这本《中国女军史》同时列入这套丛书，谨此深心感谢李小江教授，感谢陕西师范大学的朋友们。

这里有必要说明，《古史性别研究丛稿》社会科学文献出版社2004年初版，承高世瑜女史赐序。高世瑜是女性史、性别史研究的先行者，对于唐代妇女史和中国古代妇女史研究成果卓著。她的《唐代妇女》和《中国古代妇女生活》等学术专著是本书写作的主要参考文献。平时的交往，亦受教颇多。世瑜百忙中赐序，是拙著的光荣。必须检讨的是，因为我个人的疏忽，《古史性别研究丛稿》（增订本）由陕西师范大学出版总社2020年出版时，漏排了初版高世瑜原序，这实在是很不应该的。谨此为我的失礼，向世瑜深致歉意。

现在放在大家面前的这本《中国女军史》，实际上是《中国女子从军史》的增订本。《中国女子从军史》原稿题《中国女军史》，在军事谊文出版社初版，当时承出版社建议，改题为《中国女子从军史》。大家可能会注意到，作为阶段性成果的学术论文，即有《战国秦汉时期的女军》篇名。或许"女军"的说法，其实更模糊一些，然而也更

[①]《战国秦汉时期的女巫》后来刊发于《中国社会历史评论》第5辑，商务印书馆2007年版。

增订版后记

准确一些。比如"卒妻"等参与军事生活和战争实践的女性,严格说来并没有"从军"。此次增订,仍然用《中国女军史》书题,坚持了初稿写作时原先的考虑。

这次增订工作,补写的内容虽然不多,但是还是提示了一些新的发现的。从增列的标题看,有关战国秦汉史的内容,比较醒目的有"'男女以辨''男女以班'""《墨子》城守各篇所见'丁女''坚守胜围'责任""《商君书·兵守》:'壮女为一军'""'圣女'筑城传说""交阯女子徵侧反""黄巾军'妇子'"以及"女服贼"等部分。而诸多原有内容也有信息的充实和论说的深化。插图的增加,也希望通过图像资料的结合,实现较为生动直观的阅读效果。

《中国女子从军史》初版,军事谊文出版社编辑赵爱华同志为书稿审定加工付出了辛勤的劳动。谨此再次深致谢意。本书此次增订,得到许多朋友的热诚帮助,中央党校刘悦斌,中国人民大学姜守诚,宁夏大学杜建录,陕西师范大学焦杰,中央民族大学彭勇,中国国家博物馆李重蓉,清华大学姚霜,四川大学博物馆陈长虹,赤水市博物馆、赤水丹霞石刻艺术博物馆韦玮,都对信息的增补、文字的核证与图版的制作,提供了很多重要的帮助。

增订工作的完成,曾磊、孙闻博、孙兆华、邱文杰等青年学者提供了许多有意义的信息,并予以诸多实际协助。邱文杰辛劳多日,认真校正全书引文,复制多幅插图,充实了各种必要的信息,也纠正了一些疏误。插图的制作,北京大学图书馆汤燕相助甚多。许多朋友给予了各种多方面的支持。谨此一并致谢。

定稿关键时刻,就重大疑难问题,台湾彰化师范大学陈文豪教授给予了极有力的帮助。和文豪相识已经31年。我们的友情,我在一篇短文《台海书缘》中有所表达。① 此次援手，甚至动用了网上友情资源，隔海厚意，感念甚深。

回看初版《后记》，初稿完成时，距今已近 15 年。虽然时隔颇久，但是"女军"这一学术主题并没有列入作者重点关注的工作。现在面对的增订任务，亦往往间断，寻摘资料，思索分析，文字斟酌，不免觉得生疏。感谢陕西师范大学出版总社侯海英女士的信任、鼓励和督促，使得工作持续进行。现在完成的书稿，不免存在疏失错误，希望得到读者朋友们的指正。

中国人民大学国学院王泽为本书定稿付出很多劳动，谨此致谢。

王子今

2022 年 4 月 5 日增订版初稿

2022 年 5 月 1 日增订版二稿

于北京大有北里

2022 年 10 月 13 日增订版定稿

于长沙岳麓书院

---

① 王子今：《台海书缘》，《今日中国》2009 年第 2 期。